Melancolia

FUNDAÇÃO EDITORA UNESP

PRESIDENTE DO CONSELHO CURADOR
Mário Sérgio Vasconcelos

DIRETOR-PRESIDENTE
Jézio Hernani Bomfim Gutierre

SUPERINTENDENTE ADMINISTRATIVO E FINANCEIRO
William de Souza Agostinho

CONSELHO EDITORIAL ACADÊMICO
Carlos Magno Castelo Branco Fortaleza
Henrique Nunes de Oliveira
Jean Marcel Carvalho França
João Francisco Galera Monico
João Luís Cardoso Tápias Ceccantini
José Leonardo do Nascimento
Lourenço Chacon Jurado Filho
Paula da Cruz Landim
Rogério Rosenfeld
Rosa Maria Feiteiro Cavalari

EDITORES-ASSISTENTES
Anderson Nobara
Leandro Rodrigues

Luiz Costa Lima

Melancolia
LITERATURA

editora
unesp

© 2017 EDITORA UNESP
DIREITO DE PUBLICAÇÃO RESERVADOS À:
FUNDAÇÃO EDITORA DA UNESP (FEU)
PRAÇA DA SÉ, 108
01001-900 – SÃO PAULO – SP
TEL.: (00XXII)3242-7171
FAX.: (0XXII) 3242-7172
www.editoraunesp.com.br
feu@editora.unesp.br

CIP – BRASIL. CATALOGAÇÃO NA FONTE
SINDICATO NACIONAL DOS EDITORES DE LIVROS, RJ

L732m
 LIMA, LUIZ COSTA
 Melancolia: literatura / Luiz Costa Lima. São Paulo: Editora Unesp, 2017.

INCLUI BIBLIOGRAFIA E ÍNDICE
ISBN 979-85-393-0665-7

1. LITERATURA BRASILEIRA. 2. MELANCOLIA. I. TÍTULO.
2017-139   CDD: 869.8992
                            CDU: 821.134.3(81)

ÍNDICE PARA CATÁLOGO SISTEMÁTICO
1. LITERATURA BRASILEIRA 869.8992
2. LITERATUAR BRASILEIRA 821.134.3(81)

Editora afiliada

Asociación de Editoriales Universitarias
de América Latina y el Caribe

Associação Brasileira de
Editoras Universitárias

Sumário

Prefácio 9

SEÇÃO I

1 Melancolia, uma constante ocidental? 15
   Primeira parte – Esboço de uma história multissecular 15
   Segunda parte – Uma tentativa de teorização 59

SEÇÃO II

2 O inquilino do sótão: os relatos de animais em Franz Kafka 127
3 A espera: prelúdio a Samuel Beckett 229

Referências 349
Índice remissivo 359

A Rebeca Schwartz,
constante companheira

Prefácio

Em 1930, Freud já era figura consagrada quando escreveu *O mal-estar na civilização* (*Das Unbehagen in der Kultur*). Como se relutasse em aceitar a gravidade que se abeirava de sua época, da Europa, de sua Viena e de si próprio, escrevia:

> Parece ser certo que não nos sentimos bem em nossa civilização (*Kultur*) de hoje, mas é muito difícil formar um juízo se e em que medida os homens de tempos passados sentiam-se mais felizes e que parte nisso tinham as condições de sua civilização (*ihre Kulturbedingungen*). (Freud, 1948, p.447-8)[1]

É possível que o Ocidente, desde a Grécia antiga, atento às múltiplas ocorrências da melancolia, embora compreendesse que alcançara, a partir do final do século XIX, mais precisamente, como consequência da Primeira Grande Guerra, uma intensidade antes desconhecida, se enganasse quanto ao significado de tal intensidade; que a melancolia se aproximara mais das pessoas,

---

1 Quando não estiver referida, a tradução é do autor deste livro.

sem ameaçar a grande política das grandes potências. A História não nos permitirá dizer que o engano tenha sido só de Freud.[2] Atino apenas em constatar que a melancolia, sobretudo nas décadas mais próximas de nós, agora se torna objeto de dezenas de publicações. As mais usuais ainda a entendem como particularmente incidente em certo lugar e intitulam-se de *"English malady"*; a utilidade de outras, ao contrário, consiste na composição de antologias que cobrem dezenas de autores, desde a Antiguidade; ao passo que outras mais são ligeiras como roteiros para turistas.

Consultá-las, tornou-se questão tão grave que, por um lado, para manter o espaço próprio a um livro, tive de renunciar à recorrência a obras, mesmo depois de reconhecido seu préstimo, e, por outro, ciente da universalidade do fenômeno, de recorrer a casos particulares, para que não só repetisse o que já estaria à disposição do interessado. Fiz então questão de incluir o exame de alguns textos gregos, e não só de contemporâneos, embora, pela menor proporcionalidade daqueles, procurasse indicar tanto a diferença da incidência quanto a diversidade da experiência da melancolia nos dias de agora. Decidindo-me, em cada faixa temporal, por escolher tão só alguns textos de uns poucos autores, adotei um ponto de vista diverso daqueles que preferiram cuidar exclusivamente de certos escritores. Entre esses, nomeio, pela excelência, Jean Starobinski, com *L'encre de la mélancolie* (2012); Max Pensky, com *Melancholy dialectics. Walter Benjamin and the play of mourning* (2002); Susana Kampff Lages, com *Walter Benjamin: tradução e melancolia* (2002). Por outro lado, considere-se que, enquanto fenômeno de mil faces, a melancolia admite abordagens bem distintas. É o caso da celebrada obra de

---

2 Para uma análise do estado de espírito europeu, entre finais do século XIX e 1933, particularmente, de um ponto de vista pangermânico, ver, de Robert Musil, *Der Mann ohne Eigenschaft* [*O homem sem traços próprios* (1930-1933)]. Para uma apreciação histórico-sociológica, de David Luft, *Robert Musil and the crisis of European culture 1880-1942* (1980). Para a formação da atmosfera de crise de que derivará o Terceiro *Reich*, de Fritz Stern, *The Politics of cultural despair: a study in the rise of German ideology* (1974).

MELANCOLIA

Wolf Lepenies (1972), *Melancholie und Gesellschaft*, escrita em 1969. (A distinção é metodológica e necessariamente valorativa.) Lepenies a toma como um fenômeno social, que, por efeito de certas condições sociais, afeta certos agrupamentos humanos – a aristocracia que, não se adaptando à centralidade da corte francesa, provoca a Fronda; a burguesia alemã, impedida de acesso ao espaço público pela concentração de poder entre os membros da nobreza rural –, em que ao *tedium vitae* associa-se o projeto utópico que os conduz à revolta, socialmente efetivada ou textualmente constituída, a exemplo do que sucede com *A anatomia da melancolia* (*The anatomy of melancholy*), de Robert Burton (2011 [1621]). Entrelaçando, pois, a insatisfação profunda ante a existência com a constituição de uma ficção política, Lepenies aborda a melancolia como fenômeno sociológico.

De nossa parte, trataremos a melancolia por outro ângulo: aquele pelo qual se verificará sua historicamente longa coesão com a formação discursiva que se costuma chamar de literatura. Muito embora entendamos que a abordagem dessa condição discursiva exija a articulação da reflexão filosófica com a indagação sócio-histórica, não cogitamos, à diferença de Lepenies, de realizar um projeto sociológico. Não é a respeito acidental que uma das primeiras fontes motivadoras da obra do sociólogo alemão seja um ensaio do psicólogo francês Pierre Janet, citado em inglês ("The fear of action as an essential element in the sentiment of melancholia", 1928), cuja aproximação aprofunda-se pelo *Social theory and social structure* (1949, revisto e ampliado em 1957 e 1968), de Robert K. Merton, em que se torna capital a distinção entre os modos de conduta social (conformismo, inovação, absenteísmo, rebelião). Se Merton torna-se básico para a abertura de Lepenies, a obra do autor alemão parecerá a ele próprio justificar-se, porque "a melancolia aparece em Merton como um conceito marginal, mesmo se ela lhe propõe um programa: reconhecer suas causas socialmente relevantes e suas consequências" (Lepenies, 1972, p.15).

Ao assim fazer, opto por abordar um mapa extenso, estudado ora histórica, ora teórica, ora textualmente, correndo o risco de não levar a fundo a seriedade da questão. É fato que, aqui e ali, reconheço pequenos filões que foram apenas insinuados. Mas também sei que não poderia ampliá-los, fosse por limites pessoais, fosse por questão de espaço.

Rio de Janeiro, julho de 2014 a novembro de 2015

SEÇÃO I

I

MELANCOLIA, UMA CONSTANTE OCIDENTAL?

Primeira parte
ESBOÇO DE UMA HISTÓRIA MULTISSECULAR

A intuição ordinária declara: porque não somos bastante espertos, costuma haver um descompasso entre o tempo em que deveria realizar-se uma certa experiência e seu efetivo cumprimento. Dito de maneira mais precisa: o mecanismo da vida humana costuma supor o desacerto entre a meta e o tempo de sua realização. O tempo é a atmosfera que envolve a melancolia. A lembrança de Proust é inevitável. Que dizem os oito tomos de *À la recherche du temps perdu*, senão que o sabor do tempo despertado pela *madeleine* revela a inevitabilidade do que já foi? Embora o perdido não deixe por isso de ser reencontrado, como se cumpre o paradoxo? Não é que o tempo deixe de estar perdido; seu reencontro, de que trata o último tomo da obra proustiana, opera por transmutação. A transmutação não torna a palavra transparente ao que foi, como se ela fosse a sucedânea de uma sessão espírita, senão que realiza a *diferença* que Herder tão bem definira: "A diferença entre duas coisas deve ser reconhecida por uma terceira" (Herder [1772], I, 1983, p.723-4). No caso, as duas coisas (vetores) são o tempo e a lembrança, ao passo que a diferença concretiza-se na formulação do texto proustiano.

Conquanto o final do parágrafo acima já insinue o que será a tese principal deste livro – a melancolia encontra seu *locus*, por excelência, na ficção verbal e plástica (para não falar em toda a arte); explicitamente, no *como se*, em que, na expressão, não se submetendo à alternativa do verdadeiro ou do falso, domina a *diferença* –, seria impróprio desenvolvê-la, em abstrato, sem haver considerado a longa história que a melancolia exibe no Ocidente. Pois, se é correto dizer-se que seria ocioso tentar duplicar sua história, sobretudo depois de Jean Starobinski (1960) e Stanley W. Jackson (1986), tampouco seria razoável eliminá-la, fosse sob o argumento de que não se ofereceria nada de novo ou de que se trabalharia com material de segunda mão, fosse até para não repetir o argumento duvidoso de Jackie Pigeaud (2011, p.64): "Quem quer que reflita sobre a melancolia sabe ou deve saber que não será original".

Antes de entrar no esboço anunciado, é indispensável uma pergunta, que não deveria faltar em abordagens semelhantes: a melancolia concerne a um fenômeno universal ou é socioculturalmente restrita? Na falta de conhecimento de outras culturas (a exemplo das análises ultimamente empreendidas por Jan Assmann, a propósito do Egito, e de François Jullien, sobre a China), é possível encaminhar uma resposta pela proposta de Matthew Bell (2014) acerca da distinção entre "realismo psicológico" e espécie culturalmente construída. O primeiro é definido como "uma espécie natural cuja *peculiaridade* não é afetada pela ação humana" (ibidem, p.19). A segunda – oriunda do reconhecimento do papel excessivo antes concedido à *razão*, cujo impacto contemporâneo deu lugar aos estudos inovadores de Michel Foucault sobre a história da loucura e da sexualidade e os mecanismos de vigiar e punir e, a partir daí, pela reação a seu construtivismo – enfatiza, ao contrário, a ambiência sociocultural em que são gerados fenômenos de tamanha amplitude. A alternativa perde sua dramaticidade pela solução de compromisso oferecida pelo pesquisador inglês:

MELANCOLIA

Nossa definição de uma espécie natural não depende de sua suposta imutabilidade histórica, mas do pensamento de que todas as espécies naturais usufruem de permanência relativa dentro do contexto de seus próprios sistemas homeostáticos, sejam eles de espécie química (i.e., elementos), de espécie astronômica (as galáxias), geológica (as formações rochosas), biológica (as espécies), psicológica (os afetos) ou psiquiátrica (as desordens mentais). As formações sociais humanas desempenham evidentemente um papel muito significante na homeostase da espécie psiquiátrica, assim como para as muitas espécies biológicas, quer dos animais domésticos, quer dos animais selvagens afetados pela ação humana. Uma vantagem significativa desse raciocínio está em que concede a espécies serem naturais e, ao mesmo tempo, socialmente construídas. (ibidem, p.20-1)

A solução proposta justifica que não se prescinda das observações feitas pelos gregos sobre a melancolia. Como é sabido, entre v e iv a.C., vive e age o primeiro médico cujas anotações foram conservadas: Hipócrates. Assim se lê seu aforismo xxiii: "Se o medo e a distimia se estendem por muito tempo, isso é a melancolia"[1] (Hipócrates, 1975, p.184). A observação antes parece uma chamada que, incluída no conjunto dos aforismos, implica uma anotação médica empírica, extensiva a todo o corpo humano. Nenhuma ordem presidia os apontamentos do autor. Ofereço alguns escolhidos aleatoriamente: as hemorroidas beneficiam os melancólicos; o vômito espontâneo faz cessar a diarreia; varizes e hemorroidas removem as afecções maníacas; se tremores ocorrem em casos de febre ardente, são eles afastados pelo delírio; em caso de aumento do humor, é um bom sintoma se ocorre uma disenteria; as afecções melancólicas produzem apoplexia, loucura ou cegueira. Evito propositalmente maior cuidado na referência dos aforismos para evidenciar a falta de qualquer atenção

---

[1] Agradeço aos professores João Adolfo Hansen e Marcos Martinho pela transcrição em alfabeto latino e pela tradução exata do aforismo: "*Èn phóbos è dysthymíe polyn krónon diatelêi melankholikòn tò toioûton*". O sujeito alternativo (*dysthymíe*) seria traduzido por "desânimo" se, como Hansen me fez lembrar, o termo "distimia" já não fosse de uso médico. Em todo caso, qualquer uma das duas traduções seria preferível a "*depression*", como aparece no texto inglês de Loeb.

metódica ou do privilégio deste ou daquele tipo de enfermidade. Chamo apenas a atenção para o relacionamento entre o alívio do estado melancólico pelo aparecimento de hemorroidas ou pela sucessão de males tão variados como a convulsão ou a loucura, que indica a gravidade com que a melancolia era encarada, entendida como decorrência de um desequilíbrio nas funções fisiológicas do corpo, passível de ser aliviada ou de dar lugar a um estado não aflitivo, mediante uma descarga descompressora. O corpo funcionaria como um sistema hidráulico. Daí o inchaço ou a expulsão do sangue pelas hemorroidas ou pelas varizes, ou, entendendo-se o "mau humor" ser uma manifestação do estado melancólico, poder ser aliviado pela disenteria. Mas a observação aqui feita indica mais que o caso das anotações hipocráticas e, sobretudo, o que interessa muito mais, ser a melancolia compreendida em termos puramente fisiológicos.

Ainda interessa salientar com Stanley W. Jackson (1986, p. 31):

> Embora não haja uma exposição sistemática nos escritos hipocráticos, referências dispersas sugerem que a melancolia era uma condição entre várias doenças chamadas melancólicas; que a bílis negra era o fator principal que provocava tais doenças; que o outono era a estação particular em que as pessoas corriam o risco dos efeitos deste humor; que a bílis negra era de natureza viscosa e associada às propriedades de frieza e secura; e que tal sintoma, junto com seus distúrbios mentais, era por certo o resultado de o cérebro estar afetado.

Dadas essas observações gerais, destaque-se sobretudo a *Geschichte der Melancholiebehandlung*, de Starobinski (1960), tese doutoral, cuja versão original, editada por um laboratório médico, só costuma ser conhecida por sua tradução francesa. Detalhes semelhantes aos já citados são secundários ante o fato de ser ela a única história contemporânea da melancolia que não parte de Hipócrates, senão de sua referência na *Ilíada*. O ensaísta suíço não fora o primeiro a fazê-lo, pois *Problemata*, inicialmente atribuída a Aristóteles, e *Anatomy of melancholy*, publicada em 1621, de Robert Burton (2011), tinham-no feito, senão que se distingue por sua excepcional análise:

Belerofonte ao léu vagava pelos campos
aleios, remoendo a própria alma na solidão
alheio aos outros homens. A Isandro, seu filho,
Ares, fome-de-guerra, matou-o em combate
(Canto VI, v.200-4)

Os males que atormentam Belerofonte não provêm do próprio corpo, mas de sua psique de pai atingido por quem destruíra seu filho. Homero não seria o único a testemunhar a experiência da melancolia fora do quadro hipocrático. O tradutor brasileiro da *Ilíada* daria o exemplo posterior, no contexto hebraico, de Jó, o ferido pelo "vórtice esmagador de Deus" (Campos, 1993, p.85).

Ante exemplo semelhante ao do herói homérico ou do personagem bíblico, Hipócrates ou seus sucessores haveriam de procurar um desequilíbrio no fluxo sanguíneo ou algum distúrbio na constituição cerebral. A visada homérica (ou bíblica) era bastante diversa. O sofrimento dos personagens não tem justificativa. Fisiologicamente, têm um corpo são. Eticamente, são homens justos e valentes, que não ofendiam os deuses ou seu Deus. A desdita que os cerca é consequente da própria virtude. Belerofonte, acrescenta o Canto VI, rechaçara as aproximações lúbricas de uma rainha e, por isso, convertera-se em vítima de sua perseguição. Contra ele, reúnem-se os deuses, que se irritam com tamanha honradez de tão ínfima criatura. Starobinski (1960, p.11-2) emprega o termo que se tornará frequente entre os tradutores dos hipocráticos:

> A depressão de Belerofonte é tão só a imagem psicológica da repressão do homem pelos poderes superiores. Abandonado pelos deuses, falta-lhe força e coragem para que permanecesse entre seus iguais. Um furor oculto pesa sobre seus ombros. Afasta-o dos roteiros iniciados por outros homens, desprende-o de toda meta. Seu pecado é a *mania*. No delírio, na mania, o homem é impelido ou é possuído por um poder sobrenatural, de cuja presença padece.

O comentário que escolho é exemplar: em vez de procurar um argumento médico-fisiológico, ou seja, uma causalidade biológica para a aflição do personagem, o ensaísta suíço assinala que, conquanto contígua ao delírio, à depressão, à loucura, a melancolia tem outra explicação. Já no século VIII a.c., Homero intuía que o corpo humano é uma matéria sobre a qual confluem duas derivas: uma de ordem biológica, que exigirá a atenção dos seguidores de Hipócrates, outra que dela se esquiva. Porque a primeira é mais evidente ou de tratamento mais premente, dominará por séculos sem conta. Homero (depois o escritor bíblico) ressaltava a outra deriva, a que, captada por Aristóteles ou discípulo seu, dará lugar à psicoterapia. Seria ridículo tomar-se Homero como pai da psicoterapia. Mas a pequena passagem da *Ilíada* ressalta que, ao lado do diagnóstico duplo da melancolia, uma outra formulação ainda era admitida. Não a físico-mental (o clássico diagnóstico de cunho hipocrático), nem a psíquico-mental (a psicoterapia), ambas presididas pela premissa da verdade, mas a de cunho discursivo.[2] Nesse, trata-se de consignar pelo signo verbal ou plástico *o modo de' estar* do melancólico. Irritam-se os deuses com a conduta dos homens? Preferem os homens afastar-se dos roteiros já traçados, optando por uma solidão que não visa fim algum? Por si, a formação discursiva não tenta consignar alguma terapia; antes é o próprio consultório que pode estimular um novo distúrbio.

Destaquei a página inicial da *Geschichte' der Melancholie'behandlung*, de Starobinski (1960), porque, contendo sua tese uma História descritiva, afasta-se de seu modelo pelo destaque da melancolia com uma formação discursiva, ou seja, como fenômeno cuja raiz não se esgota no conceito, mas conduz a uma aproximação metafórica. Ainda que não mais me concentre em Starobinski, mantenho-me na ambiência da História descritiva. Apenas o caráter de esboço do item permite o salto até Galeno (129 d.C.-199/217).

Antes de fazê-lo, cumpre assinalar que a pesquisa mais recente de Matthew Bell (2014) aponta para a importância da investigação de um menos conhecido Rufus de Éfeso, no final do século I d.C.,

---

2 Dito mais precisamente, a de um certo discursivo, o ficcional. Cf. a propósito, Costa Lima (2013, cap.II, 2 e 2.1, p.102-12).

MELANCOLIA 21

com o tratado, hoje perdido, *Sobre a melancolia*. Mas o caráter de esboço do item admite reiterar o mais frequentemente dito: ter cabido a Galeno sistematizar as observações particularizadas de Hipócrates, que, junto à contribuição da medicina romana, oferecerá a definição do melancólico que se manterá até o século XVIII. Para Galeno, a melancolia encontra seu fundamento na bílis negra:

> Seja que o fluxo da bílis desloca-se de seu lugar[3] para outras partes, seja que se origine de seu lugar próprio. Produz-se, em consequência, um calor inusitado, pelo qual a bílis amarela ou a parte mais espessa ou mais escura do sangue se queima. (apud Starobinski, 1960, p.27)

A sistemática então efetuada supunha, portanto, a consecução de uma base teórica que antes faltava. Entendia-se que a vida humana habitualmente se processa pela distribuição equilibrada do fluxo sanguíneo, da fleugma, da bílis amarela e da negra. Mantida por Galeno a caracterização da melancolia como uma moléstia, com frequência de efeitos graves, sua incidência era tida como decorrente da dominância ou da combustão de um dos humores, a bílis negra.

Ao declararem unanimemente que os escritos médicos da Idade Média, do Renascimento e do Barroco são, em larga medida, paráfrases da sistematização do grego Galeno, os historiadores ressaltam que o lugar originário da bílis negra é o cérebro, e o distúrbio melancólico é causado, como afirmava a citação acima, ou por se espalhar pelo restante do corpo ou por sua imprópria combustão. Em consequência, seguindo orientação já notada em Hipócrates, o alívio da doença dependeria da desobstrução de um fluxo que se tornara demasiado carregado. Starobinski (1960) acentua que, para Galeno, estava excluída a possibilidade de erro do diagnóstico: uma sangria no braço retiraria o sangue espesso e escuro e provocaria uma clara limpeza.

---

3 O cérebro.

Sendo ocioso o acompanhamento detalhado do diagnóstico, basta atentar para as três modalidades reconhecidas de melancolia: (1) localizada no cérebro; (2) decorrente de a bílis negra passar a se encontrar em todo o corpo; (3) originando-se na região estomacal, localiza-se nos órgãos digestivos e provoca a hipocondria. A participação do médico cumpria-se de modo semelhante por provocar a diminuição da substância nefasta, o que se dava fosse pela vaporização, fosse por sacudir o cérebro (ibidem, p.28). Séculos depois, quando Robert Burton (2011) escrever sua *Anatomia da melancolia*, as três espécies serão mantidas, destacando-se a amorosa, que, embora já conhecida por Galeno, não era incluída naquelas modalidades, assim como a religiosa, que se destacara com a experiência medieval.

Como aproveito dos historiadores apenas o mínimo indispensável para a tematização do que sucede na Idade Média, recorro a Stanley W. Jackson (1986).

A queda do Império Romano do Ocidente provoca a interrupção do contato direto com a tradição clássica. Ela passa a ser cumprida por meio da medicina bizantina. Assim, entre 200 e 700 d.C., Alexandria vem a ser o centro e conta com o papel das traduções do grego para o árabe e a colaboração dos médicos árabes (Rhazes, Haly Abbas, Avicena). No Ocidente, a compilação da tradição clássica estava reservada aos mosteiros e aos padres da Igreja, de São Jerônimo a Isidoro. Ao lado do direcionamento propriamente ético-religioso que a melancolia receberá pela Patrística e pela Escolástica, a medicina laiciza-se em Chartres, em Rheims, durante a dominação árabe da Península Ibérica, em Toledo, e pelas escolas estabelecidas a partir das catedrais. Particularmente saliente é a influência exercida por Constantinus Africanus (*c.* 1020-1087). Muçulmano convertido, Constantinus servirá de mediador entre a vertente bizantina e o mundo cristão, assim como, responsável pela criação da escola de Salerno, desempenhará papel saliente na laicização da medicina, muito embora seja a orientação religiosa que então prepondere. Cabe recordar a síntese de Jackson (1968, p.49):

MELANCOLIA

Em parte influenciado pelas traduções de Constantinus, o centro de aprendizagem de Salerno crescia e florescia; e as traduções feitas em Toledo fizeram com que as universidades medievais começassem a emergir e tornassem-se centros de aprendizagem médica. No Ocidente, a essa medicina greco-arábica traduzida reuniam-se as influências hipocrático-galênicas existentes e determinava-se a natureza do pensamento médico na Renascença e adiante. No mundo árabe, essa medicina greco-arábica foi o esquema dominante por um período ainda mais longo.

Sendo a História um ramo da história da cultura, não é incomum, muito embora nem por isso deixe de ser injustificado, que mesmo os melhores praticantes europeus ignorem as consequências da influência árabe na Espanha do Siglo de Oro e, daí, no império colonial hispano-americano, sobretudo no México. Torna-se por isso relevante a leitura dos dois livros que Roger Bartra (1998; 2001) dedicou ao tema, com maior utilidade do primeiro, pela extensa antologia que contém, mesmo se o segundo contenha a análise detalhada do *Libro de la melancolía* (1585), do médico sevilhano Andrés Velásquez. No entanto, fora o caráter de material até então inexplorado, os livros de Bartra não apresentam algum filão desconhecido nas histórias excludentes da Espanha e seu império sul-americano. Pode-se supor que essa sua repetitividade sucedesse por efeito da precariedade da pesquisa na época, além da forte presença do pensamento religioso. O autor o assinala sinteticamente: "Da mesma maneira que a dissecção do corpo humano era muito malvista, muito menos se tolerava que os pensadores e os médicos procurassem descosturar a sutura galênico-escolástica para fazer uma anatomia das contradições que encerrava" (Bartra, 2001, p.24).[4]

---

4 Por não estender sua pesquisa à parte portuguesa, a propósito da provável etimologia da palavra "saudade", o autor restringe-se a uma curta nota ao pé de página. Permanece assim sem resposta a curiosidade sobre a relação da "saudade", usualmente tomada como peculiaridade do mundo português, com a melancolia, com que também seus vizinhos hispânicos tanto se preocupavam. Permito-me,

Dada a ausência de novidade do pensamento hispânico sobre a melancolia, não é sem razão que os estudos dessa, na Idade Média, concentrem-se particularmente sobre a concepção religiosa, por extensão ética, que dela irradia.[5] Por esse motivo, sem maior detença, algumas palavras são reservadas ao fenômeno.

Pelo realce da acédia, a Escolástica não só mantém como também intensifica o entendimento da melancolia como um mal. Associado à *tristitia*, que deve ser entendida como de ordem profunda, ao *tedium vitae*, a acédia fazia suas primeiras vítimas entre os ascetas, os monges que optavam pelo deserto, estendendo-se depois a toda a comunidade cristã, atingida pela tentação do demônio. A melancolia, portanto, não só conduzia ao descaso da atenção devida ao divino, ao ceder à tentação da carne, como, necessariamente, era tomada como um pecado grave. Tudo, por certo, derivava da *tristitia* paralisadora. Embora ela já estivesse destacada no aforismo anteriormente citado de Hipócrates, ela agora alcançava uma severidade antes imprevista. É verdade que, no tumulto dos aforismos hipocráticos, na permanência da observação empírica dos enfermos e na consolidação de sua tradição, considerava-se que a melancolia podia conduzir à loucura. Mas sua consequência agora vai além dos efeitos corporais:

> *Tristitia* era a reação básica da natureza sensível do homem em afastar-se do mal, quer presente quer antecipado, fosse real fosse imaginado. Dentro do uso genérico da *tristitia*, a definição fundamental de Tomás da acédia como espécie era "*tristitia de spiritual bono*", o pesar acerca de seu bem espiritual ou a aversão que o homem sente contra seu bem espiritual. (Jackson, 1986, p.70)

---

pois, levantar a hipótese de que a "saudade" não é apenas outro nome para a melancolia, senão que uma variante sua. Sem que se pretenda assim explicar a atualização da "saudade", pergunto-me como ela se distinguiria de seu tronco senão por ser uma experiência contida no nível da pele, impeditiva de tornar a *tristitia* comum às duas em matéria reflexiva? Se ouso um passo mais: não seria a suposta contenção afetiva da "saudade" um dos elementos responsáveis pela carência reflexiva que o colono português transmitirá à sua colônia brasileira?

5 Aos interessados à importância da acédia, nos tempos medievais, recomenda-se especialmente o livro de Siegfried Wenzel (1967).

MELANCOLIA

Ainda que esteja ciente de não caber maior detalhamento, considerando-se a questão já levantada do "realismo psicológico", cabe recordar a passagem de Giorgio Agamben (1981, p.28):

> Por sua própria ambiguidade, o valor negativo da acédia assim se torna o fermento dialético capaz de converter a privação em posse. Permanecendo seu desejo fixado sobre o que está fora de seu alcance, a acédia não é somente uma *fuga de*..., mas ainda uma *fuga para*..., que se comunica com seu objeto pelo modo da negação e da carência.

Sem que o pensador italiano o faça, não é arbitrário relacionar sua reflexão com o papel que a melancolia desempenhará na mística. Se houvesse espaço, caberia recorrer a místicos como San Juan de la Cruz e Teresa de Ávila. Não que recusassem o papel negativo da experiência propiciadora do pecado, senão que a melancolia também podia se revelar o meio que propiciava a aproximação não só espiritual, como corporal, para não dizer mais precisamente erótica, com a divindade humanizada do Cristo.

Associada, no começo, à tristeza profunda e perigosa também para a saúde da alma, e ao desespero, no final da Idade Média, a acédia apontava para a melancolia. Em toda sua vasta extensão temporal, era confundida com um estado pecaminoso, próprio para afastar os que a sofriam de dedicar-se aos serviços devidos à divindade:

> Evagirius Pontius usava como seu quadro de referência as oito tentações principais ou os pensamentos do mal contra os quais o monge tinha de lutar, afins aos oito, outras vezes sete, pecados capitais do cristianismo posterior. Nesse esquema, sua descrição da acédia era muito mais abrangente e sistemática do que a de seus predecessores. A condição [da vítima] era caracterizada pela exaustão, apatia, aversão à célula, à vida ascética e pela ânsia de retorno à família e à vida passada. (Jackson, 1986, p.66)

Sem esconder o caráter extremamente sumário do que aproveito, ele não deixou de ser indispensável para que se tenha em conta como a dimensão assumida pela melancolia por meio do pecado da acédia ultrapassava, por seus efeitos ético-religiosos, a dimensão médica. O peso dessa duplicação não desaparecerá com o advento de uma nova era. Antes de abordá-la, porém, devo notar como as *Problemata*, só descobertas séculos depois, e a princípio atribuída a Aristóteles, pressupunham uma reviravolta.

A partir de Hipócrates, passando por Rufus, pela medicina romana, que não mencionei, pela árabe e bizantina, sistematizada afinal por Galeno, a tradição antiga havia reiterado a propriedade da melancolia como doença do corpo, passível de conduzir à epilepsia, à cegueira ou à loucura. (Não será preciso insistir que, em conformidade com a mesma linhagem, embora pela diversa orientação "científica", a psiquiatria moderna costuma entendê-la como depressão.) A memória do projeto se impôs para acentuar-se a divergência introduzida no conjunto das *Problemata*, pelo "Problema xxx", no item 1. (Hesitam os editores mais recentes em atribuí-las a Teofrasto, sucessor de Aristóteles, ou a um de seus discípulos. Pela heterogeneidade das questões levantadas pelo conjunto, é preferível pensar-se numa variedade de autores.) A observação, incomparável em termos de relevância, contida na obra conjunta de Klibansky, Panofsky e Saxl (1979, p.90), é longa, mas indispensável:

> O "Problema xxx" situa-se [...] em um ponto da história do pensamento em que o platonismo e o aristotelismo interpenetram-se e equilibram-se. Havia sido platônico fazer da noção de furor o fundamento único dos talentos criadores mais elevados. Tinha sido aristotélico propor uma interpretação à luz da ciência racional para explicar essa relação ao mesmo tempo reconhecida e misteriosa entre o gênio e a loucura [...] para resolver as contradições existentes entre o mundo dos objetos físicos e o mundo das ideias.

Tão importante quanto a aproximação com o *Fedro* – "[...] Os maiores bens nos vêm do delírio (*furor*), que, sem dúvida, é uma dádiva dos deuses" (Platão, 1975, 244a) – originalmente destacada por Marsilio Ficino, é a verificação feita pelo trio dos pesquisadores da diferença entre a passagem do Sócrates platônico e a reflexão originada do pensamento aristotélico: ao passo que a primeira expunha o furor divino por meio de um mito, a formulação de cunho aristotélico tentava explicar a melancolia, enquanto motivadora da genialidade, por um argumento de ordem racional. O item em causa principiava por se indagar:

> Por que todos aqueles que se tornaram eminentes na filosofia, na política, na poesia ou nas artes têm claramente um temperamento melancólico, e alguns em tal extremo que são afetados pela bílis negra, como se diz haver sucedido, entre os heróis, com Hércules? (Pseudo-Aristóteles, *Problemata*, xxx, 1, 10 ss.)

O autor acrescentava como exemplos, então temporalmente próximos, Empédocles, Platão, Sócrates, "inúmeros outros homens conhecidos e também a maioria dos poetas" (ibidem, 26 ss.) e, entre os antigos, a passagem de Belerofonte, na *Ilíada*, a história de Ájax, e a resposta de Ulisses a Penélope, na *Odisseia*: "Não me censures, nem à serva, presumindo o vinho / ser responsável pelo olhar vidrado" (Homero, 2011, xix, v.120-2). Também a referência homérica ao vinho reaparecia nas *Problemata*:

> Tomado em grandes quantidades, [o vinho] parece produzir qualidade como as que atribuímos aos melancólicos, fazendo os homens, por exemplo, irritáveis, benevolentes, compassivos ou intranquilos, ao contrário do que sucede com o mel ou o leite (ibidem, Canto 34, 6)

(É sintomático que, malgrado introduza uma explicação bastante oposta à tradição médica clássica, o autor do "Problema xxx", 1, não se afasta da causalidade estabelecida desde Hipócrates. O que vale dizer, mesmo então a interpretação clássica não chegou a ser abandonada.)

Devida de início a Marsilio Ficino, a conjunção entre Platão e Aristóteles provocará, a partir da escola platônica de Florença, um efeito fundamental na reflexão renascentista. Porém, antes mesmo de vir a umas poucas passagens do *De triplici vita* (1581), seja observado que o fato de a dita conjunção haver surgido na Renascença – por Starobinski considerada "o tempo áureo da melancolia" – não impediu que a tradição médica continuasse dominante. E, por diversa que a espiritualização artística promovida pelo Renascimento seja bastante outra quanto à tradição psicoterápica, não deve ser empecilho para que se note sua alguma proximidade com a busca de explicação pelo filósofo italiano. Em *De triplici vita*, o reestruturador dos estudos platônicos mantinha a combinação, que já se notou no "Problema xxx", 1, da velha tradição hipocrático-galênica com o furor divino do *Fedro* e a reflexão de origem aristotélica, a elas ainda acrescentando o papel saliente da astrologia, relevante tanto na Antiguidade tardia como no início dos tempos modernos. À astrologia, Ficino ainda acrescentava a leitura dos eruditos árabes. Ante o descrédito que hoje cobre a astrologia, será surpreendente a relevância extraordinária que Ficino lhe concedia. Dizia, por exemplo: "Segundo os caldeus, os egípcios e os platônicos, [...] os astros não são corpos vazios de sentido: a divindade os anima, sendo regidos por divina inteligência" (Ficino, 2012, p.173).

À função atribuída aos astros ainda se acrescentava o pressuposto da harmonia que deveria reger os atos humanos e sua criação. Mais do que uma disposição voluntária da espécie, a harmonia seria estabelecida pela concordância entre o micro e o macrocósmico, que o filósofo encontrava afirmada na tradição grega, mesmo antes do reconhecimento da influência dos astros:

> Distribuímos e discorremos a harmonia das coisas superiores em sete classes de objetos. A saber: as imagens estabelecidas harmonicamente (ou reputadas como tais); os remédios temperados conforme uma certa consonância; os vapores e os perfumes preparados segundo uma regra semelhante de proporção; os cantos e os sons musicais, aos quais convém acrescentar os gestos do corpo, os saltos e as danças, decorrentes das concepções da imaginação feitas por nós mesmos; as concepções e os movimentos regulados da imaginação; os discursos coerentes da razão; as serenas contemplações do entendimento. (ibidem, p.169)

(A passagem servirá para que depois melhor se entenda a recepção do astrológico pelo pintor e gravurista Albrecht Dürer [1476-1528] em sua famosa *Melencolia i*, obra de 1514.)

MELANCOLIA

O trecho referido assinala que tais harmonias, em vez de se restringirem ao corpo, estendiam-se à alma, afetando sua capacidade imaginativa, racional e cognitiva. Formulando de maneira simples o estilo requintado do autor: por efeito da globalidade e do movimento do espírito, a imaginação está aparelhada para receber a influência de Marte ou do Sol. De idêntica maneira, a razão, impelida pela imaginação e pelo espírito ou por decisão própria, é capaz de alcançar, por imitação, um grau de semelhança com Júpiter, tornando-se mais receptiva a Júpiter do que a imaginação ou o espírito (ibidem, p.170). A modificação da formulação original do autor não impede que se compreenda que ele atribua a divisão de dons às influências de Saturno e Júpiter. Assim, se Saturno exerce o mesmo papel de Júpiter quanto aos que habitam "as alturas sublimes", Júpiter, em contraparte, é pleno de solicitude pelos que escolhem uma vida comum (ibidem, p.171).

Tal divisão de tarefas decorrente da influência oposta dos astros é fundamental para que se cumpra a promessa aspirada de harmonia na sociedade. Atribui-se a Saturno tudo que ocupa uma posição à parte na sociedade; a Júpiter, o que antes favorece a vida comunitária. É significativo que a conjunção do legado platônico-aristotélico – deixando-se momentaneamente de lado a nítida distinção estabelecida por Klibansky e seus pares – com a herança hipocrática conduzisse tanto à negação da melancolia como síndrome de doença como à própria moderação da genialidade – digo moderação pelo realce, paralelo, da vida favorecedora da comunidade. Vale ainda acentuar que o realce da harmonia que abrange a comunidade, para a qual é decisiva a contribuição da astrologia, contrapunha-se quer à abertura do "Problema XXX", I, quer a deste outro trecho do *Fedro*:

> Quem se apresenta às portas da poesia sem estar atacado do delírio (furor) das Musas, convencido de que, apenas com o auxílio da técnica, chegará a ser poeta de valor, revela-se, só por isso, de natureza espúria, vindo a eclipsar-se sua poesia, a do in-

divíduo equilibrado, pela do poeta tomado pelo delírio (furor). (Platão, 1975, XXII, a)[6]

Tal contraposição mostra que, da combinação por Ficino dos três legados ligados ao estado melancólico – o médico, o filosófico, o astrológico –, seja o terceiro o favorecido, sem a mínima restrição. A relação entre Júpiter e Saturno é decisiva para esse raciocínio. Opondo-se à tradição tardia da Antiguidade e medieval, que tomava a influência de Saturno como inevitavelmente maligna, Ficino a considera tanto positiva para os que preferem uma vida solitária, potencialmente, então, os gênios ou os "que se consagram de corpo e alma à contemplação divina" –, quanto nociva, "pela inimizade que de ordinário ele apresenta contra a vida humana comum" (Ficino, 2012, p.171). Sua malignidade é, no entanto, afastada desde que entre em conjunção com Júpiter, "que nos premune contra a influência de Saturno", de que nos resguarda "por suas propriedades naturais" (ibidem). Ficino, em suma, convertia a astrologia em uma curiosa dialética.

O posicionamento destacado quanto aos legados com que Ficino contava levava o filósofo renascentista a conceber a complexidade da relação da bílis negra com a melancolia. Em nenhuma outra ocasião parece mais sensato e extraordinário o comentário com que Jean Starobinski abria seu *L'encre de la mélancolie*:

> A mitologia da Noite não se deixa facilmente esquecer: a *bílis negra* de que falam os primeiros "fisiólogos" é *um mito substancial* que assume o lugar dos mitos pessoais. Um conteúdo irracional permanece na aparente simplicidade da teoria dos quatro humores. Enquanto o sangue, a fleugma e a bílis amarela expandem-se visivelmente e são evacuados sem grande dificuldade, a bílis negra, humor cativo e moroso, quase não encontra saída. (Starobinski, 2012, p.24)

---

6 Não tendo interesse em aprofundar o platonismo de Ficino, apenas chamo a atenção como sua exaltação da harmonia, a combinar a singularidade do indivíduo genial com o serviço prestado à vida comum, não deixa de ser estranha a contradição entre a poesia do "indivíduo equilibrado" e a do possuído por um furor, Nietzsche diria, dionisíaco.

Ficino recorre à bílis negra como se ela fosse a constitutiva de um dos quatro humores, cujo aparato médico opunha-se a seu prezado Platão. Mas, inconscientemente, não conciliava o inconciliável, pois a encarava como um mito, uma aparente propriedade fisiológica que deixava de indicar uma doença para remeter à singularidade dos gênios e dos contemplativos. Mas a recorrência à singularidade afirmada em data recente pelo ensaísta suíço não afasta por completo a contradição com que Ficino operaria. Pois vejamos como seu raciocínio avançava. À bílis negra ele acrescentava a pituíta (muco nasal, que acrescentava os gregos chamarem de fleugma), mantendo que uma e outra são prejudiciais ao gênio. Portanto, em uma primeira formulação, o filósofo renascentista acatava a função negativa da bílis negra e a alegação, que tomo de empréstimo a Starobinski, no contexto da obra *De triplici vita*, não faria sentido. Como conciliar a peculiaridade mítica da bílis negra com a formulação: "[...] homens letrados seriam os mais sãos, se a pituíta não lhes fosse contrária e dolorosa; e seriam os mais felizes e os mais sábios se a corrupção do humor negro não os conduzissem, com frequência, a serem tristes, à aflição e a se tornarem loucos" (Ficino, 2012, Livro I, cap. 3 [4])? Mas o cenário modifica-se por completo quando Ficino lança mão da presença dos astros. Reproduzo a passagem sem cortes:

> A melancolia dos homens de cultura resulta, principalmente de três tipos de causa. A primeira é celeste, a segunda, natural, e a terceira, humana. Causa celeste: Mercúrio, que nos incita às investigações eruditas, e Saturno, que nos permite prossegui-las e que conservemos nossas descobertas, as quais, na palavra dos astrônomos, são muito frias e secas (ou, se Mercúrio não é frio, ele é muito dessecado pela proximidade do Sol); secura que, segundo os médicos, é a natureza melancólica. Ora, Mercúrio e Saturno desde o começo concedem essa mesma natureza aos homens letrados, e neles a desenvolvem cotidianamente. (ibidem, cap.4, [4-5])

É manifesto o malabarismo do diagnóstico, por certo especulativo. Ante a impossibilidade de pesquisas efetivas da linhagem platônica, estimulada, ainda que corrigida pela influência de cunho aristotélico, havia de aceitar a afirmação da genialidade, assim como a influência positiva da conjunção entre Mercúrio e Saturno, contrabalançada pelas consequências negativas da combustão da bílis negra. De todo modo, a esgrima que, em parte, salvava os melancólicos, em parte, mantinha seu estigma, não lhe era bastante. Por isso, como vimos pela citação anterior, indagava-se das causas da melancolia. No prosseguimento do que chamava causa natural, recorre à tradição antiga, dando-lhe outra interpretação. O homem que se dedica às pesquisas precisa retirar-se do mundo exterior, para que aprofunde sua reflexão. Ora a interioridade assim privilegiada implicava penetrar na terra, dela se aproximar a que (Ficino provavelmente pensava na cor) a bílis negra se assemelha. Por meio, por conseguinte, de um raciocínio analógico, adequado à especulação que tanto privilegiava, como contra a qual não dispunha de uma alternativa, a bílis negra faz que a coesão, a imobilidade, a contemplação acentuem-se:

> Semelhante ela mesma ao centro do mundo, [a bílis negra] provoca a alma a procurar o centro das coisas singulares; eleva-a à compreensão das coisas mais sublimes, estando de acordo com Saturno, que é o mais alto dos planetas. Por sua vez, a contemplação, recolhendo-se constantemente em si mesma, atrai e adquire uma semelhança muito próxima da melancolia. (ibidem)

Causa humana: de acordo com as propriedades hipocráticas, o cérebro torna-se frio e seco, ou seja, também semelhante à terra. E melancólico! Como os homens de cultura, sobretudo os filósofos, "afastam seu pensamento do corpo e das coisas corporais, para uni-lo às incorporais e simples", o corpo dos filósofos "torna-se quase semimorto e de todo melancólico" (ibidem, [6]). (A filosofia prepararia a vida para a morte.)

O raciocínio é, na verdade, extremamente tortuoso. Mas, dadas as condições a seu dispor, seu exame da melancolia assume uma complexidade antes ignorada, e Ficino pode afinal declarar que a melancolia tanto pode ser favorável como nociva à genialidade. Favorável, conforme o testemunho do *Fedro*, também do *Ti-*

meu e do "Problema xxx", 1; desfavorável quando sua substância motivadora, a bílis negra, entra em combustão. "Pois, ao se aquecer e queimar, esse humor converte, com frequência, os homens em excitados e furiosos, no que os gregos chamavam de mania" (ibidem, cap.5, [7]). O duplo efeito da bílis negra, em síntese, decorre da própria natureza dela: "Essa capacidade de passar para os extremos não se encontra nos outros humores" (ibidem, [8]).

A chispa, portanto, que eu sentia derivar da anotação de Starobinski a associar a bílis negra a um mito que se punha em lugar dos mitos pessoalizados mostra-se então bastante justificada. Como mito, o que menos importava na consideração da bílis negra era sua descrição fisiológica.

A conclusão a que se chegou não contraria a afirmação de que a atmosfera diversa que a melancolia encontrava no Renascimento não representava, propriamente, um corte com a tradição antiga, embora a complexidade agora alcançada não tivesse precedente. Muito menos que a função concedida à astrologia se contrapusesse ao excesso ético-religioso medieval, conquanto também lhe desse outra inflexão. Seria demasiado pensar que a influência dos astros, o exame de suas posições espaciais e de suas conjunções tenham desempenhado um papel capital na afirmação bem posterior do estrito determinismo científico?

Uma última observação: em um longo ensaio de 1920, Aby Warburg (2010) analisará minuciosamente um aspecto da questão astrológica que não vejo aproveitado nas histórias da melancolia. É certo que não se trata do fenômeno melancólico em si, senão da relevância assumida pela astrologia em questão historicamente tão importante como a da rebeldia religiosa que conduzirá à Reforma. Apenas uma referência será suficiente para se mostrar o papel que a indagação dos astros terá na querela entre Roma e a dissidência luterana. Chama de imediato a atenção a carta de Melanchton (1497-1560) a outro correligionário de Lutero (1487-1546), o filósofo e astrólogo Johann Carion (1499-

1537), datada de 1531. A propósito dos embates bélicos travados entre príncipes a favor ou contra a insurreição religiosa e da coincidência com o aparecimento de cometa no ano da missiva, Melanchton escrevia em latim e Warburg (2010, p.430) o traduz:

> Há mais de oito dias vemos um cometa. Que pensas a respeito? [...] Sem dúvida, *significa a morte de príncipes*, mas sua cauda parece dirigir-se para a Polônia. Espero tua opinião. De todo coração, te agradeceria que me comunicasses a o que pensas. (grifo meu)

Como se não bastasse a indiscutível convicção do principal colaborador de Lutero, Melanchton declara enfaticamente: "De fato, impressionam-me profundamente não só as predições astrológicas como também as profecias" (ibidem, p.431). Não ressalto sequer que fosse grave a impressão que as predições astrológicas (*astrologische Voraussagen*) lhe causassem, senão que as pusesse acima das próprias profecias (*Weissagungen*). Destaque-se ainda um dado mais surpreendente: embora o autor da carta fizesse parte do grupo mais próximo do rebelde religioso, a convicção de Lutero sobre a astrologia era radicalmente oposta. Contra o astrólogo romano Gauricus, que fazia parte do complô em favor da causa de Roma e havia recebido a acolhida favorável de Melanchton, em agosto de 1540, Lutero escrevia: "Ninguém, nem Paulo, nem um anjo celeste, menos ainda (o rei) Felipe, persuadir-me-á a crer nas predições astrológicas, que, com frequência, são enganadoras e nunca deixam de ser incertas" (ibidem, p.439).

Lamento não acompanhar a continuação do debate nas próprias hostes luteranas. Chamo apenas a atenção com Warburg que a divergência, que terminará com a vitória do ponto de vista de Lutero, demonstra que a aceitação dos prognósticos astrológicos realizava-se mesmo entre os seguidores mais cerrados do líder da Reforma. Na falta de seu aprofundamento, note-se que a corte papal hostil, mergulhada no requinte renascentista, paralelo a seu luxo e corrupção, estava, entretanto, presa à mesma crença no papel dos astros. Isso leva a compreender-se melhor a relevância da astrologia no pensamento de Marsilio Ficino.

A exemplaridade de Dürer

Como em meu próprio texto a exemplaridade do gravurista Albrecht Dürer só apontará pela referência à contribuição analítica de Aby Warburg, Raymond Klibansky, Erwin Panofsky e Fritz Saxl, por sua vez já apoiados em pesquisas de contemporâneos seus, compreendi que deveria descobrir um meio de justificar sua alegada exemplaridade. O recurso, pouco importa que grosseiro, consistiu em interromper a sequência numérica dos itens pelo emprego da primeira letra do alfabeto grego.

Pela bibliografia de que disponho, é justo dizer que a interpretação aqui sintetizada foi iniciada pela pesquisa que Warburg (1866-1929) já realizava, em 1905. Mas não a utilizo, senão a partir de informações biográficas indispensáveis.

Dürer inova no mundo da pintura e da gravura a partir da condensação do legado que se prolongava desde a Grécia antiga, passando pelo pensamento medieval, pela arte e pelo pensamento renascentistas até a Renascença tardia. Seu contato com a pintura italiana, iniciado pela viagem de 1494, faz que lhe seja visível a contradição que marcava o período. Procuro acentuá-la pela comparação de sua vida com o que se passava com um dos gênios da Renascença italiana. Dürer nascera e passara a maior parte de sua vida em Nuremberg, cidade de um país de costumes tradicionais; pertencia à classe média baixa, filho de um gravurista de pouco êxito, com quem começara a aprender o ofício, que se propunha a habilitar o filho a continuar sua condição de artesão, atividade socialmente pouco qualificada.

Graças à amizade do jovem Albrecht com Willibald Pirckheimer, pertencente a uma das famílias nobres da cidade, o futuro artista se "mantinha informado dos desenvolvimentos na filosofia contemporânea e na arqueologia" (Panofsky, 1964, p.7). Dessa maneira, foi levado a saber o que sucedia na arte italiana, cuja repercussão era então, em seu lugar de origem, nula. A influência do amigo nobre foi decisiva para que, em sua segunda viagem à Itália, em 1504, recebesse "ao chegar em Veneza, a mais honrosa comissão a que um pintor alemão podia aspirar: a execução de um retábulo para o altar de Nossa Senhora, na igreja nacional da colônia alemã, a igreja de São Bartolomeu" (ibidem, p.9). Mas a condição humilde reservada aos artesãos, entre os quais se mantinha o aprendiz de Nuremberg, não se limitava a uma região de *ethos* conservador. Na própria Itália, o artista apenas principiava a deixar de ser considerado um *déclassé*. Prova-o a história de um de seus gênios. Quando criança, Miguel Ângelo fora surrado pelo pai porque já mostrava inclinação para a pintura. E, como assinala a não menos notável pesquisa de Margot Wittkower (2007), de acordo com Condivi, o criado e biógrafo do pintor, "a família de seu mestre considerava vergonhoso que um dos seus houvesse escolhido tornar-se um artista [...]" (Wittkower; Wittkower, 2007, p.11).

Paradoxalmente, aquele que, por sua convivência com a nobreza, nunca deixou de ser uma personalidade conservadora, foi quem, enquanto se mantinha arraigado ao pensamento tradicional, a ponto de nunca haver renunciado à concepção dos quatro humores (cf. Klibansky et al., 1979, p.440), atingiu, na composição do *Melencolia I*, a expressão por excelência nova do fenômeno que aqui se estuda.

Só a partir de agora devo empregar o material pesquisado por Aby Warburg (2013), começando por caracterizar a importância do que o pintor executa em sua primeira viagem à Itália. Data de 1494 seu desenho de *A morte de Orfeu* e a cópia de uma gravura procedente do círculo de Mantegna, que, declara Warburg (2013, p.435), na abertura de sua análise, servirá de modelo para o dedicado aprendiz.[7] Warburg comentava o desenho:

> *A Morte de Orfeu* não representava apenas um motivo artístico de interesse meramente formal; antes era uma experiência arraigada no obscuro mistério da saga dionisíaca, verdadeiramente revivida de modo passional e empático no espírito e segundo as palavras do remoto passado pagão. (ibidem, p.436)

---

7 Tanto o desenho quanto a gravura referidos estão reproduzidos, quer na edição alemã dos ensaios, quer na tradução brasileira de sua obra principal.

MELANCOLIA

Muito embora Warburg considere que Dürer se mantivesse fiel aos legados de Mantegna e Pollaiuolo, cujas obras lhe serviam de iniciação no fazer novo, não deixa de notar que, no momento de seu retorno à Itália, estando, em 1506, em Veneza, afirma por carta sua diferença de apreciação: "A coisa que tanto me agradou onze anos atrás não me agrada mais. E, se não o tivesse visto com meus próprios olhos, não acreditaria se qualquer outra pessoa o dissesse" (apud Warburg, 2013, p.440). Dürer, argumentava seu pesquisador, contrapunha-se ao "maneirismo barroco", e à ênfase dionisíaca contrapunha a "sobriedade apolínea". Por isso, concluía Warburg, "as imagens da morte de Orfeu devem ser vistas como um relato intermediário das primeiras estações escavadas daquela via pela qual os antigos [...] [partindo de Atenas] chegaram a Nuremberg" (ibidem).

Assim se iniciava a criteriosa investigação que alcançará seu ápice com Klibansky, Panofsky e Saxl (1979) – parecerá estranho que o nome de Aby Warburg mal figure no capital *Saturne et la mélancolie*. No entanto, a continuidade e o desdobramento do ponto de partida do pequeno ensaio de 1905, e continuado pelo já citado de 1920, são bem percebidos pelo leitor atento do que Klibansky e seus companheiros escreverão a propósito da única obra de Dürer que será aqui examinada. A continuidade verifica-se a partir da exploração pelo gravurista de Nuremberg da herança que começara a absorver pelo contato com artistas italianos. Mesmo que deles diferenciado pela sobriedade de seu traço, mantém-se na proximidade daqueles de que se afasta estar arraigado à teoria antiga dos quatro humores, bem como, de modo mais incisivo, pela função que, embora adepto das convicções de Lutero, mantém reservada à astrologia.[8] Sem o reconhecimento do papel dos astros, a gravura de Dürer perde o sentido.

Passemos então a acompanhar a abordagem empreendida em *Saturne et la mélancolie*. O exame de seus autores se baseará no detalhamento de seus muitos *topoi*, a começar por *A bolsa e as chaves*. Sua explicação pode ser abreviada.

---

8 Para maiores detalhes, ver Warburg (2010, p.424-91).

Na gravura, a bolsa mostra-se solta do corpete e as chaves não menos deixadas ao léu, indicando um desleixo, uma verdadeira distimia – literalmente conforme o termo empregado no aforismo XXIII, de Hipócrates, *dysthymíe* –, em contraposição à afirmação medieval, em cujas descrições o melancólico sempre aparecia como avarento ou ladrão, "portanto implicitamente como rico" (Klibansky et al., 1979, p.448). Se a gravura encarece o temperamento melancólico da figura central, seu abatimento contrariava a presunção medieval. Se as explicações ainda não nos bastarem, leia-se esta outra passagem: "Em uma antítese digna do próprio Saturno, as fontes astrológicas fazem-nos saber que, além dos pobres e dos humildes, dos escravos e dos saqueadores de túmulos, Saturno ao mesmo tempo governa os ricos e os avarentos [...]" (ibidem).

Passe-se ao segundo e terceiro *topoi*: *A cabeça vergada, apoiada sobre o punho cerrado*. Notam os autores que sua combinação já aparecia nos cortejos fúnebres formados a partir dos sarcófagos egípcios ou, nos exemplos medievais, representava tanto a dor de João ao pé da Cruz como a aflição da *anima tristes*, de que fala o salmista, "a contemplação profética dos poetas, dos filósofos, dos evangelistas e dos Pais da Igreja ou mesmo o repouso meditativo de Deus pai, no sétimo dia" (ibidem, p.450). Em suma, o *topos* supunha a aflição, "mas talvez também a fatiga ou o pensamento criador" (ibidem). Se, entretanto, tomamos o punho cerrado em si, seu significado é bastante unívoco: "[...] Sempre considerou-se o punho cerrado como signo de avareza, típico do temperamento melancólico" (ibidem, p.453).

Do larguíssimo espectro de exemplos, baste destacar que a testa vergada e o punho cerrado são homólogos ao motivo da bolsa e das chaves, pois a figura feminina, que encarna a Melancolia, tem, evidentemente, uma fisionomia cerrada, crispada, com os olhos tensos. Muito menos será preciso uma longa explicação para o entendimento da face sombria:

> Podemos lembrar que esta "face negra" era um traço muito mais frequentemente citado na tradição do que era o punho cerrado. E o

Albrecht Dürer
Melencolia I
gravura, 24 x 18,8 cm, 1514

filho de Saturno e o melancólico, fosse por doença ou por temperamento, passavam entre os Antigos como de pele escura e negros no rosto. (ibidem, p.453)

A explicação reiterada da presença da bílis negra em estado de combustão conjugava-se com facilidade com a tonalidade sombria do centro da gravura, que se estende por mais do que sua metade. É o aspecto taciturno da figura central, numa postura manifestamente carregada, com o compasso quase largado ao colo e os meios habituais ao geômetra largados no chão, tendo próximos a si um cão em estado de encolhimento e sonolência que falam por si. Os elementos referidos dispõem-se em torno da mulher, semelhante a um anjo com as asas caídas, numa combinação indefinida de uma figura humana com um ente celeste.

Definida em termos da história dos tipos, escrevem os autores que a gravura de Dürer pode ser entendida como a da Geometria abandonando-se à melancolia ou da Melancolia dedicando-se à geometria (ibidem, p.492-4). Se a análise até agora basicamente se restringira a combinar motivos historicamente bastante conhecidos, ainda que seu sentido usual fosse invertido, seus autores agora fazem algo inusitado: mostram que o artista reunia uma arte liberal, a Geometria, privilegiada tanto no ensino medieval como no Renascimento, aproximando-a de um temperamento sempre encarado como uma doença do corpo e/ou da alma. A excelente formulação que é então feita não deve ser evitada:

> O ateliê de Geometria, cosmo de instrumentos nitidamente dispostos e empregados para um bom fim, transformou-se em um caos de objetos inutilizados; sua dispersão fortuita reflete uma indiferença psicológica. Ou a inação da Melancolia não é mais a letargia do preguiçoso, nem a inconsciência do sonolento: ela se transformou na preocupação obsessiva do nervoso. (ibidem, p.494)

Ante a ênfase posta na combinação de uma arte liberal com um temperamento, de conotação antagônica, os detalhes ainda não vistos, sem que sejam insignificantes, são laterais. Destaco um motivo que pareceria menor: a coroa silvestre que circunda

MELANCOLIA

a cabeça da figura central. Os autores chamam a atenção para as pesquisas de um certo Giehlow, cuja morte precoce já fora lamentada por Warburg: "Segundo notas inéditas de Giehlow, no século XVI, recomendava-se expressamente ao melancólico aplicar sobre sua face, 'como um emplaſtro', hervas húmidas [...] na coroa da Melancolia" (ibidem, p.503, nota).

Saliente-se, da mesma maneira, que, próxima a uma das asas, eſtá a figura de uma criança, cuja fisionomia, apesar da semiescuridão que a envolve, tranſpira uma expressão de ingenuidade contraſtante, ao passo que, na extremidade do chão, o cão que dormita "significa a morna triſteza de uma criatura que se entrega completamente ao que lhe apraz ou à sua doença" (ibidem, p.498). Note-se ainda, ao fundo, a irradiação intensa de um fenômeno celeſte, cujos raios maiores circundavam o nome *Melencolia*, no meio atravessada por um morcego. Cesare Ripa é então citado como aquele que explicava o morcego implicar "um atributo do '*crepuscolo della sera*'" (ibidem, p.497). Toda a cena, portanto, induz a supor o entardecer, que explica "naturalmente" a semiescuridão que envolvia a geômetra melancólica, assim como a intensa luminosidade do fenômeno celeſte faz recordar a carta já citada de Melanchton, acerca da gravidade com que eram interpretadas as aparições dos cometas.

Ou seja, ao lado dos *topoi* ou lidos de acordo com o entendimento secular ou pelo avesso, a luminosidade de um corpo celeſte acentuava o papel da aſtrologia, na leitura de um todo que Dürer tornava inédito e extraordinário pela combinação da arte liberal da Geometria com um temperamento tradicionalmente tão malviſto. E, já que lembrei do ensaio de Warburg de 1920, note-se a convergência de sua leitura com a dos três intérpretes a propósito do quadrado mágico, expoſto no alto da parede ao fundo. Em poucas palavras, o quadrado mágico referia-se à conjunção favorável de Júpiter com Saturno, condição, dizia Warburg (2010, p.474), para que, fora de medidas eſtritamente médicas, combatessem-se os efeitos nocivos da bílis negra. (A formulação em *Saturne' et la mélancolie'* é mais erudita e sintética, sem conter novidade [cf. Klibansky et al., 1979, p.503]).

Eis, em suma, configurada a nova figuração da melancolia. Em vez de uma doença de incidências variadas e até bastante graves, ela combina, de maneira inesperada, *um temperamento e uma modalidade produtora de conhecimento.* Passa, portanto, a conotar, uma doença e uma possibilidade de genialidade. A afirmação do gênio era acompanhada pelo sentimento de grave *tristitia*, alimentada pela constatação da falta de sentido para a vida humana. Dürer configura, por sua gravura, o que não deixa de ser pouco simpático para a humanidade: compreender que a presença do inventor seja acompanhada pelo atrito, pelo desprezo ou pelo rancor de seus contemporâneos.

Robert Burton e *The Anatomy of melancholy*

Já conhecia a obra de Robert Burton (1576-1640) quando tomei conhecimento da edição crítica, com três volumes de texto e três de comentários, que a Oxford University Press começou a editar em 1989, e adquiri a tradução brasileira de Guilherme Gontijo Flores (Burton, 2011). Antes de uma e outra, no entanto, não tive a disposição de ler seu emaranhado de frases em que o inglês sempre propiciava algum complemento latino. Ao fazê-lo, passei a contar com a preciosa tese doutoral de Jean Starobinski, que, tendo sido ganha do autor, durante anos a mantivera fechada. A seu achado ainda correspondeu a síntese que o mesmo ensaísta suíço apresentaria como prefácio à tradução francesa da *Anatomie de la mélancolie*. Descrevendo-a como uma *"bizarrerie baroque"*, repleta de autocríticas e justificações, como uma verdadeira enciclopédia do que durante séculos se escrevera sobre o humor da bílis negra, Starobinski talvez explicasse a resistência que eu opusera à cerrada erudição latina introduzida pelo bibliotecário do Christ Church, não só por exigir a travessia de tanto latim por parte de quem sabe tão pouco quanto porque as centenas de autores citados formavam uma enciclopédia, tipo de obra que não se lê de ponta a ponta.

Seja justa ou não a explicação de minha prévia incúria, a verdade é que ela se contrapunha ao empenho dos contemporâneos do autor. Sua obra recebeu sucessivas edições, apenas cessadas quando a teoria dos quatro humores perder toda a credibilidade médica. Isso parece indicar que a avidez de seus leitores estivera na dependência dos conselhos e prescrições que Burton concentrava no que chamava a *"second partition"* da obra. Tratavam-na como se fosse um compêndio médico.

Não preciso conceber hipóteses que não possa confirmar. Basta estar atento ao começo do texto do extenso "Ao leitor" para conhecer-se a justificativa que Burton, o teólogo, oferecia para sua opção. À semelhança do que sucede por toda a obra, sendo a passagem oceânica, será oportuno reduzi-la a seu núcleo:

> Se algum médico [...] sentir-se ofendido por eu ter invadido sua profissão, eu o hei de responder em poucas palavras que não faço algo diverso do que eles fazem conosco. Se for para o lucro deles, conheço muitos de sua facção que receberam as ordens, na esperança de um benefício [...]; por que um teólogo melancólico, que não ganha nada pela simonia, não poderia professar a medicina? (Burton, 2011, I, p.82)

Para o que pretendia, o trecho já é suficiente. Mas é curioso: à medida que releio *A anatomia da melancolia* minha relutância com sua escrita diminui. Menos me preocupo com a economia da página e mais me interesso em penetrar na fina ironia da continuação da passagem:

> Os jesuítas professam ambas[9] atualmente, vários deles *permissu superiorum*, cirurgiões, alcoviteiros, proxenetas e parteiros etc. Muitos pobres vigários do interior, por carecerem de mais recursos, são compelidos pela necessidade a se tornaram saltimbancos, curandeiros, charlatões, e se nossos gananciosos patrões nos mantêm em condições tão peníveis, como geralmente fazem, ele nos hão de impelir, na maioria, a trabalhos no comércio, como fez Paulo, empreiteiros, malteiros, verdureiros, vaqueiros, cervejeiros como alguns ou pior [...] Então posso escusar meus estudos como Léssio o Jesuíta num caso semelhante. É de uma doença da alma que estou a tratar, tão delegável a um teólogo quanto a um médico, e quem sabe não haja um acordo entre essas duas profissões? (ibidem)

---

9 As profissões de padre e médico.

O tom satírico, visando sobretudo aos padres, parece no final conter algum sincero arrependimento:

> E agora julgo que desperto como de um sonho: tive um acesso de desvario, um acesso de fantasia, variando de alto a baixo, dentro e fora, insultei homens boníssimos, abusei de alguns, ofendi outros, destratei a mim mesmo, e agora, recuperado e percebendo meu erro, gritei como Orlando, *Solvite' me'*, perdoai (*o boni* [ó bons senhores]) o que passou, e vos indenizarei com o porvir. (ibidem, p.199)

Ou o arrependimento seria um recurso para dobrar o leitor, que, se esteve interessado em afastar-se dos riscos da melancolia, já tivera de afogar-se com dedicatórias, versos intermináveis dedicados ao próprio livro, centenas de páginas em que nada se mostra certo, salvo que todo o mundo é "melancólico ou louco" (ibidem, p.195)? Como no amplo arco enumerado, Burton se isentaria a si próprio? Seu estilo caudaloso, que não despreza a mínima palavra escrita a propósito, não seria decorrência de que, no próprio disfarce, incluía-se em vez de isentar-se? Com certeza, a inclusão mais ou menos velada de si próprio era cabível porque era usada naquele "momento em que os diversos domínios do saber podiam ser postos em contiguidade e se acrescentarem complementarmente: as linguagens das diversas disciplinas eram miscíveis" (Starobinski, 2000, p.x). A miscelânea das modalidades discursivas naquela Renascença tardia só deixa de ser praticada ao se descobrir "que a bela unidade das sinopses renascentistas correspondia a uma ciência ineficaz" (ibidem).

Burton, que, frágil de saúde, tornara-se erudito, porque, dotado de certas posses, podia contentar-se com o ofício modesto de bibliotecário, aproveitou aquele instante para apresentar-se ao leitor como Democritus Junior. Seu fingimento ficcional precisava, contudo, estabelecer certos limites, pois do contrário o teólogo não podia contar com a autoridade de médico. Assim sendo, nada impedia que o leitor pragmático saltasse o largo prefácio e viesse às partições constitutivas de *A anatomia da melancolia* propriamente dita.

A mudança que se processará nos tempos não deixará por isso de favorecer o satírico "enciclopedista": ao cessar o interesse médico de seu tratado e depois de *A anatomia*... conhecer o interregno das sombras das bibliotecas, suas páginas serão reabertas com surpresa e entusiasmo pelos românticos. Seu reconhecimento transparecerá na conhecida "Ode on melancholy" de Keats. Fixo-me no pseudônimo que Burton escolhe. No começo do "prefácio satírico" explicava a razão do nome fictício que adotava. Tinha por modelo o "velho Demócrito", que preferira viver solitário, distante das gentes de Abdera, em uma casa de subúrbio, dedicado a seus estudos. Julgando-o demente, seus concidadãos convocaram o famoso Hipócrates, para que diagnosticasse a estranha figura. Atendendo ao chamado, Hipócrates o encontrara no jardim de sua casa, a escrever sobre a melancolia e a loucura:

> À sua volta havia carcaças de vários animais, recentemente cortadas e analisadas por ele; não para desprezar as criaturas de Deus, como disse a Hipócrates, mas para encontrar a sede dessa *atra bílis*, *ou melancolia* [...] com o intento de que pudesse curar melhor a si mesmo e, por meio de seus escritos e observações, ensinasse aos outros como preveni-la e evitá-la. (Burton, 2011, v.I, p.59)

O médico convocado e seu eventual paciente conversam longamente. Que Burton poderia dizer do que trataram? Por suposto, terá lido acerca do tempo em que se entretiveram. Mas o bibliotecário não estava para conversas encurtadas. Ao longo de dezenas de páginas, acumula seu incrível conhecimento sobre o que nos tempos antigos se escrevera a propósito do que discutem. E não o faz como se pretendesse tratar exatamente daquilo de que falaram, senão que examina o que tanto lera para considerar seu próprio modo de fazê-lo:

> Como um rio corre às vezes precipitado e veloz, depois moroso e lento, ora direto, ora *per ambages* [por sinuosidades]; ora profundo, ora raso, enlameado e depois cristalino, ora largo, ora estreito; assim flui meu estilo: ora sério, ora leve, cômico e depois satírico, ora elaborado, ora remisso, conforme exigisse o assunto no momento, ou minha disposição naquele instante. (ibidem, p.76)

Mas quer a volta se torna para o que faz, quer para o que os dois teriam discutido, o tema é sempre a condição humana. A ela sempre cabem as palavras que Burton recorda do *Eclesiastes*: "[...] No acúmulo de sabedora, acumula-se tristeza, e quem aumenta a ciência, aumenta a dor" (ibidem, p.87). Como nada mudara entre os tempos bíblicos e os tempos de agora, ao voltar à situação originária, declara-se que, depois de tão longa e dolorosa meditação, "o filósofo Heráclito [...] prostrou-se a chorar e com lágrimas contínuas deplorou [do homem] sua miséria, loucura e sandice" (ibidem, p.97). Demócrito, em troca, gargalha estrepitosamente.

Foi por presenciarem o que lhes parecia a comprovação da loucura do pobre velho, que os amigos e o povo haviam chamado o médico. Antes de lhes falar, Hipócrates indaga de Demócrito por que rira naquela ocasião. Sua resposta, por certo bastante extensa, dizia o que o sábio já esperava. Daí que ele conteste aos que o cercam da maneira como eles não esperavam. E, em carta que depois teria escrito a Damageto, Hipócrates afirma sua absoluta discordância. Aos que o indagam, "declara sucintamente que, apesar da negligência quanto às vestes, ao corpo e à dieta, o mundo não tinha alguém mais sábio, mais erudito e mais honesto, e que estavam muito enganados ao afirmar que fosse louco" (ibidem, p.102).

O tortuoso, mas não menos brilhante centão justifica a adoção do nome fictício assumido por Robert Burton. É verdade que a combinação das alusões com que preenchia o diálogo não transcrito de Demócrito com Hipócrates não o mostra um teólogo simpático à maneira como a divindade cuidava da criatura humana, mas a atenção às dissecações realizadas pelo velho solitário, bem como a finalidade com que as empreendia justificam seu interesse pela medicina. Mas aceitar que nossa espécie é insana o tornaria indigno da função de teólogo? Seu antepassado medieval podia ser demasiado redutor ao converter a melancolia no sinal pecaminoso da acédia, mas não em reconhecer a dificuldade para o homem em conduzir sua vida.

Já é hora de passarmos à própria *Anatomia da melancolia*. Dela, com pequena exceção, só acompanharemos a primeira partição. Nela, parte da própria tradição hipocrática, mantida e sistematizada séculos depois por Galeno: "Grande parte [...] define [a melancolia] como *um gênero de delírio sem febre, que apresenta como companheiros constantes medo e tristeza sem motivo aparente*" (ibidem, v.II, p.64).

Burton está bastante entranhado em sua enorme erudição para que se contentasse em destacar apenas um autor, muito menos em ressaltar as discordâncias constantes entre eles. (Note-se que a própria definição é precedida pela cláusula "grande parte".) Mas o pouco que apresentamos de Hipócrates é suficiente para verificar que (a) a variedade de nomes e passagem de séculos não abala a extrema proximidade da melancolia com o que os psiquiatras hoje costumam entender como modalidades depressivas, (b) como será sempre reiterado, a permanência do pouco conhecimento oferecido pela abordagem médica:

> (Medo e tristeza) diferem-na da loucura; (sem uma causa) é inserido por último para especificá-la em relação às paixões comuns do medo e da tristeza. [...] Medo e tristeza são os verdadeiros atributos e companheiros inseparáveis da maioria dos melancólicos, mas não de todos. Como bem excetua Hércules da Saxônia [...], pois para alguns ela é agradabilíssima, tais como os que riem demasiado; outros, porém, são audazes, desprovidos de todo tipo de medo ou aflição [...]. (ibidem, p.65)

A parte final da citação derivava da amplitude com que era ela caracterizada − era tamanha que um ensaísta da qualidade do erudito musicólogo Charles Rosen (2012, p.341) escreveria que "pareceria como se a melancolia pudesse ser usada para dar conta de qualquer forma de desordem física, salvo acidentes e ferimentos autoprovocados".

Mas não só isso: Burton, aliás Demócrito Júnior, aproveitava-se da incerteza para converter os diagnósticos controversos em um recurso estilístico. Com isso, tem facilitada a conversão de sua inconteste erudição em um tom satírico, pelo qual não só ironiza os tantos que lera, como critica e, ao mesmo tempo, exalta a si mesmo. A crítica e a exaltação podem se dar simultaneamente quando declara, ainda no prefácio, que não dirá nada de novo, nem sente a necessidade de acrescentar que a sátira que fazia, essa sim, era uma novidade na matéria.

Não menos tradicional era a reiteração da melancolia como enfermidade:

> Determino, como Alberto Bottoni, um doutor de Pádua, que ela começa na imaginação e *depois segue para a razão, se a doença for crônica, ou mais ou menos contínua;* mas por contingência, como acrescenta Hércules da Saxônia, *a fé, a opinião, o discurso e o raciocínio são depravados acidentalmente pela falha da imaginação.* (Burton, 2011, v.II, p.67)

Conduz-se do mesmo modo na determinação daqueles que a enfermidade frequenta. Entre outros discriminados, ela incide nos que "têm um coração quente, cérebro úmido, fígado quente e estômago frio, que ficaram doentes por muito tempo; os que são solitários por natureza, grandes estudiosos, muito dados à contemplação [...]" (ibidem), estando excluídos "os tolos e estoicos", apesar de Erasmo não isentar aqueles (ibidem, p.68). Sem novidade, são também consignadas suas causas: naturais ou sobrenaturais. Deus é a primeira: "[...] Por mais que forjem[10] sobre seus Nêmesis, ou que se iludam por artimanhas do Demônio [...] Deus é um defensor pelas costas, ele é *Deus das vinganças*, tal como o define Davi" (ibidem, p.75). Se, ao agir contra a astúcia demoníaca, Ele provoca a doença, também só a Ele cabe-nos salvar do incurável (ibidem, p.77). Ao assinalar a segunda causa, os demônios, Burton, como é seu hábito, multiplica as controvérsias. Sobre se podem ou não causar outras enfermidades, se são ou não compreendidos pela natureza finita do homem, discrepam autores e correntes até a vinda de argumento que, sem deixar de ter adeptos, considera tola: aqueles que "[...] chamamos anjos e demônios não são nada mais que as almas de homens passados que, por amor ou por piedade aos seus amigos ainda vivos, ajudam-nos e assistem-nos, ou então os perseguem [...]" (ibidem, p.79).

---

10 Poetas e papistas.

MELANCOLIA 49

Na continuação da passagem sobre os demônios (cf. Partição 1, seção 2, membro 1, a subseção 2 – ibidem, p.79 e ss.), a dispersão das opiniões é divertida. Limito-me a assinalar acerca da quantidade que Paracelso "sustenta firmemente" que são muitos, cada um com seu ambiente, ao passo que, para outros, "há mundos infinitos, e que cada mundo tem seus espíritos, deuses, anjos e demônios peculiares para governá-lo e puni-lo" (ibidem, p.88).

Particularmente neles interessado, Burton acrescenta que podem ser aéreos ou aquáticos, que copulam com as bruxas e podem ser tão submissos que o pai de Cardano possuiu durante anos um demônio aéreo (ibidem, p.93). Tampouco bruxas e magos estão isentos da melancolia, conforme o assegura o título da subseção 3, e a seguinte aponta para os astros.

A série das causas naturais termina com a nada estranha velhice, que, sendo fria e seca, nos mesmos moldes da melancolia, deve, por conseguinte, causá-la por meio da diminuição dos espíritos e da substância e pelo aumento dos humores adustos" (ibidem, p.116).

Venhamos mais rapidamente às causas naturais. A primeira delas são os pais, quando, afetados por um defeito físico, transmitem a melancolia hereditariamente, ou porque geraram os filhos na velhice ou com o estômago cheio (ibidem, p.117 e ss.). Também é causa natural a qualidade ou a quantidade de alimentos ingeridos, o medo, o pudor, o ócio e a força da imaginação: "Se uma mulher [diz Lêmnio [...]], no momento da concepção, pensar em outro homem, presente ou ausente, a criança há de ser semelhante a ele" (ibidem, p.173). (Não sei por qual fonte intermediária essa passagem chegou a Bentinho do nosso *Dom Casmurro*.)

O teólogo guardava especial atenção à melancolia de cunho amoroso ou religioso. Previsíveis como são, embora sua exposição seja muitas vezes saborosa, basta recordar que, em suma, a melancolia, dando lugar ora ao delírio ora à loucura, confunde-se com a própria condição humana. Vale a respeito uma das mínimas referências à Partição II: "Se sandice fosse uma dor, ouviríamos eles todos uivando, rugindo e gritando em cada casa [...]" (Partição II, seção 3, membro 8, subseção 1 – ibidem, v.III, p.227).

Se, por conseguinte, são infindas as situações em que a humanidade é passível de conhecer a melancolia, se a única cura, como dirá a Partição II, está na fé na outra vida, sua condição, em troca, é piorada pela má fama reservada à medicina e a seus praticantes. Como é próprio do autor, a afirmação pode ser levada a sério ou considerada uma ironia contra o próprio Ocidente. A primeira seria corroborada pelo próprio curso do tratado, que se empenha em acumular opiniões contraditórias; a segunda, por dizer que as regiões nórdicas – que pouco haviam então contribuído para a cultura ocidental – e as terras dos indígenas da América são habitadas por homens saudáveis, livres de médicos e boticários.

O que já se escreveu torna desnecessário mais do que um pequeno acréscimo. Robert Burton fez da contradição um verdadeiro recurso estilístico. É ela seu estilema sem preço. Starobinski (2000, p.xi) declarava que sua "bizarria 'barroca'" resultava da mescla "de imagens fabulosas, de autocrítica e de justificação". Mas a principal bizarria do autor esteve na mistura de sátira e o próprio endosso do contraditório. Seria oportuno explorá-lo, se contasse com algo divertido e semelhante às centenas de mezinhas médicas com que Burton compusera sua segunda partição.

A ABORDAGEM PSICOPATOLÓGICA

Como o propósito é tão só oferecer um esboço da história da melancolia, a fim de contar com o mínimo contorno histórico para o que será a tese justificativa deste livro, assim como explique serem dois terços deste cobertos pela análise de certas obras, prescindo do que se passa entre a decadência da persistente teoria dos quatro humores e a abordagem psicoterápica. Essa será abordada apenas por um texto de Freud, publicado em 1916, e pela alusão à reflexão posterior de Ludwig Binswanger, realizada em 1960.

Luto e melancolia é um dos textos mais divulgados de Freud (2010). Como tem sido e permanecerá regra neste livro, ele só me interessará pelo que toca ao propósito aqui destacado. Explicitamente: Freud pensa a melancolia no interior do quadro clínico

MELANCOLIA 51

que desenvolvia, diverso e autônomo da orientação médica dos séculos passados e da abordagem psiquiátrica. De nosso ponto de vista, ela interessará tendo em conta a relação a estabelecer entre ela e certa forma discursiva: o discurso da arte, mais particularmente, da arte verbal e pictórica.[11]

Freud aproxima os estados do luto e da melancolia, porque seus traços se superpõem, com a diferença de que na melancolia sucede "um abatimento doloroso, uma cessação do interesse pelo mundo exterior, perda da capacidade de amar, inibição de toda atividade e diminuição da autoestima", enquanto no luto, "a autoestima não é afetada" (Freud, 2010, p.172-3). E Freud acrescenta sobre o luto: como é ele provocado pelo desaparecimento do objeto amado, a libido, em vez de se transferir, desaparece com o que se extingue. Por maior que seja sua duração, termina por se impor "o mandamento da realidade" (*Realitätsverbote*) e a libido volta a pulsar. Já na melancolia, o traço excedente, a perda da autoestima, é acompanhada pela ampliação de seu objeto: ela pode "ser reação à perda do objeto amado" ou a "perda é de natureza mais ideal" (*von mehr ideeller Natur*) (ibidem, p.174).

A diferença de âmbito da melancolia de algum modo perturbava Freud: "É preciso manter a hipótese de tal perda, *mas não podemos discernir claramente o que se perdeu* e é lícito supor que tampouco o doente pode ver conscientemente o que perdeu" (ibidem, p.175, grifo meu). Dito de modo mais preciso, o melancólico "na verdade, sabe *quem*, mas não *o que* nele perdeu" (ibidem). Na formulação original: "*Er zwar weiss wen, aber nicht, was er an* ihm *verloren hat*" (ibidem). A tal proximidade e diferença corresponde à resposta provocada pela expectativa das duas experiências. No luto, a inibição e a perda de interesse são explicitadas pelo *trabalho do luto* (*Trauerarbeit*), que, como a expressão já o indica, supõe a luta surda contra a permanência dos sintomas paralisantes, enquanto, acrescenta Freud, "a inibição melancólica nos parece algo enigmática, pois

---

11 Embora o que será dito a propósito das relações com a melancolia seja extensivo à música, por limite de conhecimento não me referirei a ela.

não conseguimos ver o que tanto absorve o doente. [...] No luto, é o mundo que se torna pobre e vazio; na melancolia, é o próprio Eu" (ibidem, p.175-6). A formulação expressa de Freud: "[...] *dass uns die melancholische Hemmung einen rätselhaften Eindruck macht*" (ibidem) – "[...] que a inibição melancólica nos faça (cause) uma impressão enigmática" – deu lugar a reparos de mentes secundárias: o mistério da inibição melancólica é motivado pela mesma causa de sua extensão; como adiante será explicado, dela ninguém está isento porque a experiência melancólica deriva de uma *carência* constitutiva da criatura humana.

Sem que se saia do estrito quadro freudiano, vê-se que seu reconhecimento do enigma da melancolia implica a percepção de que a experiência estudada ultrapassa os limites terapêuticos. Tome-se sua observação sobre as declarações da paciente em crise. Elas, dizia Freud (ibidem, p.178), "indicam uma perda no próprio Eu". O *"Verlust an seinem Ich"* (na versão original, ibidem) já conduz para além da clínica.

Em 1960, ao pronunciar o discurso de agradecimento na recepção do Georg Büchner Preis, o poeta Paul Celan (1988, p.42) não falava de suas crises melancólicas ou depressivas, senão que, ao tratar de seu próprio objeto por excelência, o poema, declarava: "Quando se fala de arte há sempre alguém que está presente e... não escuta corretamente". A frase pareceria conter um tom de queixa... melancólica. E talvez assim sucedesse. Mas só importa o que se segue. Na arte, a ausência não principia por quem a escuta, mas por quem a faz. "A arte cria a distância do Eu" (*Kunst schaft Ich-Ferne*) (ibidem). A arte aqui exige um certo caminho, "uma certa distância em uma certa direção" (ibidem, p.49). A afirmação do caminho, da distância e da direção, feitas sem um verbo, decorrem do termo inicial, o *"Ich-Ferne"*.

Embora passagens semelhantes de diferentes artistas pudessem ser acrescentadas, basta-nos a de Celan para dar-nos outro encaminhamento à perda ressaltada por Freud. Para que o argumento possa ser crível, teremos de aceitar que os dois autores falam de ângulos diversos: Freud, literalmente, do instante da crise, não menos literalmente, Celan do instante de criação ou, de modo

MELANCOLIA

mais preciso, do círculo de ausência que a arte estabelece entre o criador e seu receptor. Mas a diferença de angulação é menor que o dado convergente: a inevitável presença da perda. Se em Freud a perda do objeto transforma-se em perda do Eu, para usar suas próprias palavras, a "perda do objeto" é substituída por aquele que perde não saber o que nele perdera. Por isso ainda, como será dito próximo ao fim do *Luto e melancolia*, a melancolia "pode ultrapassar bastante o luto, que via de regra é desencadeado somente pela perda real, a morte do objeto" (Freud, 2010, p.191).

Antes de aprofundar as consequências dos encaminhamentos diversos que a experiência da melancolia terá para a clínica psicanalítica e para a análise da forma discursiva da arte, ainda devo me concentrar na primeira. Seu exame levará a um trajeto inesperado.

Sem em algum instante desdizer o que a melancolia tinha para ele de enigmático, Freud procura compreendê-la, para habilitar-se ante seus pacientes. O fenômeno só ultrapassa aquele estágio em seu momento crítico. É nesse instante que sua distinção quanto ao luto evidencia-se. A "perda do objeto" amado enseja o "trabalho do luto". Nem por isso desaparece pontualmente a melancolia, pois o paciente desconhece o que perdera. Ora qual a instância do Eu é afetada senão aquela que, confundindo-se com a razão de que brota a consciência, põe fora de cena o próprio Eu? O que vale dizer, os rumos tomados pelo psicanalista e pelo poeta que antes notávamos em discrepância agora se assemelham e quase parecem se superpor: ambos supõem a derrota da razão. Nem por isso, entretanto, as duas se aproximam. Como não há uma clínica para a criação da arte, o fenômeno do *Ich-Ferne*, de modo algum, confunde-se com o *Ich-Verlust*. Advém daí a discrepância que Jean-Luc Nancy (1993) estabelecia quanto a "luto e melancolia". Seu argumento pode ser assim recomposto: a "perda do eu" apenas constata a violenta crise pela qual passa o sujeito. Não se confunde com o luto, porque esse supõe um trabalho passível de ser incentivado sob a direção do psicanalista e que visa devolver o paciente à arena vital da libido. (É nesse sentido que, anos atrás, Julia Kristeva [1987, p.13-41] conferia à psicanálise o epíteto elogioso de "*un contre-dépresseur*", no ensaio de abertura do seu *Soleil noir: dépression et mélancolie*). Aceito dizer com Jean-Luc Nancy (1993, p.3) que "'o trabalho do luto' [...] tem muito a ver com o trabalho da filosofia – é o próprio trabalho da representação. No fim, o morto será representado e assim neutralizado". Mas, logo a seguir, acrescenta que "o luto é sem limites e sem representação. É lágrimas e cinzas. É: recuperar nada, representar nada. E assim é nascer para este não representado do morto, da morte" (ibidem). A segunda proposição estabelece uma contradição com a anterior. Elas se conciliariam se Nancy mais modestamente declarasse que o trabalho do luto não se completa, porque só clinicamente pode-se pensar que o desaparecimento da figura querida termina por se apaziguar na estabilidade de uma representação. Não é, por conseguinte, que luto não recupere nada. Fosse assim, uma vez enlutada, a criatura estaria fora da arena da vida; como um boneco movente, restaria para sempre em sua beirada. A situação formulada por Nancy seria correta quanto à criatura irremediavelmente envelhecida. Pois como esqueceríamos a passagem de "Sailing do Byzantium" de Yeats (1987, p.158):

> Um homem velho é apenas uma ninharia,
> trapos numa bengala à espera do final,
> a menos que a alma aplauda, cante e ainda ria
> sobre os farrapos de seu hábito mortal

Para evitar autonomizar o debate do propósito que se propunha, apenas acrescento: embora o "trabalho do luto" não se ponha no antípoda exitoso que Freud pretendia, a psicanálise está correta quando seu criador compreendia haver algo enigmático na melancolia. O enigmático transparecia ao ser acentuado seu clímax negativo: o "extraordinário rebaixamento da autoestima" (Freud, 2010, p.175). Mas esse curso, acentuado desde os antigos gregos, não é o único passível de ser percorrido. Como antevisto pela descendência aristotélica, a melancolia pode provocar um espaço criador. Ela não se confunde com o *soleil noir* de

MELANCOLIA

Nerval, pois a falta de sentido para o mundo e para a vida pode estimular a sensibilidade do paciente – ou do candidato a paciente, isto é, de toda a humanidade – para *dar corpo* ao que não tem sentido e não deixa por isso de permanecer *sem sentido*. A arte não concorre com alguma cura. Como compensação, ela perde para o mais trivial dos divertimentos. Concorde-se com Kristeva (1987, p.15) ao declarar que "não há imaginação que não seja aberta ou secretamente melancólica". Aceito que a psicanálise seja instrumento antidepressivo, preferível às drogas psiquiátricas e os efeitos que provocam. O circuito será demasiado estreito se apenas se considerarem tais variáveis e não se desenvolver a linhagem aristotélica, que sempre se manteve minoritária. A segunda parte deste capítulo procurará dela tratar. Antes de fazê-lo, uma breve alusão a Ludwig Binswanger nos servirá de ponte para a travessia.

Binswanger (1881-1966) foi igualmente notável como filósofo e psicanalista. Pela formação fenomenológica, sua reflexão que aqui importa parte do conceito husserliano de intencionalidade – ter consciência é exercê-la a propósito de algo, argumento que desenvolverá em *Melancholie und Manie* (1987). É a partir da intencionalidade que se constitui a constelação da temporalidade humana. Sua tríplice face é formada pela presença (a percepção), seu voltar-se para trás (a retenção) e o encarar o adiante (a protensão). A percepção provoca o destaque de parcela de um todo pressuposto – o "horizonte de expectativas". A parte não destacada pelo ato perceptual oferece a primeira retenção. (Tenho, diante de mim, a tela do computador e, sem precisar pensar, retenho o que está nela inscrito e o que lhe está próximo. Escuto, junto ao aposento em que trabalho, os passos de alguém; pelo modo como a pessoa pisa, sei se a reconheço.) A retenção é ultrapassada pela rememoração de uma experiência imediatamente passada. Essa se aprofunda e fornece a dimensão da lembrança (não há de ser confundida com o que se entende por memória!).[12] O mes-

---

12 A questão da diferença entre memória e lembrança remete ao problema da anamnese e do que chamei de "torsão temporal", destacadas a partir da releitura do *De anima aristotélico*, cf. Costa Lima (2009, p.110-42).

mo raciocínio cabe ser feito da dimensão temporal oposta, sem necessariamente partir-se do presente da percepção. Do mero caráter do instante presente presumo o que é possível de suceder (primeira etapa protensiva), e assim por camadas progressivas. A melancolia supõe uma interrupção nessa constelação temporal. Uma falha se interpõe entre as dimensões que ampliam o presente. A retenção, condensada na experiência tematizável pela lembrança (não confundida com a suposta fidelidade da memória), *engole* a protensão; a subsume. Daí o tradutor francês haver bem ressaltado a função que em Binswanger desempenha o interrogativo *"worüber"* (a propósito de quê), que, em condições "normais", funciona como um direcionamento para o que faço, uma ancoragem para o presente. Na formulação com que Starobinski magistralmente condensa a contribuição de Binswanger:

> A melancolia deve ser compreendida [...] como uma modificação que intervém na estrutura da objetividade temporal. Incapaz de efetuar o ato "protensivo" que o liga a um futuro, o melancólico vê se despedaçar o próprio fundamento de seu presente. (Starobinski, 2012, p.29)

Ainda que breve, é preciosa a combinação do arsenal fenomenológico com a indagação freudiana. Considerem-se os seguintes dados: entendida como uma quebra "na estrutura da objetividade temporal", a melancolia secularmente foi vista como fenômeno a que toda criatura humana está, conjuntural ou cronicamente, sujeita. Daí a insistência em considerá-la uma enfermidade. Porque, ao contrário, na linha da tradição quer aristotélica quer freudiana, já não há de ser confundida com um desfuncionamento biológico, sua universalidade para a espécie humana há de encontrar sua razão em uma propriedade dessa mesma espécie. Essa razão precede suas consequências, isto é, seja considerada um mal, uma enfermidade a ser cuidada, seja considerada condição para um produto antes desconhecido, isto é, para o aparecimento de algo potencialmente genial. Antes, portanto, de desenvolver a intuição de raiz aristotélica, a que se prenderá a segunda parte deste capítulo, fixo-me naquela primeiríssima razão.

MELANCOLIA

Para quem conheça meu livro precedente, *Os eixos da linguagem* (Costa Lima, 2015), não será novidade a importância que damos à tese desenvolvida pela então jovem Johann Gottfried Herder (1983), no ensaio sobre a origem da linguagem, "Abhandlung über den Ursprung der Sprache", de 1772. Apenas um breve apanhado que encaminhe para sua tese capital.

Ao contrário do que se costuma afirmar, a diferença entre o homem e outras espécies animais não se dá a nosso favor: "[...] O homem está abaixo dos animais em força e segurança do instinto, pois é seguro que nada tem do que chamamos de capacidades e aptidões inatas de tantas espécies animais" (Herder, 1983, v.i, p.711)

Por isso mesmo "os sentidos do homem e sua organização não são aguçados; o homem tem sentidos para tudo e assim, naturalmente, quanto a algo específico, seus sentidos são fracos e grosseiros" (ibidem, p.713). Em suma, comparativamente às outras espécies, o homem só se distingue pelas ausências:

> Nu e sozinho, fraco e necessitado, tímido e desarmado: e o que constitui o cúmulo de sua miséria, é destruído de todas as direções da vida. – Nascido com uma sensibilidade tão fraca e dispersa, com instintos tão divididos e debilitados, estigmatizado por tantas e tão manifestas necessidades, destinado a tamanha esfera e, no entanto, tão desprotegido e abandonado que sequer é munido de uma linguagem para manifestar suas carências. (ibidem, p.715)

Como dele então não se diria que a natureza lhe fora madrasta? Paradoxalmente, sua força deriva do que lhe falta, pois "se o homem tivesse *os instintos* dos animais, tais instintos o impeliriam obscuramente para um certo ponto, de modo que ele não disporia do círculo livre da consciência" (ibidem, p.718). Em suma, embora a autorreflexidade do Ocidente tenha dado à melancolia o papel que se reconhece, ela não é menos própria de uma "criatura carente" (*Mängelwesen*), cuja peculiaridade decorre da exploração do que lhe falta.

Ante tamanha contradição, não estranha que os que se dedicaram a explicar a melancolia tenham dela oferecido intepretações unívocas, seja a decorrente de uma falha biológica, contemporaneamente a explorada pelos psicoterapeutas, seja a estritamente freudiana – a melancolia como resultante de um "trabalho do luto" que não se completou. Contra tamanha gama de univocidades, cabe recordar com Margot Wittkower (Wittkower; Wittkower, 2007) que o exame pormenorizado da vida de dezenas de artistas não mostra algum traço psíquico que, sendo-lhes único, caracterizasse-lhes. É verdade que Vincent van Gogh, cuja época não fez parte do exame no *Born under Saturn*, parece ter estado próximo do estado de suicida. Em troca, dos renascentistas que Wittkower criteriosamente pesquisa, nem Miguel Ângelo, embora sua família o desprezasse por sua escolha profissional, nem Rafael, nem Leonardo da Vinci, mostra qualquer sintoma particular de temperamento melancólico. Entre as duas posições, assinala-se o que sucede com Annibale Carracci (1560-1609). Chamado para decorar parte do palácio Farnese, em Florença, lá trabalha por longo período, tendo "criado um dos ciclos de afrescos mais importante e celebrado da Europa" (Wittkower; Wittkower, 2007, p.115). Durante sua execução, conforme o costume da época, o cardeal e príncipe Odoardo Farnese pagava a Carracci e seus assistentes uma certa bonificação e, ainda conforme ao costume da época, ao final, dera-lhe um certo presente. Como seu valor ficara muito aquém do que o pintor esperava, ele entra em desespero, "não sem precedentes nesses casos", acrescenta a pesquisadora. Embora sua fama não o impedisse de receber novas comissões, ele quase não mais trabalhou durante cinco anos. Declara Wittkower: "Por certo, indicação de uma séria prostração" (ibidem).

Esses poucos exemplos mostram que *não há nenhuma relação segura entre a escolha de uma arte e uma inclinação crônica para o estado melancólico*. Só a melancolia está ao acesso de todos. No imenso cemitério dos pretensos artistas, quantas dores de cotovelo ou, recentemente, quantos propósitos de se performatizar? Sem que nada mais seja preciso dizer a respeito, a verificação será importante para o encaminhamento da parte que se segue.

Segunda parte
UMA TENTATIVA DE TEORIZAÇÃO

ARTE E MELANCOLIA

Como o que fizemos até aqui apenas preparou o que será agora proposto, que, por sua vez, explicará o encaminhamento que terá a maior parte deste livro, é oportuna a recordação do que foi apresentado.

Se a melancolia supõe, segundo a definição hipocrática, o medo ou a distimia (desânimo ou prostração) prolongada, acompanhados de outros traços também com frequência referidos – desleixo, preguiça, desacerto com o lugar em que se está, até o mais grave: a sensação da falta de sentido para o que se faz, quando não da própria vida –, ela implica ter o mundo como um parceiro indiferente ou constantemente hostil. Mas da experiência de desacerto com o mundo não decorre sempre a mesma consequência. Sentir o mundo como desconforme tanto pode provocar a perda do interesse do melancólico no mundo ou até o oposto: mesmo porque a vida não mostra sentido, importa ao melancólico *sentir o que*, *no mundo*, *o converte* *em adverso*. Em ambos os casos, a melancolia é o móvel, mas é evidente que só no segundo ela move para uma sensibilidade que conduz à arte. A melancolia, provavelmente não no instante de sua maior intensidade, motiva uma reflexão no sentido pleno do termo – não é só sensível, mas também mental, não só sentida à flor de pele, mas meditada; provoca em quem a sofre conceber os meandros de sua incômoda companhia. São os meandros sonoros, plásticos, verbais da melancolia. Por essas qualificações, penso que a melancolia ultrapassa o caráter de um distúrbio para quem exerça uma atividade que não seja exclusivamente cerebral. Como conceber um matemático que ative sua tarefa ou seja motivado para a elaboração de um teorema por efeito de um acesso de melancolia? Se o estado melancólico *admite* um acréscimo de sensibilidade, que se cumpre pela procura de saber da constituição do que o provoca, ele propensamente favorece a produção artística. Daí o acerto da formulação de Lazló Földényi (2012, p.243): a obra de arte depende "de sua capacidade em fazer da melancolia um *princípio formal*" (grifo meu). Por isso ao artista é possível criar sob a condição melancólica: havê-la vivido ou estar sob sua iminência o leva a manter-se sensível à condição que o leva a criar. Então a falta de sentido para a vida e para o mundo, provocadora dos diversos tipos e graus de melancolia, tanto pode provocar o ensimesmamento ou o desvario quanto a procura de conceber a constituição do que o envolve, ou ainda, eventualmente, as duas coisas. Daí ser concebível pensar que a elaboração em uma arte é a resposta mais próxima à pergunta que se fazia Canetti (2009, p.66): "O que acontece com a imagem dos mortos que você carrega nos seus olhos? Como você as deixa?". (Mesmo a alegria de um *andante* *cantabile* mozarteano traz consigo os acordes do réquiem.)

Chame-se a atenção que *não se estabelece* *nenhuma relação direta entre* *estado melancólico* *e* *produção da obra de* *arte*. Mathew Bell (2014, p.187) já advertira que "devemos ser cautelosos em não atribuir a qualidade da literatura melancólica diretamente à psicologia melancólica de seus autores". Fausto concebe o pacto com o demônio ao compreender a limitação que a velhice nele provoca. Isso não significa que Goethe fosse uma personalidade melancólica. Sem o ser, conhece o estado e foi capaz de convertê-lo em princípio formal de sua grande obra. O mesmo valeria dizer de Shakespeare, por haver engendrado o Hamlet, ou de Cervantes, pelo Quixote. Pois, sendo *cosa mentale*, a arte não é apenas uma atividade cerebral. A diferença já fora percebida por Matthew Bell (2014, p.170): "Em certa medida, a melancolia literária pegou carona (*piggybacked*) na filosofia, mas conseguiu ir mais longe e mais depressa rumo à melancolia por estar menos submetida que a filosofia aos imperativos da verdade e da utilidade".[13]

A recapitulação e o adiantamento feito da tese a ser desenvolvida devem ajudar nos passos seguintes.

Sem alongar o cerne herderiano, como fiz em obra anterior, pela recorrência à antropologia filosófica de Arnold Gehlen e Hans Blumenberg, parto da afirmação direta: desde que não se restrinja à manifestação superficial ou conduza à depressão extrema, a melancolia tem como antecedente próximo necessário a condição de "criatura carente" (*Mängelwesen*), própria da condição humana.

A partir de agora, procurarei não mais falar em arte, mas apenas em sua expressão verbal e plástica porque a ambas se aplica o qualificativo de modalidades do discurso ficcional. Tratar do ficcional equivale a considerar o irreal, porque, como já sabia Kant, ao escrever a Teceira Crítica, a expressão verbal (para simplificar, chamo-a de verbal-literária) e, por extensão, a plástico-pictórica trabalham com uma modalidade de juízo, o juízo de reflexão (*die Refletierende Urteilskraft*), que atua a partir do que se situa fora do espaço das estritas operações cognitivas. Mas é evidente que Kant não tratou do conceito de ficção – tradicionalmente, visto como algo inconfiável, próximo da mentira. Sou eu que desenvolve a aproximação com a Teceira Crítica.

O irreal da ficção deriva de que sua matéria-prima não é de ordem perceptiva, não pode ser entendida como decorrência de que seu responsável a viu, tocou-a, escutou-a, encontrou-a como

---

13 Agradeço a Paulo Henriques Britto a ajuda na compreensão correta da frase.

se encontra um cão ou um amigo. Por isso dela não se pôde cogitar, enquanto a arte foi considerada como resultante de um processo de *imitatio* ou enquanto se considerou que só o passível de ser conceituado era digno de atenção.

Com independência do encaminhamento que demos ao texto freudiano, passagem de Giorgio Agamben (1981, p.48) amplia-o, assim oferecendo uma melhor via de acesso para a irrealidade do ficcional:

> [...] A melancolia seria menos uma reação de regressão diante da perda do objeto amado do que uma aptidão fantasmática em fazer aparecer como perdido um objeto que escapa à apropriação. Se a libido comporta-se *como se* uma perda tivesse sido sofrida, se bem que na realidade *nada* tenha sido perdido, é porque ela assim encena uma simulação na qual e pela qual o que não podia ser perdido – porque jamais possuído – aparece como perdido, e o que não podia ser possuído – talvez porque irreal – torna-se apropriável enquanto objeto perdido.

A referência ao irreal de sua parte ganha contorno mais palpável ao se conectarem as reflexões de Freud e Agamben com a da responsabilidade de Wolfgang Iser (2013a). O capítulo primeiro de *'Das Fiktive' und das 'Imaginäre'* é dedicado à caracterização aprofundada do texto ficcional.[14] Dele, utilizo o indispensável.

---

14 Sendo toda cautela a respeito recomendável, observo que, ao tratar da ficcionalidade, não pretendo que o mundo antigo tenha conhecido um conceito de ficção. O que entendiam como *fabula*, *plasma*, *mythos* estava distante quer da ênfase que será dado ao irreal, quer, anteriormente, ao predomínio dos valores éticos, no período do primeiro momento do romance moderno – o inglês do século XVIII – não é acidental a má figura que nele fizesse o *Tristram Shandy*, estendendo-se ao realismo do romance do século XIX. Quanto ao mundo antigo, a melhor prova da alegada não correspondência está na impossibilidade para os letrados romanos e toda sua descendência ocidental de compreender o significado da *mímesis* grega. Ao entendê-la como *imitatio*, e os povos seus descendentes adaptarem o termo latino ao correspondente em suas línguas, automaticamente confessavam que, fosse o que fosse a *mímesis* para os gregos, não podia ser, em Roma e entre seus descendentes, entendida

MELANCOLIA

O saudoso amigo começa sua indagação por assinalar a insuficiência do *saber tácito* em dividir os textos entre ficcionais e voltados para a realidade. Trata não de negar sua diſtinção, mas de subſtituir a dicotomia por uma tríade, que tem por componentes o real, o ficlício e o imaginário. No texto ficcional, o componente ficlício – correſpondente ao que, desde Vaihinger, tem-se chamado de *als ob* (*como se*) – não possui o caráter de realidade em si mesma, senão que é, "enquanto fingido, *a preparação de um imaginário*" (Iser, 2013a, p.31). Essa sua propriedade o diſtingue dos textos relativos à realidade, cujos integrados encontram-se nela por inteiro, ou seja, são teſtáveis, aceitos ou rejeitados, conforme permitam ou não o conhecimento do que aí se oferece. (Assim, quando manifeſto minha revolta acerca da pressão mediática nacional contra o atual poder executivo, ela seria passional e deſpropositada, se não fosse a incessante carga diária de notícias, de entreviſtas e de crônicas que procuram desmanchar o resultado dos votos majoritários.)[15] Enquanto textos integrados a uma certa realidade, os textos de realidade não se confundem com os ficlícios, e supô-lo levaria a erros cataſtróficos. O ficlício é o duvidoso. Como tal, passível de ser integrado ao texto de realidade ou ao ficcional.

A divisão binária entre realidade e ficcionalidade é deſpropositada porque, logo acrescenta Iser (ibidem, p.34), "há no texto ficcional muita realidade que não só deve ser identificável como realidade social, mas também pode ser de ordem sentimental e emocional".

A observação é corriqueira e seria diſpensável se a força do saber tácito não desse lugar, recentemente, à alta receptividade de uma hilariante "autoficção". (Não nos percamos no irrisório. Os que queiram aceitá-la, já terão material suficiente. Contra a "auto-

---

como semelhante ao que chamamos de ficção. Essa observação, contudo, não significa que entenda que o conceito desenvolvido por Iser aplique-se apenas ao mundo contemporâneo ou, no máximo, ao mundo moderno. Ao contrário, *entendo que ele vale para todo o universo da chamada "literatura" ocidental*.

15 O trecho refere-se ao contexto político brasileiro nos anos 2014 e 2015, período do em que foi escrito o livro (N. da E.).

ficção" basta meditar sobre a trilogia referida de Iser.) Os componentes reais, por exemplo, situações extraídas da vida efetiva do autor ou de sua circunstância, não comprometem sua ficcionalidade porque "a [sua] repetição é um ato de fingir" (ibidem). Daí resulta de imediato consequência que afeta a termo o imaginário:

> Se o fingir não pode ser deduzido da realidade repetida, nele emerge um imaginário que se relaciona com a realidade retomada pelo texto. Assim, o ato de fingir ganha a sua marca própria, que é de provocar a repetição da realidade no texto, atribuindo, por meio desta repetição, uma configuração ao imaginário, pela qual a realidade repetida transforma-se em signo, e o imaginário, em efeito (*Vorstellbarkeit*) do que é assim referido. (ibidem, p.32)

Encontro-me, pois, diante de uma tríade – realidade, fictício, imaginário. O fictício assume um duplo papel. Por um lado, pelo vetor de semelhança com o que uma certa sociedade concebe o que acata inquestionavelmente por realidade, o fictício pretende ou parece dar entrada à realidade. É da exploração dessa semelhança que a mentira alimenta-se. (Como a propósito não lembrar a formulação de um de seus mestres: "*La parole a été donnée à l'homme pour déguiser sa pensée*" (Talleyrand)?) Por outro, seja pela disposição espacial do verso, seja pela indicação na abertura da narrativa (romance, conto, certo ensaio), a ficção indica sua decisiva distinção com a argumentação de finalidade explicitamente pragmática. (Nesse sentido, é legítimo dizer que todo texto não ficcional é pragmaticamente movido, ao passo que, para também exercer uma função pragmática, a ficcionalidade precisa de antemão dar mostras de que a leve a ser reconhecida como tal – como? Ao lermos, por exemplo, na abertura de um livro: "Romance".) Dessa maneira, o fictício cava sua posição de terceiro termo entre o falso e o verdadeiro. Enquanto ponte para o verdadeiro, o fictício dá entrada e conecta-se com o imaginário, sendo esse entendido como o que torna presente algo que está ausente ou, mais grosseiramente, como a faculdade oposta à percepção. Ao mesmo tempo, é ponte para o falso: o fictício apenas se aparenta com o que certa sociedade acata como verdadeiro. Dotado, por conseguinte, da capacidade de transformar atos finalísticos, integrados ao campo do pragmático, em não finalísticos, o fictício (que também pode ser chamado "ato de fingir") equivale a uma "transgressão de limites": "Na conversão da realidade da vida real repetida em signo doutra coisa, a transgressão de limites manifesta-se como uma forma de irrealização; na conversão do imaginário, que perde seu caráter difuso em favor de uma determinação, sucede uma realização (*ein Realwerden*) do imaginário" (Iser, 201, p.33).

A transgressão provocada não só afasta a realidade do real, como também, dinamizando o imaginário, afeta seu modo usual de ser: seu caráter de vago, indeterminado, difuso. Embora talvez seja óbvio, convém reiterar: por si mesmo, enquanto se manifesta na vida cotidiana, o imaginário é difuso e informe. É o que maximamente mostra o sonho, cuja nomeação é capital por evidenciar que ser informe não é sinônimo de ser gratuito ou arbitrário.

Quando o imaginário é a faculdade que domina, a razão perde seus mecanismos de vigilância, de que depende tanto a repressão, quanto a ordem da coerência interna. (Não é, portanto, que o imaginário seja contra a razão (!), senão que domina sobre ela. Assim, por exemplo, quando lança mão de meios de comparação, entre a cena onírica e os acontecimentos diurnos próximos a ela. Ao dirigir para o imaginário, o fictício apraz-se em inventar e enganar o incauto. Daí a facilidade com que se costuma confundir o ficcional com a mentira. Ao fazê-lo, não se compreende a dupla estrada que o fictício tem diante de si. A mentira tem como componentes a combinação do fictício com o uso de argumentos adequados ao que certa sociedade entende por realidade. A ficção tem uma composição bastante diversa: o fictício estimula, excita e ativa o imaginário. Sem cogitar em teorizações, Philip Sidney (1987, p.57) era bastante arguto para evitar semelhante grosseria: "*The poet, he nothing affirms, and therefore never lieth*". (A afirmação de Sidney é paralelamente importante por acentuar que o campo das proposições não é formado pela díade verdade e mentira, mas por uma tríade, verdade, mentira e ficcionalidade.)

Reitere-se que a formulação desenvolvida a partir de Iser contém esse outro passo decisivo: ao dar acesso à manifestação do imaginário, o fictício comete uma segunda transgressão. Se antes, ao se contrapor a atos ligados ao plano da chamada realidade, irrealiza-os, agora, ao abrir espaço para o imaginário, faz que ele perca seu caráter de difuso e informe para, em seu lugar, assumir a função precisa a que aponta o enunciado imaginário. Ora, entendendo-se que é próprio do pragmático apontar para uma certa direção, nos termos já assinalados de Husserl, de encaminhar o presente para o protensivo, é acertado dizer que, por meio de sua segunda transgressão, o fictício empresta uma pragmaticidade específica e particular ao imaginário. Nela se concentra a "conversão em real, o *Realwerden*, já enunciado por Iser.

Em síntese, a tríade brilhante constituída por Wolfgang Iser permite que se evite o deformante binarismo entre realidade e ficcionalidade, assim como possibilita que se explique a canalização que o fictício promove para o imaginário. Se, na elaboração da obra de arte, distinguem-se os instantes de *mímesis*-zero[16] e do *mímema* realizado é porque aquele deixou de ser uma promessa e, efetivamente, se efetivou. A *mímesis-zero* e uma formação em nebuloso, o *mímema*, uma estrela que pode ter diversas grandezas.

AS RAMIFICAÇÕES DO FICCIONAL

Recordo a frase de Freud (2010): o melancólico "sabe *quem*, mas não o *que'* nele perdeu" e a homologia entre a afirmação de Freud e o princípio da "criatura carente". Sem se referir à formulação herderiana, Nietzsche acrescentava às propriedades da espécie carente ser ela determinada por um "animal não fixado", porquanto sem território delimitado, assediado por uma abundância de pulsões, para as quais não dispõe de um número adequado de respostas. Se esses outros qualificativos são apropriados a alguém sem um território próprio, isto é, sem limites delimitados, por

---

16 Sobre a formulação do conceito de *mímesis*-zero, cf. Costa Lima (2012).

que não acrescentar ser ele um explorador do irreal? A abelha, a aranha, certos pássaros fazem colmeias, teias e ninhos elaborados e tantas vezes exaltados. Mas o fazem enquanto cumpridores de sua própria e única realidade. A carência humana faz que os que mais sintam a própria carência precisem explorar o que não possuem na realidade. Por isso se estabelece a triangulação entre carência, melancolia e sensibilidade para se aproximar do mundo, porque onde se localizaria o constante sentimento de falta do homem senão no vasto espaço do mundo? Daí o terceiro termo da triangulação é o irreal, objeto da arte, condição para que se efetue a experiência estética, que, por ser intensa, sem, entretanto, *agarrar* coisa alguma, é a experiência por excelência do irreal.

Como já foi dito, falar em objeto de arte ultrapassa meu parco conhecimento. Por isso já declarei que iria tratar apenas de sua forma verbal-literária, estendendo-me no máximo à modalidade plástico-pictórica, por ela ter em comum com a primeira, ao contrário da música, uma dimensão também semântica.

Talvez essas formulações já estejam gastas, ao menos para quem as escreve, de tanto que já as repetiu para si. Como o gasto há de ter um limite, acrescento uma pergunta outra: por que as formas que destaco têm um caráter trans-histórico e transcultural? Não, essa ainda é demasiado avançada para quem só dispõe de algum conhecimento quanto ao Ocidente. Por isso a substituo por outra, que, mais próxima do chão, talvez possa um dia conduzir àquela primeira pergunta. Ela assim se formula: a História ensina que a proximidade do irreal pela ficcionalidade manifesta-se por diversos modos, a que se costuma chamar de gêneros. Fique clara a diferença entre discurso e gênero. O discurso é uma disposição entre o código (a *langue*) e sua atualização (a *parole*), que organiza os signos para um certo fim. (O discurso científico, o religioso, o jurídico, o filosófico, o artístico, o pragmático etc.) Não há propriamente gêneros senão no discurso da arte – constituindo um arcabouço que indica ao receptor como se comportar diante dele. A formulação é por certo grosseira, não se devendo entender que um gênero seja arquetípico ou simplesmente declare se a atitude adequada é o riso, a contenção, o pavor etc. Uma cena cômica do Quixote não requer uma resposta semelhante a uma cena de Molière. Contentemo-nos com esses esclarecimentos preliminares. Em um traçado geral e não exaustivo, temos o *epos*, que, esgotada sua forma heroica, a épica homérica, passa a se atualizar pela tematização das ações triviais ou singulares do romance, a lírica, o cômico – tomo o satírico como uma sua variante –, o trágico.

O exame específico de cada um exigiria o tratado a ser confiado a um de seus especialistas. Para meu propósito, será bastante seu tratamento em termos das molduras (*frames*) que os caracterizem. Isso será possível porquanto considero que os gêneros se diferenciam enquanto *são indicadores de' uma comunicação particularizada*, por conterem uma visão temporal determinada da criatura e sua condição. Mas a formulação ainda não basta para o que se pretende fazer. A diferença dos *frames* constitutivos dos gêneros, por certo não imóveis, mas temporalmente variáveis, deve ser acompanhada de sua articulação interna. (A reiteração na mobilidade das coisas, correta, mas, de tão repetida, trivializada, faz que se ponha um pé atrás contra toda afirmação que pareça estática e universal. É o que costuma suceder com a ideia de gênero. Contra a banalidade há de se observar: se a mobilidade dos fenômenos e dos valores fosse absoluta, não haveria interação.)

Ao serem estabelecidas as condições acima, implicitamente estou dizendo que rejeito que a descrição dos *frames* e sua articulação interna possa ser atomística, caso em que bastaria recorrer-se aos bons tratados já existentes. Tal tratamento seria viável se se entendesse que aquelas propriedades são determináveis em separado. Ao contrário, parto do suposto que o primeiro traço distintivo dos gêneros, os *frames*, irradia a partir de um eixo, que funciona como seu *prisma orientador*.

Considero que esse prisma é a tragédia. A caracterização de Bernard Shaw – "a invenção dramática é a primeira tentativa humana de se tornar consciente de si mesmo" (apud Gehlen, 2004, p.143) – é fecunda, mas insuficiente, porque a vê de fora, como se em um sobrevoo. Considerar a tragédia prismática implica que ela é o único gênero que apresenta quanto aos demais uma situação típica de desenlace. O que vale dizer, sendo um gênero, como todos os demais, a tragédia é mais do que um, porque, como o próprio irreal que ela tematiza, a tragédia não admite compromisso. É evidente que todos conhecem o trágico no cotidiano. Mas desconheceremos que as situações de realidade só não admitem uma solução de compromisso quando uma das partes em conflito não cede ou quando a desproporção das forças em conflito impede a possibilidade de compromisso?

É bem certo que deparamos com situações líricas, cômicas, mesmo épicas que extrapolam de seus respectivos *frames*, porém tais situações são por definição minoritárias, isto é, não atingem o cerne do trágico. O trágico, pois, é uma configuração não só central, mas também passível de se disseminar pelos demais gêneros. O que lhe concede esse caráter é o *pathos*. Essa é sua entranhada cunhagem. *Pathos*: a compreensão, sucedida em qualquer momento, que, quaisquer ou quantos sejam os instantes de prazer, descanso, tranquilidade, alegria, o entrar na vida confunde-se, como formulava Ésquilo, com a "dura vagabundagem da dor". É por efeito dessa tomada de consciência, em princípio súbita e instantânea, que a moldura do trágico sobrepõe-se aos outros e tão bem se ajusta ao sentimento de melancolia. Cabe, portanto, assinalar em que os *frames* aproximam-se de seu eixo central. Seria possível tentar fazê-lo apenas relacionando o que caracteriza cada um. Seria então montado um quadro esquemático em que se esboçaria o conjunto das articulações. Por certo, isso ajudaria a melhorar a circulação do que aqui se escreve. Mas não deixaria de ser uma prática fraudulenta, pois tal quadro esquemático só é viável a propósito de um assunto que esteja tão destrinçado que possa ser reduzido a uma sinopse didática. Evidentemente, isso não é aqui cabível, pois deparamos com a abertura de uma travessia. Prefiro por isso uma solução mais modesta: verificar cada disposição básica por alguns exemplos que a mostre em ação.

Em respeito à História, haverei de começar pela épica. Conforme aos exemplos homéricos, a épica se caracteriza pela *transitividade absoluta* entre os espaços ocupados pelos deuses e pelos homens. Logo se verá que essa marca apresenta um problema para o que há pouco chamei de a centralidade da moldura trágica. Já na abertura da *Ilíada*, Atena agarra Aquiles pelos cabelos e o impede de enterrar a espada em Agamêmnon, que, ao apropriar-se da serva destinada a Aquiles, rompera um pacto vigente entre os diversos chefes helenos. Impedindo a vingança de Aquiles, a deusa impede que fosse destroçada a aliança dos adversários de Troia. Mas sua intervenção não significa a harmonia entre os membros do Olimpo. Muito ao contrário, a intervenção de Atena não impedia que outro deus tivesse apoiado os troianos. A dissenção por si não interessa. Aqui, basta reconhecer que a transitividade entre os imortais e os homens era correlata à dissidência entre os membros de cada uma das partes e a necessidade de que todos, estivessem ou não satisfeitos, obedecessem ao deus supremo, Zeus. (Ser a hierarquia imprescindível, no interior de uma transitividade absoluta, e com aquela, a discordância ativa, ou seja, a rebeldia, aparecem como sombras geradoras do *pathos*.)

Como será depois apontado, a discordância não se inaugura na diversa preferência dos deuses pelos povos em breve em conflito. Sem que a narrativa épica o explique, ser imortal não impede que Zeus tenha não só destronado Cronos, seu pai, como o matado. A imortalidade valia apenas em face dos que, sem necessidade de algum evento particular, estavam fatalmente destinados à morte. Tal como apresenta Homero – tenha sido ele alguém ou o nome de uma coletividade de poetas –, os gregos "encaravam seus deuses como tão naturais e autoevidentes que não podiam sequer conceber o reconhecimento por outras nações de uma fé diversa ou de outros deuses" (Snell, 1953, p.24). Assim sucedia mesmo porque "de acordo com as noções do grego clássico, os próprios deuses estão sujeitos às leis do Cosmo e, em Homero, os deuses sempre operam na mais estrita conformidade com a natureza" (ibidem, p.29).

Não precisamos concordar com Snell de que a Grécia antiga desconhece propriamente uma concepção religiosa.[17] Posso mesmo supor que a absoluta transitividade de que parto decorresse

---

17 Entendo que o autor refere-se a não haver instituição religiosa efetivamente administrada, não que a Grécia antiga desconhecesse concepções religiosas.

de uma concepção religiosa tão absolutamente antropocêntrica que abrangia seres acima do homem, embora eles fossem meros produtos de sua projeção. Menos controversa é a afirmação que ressalto: por si mesmo, o homem não tem poder de decisão. Seria em virtude dessa intuição que os deuses foram concebidos. Assim entendo a afirmação de Snell (ibidem, p.30):

> A iniciativa humana não se origina de si mesma; o que é planejado e executado é o plano e o feito dos deuses. À diligência humana não só falta um começo que lhe fosse inerente, como não tem um fim apropriado. Só os deuses agem de tal modo que atingem suas metas e, mesmo se um deus algumas vezes não possa cumprir todos seus desígnios – Zeus foi incapaz de salvar da morte seu filho Sarpedon, e Afrodite deve sofrer ao ser ferida numa batalha –, a frustração suprema da raça humana, a morte final, não está reservada a eles.

Complementarmente ou em consequência de sua *condição carente* – embora a plena formulação da carência humana só surja muitos séculos depois, há algumas passagens gregas que a prenunciam – o homem se vê a serviço dos deuses, conquanto lhes atribua uma imortalidade, desmentida por relatos como o de Deus quanto a seu pai.

A situação descrita ajuda a entender o que melhor analisarei com Ésquilo: as contradições dos deuses. Não é que apenas eles discordem entre si. Isso é bastante conhecido, senão que chegam ao extremo de se contradizerem – a discordância poderia resumir-se à rixa eventual ou mesmo à tomada oposta de partidos; a contradição é mais grave, pois supõe a discordância explicitada *in actu*. Poderia exemplificar, na *Ilíada*, com a ordem de Zeus a Agamêmnon quanto ao sacrifício de Efigênia, desencadeadora dos graves conflitos que se seguem. Mas prefiro acompanhar os momentos mais variados que explicitam a marca do gênero épico na narrativa de Ulisses.

A guerra de Troia durara nove anos. Muito mais do que esse tempo leva Ulisses a escapar dos que se opõem ao apoio que recebera, junto com os demais helenos, de Atena, a livrar-se da sedução de Calipso e Circe, que o querem para si, e das Sereias, que o querem para a morte. Mais do que Agamêmnon, a quem estará reservada a desgraça que Zeus motivara, mais do que Menelau, motivo primeiro da congregação dos helenos ou dos tantos heróis responsáveis pela destruição da cidadela troiana, Aquiles é a própria encarnação do homem homérico:

> [...] Quando, na emboscada,
> elegia primazes contra os inimigos,
> meu bravo coração menosprezava a morte,
> e, num salto pioneiro, eu dizimava, pique
> em punho, o inimigo que recuasse o passo.
> Era esse o meu perfil belaz. Não me aprazia
> trabalhar, nem tampouco encabeçar o lar,
> onde a notável prole cresce. Amava as naus
> remeiras, pugnas, flechas, dardos rutilantes,
> ações funestas que aos demais só calafriam
> (*Odisseia*, Canto xiv, v.218-228 – Homero, 2011)

Não especifica Ulisses alguma transitividade maior com os deuses, nem mesmo sua invencível astúcia ou sua capacidade na condução das naus, mas a subordinação de todas as virtudes bélicas de condutor de homens ao valor supremo: o sumo heroísmo. Assim se mostra ao libertar a si e aos sobreviventes que o acompanhavam em cegar o monstro Polifemo, súdito dos Ciclopes e inimigo dos deuses. Seu heroísmo inaudito por certo implica a posse de uma dose suprema de astúcia, que se manifesta no modo como embriaga o monstro e, sobretudo, autodesignando-se como "Ninguém" (*Outís*) (Canto ix, v.366 – ibidem), o que impede que Polifemo pudesse identificá-lo (cf. v.364-5 – ibidem). Mesmo seu extraordinário heroísmo não o torna menos agente dirigido pelos deuses, pois sua sorte, como a de todos, foi por eles definida: "Os deuses decidiram; fiaram a catástrofe / de homens para a poesia existir um dia" (Canto viii, v.579-80 – ibidem).

Não ter a iniciativa humana origem em si mesma significa, portanto, que astúcia e excelência bélica não podiam ser confundidas com o poder de sua razão. Os versos acima estendiam a

MELANCOLIA

mesma motivação para a poesia. Se coube à decisão divina conciliar a desgraça das catástrofes com a plasticidade da poesia, a união do Olimpo com os homens não necessitava senão da divindade maior para guiar ou hostilizar aqueles que tivera em mente. Assim Atenas torna os helenos vitoriosos porque Zeus decidira que Troia fosse arrasada. Não se procure no poema a razão para sua escolha. Em vários momentos, será dito que, ao preterir Menelau por Páris, Helena fora a responsável pela hecatombe dos troianos. Mas Zeus não é nenhum defensor do lar. Suas paixões por mulheres humanas despertam o ciúme e a ira de Hera. Podia-se pensar que a razão olímpica não é mensurável por parâmetros humanos, porém a falta de sentido na área da fidelidade amorosa chega ao máximo quando a destruição de Troia está cumprida. Helena é trazida de volta ao esposo ateniense e a *Odisseia* não reserva nenhum verso ao embaraço de Menelau em reavê-la. Muito menos à estranheza de qualquer um dos sobreviventes em que tanta desgraça tenha sido provocada por uma traição que, em si, mostrara-se tão irrelevante.

Ao contrário, o elo de Penélope e Ulisses é extremamente exaltado. É certo que em ambos os casos as manifestações de *eros* implicam guerras, suplícios e mortes. Mas as consequências não são comparáveis. A traição de Helena pelo jovem, belo e guerreiro afinal derrotado Páris provocara fogo e cinzas sobre uma cidade, enquanto, com Penélope, a suspeita de morte de Ulisses incitara o enxame de pretendentes, que trama a morte de Telêmaco para tornar mais fácil a posse dos despojos da suposta viúva. Os pretendentes são inúmeros, quando do regresso de Ulisses é enorme a desigualdade de forças, pois o sobrevivente das artimanhas que tivera de armar/vencer no oceano conta tão só com a ajuda do filho e de dois criados. Apesar de sua desvantagem, Ulisses, com a interferência de Palas Atena, derrota a todos.

Efetivamente, o poder dos deuses está em sua capacidade de violência, de fazerem-se invisíveis, de não estarem submetidos à decadência da idade. Assim Palas não só aumenta a astúcia de Ulisses, não só desfaz o gasto físico que os anos nele provocara, como também estabelece um resplendor que acresce o horror dos rivais, além de ela própria desviar as setas certeiras que desferem. Em suma, a transitividade absoluta entre os deuses e os homens a que se agrega a bravura guerreira como o supremo valor humano são as marcas decisivas da épica.

Ora, se assim sucede, não há qualquer ligação com a melancolia, muito embora, como se sabe pelo episódio de Belerofonte na *Ilíada*, a experiência da melancolia já era ali explicitamente referida. Assim como sucede com o *frame* central da tragédia, o *pathos*, há apenas uma sombra que acompanha a promoção da poesia pelos deuses: segundo os versos 579-80 do Canto VIII, da *Odisseia*, é das catástrofes que emerge a poesia. A catástrofe, sucedida ou já esperada, prepara o estado melancólico, assim como a *poiesis* prepara a ficção. A ficção será uma especialização, não uma exclusividade, da *poiesis*. Por isso mesmo, ainda que Tucídides já decidisse empreender uma disposição discursiva diversa da homérica, não se sentia por isso impedido de citá-la.

Não estranha que, em uma modalidade discursiva, de temporalidade restrita (assim digo, porque a épica praticamente se encerra com Homero, embora, ainda no Renascimento, Tasso e Ariosto, e nos tempos modernos, Camões e Milton, tenham-na tentado), em que o homem não tem iniciativa própria, porque é comandado pela vontade dos deuses, ou seja, não dispõe de autonomia subjetiva, não haja ficcionalidade, nem, sistematicamente, expressão da melancolia. Fora o episódio excepcional de Belerofonte, na *Ilíada*, o mais próximo da melancolia é o esquecimento dos pesares pelo sono:

> [...] O mal é suportável quando
> de dia a gente chora, coração turbado,
> e à noite o sono, pan-esquecedor do bom
> e do ruim, nos colhe, circunfecha as pálpebras
> (Canto XX, v.83-6 – ibidem)

Portanto, a épica apenas prepara o tempo apropriado para o ficcional e, em consequência, põe-se dentro de uma moldura que antecipa e anuncia a moldura central da tragédia. Seria então justo continuar essa abordagem preliminar pelo esclarecimento do *frame* trágico. Mas sua própria centralidade exigirá uma concreção mais acentuada. Por isso pareceu mais viável tratá-la no final do item.

De acordo com a sequência histórica grega, venhamos brevemente à lírica. Sua aparência poderá nos enganar: que gênero pareceria mais alheio ao trágico? Não era a lírica grega composta por canto e música? No entanto, apesar de a música separar-se progressivamente da palavra, já sendo pouco mencionada na *Poética* aristotélica, ela nunca foi bastante para definir a lírica. Tomo o competente comentário de Bruno Snell (1953) e a ele acrescento um fragmento que o mesmo traduz, dele dizendo que nos chegou por meio de um papiro malconservado. O comentário abre com uma referência dupla a Safo e Arquíloco. Da primeira recorda que a força de *eros* precipita-se sobre a alma como o vento nos carvalhos, e de Arquíloco, da ilha de Paros, que o vinho atinge a mente como um relâmpago. As duas formulações servem a Snell (1953, p.211) para que escreva: "Essas expressões indicam uma nova consciência da psique; os poderes elementares dos símiles homéricos são descritos não tanto pela força neles inscrita senão antes pelo estado que provocam, para o pesar, a intranquilidade, a confusão que implicam".

A ênfase que a lírica apresenta, mesmo em seus remotos representantes, é corroborada pelos versos de Safo:

> Dizem alguns, cavaleiros armados são o mais belo na negra terra, para outros, um exército de infantes, a outros mais uma frota de barcos – mas eu afirmo que mais belo é o amor. É muito fácil fazê-lo a todos compreensível. Pois mesmo aquela que a todas ultrapassava em beleza, Helena, deixou o mais nobre dos homens e destruiu a honrada fortaleza de Troia. Não pensou em sua filha nem em seus caros pais, mas contra sua vontade Kypris faz com que se perdesse. Uma mulher é fácil presa se o amor lança seu feitiço sobre sua mente; e agora lembrei-me da distante Anactória. Preferiria ver seu grácil andar e o brilho radiante de seus olhos em vez dos carros de guerra dos Lídios e seus soldados blindados. (apud ibidem, p.47-8)

(A tradução é absolutamente inconfiável, seja pela precariedade do modo como foi encontrada, seja porque são traduções em prosa de traduções também prosaicas. O comentário e o poema são expostos como modesta homenagem a uma tradição que conheço muito pouco.)

Por suposto, são mais confiáveis as traduções dos latinos. Como de preferência são longos seus poemas, limito-me a fragmentos de Catulo, extraídos do quarto poema dos *Carmina*:

Aquela embarcação que vedes, amigos,
afirma que foi a mais veloz das naus
e que pôde superar em velocidade
qualquer lenho flutuante,
quer fosse necessário voar a remos quer à vela
Assegura ainda que não podem negar tal fato
nem as costas do Adriático ameaçador
nem as ilhas Cíclades nem a famosa Rodes
nem o encapelado mar da Trácia Propôntida
nem a selvagem região Pôntica, [...]
Mas estes são fatos que já se passaram. Hoje ele envelhece oculta
em sua tranquilidade [...] (in Novak; Neri, 1992, p.5)

De Horácio, tomo a estrofe final da Ode 9 do "Liber primus" dos *Carmina*:

Para o mesmo lugar somos todos tangidos
e a sorte, que mais cedo ou mais tarde há de vir,
e há de na barca pôr-nos para o eterno exílio,
já na urna se agita (ibidem, p.85)

E a magnífica terceira estrofe da Ode 13, do "Liber secundus":

Altivo o amor transvoa os carvalhos já secos
e refoge de ti, porquanto já te enfeiam
o tom opaco de teus dentes,
as rugas e as neves da fronte (ibidem, p.97)

E porque não conseguiria falar da poesia latina sem trazer o nome de Ovídio, tomo mínima passagem das *Metamorfoses*:

> Vem-me a ideia de contar as formas mudadas em novos corpos. Deuses – pois também vós as mudaſtes –, inſpirai a minha iniciativa e, da primeira origem do mundo, guiai ininterrupto o meu canto, até o meu tempo (ibidem, p.213)

Para que não escolha apenas textos que não leia no original, acrescento "Der Panther", de Rilke, na magnífica tradução de Auguſto de Campos:

> De tanto olhar as grades seu olhar
> esmoreceu e nada mais aferra.
> Como se houvesse só grades na terra: grades,
> apenas grades para olhar.
>
> A onda andante e flexível do seu vulto
> em círculos concêntricos decresce,
> dança de força em torno a um ponto oculto
> no qual um grande impulso se arrefece.
>
> De vez em quando o fecho da pupila
> se abre em silêncio. Uma imagem, então,
> na tensa paz dos músculos se inſtila
> para morrer no coração (Rilke, 2001, p.57)

Não discuto a seleção ter sido feita para concretizar o princípio que já havia eſtabelecido desde antes. Ele assim se enunciava: o poema lírico tem por fundamento a interiorização do *pathos* trágico. Mas esse é apenas o seu lema. Por ele, o tempo, falência do que foi esbelto e belo, forte e altivo, ganha o primeiro plano, ao lado do amor, como provisória suſpensão da ruína do tempo. Esses são temas que dominam a urdidura das eſtrofes. Mas, no seu interior, produz-se algo muito mais eſpecífico: a metamorfose do signo, que deixa de conter uma mensagem significada para tornar-se *coisa que' significa*. A exemplo do *Vorhang der Pupille'* da pantera aprisionada que *se' abre' em silêncio (sich lautlos auf)*, o movimento dos olhos do animal deixa de referir-se a algo passível de ser visto para ser coisa que exibe sua invisibilidade. O lema escolhido, por conseguinte, remete a ser o poema equivalente a coisa significante, palavra que diz sem precisar de outro emissor além de sua presença – por isso cabe falar numa lírica antes da exploração plena da subjetividade. Ela engendra a coisa mais do que mera coisa; coisa-*pathos*. Recordando a passagem da *Odisseia* (Canto VIII, v.579-80 – Homero, 2011), porque os deuses são de espécie diferente fiaram à existência da poesia a catástrofe que os homens sofrem.

Já a associação da comédia – e sua variante, a sátira – com a tragédia segue trajeto bem diverso. Contento-me, no caso, em antecipar a referência a uma peça de Aristófanes (447-380 a.C.), *As rãs*, encenada em 405 a.C.

Por que escolho essa peça e só ela? Só ela porque, conforme a citação a ser feita, é suficiente para mostrar o amplo espectro aberto pelo gênero; e essa peça para que, no fim do capítulo, volte à mesma comédia. Reduzindo a explicação a uma formulação condensada: a comédia e, mais ainda, a sátira põem-se no avesso da tragédia, não porque se oponham a seu *pathos* – o que seria uma afirmação ridícula – senão por outra função a ser desempenhada pela palavra. Declarando-o em termos bastante amplos: na épica, a transitividade absoluta entre os planos humanos e o que ele concebe como sobrenatural retirava do homem a capacidade de iniciativa e tornava as disputas humanas um divertimento dos deuses. Supor os deuses ociosos pareceria uma sátira a uma invenção que se queria séria, ou seja, que pretendia emprestar um sentido para a vida. Pensar ao contrário que servimos de divertimento para os deuses era diminuir a excessiva gravidade da afirmação. Não estranha por isso que tal função do divino viesse a ser excluída das religiões institucionalizadas. Ao mesmo tempo, isentar-nos da responsabilidade de nossas iniciativas, tomá-las como consequentes a decisões de um poder em que não podemos interferir era aliviar a eventualidade da culpa. Que culpa reponta em Agamêmnon, em sacrificar Efigênia, ademais por meio

MELANCOLIA 79

de um engodo? Que culpa pesa sobre Clitemnestra em vingar-se de seu marido ou sobre Orestes em matar sua mãe e seu amante? Na tragédia, como adiante será analisado, ainda que Prometeu seja acorrentado em decorrência de uma guerra entre deuses, sendo eles os agentes do drama, há uma diferença fundamental quanto à épica. Ela está menos em que Zeus desça ao plano dos homens e, ao tocar em Iole, gere o ciúme de Hera, do que em Prometeu ser um ente sobrenatural, um Ciclope, que se comporta como inimigo de Zeus. Ao passo que esse é força e violência, Prometeu encarna a inteligência, em cujo contexto aparece, pela primeira vez, a palavra *filantropos*, "amante do homem". John Ferguson (1973, p.115) fala com acerto na "ironia dramática de Ésquilo":

> Prometeu nos dirá (462-466) que ensinou o homem a controlar os animais e que ele próprio está do mesmo modo dotado. Em segundo lugar, ele é a demonstração verbal de que Zeus trata as gentes como animais e Io, com sua máscara de vaca, oferece a evidência visual do mesmo ponto.

Amante dos homens, aquele que furta dos deuses o fogo e possibilita a sobrevivência de uma espécie que Zeus queria extinguir, Prometeu, literalmente "aquele que prevê", é, como bem define Ferguson, um *trickster*, um enganador de Zeus, que retira a espécie humana da carência absoluta e, por isso, será punido pelo detentor da força e da violência.

Por esses traços é viável pensar-se que *Prometeu acorrentado*, peça restante de uma trilogia –, em cuja continuação supõe-se que sucedia seu acordo com Zeus e sua libertação – é o ponto de passagem do espaço épico para o trágico.

Embora tenha adiantado um esclarecimento que melhor caberá em momento posterior da exposição, assim foi necessário para assinalar-se propriedade do espaço da comédia. Dela tinha dito que se apresenta como o avesso da tragédia pela inversão que confere à palavra poética. A tragédia encaminha a palavra em direção ao *pathos* – Clitemnestra, ao saber da chegada próxima do chefe dos helenos vitoriosos, encena a perfídia, que será sua marca:

Que venha ao lar e veja a companheira honesta
como a deixou, zelosa, igual a cão fiel,
maior amiga dele e inimiga máxima
dos que lhe querem mal, a mesma esposa em tudo,
durante tanto tempo guardiã atenta
de quantos bens ficaram sob seu cuidado
(Ésquilo, 1991, *Agamêmnon*, v.699-704)

Do mesmo modo que Efigênia encena a atitude da inocente enganada pela ambição paterna, que, por sua vez, justifica-se como resposta à demanda de Zeus. Já a comédia "entrelaça o exame paródico da tragédia e a crítica ou o riso político" (La Combe, 2012, p.39).

É certo que a descrição que citamos é conformada pela situação politicamente crítica de Atenas, no começo do século v, quando *As rãs* é encenada. Mas a situação então vivida ensejava ao gênero manifestar sua radicalidade – a radicalidade do riso não está no gracejo, na galhofa ou na gargalhada. As disputas entre democratas e "demagogos" atingira o ápice depois do desastre da expedição ateniense na Sicília (413 a.C.). A rivalidade entre os dois partidos provocara a ascensão da oligarquia dos 400 (411 a.C.), logo substituída pela mais numerosa dos 5 mil (410 a.C.), até que os democratas retomem o poder e, após a vitória naval sobre Esparta, cometam a estupidez de ordenar que fossem mortos seis dos oito estrategos vencedores, por infringirem o princípio religioso de dever sepultar os soldados mortos em combate. O enfraquecimento dos democratas provoca, em 404 a.C., a capitulação de Atenas. Na peça, o coro protesta contra a obediência ao preceito religioso e suscita o justo comentário do apresentador francês:

O teatro põe-se assim como detentor do sentido da história de Atenas, considerada em sua duração antiga e em suas reivindicações futuras. Mostra por aí o que é verdadeiramente vivido, em profundidade, pelos cidadãos, além da evidência e do presente imediatos. E os conduz a uma forma de consciência histórica. (ibidem, p.xiii)

E a contradição quanto à sóbria seriedade de Ésquilo e Sófocles torna-se manifesta:

> A superioridade da comédia consiste em saber apresentar as
> aporias da outra arte dramática, em fazer com que delas se ria, pre-
> cisamente porque elas não têm saída [...]. (ibidem, p.xxxiii)

É o que também mostram as críticas dirigidas a Ésquilo e Eurípides, que, já mortos, são submetidos a julgamento no Hades.
Ao passo que Ésquilo é criticado por sua intransigente defesa dos
valores estabelecidos, Eurípides o é seja por seu realismo banali-
zante, seja por se deixar contaminar pelo racionalismo ético dos
sofistas, particularmente de Sócrates. Isso tinha por certo a qualidade de provocar uma liberdade de espírito quanto ao estabelecido. La Combe tem o mérito de atentar para a importância do
capítulo "Charakteristisch der griechischen Komödie" da pouca
prestigiada *Geschichte der europäischen Literatur*, de Schlegel.
Destaco uma mínima passagem:

> Faltam por completo na comédia a disposição regulada, a reali-
> zação e o desenvolvimento. Pois aqui a própria ação é algo burlesco,
> um puro chiste e assim tudo se desregula e é determinado pelo ca-
> pricho e pela fantasia do poeta, que se pode mostrar em sua mais
> alta liberdade. (Schlegel, 1958, p.89)

La Combe reitera a importância da liberdade de tratamento
textual acentuada por Schlegel, mas lhe dá um encaminhamento
com que o ensaísta alemão, já então convertido ao conservadorismo contrarrevolucionário, não poderia atinar. O ponto de vista
cômico é irônico e contrapõe-se tanto ao conservadorismo de Ésquilo quanto à liberação por Eurípides das normas estabelecidas,
pois "nenhuma tradição vale mais nenhuma autoridade, exceto a
do discurso" (La Combe, 2012, p.xliii).

Ao contrário do que admitia Schlegel, a crítica a Eurípides
por Aristófanes é positiva. Assim o é porque a crítica proposta por aquele levava a conceder pleno absolutismo à linguagem.

Em Eurípides, "a linguagem seria considerada por si mesma [...] como se ela fosse a única realidade que contasse" (ibidem).

> Separada de toda preocupação prática e normativa, a dialética do poeta novo se transforma em pura fonte de prazer e desde logo seduz os mais incultos, aqueles que de todas as maneiras agem mal [...]. (ibidem, p.xliv)

Motivado pela sofística, Eurípides se voltaria contra a própria *poiesis* e, pela completa prerrogativa concedida à articulação da linguagem, desligada de qualquer compromisso a não ser consigo mesma, ela se tornaria um meio que favoreceria o canalha e o cínico, desde que aprendessem a falar bem.

Em suma, entendo que La Combe assume uma posição dúplice face a Nietzsche: afasta-se de seu conservadorismo e endossa sua radicalidade antiplatônica. O resultado é bastante interessante na apreciação do teatro grego. O libertarismo de Eurípides revela seus limites. Em termos mais gerais, chama-se a atenção para o ardil que a criticidade pode trazer consigo. Aparentemente ela é sempre libertária; pode, ao invés disso, ser um engodo que favorece o oposto do que pareceria criticar.

Mas a própria expansão que me permiti, a partir do texto de Pierre Judet La Combe, precisa ser interrompida, para que volte ao argumento que desenvolvia. A apresentação que fazia do eixo da tragédia pode ser agora reduzida, porque o item seguinte permitirá o exame ainda não feito.

Substituo a consideração detalhada de *Die Geburt der Tragödie*, que Nietzsche apresentara em 1872, pela síntese realizada por dois de seus competentes estudiosos, Silk e Stern (1981, p.37):

> Fundando-se em base aristofânica, na segunda de suas conferências, Nietzsche aguçava a relação entre Eurípides, Sócrates e a decadência da tragédia. Eurípides, o intelectual Eurípides, era o "poeta do racionalismo socrático", e a tragédia não simplesmente morreu depois dele: foi o socratismo em sua encarnação euripidiana que a matou, conquanto essa tendência destrutiva precedesse o próprio Sócrates e afetasse mesmo a Sócrates. [...] Não era apenas sua base

MELANCOLIA

irracional que, aos olhos de Sócrates, condenava a tragédia. Era também sua intuição da natureza irracional da própria vida. Inerente ao socratismo era a insistência otimista de que a vida deve ter um sentido racional, quanto que a verdadeira tragédia era pessimista e encontrava na vida apenas "terror" e "absurdo".

Atacado pelo mesquinho tricô acadêmico de Willamowitz--Möllendorf, *O nascimento da tragédia* baseava-se na busca de desenvolver o enlace e a diferenciação entre o apolíneo e o dionisíaco. Se a reflexão nietzschiana tinha a qualidade de se contrapor à concepção da arte grega como manifestação da tranquilidade, que se tornara dominante desde Winckelmann, era, na verdade, um complexo metafórico, a que se mesclava a admiração irrestrita que o filósofo então mantinha por Wagner. Em vez de me deter no percurso que daí parte até a interpretação que vimos exposta por La Combe, fixo-me no que era decisivo para a reflexão Oitocentista: a questão da origem. Para que não me alongue, será suficiente dizer com Gerald Else (1965) que pouco se sabe sobre a origem da tragédia, salvo que foi exclusividade de Atenas, com Téspis; que contava com um autor perante um coro e que se complexifica a partir de Ésquilo, quando aumenta o número de atores e cuja ação era menos articulada do que afirmará a *Poética*, em uma encenação em que ainda entravam a dança e a música, das quais a posteridade já não tem ideia. Acrescente-se ainda a introdução de um enredo, com Eurípedes.

Contento-me com o esboço de um resumo para que veja o que a tríade dos grandes dramaturgos pode acrescentar. Deixo, para tanto, de entender *Geburt* (nascimento) como sinônimo de origem, para que considere o apolíneo e o dionisíaco como modos particularizados de tematizar o mundo. A diferença é indiretamente proposta pelo exame do ensaio de Louis Gernet (1975, p.56), que, em 1928, tratando da relação, na sociedade grega arcaica, entre deuses e homens, escrevia: "Se as forças divinas, nos ritos mais antigos, concordam com os desejos dos homens, é que elas são conduzidas nesse *circulus* de trocas que realiza um comunismo periódico".

Esse *circulus*, contudo, sequer se mostra na transitividade absoluta que se vê realizar na épica homérica. Nessa, em troca, como já foi observado, os homens cumprem as decisões dos deuses. Se os deuses põem-se em suas contendas não é senão para dar vantagem a um grupo em detrimento de outro. Quando, na *Ilíada*, os protegidos por Atena impõem-se aos troianos é porque a própria épica contém uma teomaquia, à semelhança do que se mostrará mais claramente em *Prometeu acorrentado*, em que a vantagem oferecida aos homens deriva de que o Ciclope vencedor de Zeus favorece os mortais, sem de imediato ganhar por isso senão os grilhões que o atormentam. O caráter de luta entre os deuses em *Prometeu acorrentado* serviria mesmo de prova de sua anterioridade quanto à *Oréstia*, cujo *pathos* é dependente da pura ação humana, conquanto respaldada pelo apoio de Palas Atena aos helenos. Mas, apesar da corroboração pela negativa que a passagem de Gernet fornece – e embora seja ela importante para que se note a declinação entre a épica e a tragédia –, ela ainda não é bastante na ordem dos esclarecimentos.

Gernet é mais fecundo por ensaio bastante posterior. Em "Les origines de la philosophie", republicado na reedição de sua *Anthropologie*, o autor mostrava a vínculo da filosofia, em seus primórdios, com a religião:

> [...] Entre os primeiros pitagóricos, a ideia da filosofia é constituída, sem dúvida, em oposição à da seita religiosa, mas igualmente sobre seu modelo: os pitagóricos não têm "mistérios", é verdade, mas é que a "filosofia", para eles, é justamente um mistério. [...] O interesse do pitagorismo está em nos fazer entrever uma tradição de seitas místicas de que a filosofia tem não só um vocabulário e metáforas, mas uma direção rumo à origem. (Gernet, 1975, p.420-1)

Uma terceira passagem reitera essa conjunção, bem como insinua a presença de outro termo, o mito:

> Não é insignificante que Platão compare implicitamente o entusiasmo filosófico com outras espécies e notadamente com a dos

MELANCOLIA 85

adivinhos fundadores das iniciações. O que favorece ou produz o entusiasmo é a visão; e o dom da visão é o próprio caráter desses antigos inspirados de que os filósofos, como Parmênides, por meio de uma efabulação já semifilosófica, tinham podido transmitir o legado que mal se desconhecia. [...] A alegoria da caverna, na *República*, deve algo à lembrança das grutas divinas que tinham sido a sede de revelações para os grandes videntes. (ibidem, p.422)

A alegoria da caverna reitera que o legado religioso estava reunido ao mítico, assim como se sabe que os gêneros literários decorriam da leitura do acervo dos mitos. Por conseguinte, os *frames* que destaco, ainda que constituíssem uma disposição discursiva distinta, estavam entrelaçados aos acervos mítico e religioso. Em que se distinguiam? Quanto à religião, Gernet é bastante esclarecedor. A religião supunha uma "revelação", que tendia a formar uma seita, adversa, como toda ela, às demais, ao passo que a filosofia assegurava "à explicação racional uma realidade por direito inteligível" (ibidem, p.416). Mas como se há de entender a passagem do mítico para a expressão ficcional-literária? Ela se tornará mais evidente na tragédia justamente pelo papel agora *apenas de apoio das divindades*. Como será visto pela alusão às primeiras peças de Ésquilo, a mudança não se dá de modo brusco, tampouco é absoluta a diferença entre o caráter de seita da religião e de racionalidade da filosofia. Em vez de separações absolutas, as diferenças são mediadas. A noção de que a linguagem é formada por dois eixos, o conceitual e o metafórico, e não, como se concebe usualmente, por um eixo nobre, o conceitual, de que o metafórico é o ornamento, será aqui de proveito. O mito oferece uma explicação metafórica, cujo êxito depende de oferecer uma explicação comunitariamente aceitável para certo fenômeno; a metáfora, no caso, tende a congregar uma unanimidade. Contrariá-la, equivaleria a infringir um dogma, com o reforço da força comunitária. Como alguém já disse, o mito não admite resposta.

A religião, tendo por base uma revelação, também se apoia em afirmações metafóricas, entretanto apresentadas como "verdades", isto é, entendidas por seus fieis, *a priori*, como inquestionáveis. A filosofia se diferencia ao propor uma explicação racional sob a forma de *ideias*, isto é, proposições que se apresentam como "conceitos" (as aspas querendo dizer que têm a peculiaridade de serem tomados como indemonstráveis). Sua tendência a converter-se em seita revela o caráter efetivamente metafórico de suas proposições.

Os *frames* que destaco têm outra anatomia: a narrativa, com sua transparência de planos, o *pathos* trágico e suas variações lírica e cômica não têm a pretensão de declarar verdades, quaisquer que fossem os modos como elas se apresentassem, senão que concentram sua força atrativa na irradiação metafórica que provocam.

Permita-se um parêntese. Que novidade há no que se disse acima? Duas perspectivas sejam diferenciadas: a especializada e a de um sentido geral. Do primeiro ponto de vista, o que se propõe acerca da relação entre as molduras constitutivas dos gêneros literários fundamentais encontra-se em estado de hipótese, que ainda há de ser desenvolvido. Do ponto de vista generalizado, ou seja, de como as pessoas, pelo menos as pertencentes à cultura ocidental, encaram a extensão da verdade, o afirmativo é surpreendente ou mesmo chocante. E isso porque é próprio do homem ocidental, senão da espécie em geral, supor que o que se lhe diz ou é verdadeiro ou é falso. Ao afirmar-se então que os gêneros literários – ou da arte em geral – põem a verdade entre parênteses, nega-se um pressuposto generalizado.[18] A existência desse tem prejudicado o conhecimento do que é específico à arte verbal e plástico-pictórica. É sabido que, durante séculos, entendeu-se que o princípio subjacente aos produtos da arte ocidental, a *mímesis*, teria seu equivalente na forma latina da *imitatio*. A partir dos tempos modernos, com a progressiva ascensão das ciências, o princípio da *imitatio* veio a ser declinado "cientificamente" como determinismo, cujo causador seria a sociedade. Passou-se desse modo a se entender que a configuração de uma cer-

---

18 Cf. o questionamento do que apresentamos a chamada metaforologia, Costa Lima (2015, cap.III e IV).

ta sociedade *determinaria* a maneira como sua arte se mostraria. Os produtos de arte que não respeitassem tal determinação seriam falsos ou inválidos. Assim, em nosso exemplo corriqueiro, Sílvio Romero acusava Machado de Assis de não escrever romances de qualidade, porque seguiria o "humor", propriedade do temperamento inglês e, portanto, de seu romance... Assim era alcançada a universalidade da verdade.

Feche-se o parêntese e retorne-se ao argumento que se desenvolvia. Conforme o que era dito, nas configurações ficcionais básicas ou a verdade é neutralizada ou é um vetor sem maior significação. Isso, no entanto, não significa que tais configurações sejam conjuntos fechados, que não possam conter elementos ou momentos, de maior ou menor duração, relacionados aos outros modos. O caso do romance é exemplar. Se ele é o descendente do antigo *epos*, ao deixar de privilegiar os heróis ou os membros das esferas mais altas da sociedade, o romance automaticamente se aproximou das outras configurações.

Aqui encerro as rápidas considerações teóricas a propósito dos *frames*. Impõe-se agora o tratamento do primeiro grande dramaturgo.

Nascido dois anos depois da morte de Pisístrato, o aristocrata que rompeu com a anarquia política de Atenas e o poder de seu estamento, contando com o apoio dos pequenos proprietários rurais e do proletariado urbano que se formava, Ésquilo foi contemporâneo da formação de uma corte literária que atraiu figuras como Anacreonte e Simônides (cf. Ferguson, 1973, p.30). De sua produção teatral, apenas se conhece integralmente a *Oréstia*, encenada na primavera de 458 a.C., formada pela trilogia de *Agamêmnon*, *As Coéforas*, *As Eumênides*. Seu famoso *Prometeu acorrentado*, provavelmente de 457 ou 456 a.C., terá sido a primeira peça de uma trilogia de cujo conhecimento apenas se têm hipóteses. Das peças outras que terá escrito, conhecem-se apenas *As suplicantes*, *Os persas*,

Os Sete contra Tebas, de interesse intrínseco menor. *As suplicantes*, provavelmente de 492 a.C., seria também a primeira peça de uma trilogia, cujas partes restantes se perderam.[19] Embora *As suplicantes* pertença ao princípio do drama, com a importância quase exclusiva reservada ao coro, é de observar que já não há a transitividade absoluta entre deuses e homem, conquanto seja evidente a presença implícita daqueles, enquanto favorecedores das suplicantes, perseguidas pelos egipcíadas. Assim, embora Zeus fosse chamado de "o senhor das suplicantes", o rei de Argos, região onde elas se refugiaram, hesita em protegê-las, pois sua decisão implicaria o inevitável combate com seus perseguidores. Do mesmo modo, quando da discussão do rei de Argos com o arauto dos perseguidores, é evidente que o choque de gregos e egípcios já supõe a dissidência entre os deuses, que são respectivamente cultuados e, de igual, permanecem nos bastidores. Assim, se o arauto declara que "os deuses do Nilo são os que ele venera, o rei de Argos declara compreender que os deuses da terra em que se encontram não representam nada para eles (Mazon, 1947, p.45).

Mais distantes ainda estão os deuses em *Os persas*. Embora, como diz Ferguson, glosando Beckett, trate-se de um verdadeiro "Esperando Xerxes", ao contrário da peça beckettiana, "Xerxes chega, ainda que não provoque mudança alguma". Como a maioria dessas tragédias, a peça prepara e distancia-se do instante de *pathos* (Ferguson, 1973, p.39). À semelhança de *As suplicantes*, ausentes como presenças, os deuses compõem a atmosfera do que se encena. Sua lembrança soa quer na queixa da rainha persa ao saber da derrota dos seus ante os gregos – "Meus olhos veem tantas coisas / como as terríveis visitações dos deuses" (cf. Ésquilo, 1956, p.69) –, quer pelo fantasma de Dario que explica ao filho Xerxes a derrota como castigo de Zeus. Mesmo sem dar maior relevo à peça, importa notar que a derrota persa relaciona-se a uma conduta humana, a *hybris* do governante, que pretendia estender aos atenienses o estado de servidão a que já submetera os lares persas (ibidem, p.53).

---

19 Sobre esse texto e as duas outras peças iniciais, consulte-se Mazon (1947).

MELANCOLIA 89

A cena humana cresce na mesma proporção que a presença dos deuses mantém-se implícita, portanto secundária. Assim Xerxes envaidece-se da qualidade de sua armada, sem levar em conta o ciúme que desperta nos deuses (ibidem, p.61). As anotações acima tiveram de ser resumidas para que se reservasse maior espaço ao *Prometeu acorrentado* e à *Oréstia*.

Do primeiro, chamo desde logo a atenção para a radical diferença entre as interpretações propostas por Paul Mazon (1947) e Karl Reinhardt (1972). Sua raiz está no que Reinhardt considera como o papel desempenhado pela teologia.

Para o helenista francês, ao escrever a trilogia iniciada com o *Prometeu acorrentado*, Ésquilo era atraído por "um ato de livre generosidade", como traduz o grego *charis*, por parte dos deuses: "[...] Eis a ideia que tentou mostrar: a necessidade, na própria história das potências celestes, de uma certa renúncia, para encerrar os conflitos que, incessantemente, engendra a violência egoístas das paixões" (Mazon, 1947, p.146). E o autor assim explicava a lenda de que seu propósito se originara:

> Tétis está destinada, qualquer que seja seu esposo, a gerar um filho mais potente que seu pai. Ora, Zeus e Poseidon desejam igualmente seu amor: que ela ceda a um ou ao outro, eis o deus do Olimpo ou o deus dos mares forçado a ceder a seu próprio filho a arma nova que lhe assegurou o triunfo, o relâmpago ou o tridente e eis a ordem do mundo posta ainda em perigo. Têmis revela o perigo aos deuses e esses, para conjurá-lo, logo decidem dar Têmis a um simples mortal: Peleu será seu esposo. Desse segredo de que depende a sorte dos deuses agrupados em torno de Zeus, Ésquilo faz Prometeu o único depositário. (ibidem, p.148)

Desses dados, separados dos prescindíveis, Mazon cria uma concepção otimista. Na abertura que sobreviveu aos séculos, Kratos e Bia são as armas decisivas de Zeus. Atraiçoado por Prometeu, que o preterira pelos homens, Zeus mandara que fosse acorrentado por Hefesto, o deus ferreiro, em terra deserta e distante, à beira do oceano. Não preciso acompanhar toda a trama. Recorde-se apenas que, no meio de seu suplício, Prometeu ouve o bater de asas das Oceânides, filhas de Tétis com Okéanos. Mas fracassa a tentativa de ajuda que ele intenta. Ao longo do diálogo com o coro, Prometeu revela estar de posse de um segredo capaz de despojar Zeus de seu poder, do mesmo modo que esse fizera com Cronos, seu pai. O Coro louva sua ousadia e teme a permanência de sua desdita. Aconselhado por Têmis, Prometeu, em momento anterior, explicara aos Titãs que a vitória caberá ao mais astuto, então capaz de vencer o detentor da violência. Porque não fora ouvido, Prometeu passara para o bando de Zeus. Por que então seu castigo? Porque o propósito de Zeus era exterminar a espécie humana e substituí-la por outra. Entre os aliados de Zeus, Prometeu fora o único a discordar. Em suas próprias palavras: "Por ter-me apiedado dos mortais, a mim a piedade foi recusada e eis como implacavelmente sou aqui tratado, espetáculo funesto ao renome de Zeus" (apud ibidem, p.162).

Favorecedor da espécie ameaçada pelo deus, Prometeu não só afastara os homens do Hades como os livrara da morte iminente. Mostra-se para tanto duro e rigoroso em suas decisões. Por isso recusa o conselho de Okéanos de quebrar seu orgulho e não injuriar o deus vitorioso. Prometeu retruca que a intervenção de Okéanos será inútil, porque Zeus se manterá inflexível. Ao dizê-lo, sabe que sua desgraça fora acompanhada pela de seu irmão, Atlas, obrigado a sustentar as colunas que separam o céu da terra. Porque não é capaz de convencê-lo, Okéanos reconhece seu fracasso de conciliador e afasta-se. Em longa passagem, o coro das Oceânides canta os bens que a rebeldia de Prometeu concedera aos homens. Interrogado pelo Corifeu se seu sofrimento será eterno, Prometeu prefere guardar segredo de como destronará o inimigo. Entra Io, a humana desejada por Zeus. Pelo ciúme de Hera e para castigo de Zeus, desprezado por Io, ela traz dois chifres de vaca. Io e Prometeu igualmente se lamentam dos castigos que sofriam. Prometeu, cujo nome já declara sua capacidade de previsão, declara a Io as desditas que ainda a esperam. Outra vez interrogado sobre se o poder do cruel Zeus não será abatido, Prometeu aprende a se calar. Adianta-lhe, porém, que a ela caberá engendrar um filho que o libertará. De sua parte, Zeus envia

MELANCOLIA

Hermes para tentar extrair do supliciado o segredo que o ameaçava. Mas Prometeu, herói para os homens, é o que igualmente odeia deuses: "Sou franco: odeio os deuses; eles me devem favores e por eles sofro um tratamento iníquo" (apud ibidem, p.191). Por isso mesmo, embora se possa presumir que seu ato aumentaria sua tortura, recusa-se a confessar a Hermes o que sabe. A vingança do todo-poderoso exprime-se pelo relâmpago que provoca o desabamento de rochedos sobre Prometeu. Mas também ele é um deus e, por isso, apenas padece o aumento dos sofrimentos.

Tão só acrescento: para Mazon, a continuação perdida da trilogia traria, por fim, a conciliação do herói civilizador com seu poderoso adversário. Zeus terminaria por reconhecer que sua força e violência teriam de ser reconciliadas com a graça com que perdoa o amigo dos homens, convertendo-se ele próprio no olímpico aliado dos que antes perseguira.

À interpretação proposta por Mazon, radicalmente se opunha a de Karl Reinhardt. Ao tratar do que escreve o helenista alemão, abordarei o *Prometeu*... conjuntamente com outra peça de Ésquilo.

O primeiro ponto a destacar ataca de frente um dos pontos decisivos que tenho proposto: tenho defendido que a épica diferencia-se fundamentalmente da tragédia, e a lírica e a comédia apenas relativamente se diferenciam da marca primária do trágico, a cunha do *pathos*. Dito de maneira mais sintética, tenho proposto que as configurações dos gêneros literários básicos ressaltam ou o trânsito entre os espaços do divino e do humano ou se concentram em linhas traçadas dentro do exclusivo espaço humano. Ora, uma primeira passagem de Reinhardt põe em dúvida a distinção. Ao reunir os diversos trechos relativos à fé religiosa na cena esquiliana, ele escrevia:

> De um lado, a maldição hereditária, a crença na "inveja" dos deuses diante da demasia de felicidade, a invocação dos espíritos da vingança, do outro a graça divina, a ideia de uma teodiceia, a fé em um "pensamento" soberano: tantos contrastes que não se resolvem. De um lado, a onipotência e a predestinação divinas, que ademais reclamam a colaboração do homem, do outro, a justiça de Zeus que

estabelece sua pena a toda injustiça, só excluindo a divindade, como uma causa imanente ao próprio homem, guia-o e encaminha-o para o bem e para o mal, a falta ou a inocência; a novidade aqui talvez esteja menos no conteúdo dessas ideias que se opõem, implicando-se mutuamente do que na maneira como seu contraste se exprime. (Reinhardt, 1972, p.38)

Pouco adiante, o autor acrescentará: "A produção da falta não é senão que a produção da vingança pelo assassinato, o demônio pelo demônio" (ibidem, p.40). Estaria Reinhardt afirmando a constante presença contraditória do divino nas ações humanas? Ou seja, que, na tragédia, assim como na épica, os deuses continuariam presentes no plano humano?

Em vez de procurar negá-lo, aproveito sua interpretação para tornar mais densa, ou seja, mais exata, a diferença que propusera.

Ao falar em transparência absoluta de planos, instalada pelo tratamento homérico, quero dizer que a atuação do divino é tão explícita que não é possível julgar sua propriedade ou arbitrariedade. Ora, ao acentuar Reinhardt que no drama – onde considero que o plano humano assume a primazia – revela-se um caráter contraditório, mostra-se que aí surge algo que, na cena épica, não se explicitava. Esclareça-se melhor o que penso pelo exame do ensaio que Reinhardt bem intitula de "Aischylos Als Regisseur und Theologe".

Do diretor de cena, nada posso dizer, porque, enquanto seu leitor, apenas conheço seus textos. Mas o aspecto teológico ganha pela abordagem do helenista alemão uma dimensão que estivera ausente na maioria dos comentadores do dramaturgo. Reinhardt enfatiza a condenação de Cassandra. Vítima de uma guerra provocada por uma razão para a qual a *Ilíada* não apresenta uma razão marcante, pois provocada por uma traição conjugal que termina desculpada, sem que sequer se cogite de perdoar a traidora, Cassandra se tornara uma escrava do guerreiro vencedor, convertendo-se, afinal, em vítima de alguém tão traidora quanto Helena, Clitemnestra. Ora, a destruição de Troia contara com a estreita colaboração de Atena, como fora decidido pelo apoio do próprio Zeus. Para que não fosse arrasada, faltara a Troia que o imortal que a apoiara tivesse coragem semelhante à de Prometeu. Do mesmo modo, a traição perpetrada por Clitemnestra, também assassina de Cassandra, tivera como primeira justificativa a morte da filha Efigênia, por ordem de Agamêmnon, em obediência à mensagem trazida pelo adivinho: Zeus estabelecera que os ventos só impeliriam as naus atenienses rumo à proximidade de Troia se o chefe dos helenos acatasse o sacrifício que impunha. Tanto Efigênia quanto Cassandra são, por conseguinte, inocentes que pagarão com suas vidas para que Agamêmnon – em cumprimento da vontade dos deuses – seja vencedor, e Clitemnestra, com a ajuda daquele que a seduzira, Egisto, exitosa vingadora. Portanto, sem que se deixe de afirmar que a atuação dos deuses efetua-se de maneira diversificada, direta ou indiretamente, em ambos os casos, a "teologia" incrustrada no texto grego já é altamente contraditória em sua configuração épica. O que vale dizer, *a transparência dos planos divino e' humano que' se' encontra em Homero não impe'de' que', a um exame' mais cuidadoso, mostre'-se' atravessada por atitudes contraditórias.*

Creio, de minha parte, que esse aspecto da divindade grega é explicável pelo forte cunho antropomórfico de seus deuses. O próprio divino grego tem uma contraface humana. Não importa de onde ela parte: a contradição de um chega ao plano do outro. Ouça-se a formulação de Reinhardt:

> Todo deus grego reúne em si uma ordem determinada da existência e, em seguida, exige que à sua divindade responda uma atitude humana. Aquele que Zeus requer tem o nome de "sabedoria". Como a "sabedoria" domina todas as outras atitudes humanas, assim Zeus domina por sua sublimidade todos os outros deuses. Essa "sabedora", por outro lado, só se pode conquistar "passionalmente", nenhum outro caminho para aí conduz senão o *pathein*: ora o que responde ao mais alto do divino, a este caminho de provas, é a "violência" e a "graça", *bia* e *charis*; e estes contrários são também unicamente reunidos, no deus da "paixão" e da "aprendizagem", nesta "sabedoria" que define o destino do humano: "aprendizagem" sob a "violência" divina, "reconhecimento" da "graça" divina. (Reinhardt, 1972, p.44)

A conclusão pareceria concorde com a de Mazon se o seu percurso não mostrasse que a combinação entre *bia* e *charis* não conduz a harmonia alguma. Muito ao contrário, como tal enlace é sempre tenso, desproporcional e provocador de arbitrariedade, a ingenuidade, ainda admitida na épica homérica, terá de conduzir ao *pathein*, que, a partir do trágico primordial, contaminará os *frames* básicos. No *Prometeu*, que pôde ser entendido como uma configuração de passagem entre o épico e o trágico, ainda se pode pensar na ação liberadora de Héracles, filho de Zeus, como manifestação de uma autêntica *Aufhebung* transfornadora, que converteria a violência paterna na força da *charis*. Mas a recorrência ao conceito hegeliano só deixará de ser arbitrária se se recordar que a *Aufhebung* não supõe apenas a superação de um estado anterior, como sua manutenção agora em segundo plano. Só ao compreender-se a ambiguidade do termo, mantida no conceito hegeliano, compreende-se por que a interpretação de Reinhardt não se confunde com a de Mazon; como lhe é preferível e refina a relação entre as molduras épica e trágica. Noutras palavras, se as molduras do épico e do trágico ainda podem parecer idêntico é por conta da contradição contida na "teologia" presente na épica.

Deixo por um instante o tribunal montado contra o Olimpo e, retornando à letra de Reinhardt, reitero por que o *Prometeu*, mesmo que entendido como uma guerra entre deuses, integra-se ao *frame* trágico:

> Enquanto Zeus se esforça em lhe extorquir uma confissão, o criminoso que purgava sua pena move-se em conspirador e a questão sobre quem é o mais forte – a tortura ou a resistência, o exterior ou a interior, a ameaça brutal ou a firmeza, a potência ou o espírito? – *essa questão, e somente ela, converte-se em tragédia.* (Reinhardt, 1972, p.59, grifo meu)

Satisfeita a questão fundamental, vale ainda aprofundar a teologia que Reinhardt desvela. Do acordo entre *bia e charis*, havia dito que a teologia daquela Grécia não se condensa em uma figura harmônica. Reinhardt reforça a conclusão: a aliança que havia

MELANCOLIA

sido concluída entre Zeus e Prometeu não passa de um acordo frágil; sua ruptura é definida pela decisão de Prometeu em favor dos homens: "A potência, acolhendo o espírito, o espírito, tornando-se fato e causa para a potência não tinham feito senão suprir sua própria indigência" (ibidem, p.68). Um e outro são imiscíveis. Por isso, conclui o brilhante helenista: "Mais do que um salvador, Prometeu é um ordenador do mundo dos deuses, como dos homens" (ibidem).

Dito o quê, ainda voltemos à questão, que já não é de Reinhardt, do "acordo" entre os planos. Para isso, venho, embora rapidamente, à trilogia de *Oréstia*. Nela, depara-se a cena da vingança a ser cometida por Orestes. Apolo, que já fora visto, no *Agamêmnon*, ao se mostrar a Cassandra, quando ela decide descer do carro triunfal, profetizando sua morte, junto com o vencedor dos troianos − "Ai! Infeliz de mim! Destino atroz! / É a torrente de meu sofrimento / que soluçando ponho nas palavras! / por que me conduziste até aqui? / Para morrermos juntos? Ai... Por quê?" (*Agamêmnon*, 1293ss. − Ésquilo, 1991) − volta a exercer o papel funesto, e até com mais desenvoltura quanto a Orestes. Segundo prescreve Apolo, se Orestes não vinga a morte inglória do pai será um pária e vítima de terrível moléstia. Mas, se mata a mãe e seu amante, não será menos punido pelas Erínias, que o perseguirão. Com o apoio de Apolo, Orestes assume a alternativa conhecida. E Reinhardt mostra como a decisão, respaldada pela divindade e depois por Palas Atena, não era de modo algum incontestável:

> Por que, nas *Eumênides*, a questão da falta é deslocada do caráter de autoridade para a questão de fato? Há aí consanguinidade ou somente parentesco por aliança e por que as Erínias, de Ésquilo, quando sustentam a primeira tese, o fazem exatamente como Erínias e não só enquanto espíritos vingadores invocados pela mãe assassinada? (Reinhardt, 1972, p.161)

Apolo justifica a posição que endossa pela afirmação que as Eumênides não têm o direito de perseguir o filho assassino porque o casamento apenas cria um parentesco tão só por aliança, enquanto a "vocação" de vingadoras das Erínias supunha o exercício da vingança do sangue derramado do parente. Reinhardt acrescentava que o argumento torna-se menos débil com o reforço dos deuses olímpicos. Em suas palavras:

> [...] Somos consolados em saber da boca de Apolo que os deuses Hera, Afrodite e Zeus são fiadores da indissolubilidade do casamento e os seguimos de bom grado quando evoca a prescrição do assassinato e a grandeza de sua vítima; mas por que, em um súbito desvio, insiste no argumento suspeito e controvertido segundo o qual o filho só é filho de seu pai e a mãe é apenas o vaso "estrangeiro" da semente paterna? (ibidem)

Menos preocupado com questões e justificativas teológicas, Ferguson explicará que a decisão final tomada por Atena fundamenta-se em seu próprio exemplo — nasceu sem mãe, da cabeça de Zeus — e afirma que são "os pais que importam e não as mães" (Ferguson, 1973, p.108) — o que, concretamente, supunha endossar o argumento de Apolo. Para Reinhardt, em troca, mesmo porque já está tratando da trilogia em um plano meramente político, o argumento vencedor era suficiente para a decisão de inocentar Orestes. Mas a ele próprio não convence o papel que Atena concede às Erínias, astutamente convertidas pela deusa--juíza em detentoras de um direito novo. Deixarão assim de ser vingadoras para se converterem em justiceiras:

> [...] O mimo divino a que se reduz a cena do processo habilmente subtrai, mais do que as trata, as questões cruciais ou, pelo menos, aí não responde com a profundidade de sentimento de que Ésquilo noutras partes se mostrou capaz. (Reinhardt, 1972, p.165)

Se se procura em Ferguson uma resposta à frustração mostrada por Reinhardt, ela há de ser vista como própria a um investigador menos especulativo: a solução que os deuses apresentam e o tribunal humano do Areópago hesitantemente acatará — a votação terminará empatada e a decisão virá de "cima", proferida por Atena – é puramente de ordem política. Ferguson poderia ter dito: a decisão em favor dos homens, mais simplesmente, do direito de vingança de um filho ante um pai duplamente traído, fora tomada pela própria sociedade grega. Tendo o teatro grego a função social que lhe é reconhecida (especulativa e pragmática), teria sido possível a Ésquilo empregar a argúcia "teológica" que Reinhardt nele noutros momento encontrara e dar uma inflexão antagônica ao que contavam os mitos em que se apoiava?

O debate, que Reinhardt e Ferguson, de fato, não travaram ultrapassa o plano em que aqui os ponho. O que não impede de dizer: visto a partir do ângulo do intérprete mais agudo, as peças de Ésquilo apresentam claramente diferenciados os domínios do teológico – mais amplamente, do filosófico – e do político. (O impasse entre os dois intérpretes vai além de suas figuras enquanto tais ou das tradições que cada um representa – a especulativa e a pragmática. Em se tratando de níveis dos discursos especulativo e político, os limites de cada um são insuperáveis.) Se a Reinhardt não escapa da força do contraditório que atravessa a produção esquiliana, o contraditório converte o poder, no caso o da divindade, em condição suficiente para a afirmação do que então será tido como justiça. Se *dike*, a justiça, não era praticada no Olimpo, como se poderia pretender que ela se exercesse pelo humano?

Atuando como pensador, sendo um helenista que se propunha pensar no que os próprios gregos não haviam pensado – a razão dos deuses –, Reinhardt termina por lamentar que Ésquilo não tenha levado a cabo a profundidade de reflexão de que se mostrara capaz. Mais modesto, Ferguson compreende que não valeria a pena ir além da decisão política que sabia ter sido a da sociedade estudada. Correndo fora da raia, Fernando Pessoa reflete a relação dos deuses com os homens como poeta:

> [...] O amor dos Deuses, como por destino não é humano, revela-se em aquilo em que humanamente se não revelara amor. Se só ao gênio amando-o, tornam seu igual, só ao gênio dão, sem que queiram, a maldição fatal do abraço de fogo com que o afagam. [...] Assim ao gênio caberá, além da dor da morte da beleza alheia, e da mágoa de

conhecer a universal ignorância, o sofrimento próprio, de se sentir par dos Deuses sendo homem, par dos homens sendo deus, êxul ao mesmo tempo em duas terras (Pessoa, 1950, p.56-7)

Ressaltemos apenas um argumento que, de secundário, torna-se relevante para a consideração sobre a diferença entre os planos discursivos. Deve ter ficado claro que, entre as interpretações de Reinhardt e Ferguson, consideramos que a percepção do caráter do teológico por Reinhardt permite-lhe um entendimento mais arguto. Contudo, a menor agudeza de Ferguson termina, no caso analisado, mais correta pelos limites inerentes aos planos discursivos do especulativo e do político. Ou seja, que o julgamento favorável de Orestes e a acomodação dada às Erínias não indicavam que Ésquilo repetisse a argúcia antes demonstrada, senão que o desfecho levava em conta o traço acomodatício do político. As consequências da diferença nos levariam para fora do propósito deste livro. Mas sua importância deveria um dia ser aprofundada.

Passemos a Sófocles.

Se ainda era plausível analisar de Ésquilo apenas as peças que sobreviveram integrais, a desculpa já não serviria para Sófocles (497-399 a.C.), pois, embora seja grande o número do que se perdeu – de 123 peças conhecem-se apenas sete – as restantes são reconhecidas como incomuns. Mas o meu propósito neste item é tão só precisar as molduras fundamentais da ficção literária, destacando a nuclearidade da tragédia. Por essa razão, restrinjo-me a considerar dois exemplos da produção sofocleana, *As Traquínias*, de reconhecimento relativamente recente, e o indiscutível *Édipo rei*.

A quem leia *As Traquínias* deverá cada vez mais impressionar o encaixe entre o técnico-formal e o temático-formal. Um e outro se desenvolvem por contraste e fusão. Contraste do técnico-formal: os 51 primeiros versos da fala de abertura de Dejanira partem de seu fim. Dejanira está morta e fala do Hades:

Reza o bordão antigo: até que *aiôn*
– o tempo de viver – termine, não
sabemos se foi boa ou má a sina,
exceção feita a mim, a quem é claro
o azar aziago antes de ir ao Hades
(Sófocles, 2014 – *As Traquínias*, v.1-5)

A partir do verso seguinte, a narrativa assume o andamento contrário: Dejanira fala do tempo que antecedeu suas núpcias, quando, assediada por Aquelao, o rio, cuja "barba hidrojorrava" (v.13), a quem repudiava, era torturada pelo "afã da morte" (v.15). Livra-se duplamente ao ser libertada por Héracles, o famoso herói que a faz sorrir. A narrativa então flui e forma a unidade que a *Poética* aristotélica admira como sua suma qualidade. A felicidade de que Dejanira frui prolonga-se até que Héracles mate o "rude Ífito" (v.40); o casal é acolhido em Traquis e, fiel a seu perfil guerreiro, Héracles some no mundo.

Passam-se quinze meses e ninguém sabe de seu destino. Aproxima-se então o prazo que fixara para o desfecho que Dejanira deveria dar à sua herança. "Um nume", declara ela, "não me arruíne o que estava escrito numa tabuleta" (cf. v.46-7). Entre o passado agora distante e o presente que agora se aproxima, a lembrança de Dejanira passara da dor à fortuna e da fortuna à ansiedade.

À entrada em cena do filho Hito corresponde o pedido da mãe que partisse à procura do pai. Ela é desnecessária, responde, se "em boato se confia" (v.67). Pois ouvira que, durante um ano, Héracles fora escravo de uma mulher lídia e, no momento, preparava-se para combater, em Eubeia, contra a cidadela de um certo Êurito. Como a implícita presença dos deuses é inerente às tragédias de Ésquilo e Sófocles, Dejanira declara que, ao partir, o marido a deixara "a par do augúrio a ser cumprido" (v.76-7). A sobrevivência dela e de seu filho depende do que a *moira* de Héracles ali estabelecesse. O que, portanto, fora deixado escrito na tabuleta confiada a Dejanira dependia de um combate já então previsto. Mas de toda a *moira* não é próprio o desfecho imprevisível?

À saída dos personagens da cena corresponde a entrada do coro das Traquínias. Sua fala reitera a dor de quem espera o ausente. Mais do que de Dejanira, o coro ressalta o sentimento geral dos cidadãos que representa, da humanidade a que pertence: "Um círculo de pesar e prazer/envolve a todos" (v.29-30).

Logo um mensageiro entra com notícia mais fresca. De Licas, o arauto, ouvira que Héracles, libertando-se de quem o escravizara, havia destruído cidadela inimiga e já se aproximava, tendo em seu séquito mulheres e mulheres, cuja terra à larga devastara. (Para o leitor que, como eu, apenas dispõe do texto, tão só cabe imaginar a "azáfama dionísia" (v.220) a que se entregam os que vêm a alegria de Dejanira.)

Chega o próprio arauto e, ante a pergunta de Dejanira, declara que o vitorioso fora deixado há pouco por ele, "em plena forma física" (v.235). Para quem tanto tempo o esperara, as notícias são alvissareiras. Mas o arauto não dizia toda a verdade. Nada declara sobre as escravas que o seguem. Ao saber de seu séquito, Dejanira explicita sua doçura, que os versos anteriores anunciavam. Pouco comum na tragédia grega, ela se apiada do infortúnio das que o vitorioso arrancara de suas terras: "Céus! Quem são elas? Causam-me piedade, / se o infortúnio não me rouba o senso" (v.242-3).

O arauto, servil como cumpria a seu papel, confirma a servidão a que Héracles estivera submetido, acrescentando que, durante ela, matara torpemente o filho de quem o escravizava. Zeus, de sua parte, enfurecera-se com um assassínio feito com dolo. Héracles, de sua parte, considerava Êurito, o pai de quem dizimara, responsável por sua desdita, e, não se tendo por satisfeito, com a ajuda de mercenários, atacara-o. Seu êxito ali, no séquito que ora se apresentava, agora se mostrava. Como se tomasse consciência do que de fato não se lhe dizia, Dejanira desconfia de seu próprio lamento pelo destino das escravas, sobretudo de uma, que destacava:

> Paúra me sufoca ao vislumbrá-las.
> Desejo ouvir quem és, infortunada!

MELANCOLIA 101

Tens filho ou és solteira? Nobre me
Pareces ser, jejuna em sofrimento.
De quem se trata, Licas, essa moça?
Como se chama quem lhe deu a vida?
Mais do que às outras, sinto pena ao vê-la,
pois tem em si um quê de sutileza (v.306-13)

Dejanira intui algo diſtinto naquela que singulariza. Licas apenas a ajuda ao reſponder que era filha do rei derrotado e morto. Dejanira dirige-se então a ela. À semelhança de Cassandra, em *Agamêmnon*, não recebe reſpoſta. A oposição entre Dejanira e Clitemneſtra não tem a ver com aquela que é eſposa fiel, além de possuidora de uma compaixão que Clitemneſtra desconhece. A oposição eſtende-se a propósito das escravas preferidas pelos chefes vencedores. Clitemneſtra sabia que Cassandra é sua rival no leito. Ainda que já eſtivesse decidida a acabar com Agamêmnon, eſtendera sua vingança à profetisa. Ao contrário, só muito ao longe, o texto sofocliano parece insinuar que Dejanira captava a ligação já formada de Iole com o marido.

Toda a inocente bondade de Dejanira entrará em choque com o desmentido, pelo mensageiro, da eſtória armada por Héracles e transmitida pelo arauto. O relato da escravidão sofrida por Héracles pela lídia Ônfale tinha sido forjado para que assim chegasse aos ouvidos de Dejanira. A demorada ausência de quinze meses fora passada entre a efetiva deſtruição do reino de Êurito e a consequente fruição de *eros*. Iole, em suma, fora trazida como rival de Dejanira. Aos ouvidos de Dejanira chegam sucessivamente os informes antagônicos. Entre sua alegria em saber que Héracles eſtá de volta e seu choque com que agora sabe o que de fato sucedera, reſta seu sentimento de piedade ante o infortúnio que supõe ser de todo o séquito das recém-chegadas. Paradoxalmente, é a esse movimento de afeto que a cólera dominará. Importa o delicado tratamento desse entrançado de reações emotivas tão díſpares – a alegria, a compaixão, o ódio contra o que vive –, que revela a extrema qualidade do dramaturgo.

Antes da explosão próxima, Dejanira ainda insiste que Iole declare sua identidade por sua própria boca. Licas, que viera de ser desmentido, fala a verdade ao declarar que duvida que ela saia de seu mutismo:

> Suporta quieta o fardo embora chore
> desde que abandonou o solo pátrio,
> varrido pela túrbida borrasca.
> Devemos relevar-lhe a sorte má (v.325-8)

Sem que a diferença com Clitemnestra em nada diminua, a referência à entrada no paço mostra a relação que se estabelece entre as duas situações. O acolhimento de Dejanira esconde o que se passava consigo? Se há alguma dúvida, ela se desfaz perante sua reação ante a intervenção do mensageiro.

De Dejanira podia-se esperar que fosse instantâneo o acesso de cólera que a trará tão próxima da Medeia de Eurípides. Ao contrário, sua conduta definirá o perfil feminino da peça de Sócrates. São suas palavras à "rival":

> Deixemo-la portanto em paz! O paço
> a acolhe, se lhe apraz. Sua adversidade
> é grave o suficiente para ser
> importunada com meus ais. Entremos! (v.329-32)

Suspeitoso de que Dejanira não houvesse compreendido diante de quem se encontrava, o mensageiro explicita o que sabe:

> Não foi para fazê-la escrava que Héracles
> a introduziu, senhora, em sua casa,
> mas de caso pensado, como vês,
> algo plausível, quando a chama inflama... (v.365-68)

O que então era, por parte de Dejanira, uma suspeita, manifesta-se como certeza: por sua estirpe principesca, Iole não era menos que sua sucessora. Héracles não estivera apenas ausente senão que escolhera outra para seu lugar:

MELANCOLIA 103

Não era um ser desamparado e anônimo,
como seu condutor alardeou?
Seu rosto brilha, brilha sua estirpe (v.377-80)

E o coro endossa a condenação dos que haviam mentido (cf.
v.180-3). Não será preciso detalhar o imediato – a discussão entre o mensageiro e o arauto, que reitera haver mentido, conforme
o estabelecido por seu chefe. Importa ressaltar a compreensão do
mensageiro:

> [...] Se a doença afeta Héracles,
> loucura é denegri-lo ou criticar
> esta mulher, pois não cometem nada
> errado. [...] (v.445-8)

"O amor pela mulher destruiu a *pólis* / *Eros* a dizimou, não foi
a Lídia!" (v.433-4). As palavras do mensageiro vão além do acontecimento particular a que apontam: de dizimador pelas armas,
Héracles será dizimado por arma mais potente. Sem que ele pre-
visse, não destruíra apenas a *pólis* que arrasara; tampouco Dejanira previra que as tabuinhas que recebera conduzissem a tal
desfecho. E a imprevisibilidade de sua ação traz para a cena grega
o que também era incomum em seu *pathos* trágico: o que tem
como compreensão o que lhe parece próprio da índole masculina:

> Não falas com mulher de baixo nível,
> alguém que ignore a natureza do homem,
> cujo âmago é moldado na inconstância (v.437-40)

Aqui, saindo do que chamei de plano técnico-formal, entro
no temático-formal. Pensando nos traços de Iole, Dejanira explica de onde extraíra sua tão rara compreensão:

> [...] Sua aparição me entristeceu:
> ser bela a arruinou: moira amaríssima,
> ela arrastou, sem pretendê-lo, a pátria
> à servidão. Que o vento leve tudo! (v.463-66)

O temático-formal foi muito bem formulado por Patricia Easterling (2014, p.158): "[...] Dejanira e Héracles [...] ambos são vítimas de *eros*. Ambos agem, em ignorância, para sua própria destruição".

Compreender a volubilidade masculina, a chama destrutiva da bela juventude não implica que Dejanira antecipadamente renunciasse à competição. Ela reconhece que perdera a luta pelo marido porque contra si tivera o tempo, tornando-lhe impossível competir com a radiosa juventude. Conjugado ao tempo, *eros* provoca a *moira*, o fado dos três. Tal conjugação forma o primeiro traço do temático-formal. Somente ele, contudo, não daria conta do *pathos* completo da peça.

A compreensão feminina não impede sua agente de mostrar seu lado agressivo. Ele é tanto mais requintado porque se manifesta por meio de uma artimanha. Dejanira usa o arauto para fazer chegar ao marido a túnica contaminada pelo veneno de Nesso, o monstro que, desprezado pela então jovem Dejanira, fora morto por seu futuro marido. Na formulação de Easterling (ibidem, p.155): "A decisão de Dejanira de enviar a túnica foi provocada por sua paixão por Héracles, enquanto ele tomou a Ecália porque queria Iole, e a túnica somente estava envenenada porque Nesso se frustrara em sua cobiça por Dejanira".

O temático-formal, portanto, associa "*eros*, loucura, a doença de Héracles e a violência das feras" (ibidem). Mas a loucura que se apossa de Dejanira, que provocará a morte de Héracles, tem como correlato o suicídio que ela se reserva. Mas ainda aí não se encerra a tematização *en abîme* do feminino e do masculino. De Reinhardt, em seu não menos notável ensaio sobre Sófocles, destaque-se uma só passagem:

> O conteúdo essencial desse drama é o duplo isolamento, a separação reiterada e o afastamento alienante de uma proximidade protetora que atinge dois personagens que certamente se correspondem e estão presos um ao outro, mas que, por causa do demônio residente, são autônomos e, como destinos, permanecem fechados em si mesmos. O drama mostra [...] não um único destino a dois, mas os dois destinos em um só. (Reinhardt, 2007, p.49)

MELANCOLIA 105

Assim retornando ao palco técnico-formal, Héracles e Dejanira, ainda que possuídos pela mesma loucura, permanecem isolados. Encontram-se na morte, mutuamente provocada.

Sem negar o caráter de inigualável do ensaio de Reinhardt, incluo uma observação sua no que tenho como o segundo elemento de ordem textual-formal: o papel da *aparência*, entendida como o limite do conhecimento humano de si próprio. Desenvolvido na análise seguinte, assinalo sua presença na peça de que já não mais falo: *As Traquínias* terminam, tal como começaram, de maneira opressiva. 'A redenção dos trabalhos' que *As Traquínias* prometem não é o Olimpo, mas a morte" (ibidem, p.80). Por conseguinte, se *eros* é visto como o que impede o limite do autoconhecimento, *As Traquínias* já é "a tragédia da aparência humana, em que a aparência é subentendida como o ser [...]" (ibidem, p.119).

Reservo para o *Édipo rei* as consequências da chave interpretativa. Ainda que de passagem, Édipo já é referido na *Ilíada* (Homero, 2001, Canto XXIII, v.679-80), porquanto o arcabouço mítico servia tanto para a épica como para a tragédia. Mas o decisivo não é a tradição servir de constante alimento para o drama grego, senão, como diz Trajano Vieira (2012, p.31), "o momento da revelação trágica [...] apresentar o *daímon* como o elemento desencadeador da tragédia [...]". *Daímon*, com frequência traduzido por fado, expressa, sobremaneira em Sócrates, o sentido do termo. Como será melhor visto ao compararem-se as análises de Reinhardt com Bernard Know, o *daímon* socrático é incitado por decisão dos deuses. Lembre-se a triste ironia de Pátroclo, que, moribundo, dirigindo-se a Heitor, declarava: "Blasonas, Héctor! Grande vantagem! Zeus Pai / e Apolo concederam-te a vitória" (Homero, 2001, *Ilíada*, Canto XVI, v.844-6).

Era fácil para a divindade provocar o fado dos homens. Para a mentalidade religiosa de Sócrates, como para Édipo, isso era indiscutível. O relevante era que a vitória dos olímpicos impunha-se contra a resistência do homem.

Considerei ser importante verificar na peripécia da peça os vaivéns que sua técnica formal estabelece para a vitória inevitável sobre a astuta resistência do personagem. Assim, embora deva supor o conhecimento da peça, vale recordar a luta de Édipo contra a profecia recebida por Laios do oráculo de Delfos.

Depois de decifrar o enigma da Esfinge, Édipo tornara-se senhor absoluto de Tebas. É a aparência que o engana? Na abertura da peça, um cortejo de cidadãos pede socorro ao aclamado herói. Sob a forma de peste, uma nova ameaça atormenta a cidade. Ela é provocada por se ignorar quem assassinara o rei Laios. Creonte, o cunhado de Édipo, candidato a seu sucessor, declara que a ameaça só cessará quando o crime estiver solucionado. Ao indagar o cunhado sobre o local da morte, Édipo principia a investigação. Ao fazê-lo, está convencido não só de sua capacidade de resolvê-la, como suspeita que ele próprio, como autoridade máxima, está ameaçado. Pela questão que dirige a Creonte, vem a saber que do grupo que acompanhava Laios só um sobrevivera e, com autorização de Jocasta, escapara do tumulto da *pólis*, tornando-se pastor. No auge de seu poder, Édipo proclama: "Hei de seguir, inda que só, o rumo certo; / o indício mais sutil será suficiente" (v.259-60).[20]

De sua longa fala, destaco outra mínima passagem:

> Proíbo terminantemente aos habitantes
> deste país onde detenho o mando e o trono
> que acolham o assassino, sem levar em conta
> o seu prestígio, ou lhe dirijam a palavra
> ou lhe permitam irmanar-se às suas preces
> ou sacrifícios e homenagens aos bons deuses
> ou que partilhem com tal homem a água sacra! (v.277-83)

Cada frase sua prenuncia sua própria desgraça. Nenhum dos presentes o prevê. Como em *As Traquínias*, o homem, sem que o note, cumpre as ordens dos deuses. Édipo, o destruidor da Esfinge, deveria julgar que o dilema que agora enfrenta é de solução mais simples. Sua confiança seria julgada excessiva? É de suspei-

---

20 Como citarei uma tradução não acompanhada do original, a indicação dos versos é válida apenas para a tradução.

tar que, para os gregos, a *hybris* sempre se relacionasse ao que cerceia ao homem o conhecimento de si próprio.

Por sugestão de Creonte, Édipo convoca Tirésias, o cego adivinho. Conduzido por um menino, o ancião é a imagem oposta do rei poderoso. Suas palavras iniciais dizem quanto teme pelo que sabe: "Pobre de mim! Como é terrível a sapiência / quando quem sabe não consegue aproveitá-la!" (v.378-9).

Édipo insiste e Tirésias não recua. Cada vez mais reconhece que não deveria ter vindo. Édipo não poderia suportar o que entende como arrogância. Termina por encolerizar-se e explicita o que já lhe aparecia como o que sucedera: a morte de Laios fora tramada por Creonte e Tirésias. Agora o cego ancião já não tem saída. Ou declara o que sabe ou pagará por seu silêncio. A raiva que dele se apossa marcará a peça e a descendência de Édipo: "Pois ouve bem: és o assassino que procuras!" (v.431).

Como Édipo não pode de imediato entendê-lo, Tirésias há de ser explícito:

> Apenas quero declarar que, sem saber,
> manténs as relações mais torpes e sacrílegas
> com a criatura que devias venerar,
> alheio à sordidez de tua própria vida! (v.435-38)

Sem que houvesse premeditado ou que tivesse urgência de fazê-lo, apenas forçado pela situação em que estava posto, Tirésias levanta uma trilha que Édipo sequer poderia conceber: de quem, afinal, era ele filho? Até então crera, como quase todos os tebanos, que era um estrangeiro e descendente do rei da distante Corinto. Ainda convicto do que tivera como verdade inabalável e ainda crente de seu direito ao poder, Édipo repete o que se dissolverá em lenda:

> Pois eu cheguei, sem nada conhecer, eu, Édipo,
> e impus silêncio à Esfinge; veio a solução
> de minha mente e não de aves agoureiras.
> E tentas agora derrubar-me, exatamente a mim,
> na ânsia de chegar ao trono com Creonte!

[...]
Não fosses tu um velho e logo aprenderias
à força de suplícios que não deverias
chegar assim a tais extremos de insolência! (v.478-87)

Ainda convicto que é parte de uma trama, Édipo aceita que o ancião retire-se do palácio. Sem saber exatamente o que se desenrolara, Creonte vem ao palácio, quando escuta palavras acusatórias:

Que fazes tu, que estás aí? Ainda ousas
chega a mim, tu que seguramente queres
tirar-me a vida e despojar-me do poder
abertamente? [...] (v.628ss.)

Surpreso, Creonte apresenta como prova contrária que antes Tirésias nada falara. Mas não sabe responder por que o adivinho antes se calara. Torna assim mais verossímil a acusação de Édipo, que se julga no direito de querer a morte do cunhado.

Entra Jocasta e a intensificação do debate será momentaneamente abrandada. Ela consegue diminuir a fúria do marido e fazê-lo trocar a morte de Creonte por seu exílio. Participa da técnica formal de Sófocles jogar os momentos de intensificação e abrandamento da tensão. Mas esse não passará de um curto instante. De fato, a intervenção de Jocasta trará mais fogo ao debate. Com o propósito de acalmar a ira de Édipo, narra que Laios recebera do oráculo a predição de que seria morto por seu próprio filho, concebido com ela. Declara-o a fim de tornar mais distante qualquer comprometimento de Édipo com o infeliz desfecho, pois o oráculo revelara-se falso porquanto supunha que seu filho com Laios morrera poucos dias depois de nascido, e era sabido que Laios fora morto por forasteiros, numa encruzilhada de caminhos.

O último detalhe tem sobre Édipo efeito contrário. Indaga por isso da rainha quando se dera a morte do ex-marido. Ao ouvir que um pouco antes de sua chegada, Édipo começa a sentir frágil sua suposta inocência. A exclamação e a pergunta que se seguem dizem de sua inquietude: "Zeus poderoso! Que fazes de mim agora?" (v.882).

Até então, desacreditara por completo das palavras do adivinho, porque se supunha vindo de longe, e que de Corinto se afastara, porque um bêbado certa vez declarara que era filho bastardo. Por isso, não contente com a resposta de Políbio e Mérope, saíra de Corinto e fora a Delfos. Como ali escutara que lhe esperavam "maiores infortúnios, trágicos terríveis", foge para além de seu reino.

Ainda à procura de inocentar-se, pergunta pelos traços físicos do morto e por sua idade. Ante o que escuta, compreende que lançara contra si "as maldições terríveis pronunciadas hoje" (v.891) e que "Tirésias, mesmo ele cego / tenha enxergado" certo. Édipo, no entanto, ainda insiste. Ainda guarda confiança em sua inocência e não se há de pensar que tivesse alguma vocação de suicida. Na tentativa de abrandá-lo, Jocasta revela mais detalhes; eles mais o incriminam: era pequena a escolta de Laios: "Seus seguidores eram cinco ao todo; entre eles / contava-se um arauto; / um carro só os levava" (v.900-1).

Os dados encaixam-se com os que Édipo recorda quanto ao homem que matara, pouco antes de livrar Tebas da Esfinge. E Jocasta, ao procurar liberá-lo da carga que, terrível, abeirava-se, cumpre a função paradoxal de mais incriminá-lo. Assim declara que da escolta de Laios salvara-se um homem, que lhe pedira para sair do palácio e tornar-se pastor. Édipo vê a última prova decisiva em que, sendo ele chamado, falasse o que de fato se dera.

Como se Sófocles pretendesse não deixar dúvidas sobre a identidade do criminoso, a chegada de um mensageiro de Corinto trará mais uma inesperada prova. Sem poder prevê-la, Jocasta corre para anunciar sua chegada: viera para anunciar a morte de Políbio, o rei. Falhara, portanto, o oráculo que anunciara que Políbio seria assassinado por seu próprio filho. Mas o interrogatório a que Édipo submete o mensageiro retira o querido álibi. A técnica formal de Sófocles atinge o inaudito. O interrogatório a que Édipo submete o mensageiro o faz saber que não era filho do agora morto. Supondo ser a favor de sua ajuda, o mensageiro explica ter sido ele próprio que retirara do campo uma criança abandonada e a entregara aos reis de Corinto; encontrara-a com outro pastor, tido como servidor de Laios, que a recebera de personagem poderoso para que a matasse. Como um e outro se apiadam do inocente, o mensageiro o levara para Corinto, e o rei, que não tinha filhos, adotara-o como se fora seu. O mensageiro acrescenta um último detalhe: "Lembro-me bem de seu estado deplorável / teus tornozelos inda testemunham isso" (v.1223-4).

Jogando com o próprio nome do rei em processo de involuntária autoacusação,[21] ao falar do estado dos tornozelos furados da criança que salvara, o mensageiro revela, ou o termo usado pelo narrador o indica, que se trata da mesma figura. Jocasta ainda tenta inutilmente afastar Édipo da trilha que ele próprio ajudou a reconstruir. Mas ele lhe responde: "Malgrado teu, decifrarei este mistério" (v.1259).

Mas ainda há mistério? Jocasta, antes mesmo da chegada do pastor, já estava ciente da desgraça que também a atingia. Pelo estado em que se retira para o palácio, o Corifeu compreende o que fará:

> Por que tua mulher se retirou, senhor,
> arrebatada por um desespero insano?
> Não seja seu silêncio aceno de desgraças! (v.1267-70)

Ao chegar o pastor tudo já está claro. É um requinte de Sófocles ainda pretender que, por suas reticências, o antigo servidor de Laios ainda conseguisse ocultar a evidência. O curto diálogo do pastor com o mensageiro indica menos a vontade daquele de salvar o rei de pés inchados do que a submissão a que se acostumara com a escravidão:

> *Mensageiro (indicando Édipo)*: Aqui está a frágil criancinha, amigo.
> *Pastor*: Queres a tua perdição? Não calarás? (v.1344-5)

---

21 Em nota, o tradutor repete o dado sabido: *Oidipous* é um termo composto de *oidao* (inchado) e *pous* (pé) (Kury, 1989, p.98).

MELANCOLIA

Mas são requintes de submissão com que, no extremo oposto, Édipo não pode concordar. Usa, pois, de seu resto de poder para impor que ele declare que a criança, vinda do palácio de Laios tivera Jocasta como sua portadora.

A fala do coro poderia ser o final da peça. Não o é porque Sófocles pretende encenar a desgraça até seu derradeiro absoluto:

> Vossa existência, frágeis mortais,
> é aos meus olhos menos que nada.
> Felicidade só conheceis
> imaginada; vossa ilusão
> logo é seguida pela desdita.
> Com teu destino por paradigma,
> desventurado, mísero Édipo,
> julgo impossível que nesta vida
> qualquer dos homens seja feliz! (v.1394-401)

Por mais que me dissesse ser a estória de Édipo bastante divulgada, não me dispus a acompanhar a discrepância e a concordância de dois de seus intérpretes sem esboçar do que tratavam. Começo por aquela que, preciosa, dedicarei menos tempo: o *Sophokles*, com que Karl Reinhardt, sem que o soubesse, aproveitava que, nos primeiros meses de 1933, o hitlerismo ainda não houvesse chegado ao poder, desde quando se manterá sem publicar:"[...] O começo e o fim de *Édipo rei* formam polos opostos, conservando, todavia, igual intensidade e amplitude" (Reinhardt, 2007, p.115).

Porque é proposta no início do capítulo sobre Édipo, talvez o leitor não compreenda a inversão e a igual intensidade das passagens. Elas se declaram ao longo do capítulo e se esclarecem pelas duas passagens: "São os deuses invisíveis que exercem, a partir de um pano de fundo incompreensível, seu jogo com a aparência humana [...]" (ibidem, p.125); e "[...] Édipo e Jocasta lutam pela mesma aparência, a qual simultaneamente os une e os separa" (ibidem, p.140).[22]

---

22 Como já foi aqui referido, a tese é retomada, de modo mais desenvolto no *Ayschilos* (Reinhardt, 1972).

A tese de Reinhardt é tão profunda como simples: o começo de Édipo, a luz que protege a *pólis*, e seu final, quando, cego, é por todos negado, sintetizam os aspectos decisivos da peça máxima: malgrado todo seu brilho e bravura, Édipo é vítima da decisão de Zeus. Nem menos, nem mais do que Jocasta, ele luta com os *limites da aparência*, que limita ao homem o conhecimento de si próprio. Reitero: a subordinação do humano à vontade dos deuses partilha da tradição religiosa grega e de sua concepção da criatura humana. Ainda que Pátroclo já ironizasse com a fácil vitória assim alcançada por Zeus e outros deuses, a tradição mantinha-se, reafirmava-se em Ésquilo e Sófocles e convertia-se na forma textual que tinha o limite da *aparência* por centro.

A tese que Reinhardt já afirmava nos primórdios de sua carreira propiciará duas linhas interpretativas. Ambas coerentes com a abertura do filólogo, conquanto potencialmente divergentes.

A primeira ecoa imediatamente em Heidegger, no curso proferido em Marburg, no verão de 1935, que se referia elogiosamente ao texto do *Sophokles*, de 1933. Atente-se à sua formulação:

> Devemos agradecer a Karl Reinhardt por sua recente interpretação de Sófocles (1933), que chega mais perto do *Dasein* grego do Ser do que todas as prévias, porque Reinhardt vê e questiona os eventos trágicos de acordo com as conexões entre o Ser, o desocultamento e a aparência. (Heidegger, 2000, p.113)

O elogio de Reinhardt era evidentemente subordinado à tese que o filósofo desenvolvera no *Sein und Zeit* (1927). Um pouco antes do trecho citado, Heidegger voltava a explicar o princípio que desenvolvera: para compreender-se o entendimento que os gregos tinham do Ser, o passo decisivo haveria de consistir na conexão interna entre Ser e aparência. Há de alcançar o *insight* que é original e unicamente grego, mas cujas consequências se prolongarão ao espírito do pensamento ocidental. O Ser essencialmente revela-se como *physis*. A oscilação que daí emerge é uma aparência. É como tal que ela se manifesta. Isso já implica que, ao *aparecer*, o Ser está a um passo adiante do desocultamento.

À medida que um ser, como tal, é, ele se põe e expõe, impensadamente, no desocultamento, *alétheia* – tradução que, ao mesmo tempo, é desinterpretada, declara Heidegger, como "verdade":

> Por certo, começamos a traduzir a palavra grega *alétheia* literalmente. Mas isso não é de muita utilidade se, logo depois, outra vez se entende a palavra grega *alétheia* em um sentido inteiramente diverso e não grego, e se lê esse outro sentido no termo grego. Pois a essência grega da verdade só é possível junto com a essência grega do Ser como *physis*. Com base na relação essencial e única entre *physis* e *alétheia*, podiam os gregos dizer: os seres são verdadeiros como seres. A verdade como tal está no ser. Isso diz que aquilo que se apresenta em sua oscilação mostra-se no desocultamento. [...] Como desocultamento, a verdade não é um adendo ao Ser. (ibidem, p.107)

Com independência da exegese que a longa passagem mereceria, relacionando-a com o que o próprio filósofo dissera em sua obra de 1927, ela deixa claro por que acentuava o que considerava a aproximação de Reinhardt quanto à sua tese. Para a mente grega, o Ser não teria a abstração que assumiria no Ocidente. Daí ele sempre falar em *Da-Sein*, em que a separação dos dois termos, distinguindo a grafia do uso comum, procurava fazer que, no *Da-sein* heideggeriano, não se lesse simplesmente o "ser aí", a existência.

Não retorno à discussão que já empreendi, a partir do comentário crítico de Blumenberg, para quem, ao tornar o *Sein* indiferente ao *da* ("aí", ou seja, o que particulariza o ser, como é seu modo de ser), Heidegger tornava o Ser sinônimo de essência, termo a que seguidamente recorre na passagem, ou seja, *indiferente* de onde ele se encontre (cf. Costa Lima, 2015, p.23).

A função dessa remissão é declarar que, em sua recepção de extremo respeito, a *aparência*, enfatizada por Reinhardt, era subordinada a uma interpretação que, por certo, terá uma influência considerável no pensamento contemporâneo. Porém, além de contestável, pouco tinha a ver com a formulação original do filólogo.

Já a segunda apropriação traz, de imediato, uma dupla diferenciação: (1) seu autor não é um filósofo, mas um crítico literário, sendo, por isso mesmo, sujeito a exercer uma influência consideravelmente menor; (2) como Bernard Knox não cita o ensaio de Reinhardt, deve-se supor que, conscientemente, não articulava sua tese à função que o filólogo concedia à aparência. Apesar disso, se bem se lê seu ensaio, a tensão provocada pela disposição dos deuses e a resistência dos homens é passível de ser encarada como embate semelhante ao que Reinhardt tinha destacado.

É certo que há uma diferença que distingue as abordagens: em Reinhardt o predomínio da potência divina é insofismável. Não que Knox (2002) declare que a ação humana é capaz de, por meio de um pacto religioso, dobrar a resolução que o oráculo enuncia. Acompanho, sem o detalhar, o raciocínio de Knox. A distinção particularmente importa porque parte do capítulo 1 de seu *Oedipus at Thebes* acentua, pela ênfase na questão da *moira*, a distinção entre as molduras trágica e épica. O fado de Édipo fora, por certo, estabelecido desde seu nascimento. Mas, a não ser que se interprete haver uma intervenção direta da divindade pelo oráculo, que faz Laios saber que será morto por um filho seu com Jocasta, tal suposição direta, equivalente ao que vemos na épica, seria grosseira. Como bem ressalta Knox (2002, p.3): "[...] *Na peça escrita por Sófocles, a vontade do herói é inteiramente livre e ele é totalmente responsável pelas catástrofes*" (grifo meu). De qualquer modo, deixar-me-ia enganar se aceitasse tomar ao pé da letra as palavras que grifo. É o que melhor se compreende pelo contraste com Ésquilo. Nele, não há um trabalho formal que conduzisse a uma tal concatenação dos acontecimentos que o tempo do relato fosse acompanhado como o desdobramento de uma linha. Tal trabalho inexiste mesmo porque o *Prometeu acorrentado* é, reconhecidamente, uma guerra entre deuses. Por isso, seu efeito decisivo incide, sem dúvida, no plano humano. Isso, pode-se dizer, transcorre na transparência espacial, por efeito que a guerra dos deuses tem sobre os homens, ao passo que, no Édipo, os vaivéns que o leitor e o espectador acompanham, os instantes cada vez mais intensos de tensão e os cada vez mais rápidos e diminutos de alívio, ou seja, a variação da temperatura temporal, decorrem do embate entre o propósito divino e a mais vigorosa resistência humana.

MELANCOLIA 115

Um detalhe faz entender melhor a diferença. Em 1786, um editor do *Édipo rei* introduziu uma modificação na resposta de Tirésias às acusações lançadas por Édipo. Segundo Brunck, ela deveria ser assim lida: "Não é teu destino cair em minhas mãos. Disso cuida Apolo. E basta" (v.376-77). Ora, Knox (2002, p.9) observa que o que "os manuscritos" dizem (e são confirmados pelo único fragmento em papiro desta passagem encontrado até hoje) é exatamente o oposto: "Não é meu destino cair em tuas mãos, disso cuida Apolo e basta". Knox ainda anota que o verso 378, relativo à resposta de Édipo, ressalta o erro da correção: "São estas invenções de Creonte ou tuas?". Por último, Knox ainda acrescenta: desde o envio por Édipo de Creonte a Delfos para atestar o que o oráculo diria sobre o assassinato de Laios, passando pela resposta do mesmo Édipo de que o cunhado deve declará-lo em público, até quando o coro sugere que Tirésias seja chamado e o terrível que daí se precipita, tudo parte da "vontade de Édipo e nada mais" (ibidem).

No instante mais agudo de toda a peça, "Édipo não está mais tão preocupado em encontrar o assassino de Laios como em estabelecer sua própria identidade" (ibidem, p.10). O jogo tem por meta, como já bem desenhara Reinhardt, a aparência. Mas esta agora, sem deixar de indicar o limite do autoconhecimento do humano, assume uma drástica consequência. *A posteriori*, dir--se-ia, ela força Édipo a reconhecer seu desconhecimento. Daí resulta o terrível acerto das palavras de Knox: "A verdade é extraída à força por Édipo e o *tyrannos* reconhece a si mesmo não só como o assassino e filho de Laios, mas ainda como filho e esposo de Jocasta" (ibidem).

Pois aquele que reconhece em si o que cumpriu o mais terrível passível de suceder a um homem – matar o próprio pai e gerar filhos na própria mãe – caracteriza-se por um racionalismo implacável. O racionalismo em Édipo assim assume a dupla feição de maximamente crítico e criativo. É certo que tanto sua criticidade quanto seu engenho criativo estão sujeitos ao engano perpetrado enquanto crê Creonte e Tirésias responsáveis por um complô, que, se verdadeiro, converteria Édipo em um super-herói. Pois a luta entre os vetores decisivos – a presença dos deuses e a ação dos homens, assim como a criticidade arrebatada e seu descaminho na hipótese descabida, e ainda a crença inadequada de Jocasta de que seu filho com Laios tinha morrido e a morte do antigo rei ter sido promovida por um grupo de forasteiros – são elementos técnico-formais que exprimem o embate desigual, mas nem por isso menos intenso, das iniciativas dos deuses e do homem.

É nesse embate que a tese de Reinhardt põe-se como ponto de partida para o conflito ressaltado por Knox. A aparência, o brilho da aparência de que se revestem as iniciativas ousadas de Édipo, é restringida pela força incomensurável que se lhe opõe:

> É como se os deuses estivessem zombando de Édipo; observam a inteligência crítica trabalhar até atingir uma visão absolutamente clara e, finalmente, descobrir que a profecia está sendo cumprida o tempo todo. O homem que rejeitou a profecia é a demonstração viva de sua veracidade. (Knox, 2002, p.39)

Seria mínima a variação quanto ao que sucede na épica? Enquanto Agamêmnon não se convence em cumprir o sacrifício de Efigênia, os deuses impedem que os ventos dirijam as naus. Enquanto o protetor de Heitor o resguarda, Aquiles não consegue aniquilá-lo. Mas Efigênia será incinerada sem saber da culpa do pai e a vingança de Clitemnestra afirma-se por sua traição. Que pode haver de mais diferente seja nas manobras com que Édipo procura afirmar sua inocência, seja na maneira cruel ao saber-se derrotado pela decisão dos deuses? Em vez de limitar-se à afirmação do limite da aparência, dando lugar à especulação, criativa e potencialmente tão só especulativa de Heidegger, Knox afirma a grandeza, conquanto falível, dos mortais. Ao contrário de como já se interpretou, Édipo não é uma vítima propiciatória, que se sacrifica para a salvação de sua comunidade, senão que a encarnação máxima do homem, vítima por sua condição.[23]

---

23 Agradeço a Aline Magalhães Pinto o comentário que incorporo.

Não se trata de optar por uma posição que melhor desse conta de um dilema que, em Atenas, processa-se historicamente. A opção de Sófocles, provocada, como em Ésquilo, por sua religiosidade, supõe a posição oposta de Péricles, Tucídides, Eurípides e a que provoca o nascimento da filosofia.

Em suma, na peça máxima da tragédia grega, a presença da tradição mítica ainda é indiciada pela vertente religiosa. Embora não possa, acompanhando a continuação da cena teatral grega, demonstrar a diminuição da força do argumento religioso, ela será notada pela única peça de Eurípides que aqui ainda é possível examinar.

Mesmo porque a presença de Eurípides será muito pequena, dele escolho o *Héracles*, provavelmente posterior a 403 a.C., que possibilita alguma comparação com o tratamento do tempo em *As Traquínias*.

Fique claro que não há nenhum juízo de valor em reduzir a apreciação de Eurípides a uma única peça. O propósito da análise empreendida neste capítulo não foi, seguramente, esboçar a tradição trágica grega, mas, enfatizando a peculiaridade da moldura trágica, assinalar a mudança interna que ela sofre. (Melhor dito, como o *frame* trágico *se nutre da sensação de melancolia, sem que ela seja particularmente tematizada.*) A situação mais se evidencia em Eurípides, pelo lugar diverso do legado mítico, quando do advento da filosofia. Contei para tanto com a qualidade da edição em português do texto do dramaturgo, que incorpora a tradução do texto de William Arrowsmith. Venho às suas palavras:

> [...] Héracles não tem hamartía visível; se ele cai, não cai por falha em sua própria natureza ou por um erro de juízo, como vítimas inocente da brutalidade divina (Arrowsmith, 2014, p.165)

A especificidade de Eurípides está, ao separar-se drasticamente dos dramaturgos seus antepassados, na acusação aos deuses: "Contra a teodiceia é posta a hedionda prova da injustiça divina" (ibidem, p.166). É verdade que, de tratamento mais rigoroso, Reinhardt já observara como um dramaturgo religioso, Ésquilo, acentuava a "teologia" imperfeita dos deuses. Mas em Eurípides, ao contrário do que afirmava Nietzsche em favor do dionisíaco, que teria sido prejudicado pelo racionalismo de Eurípides, a carência divina se declara como injustiça contra os homens. No entanto, falar em injustiça ainda era afirmar sua existência. Discípulo de Anaxágoras, Eurípides, como Arrowsmith o detalha, ia além de acusação de falha do divino:

> Se no primeiro ato tanto Zeus quanto Anfitrion são os pais de Héracles, no segundo ato Anfitrion se torna o "verdadeiro" pai de Héracles, não pelo fato da concepção, mas pelo fato maior do amor, *philia*. No primeiro ato, Héracles descia efetivamente a um Hades literal; no segundo, sua descida literal é transfigurada na recusa em morrer e na coragem que, sob necessidade intolerável, persevera. (ibidem, p.171)

Seu choque com a tradição, decorrente de sua proximidade com os sofistas, estendia-se além dos deuses e atingia os próprios poetas: "[...] Dizer que o adultério divino, a tirania e todas as más condutas são 'os contos deploráveis dos poetas' é um desafio inequívoco [...] a todo o sistema olímpico" (ibidem, p.176). Sua repreensão era bastante explicável, pois os poetas tinham sido os que tinham enunciado as propriedades e condutas dos deuses. Na tradição que aqui se recorda, impressiona o desenvolvimento do espírito, que não se restringia ao advento da filosofia.

Não é peculiaridade de Arrowsmith o realce da peculiaridade do dramaturgo. Em John Ferguson (1973, p.380), reencontra-se a afirmação, enunciada de maneira mais sumária: "(*Héracles*) é cheio de racionalização sobre os deuses. Mitos impróprios são rejeitados e há agnosticismo acerca do poder supremo".

Venha-se à própria peça. Chama-se a atenção para o modo oposto como o personagem mítico central é tematizado. Ao passo que em Sófocles, em quem Héracles se vingava de Licas porque, embora não o soubesse, transportara a túnica envenenada que Dejanira lhe enviara, em Eurípides, a inflexibilidade de Héracles converte-se, no segundo ato, como dizia Arrowsmith (2014), "na recusa em morrer e na coragem [em] que [...] persevera".

MELANCOLIA 119

A referência à conduta oposta à que fora traçada pelo legado mítico serve de entrada à nova versão. Repare-se para o que se tem chamado sua "espinha partida". Ao passo que o *Héracles* sofocleano oscilava entre a inversão, na abertura, na ordem do tempo e seu curso linear, em Eurípides, é tamanho o choque que se pode pensar que os dois atos encenam duas peças, de que a primeira, diga-se de passagem, é bastante inferior. (Se Nietzsche não tinha razão em considerar que Eurípides destruíra a tragédia grega, estava certo em considerá-lo, como dramaturgo, inferior aos dois famosos antecessores.)

Singulariza sua versão a linguagem prosaica, que substitui a eloquência trabalhada da tradição trágica. Seu *Héracles* principia com referência ao assassinato de Creonte por Lico e pelo propósito do novo rei em eliminar Anfítrion, pai de Héracles, bem como Mégara, filha de Creonte e esposa de Héracles, e seus filhos. Os perseguidos refugiam-se no altar de Zeus. As palavras de Lico a Anfítrion e a Mégara dizem de sua arrogância, como se, na tradição trágica grega, tal atitude fosse inerente à condição do *tyranos*:

> por quanto tempo ainda pretendeis
> persistir existindo? Não morreis
> porque nutris alguma expectativa?
> (Eurípedes, 2014 – *Héracles*, v.143-5)

Contra a réplica de Anfítrion, Lico ordena que troncos de árvores sejam cortados e amontoados em torno do altar de Zeus, para que os refugiados fossem queimados vivos. (Mesmo sem contar com o endosso dos comentadores, é correto pensar que sua decisão fizesse parte do desacato aos deuses, pois, tradicionalmente, seus altares evitavam o sacrifício dos que ali procuravam acolhida.) Mas Héracles, a quem o *tyranos* julgava que já de vez descera Hades, retorna (cf. v.514). Fora ao Hades, não porque já tivesse morrido, mas para "resgatar Teseu do espaço escuro" (v.619).

Ignorando o retorno do herói, Lico continua a perseguição dos que pretende matar. Sem que a peça o explique, sua prepotência chega ao fim, como o assinala a fala do coro:

Reverte-se o revés. O magno rei
de antes recobra a vida e volta do Hades.
É justo! A sina contraflui!
Te moves para o tempo em que te punem,
um agressivo agressor de bens (v.735-41)

O coro apenas acrescenta que, com sua volta, "[...] no paço /
alguém padece o que eu quisera tanto" (v.747-8).

A eficiência do vingador é afirmada pela exclamação pronunciada, de dentro do palácio, por Lico: "Socorro!" (v.750), completada pelo verso 754: "Tebanos! Dói o dolo que me mata!".
Em troca, é longa a fala com que o coro reitera a morte do indigno.
Dela, limito-me a destacar as palavras que, próprias da mudança
do tempo da nova dramaturgia, reitera a acusação aos deuses:

Deuses, deuses
se entretêm no escrutínio de antileis e pios.
Ouro e sucesso
sequestram o homem dos pensares,
trazem consigo o poderio indigno.
Ninguém suporta olhar o tempo no seu giro (v.771-77)

Tudo, portanto, pareceria indicar que à volta de Héracles e
ao extermínio do rei cruel viesse a corresponder o advento da
ordem que se imporia ao relato. Mas o que de fato sucede é um
desastre de outro tipo. Aparecem em cena Lissa, a deusa da loucura, e Íris, a mensageira dos deuses. Embora seja chamada de
deusa, a Loucura não se identifica nem com eles, nem tampouco
com os homens:

É ilustre minha estirpe: tenho sangue
urânico e noturno. Os deuses não
têm simpatia por prerrogativas
minhas, e não me agrada frequentar
homens amigos.[...] (v.843-7)

MELANCOLIA

Sem que haja explicação para o que faz, a Loucura ataca Héracles e, para horror de Anfítrion, Héracles mata os próprios filhos. Demente, a propriedade de quem o ataca o afeta. Héracles conhece que foi ele próprio quem o fez. Seu diálogo com Anfítrion não pode ser descurado:

> *Héracles*: Morri; é o que estás prestes a dizer.
> *Anfítrion*: Olha no chão os corpos dos meninos!
> *Héracles*: Não posso crer! O que me vem à vista?
> *Anfítrion*: Guerreaste uma antiguerra contra os filhos.
> *Héracles*: Guerra? Não entendi! Quem os matou?
> *Anfítrion*: Tu mesmo, o arco e o nume responsável (v.1130-35)

A peça tampouco esclarece o passo seguinte: Teseu se pergunta se seu resgate por Héracles do Hades se fizera tarde demais e se não poderia ter impedido que seu salvador fosse tocado pelas propriedades da Loucura. De todo modo, era sua pretensão retribuir o favor que Héracles lhe fizera:

> Pretendo retribuir a iniciativa
> de Héracles ter-me resgatado do ínfero,
> se a força do aliado for de ajuda.
> Tristeza! A mortualha enrubra o solo!
> Terei me retardado à conclusão
> do mais recente horror? Quem trucidou
> os três garotos com a mãe [...] (v.1169-75)

Anfítrion contudo o desengana, ante o desfecho de curta passagem:

> *Anfítrion*: O deus nos dá a dor mais dolorosa.
> *Teseu*: De quem são as crianças que lastimas?
> *Anfítrion*: Quem as gerou, embora genitor,
> foi quem as massacrou: meu filho assume-o (v.1180-83)

Ou a demência que invade Héracles tem a ver com a acusação aos deuses?

Teseu, que tenta convencê-lo a não intentar contra a própria vida, escuta sua queixa:

> E Zeus, seja quem for o deus, procriou-me
> como inimigo de Hera. Não te irrites,
> ancião, pois eu renego, ó pai, o olímpio.
> Recém-nascido, a cônjuge de Zeus
> introduziu em minhas mantas serpes
> gorgôneas, pretendendo me matar (v.1263-8)

O coro explica que a loucura do herói relaciona-se com sua querela com Hera, a deusa. O fato de que a peça não contém a explicação que abundava em seus predecessores talvez suceda porque não dispomos de relatos ou de mitos com que contavam os espectadores, seus contemporâneos. Tem-se por isso que recorrer à interpretação proposta por Arrowsmith (2014, p.173):

> Equilibrando em si a corrupção do poder humano e a brutalidade (*amathia*), vem o abuso do poder divino em Hera [...] Além disso, suspeito, supõe-se que vejamos correspondência novamente entre a morte física que Lico recebe das mãos de Héracles, e o aniquilamento espiritual de Hera, que é a consequência da grande fala de Héracles sobre os deuses (1, v.340-46).

Como não me propus mais que mostrar a ruptura que se dá na tragédia contemporânea aos sofistas, não pretendo me deter na peça. Para fazê-lo, seria preciso conceder outro espaço a Eurípides. Ressalto apenas o caráter de crise do tempo. Isso fica ainda mais patente pela volta à alusão a Aristófanes (c. 412-380 a.C.).

As rãs, última peça do comediógrafo, coincide com a crise política da vida política ateniense. Além do mais, como da política a crise estendia-se ao campo intelectual, *As rãs* merecem ir além da menção que aqui já lhe fora feita. Nem por isso se deixe de acentuar que foi encenada antes de 405 a.C., quando, derrotada por Esparta, Atenas termina seu sonho imperial.

Dividida em duas partes, a peça tem por protagonista Dioniso, o deus do teatro. Na primeira parte, ele desce ao Hades, para

MELANCOLIA 123

escoltar o trágico que, já falecido, seria trazido de volta a Atenas, para que realizasse a tarefa pedagógica confiada ao teatro. A atuação política a ser cumprida tornara-se urgente pelas resoluções desastrosas das autoridades no poder (a já referida morte dos estrategos). Aristófanes, com uma visada política evidente, criticava a decisão. Observá-lo importa além do âmbito da peça: conduz a entender-se melhor a crítica de Eurípides aos poetas. Aristófanes usava o riso cômico como instrumento crítico.

Reservando-me à ação de Dioniso, não destaco seu caminho de peripécias cômicas até a entrada do Hades. O deus do teatro para lá se dirigira para escolher o dramaturgo que melhor ajudasse à cidade desarvorada. Após sua seleção de passagens de Ésquilo e Eurípides, Dioniso sugere que cada um pese um verso em uma balança, de acordo com a estranha proposta de Ésquilo, pois "só ela estabelecerá a verdade a capacidade poética de nós dois" (v.1366). O critério era por certo cômico, Aristófanes por ele insinuando sua censura à gravidade vazia do mais antigo dos trágicos. Isso se torna mais evidente quando da segunda prova proposta. Ésquilo escolhera um verso cujo "peso" estava na referência à morte, enquanto Eurípides preferira o que acentuava a persuasão. Ora, diz Dioniso, "a morte é a mais pesada das infelicidades" (v.1394), ao passo que "a Persuasão é leve e não tem razão" (v.1396).

Apesar de uma terceira prova ainda dar maior "peso" a Ésquilo, Dioniso ainda hesita, até que o rei dos infernos, Plutão, apressa-o a efetuar a escolha, pois, entre os dois, só um poderá voltar ao convívio da *pólis*. Mas o prolongamento das provas era uma oportunidade para que o comediógrafo mostrasse sua habilidade em provocar o riso. Por isso ainda impõe que os candidatos se manifestem sobre um certo personagem, Alcibíades, cuja oscilação política entre Atenas e Esparta ali o tornara *persona non grata*. Embora os dois naturalmente se manifestem adversos a ele, Dioniso opta pela frase de Ésquilo: "É preciso que a cidade não crie o filho de um leão" (v.1431). Assim, embora seja de supor que Aristófanes tivesse maior afinidade estilística com Eurípides, escolhe o dramaturgo que vivera há mais tempo.

O leitor poderá estranhar que, tendo dedicado um espaço razoável ao *frame* trágico e pequeno aos demais, não tenha tratado das relações entre as formas ficcionais e a melancolia. Devo então explicitar que *a aproximação de que trata todo o livro não significa que a melancolia seja expressa e diretamente tematizada*, a não ser em casos minoritários, embora não seja menos verdade que sua aproximação acentua-se na modernidade.

A afirmação parece demasiado grave. Ela não implica, para usar o gracejo de Aristófanes, que o título não tenha nenhum "peso", sendo tão só um fogo de artifício? Do contrário, que o justifica? Mas sua formulação é bem simples: a ficção verbal-literária, estendendo-se por sua formulação nas artes plásticas, ressalta extremamente o caráter do homem como "criatura carente" (*Mängelwesen*). Embora a formulação precisa de Herder tenha sido conhecida apenas em 1772, já fora indiciada pelo pensamento grego. Pelo incontestável mérito do filósofo e teólogo alemão, foi-lhe dedicada uma entrada específica na primeira parte deste capítulo, depois de haver sido mostrado, em *Os eixos da linguagem* (Costa Lima, 2015), o quanto seu *insight* foi decisivo para Arnold Gehlen (1904-1976) e Hans Blumenberg (1920-1996); mais especificamente, para a concepção pelo último da metaforologia, de que deriva o que vim a postular como o segundo eixo da linguagem, com idêntica relevância que o eixo conceitual (o realce dado à metáfora não significa, contudo, que ela não seja muitas vezes usada como mero adorno).

A relação apontada entre a melancolia e arte, de que tratei apenas pelas modalidades literária e plástica, implica, portanto, que a carência própria da espécie provoca, em todo homem, uma inclinação, mais branda ou mais grave, para o estado melancólico, que encontra na arte, seu "princípio formal" (Földényi, 2012) de expressão.

SEÇÃO II

2

O INQUILINO DO SÓTÃO
Os relatos de animais de Franz Kafka

> *El destino de Kafka fué transmutar las circunstancias y las agonías en fábulas.*
>
> J. L. BORGES

PRIMEIRAS APROXIMAÇÕES

Em vida, não só dúvidas e hesitações dificultaram que Franz Kafka fosse pouco editado. Ao saber-se próximo da morte, ao pedir a Max Brod que incinerasse o que escapara de sua própria destruição, optava por seu rápido esquecimento.

Nem todos se convenceram de que essa tivesse sido sua resolução: se não queria deixar traço de seu legado, por que confiara a seu melhor amigo a aniquilação do que fora seu único tesouro? Os que assim indagam preferem não reconhecer que a indecisão fora seu mais constante traço. Suas idas e vindas com Felice Bauer, suas declarações de desvairada paixão a que se contrapunham as de terror, transmitidas a ela própria, ao casamento, seu duplo comprometimento nupcial até ao rompimento definitivo em dezembro de 1917 não seriam prova bastante? E que dizer das dúvidas sobre o que aceitaria editar ou de ele próprio delegar à destruição do que pretendia que não perdurasse? No lote do que então se perderia não se incluíam seus romances depois famosos, *O processo* (1925), o incompleto *O castelo* (1926) e o ainda mais evidentemente inconcluso *O desaparecido* (1927), para não falar das peças menores, na maioria também não terminadas, de algumas das quais trataremos?

Costuma-se alegar que tais interrupções eram efeito do fantasma flaubertiano da perfeição. Mas, obviamente, em sua própria fonte, o perfeccionismo não chegara a tal extremo. Algum outro fator deverá então ter sido decisivo. Não é difícil percebê-lo. Em Kafka, a ambição perfeccionista esteve associada, enquanto patamar negativo, à constituição de família e à escolha profissional. Levando em conta tamanha margem de hesitação, há de se reconhecer que Kafka ainda teve a sorte de funcionar bem na instituição em que trabalhou até aposentar-se muito jovem, onde contava com a simpática acolhida de seus diretores. O que vale dizer, o critério estético, que se confundia com sua meta de vida, era, de sua parte, condicionado por um traço psíquico que, se não quisermos fazer psicanálise amadorística, deveremos nos limitar a chamar de atroz indecisão constante.

Dada a declarada ambição incondicional de ser escritor e, fundamentalmente, apenas escritor, sua indecisão quanto aos demais aspectos da vida e o autoboicote exercido quanto a seu próprio trabalho de ficcionista, a Kafka por certo assustaria a fama que, mal terminada a Segunda Grande Guerra, colaria, internacionalmente, a seu nome.

Hesito em dizer ter sido lamentável não ter sabido de seu renome. Morto por um câncer na laringe, em 1924, com apenas 41 anos, se houvesse ultrapassado os 60, com sua conhecida dificuldade de desligar-se de Praga ou mesmo de ir além do eixo Berlim e cidades italianas, teria sido contemporâneo do nazismo e certeiro candidato aos campos de extermínio em que pereceram suas irmãs Elli, Valli e Ottla, assim como mulheres que partilharam de sua vida, como Grete Bloch, Julie Wohryzek, Dora Diamant, sendo muito improvável que tivesse permanecido como prisioneiro político, a exemplo de Milena Jesenská, mesmo porque não era de cogitar que emigrasse em tempo, como Felice Bauer. Do extermínio infame ou da

MELANCOLIA

fuga providencial não escaparam senão os que, como seus pais e ele próprio, já estavam mortos.[1]

Tanto tem sido escrito sobre o que Brod recusou-se a destruir que voltar a fazê-lo, espontânea e isoladamente, parece uma bizarria arbitrária. Procuro investir o que digo de toda clareza: não pretendo que a força de significância do escritor tcheco esteja esgotada. Deve-se saber que há sempre um conflito surdo, e não só no caso de Kafka, entre a obra ficcional e sua interpretação crítica. Se a obra ficcional, por estar assente em um plano metafórico, é antes alusiva que concludente, a interpretação crítica, se não se extraviar numa ficcionalidade paralela, procurará apontar para os significados assinaláveis. Quando a força de extração esgota-se, se não for pela insuficiência da crítica da época, será porque a própria obra perdeu sua validez. Assim sucede quando a alusividade ficcional já não encontra ligação alguma com a configuração de um outro momento histórico. Quando, pois, declara-se que seria de uma gratuidade ociosa voltar a indagar sobre *a obra geral de Kafka* ou se confessa a própria limitação ou se afirma que a conjunção daquela obra com nosso tempo se tornou frágil ou mesmo se esterilizou. Em vez de tentar testar uma das duas possibilidades, é mais sensato abordar uma parcela relativamente menor da obra kafkiana, seus relatos de animais, que pouco têm merecido uma abordagem sistemática de seus estudiosos.

Não se pretende tratar de todos eles. Uns tantos foram deixados em um estado definitivamente fragmentário, outros não nos pareceram merecer uma atenção particularizada. Se tivéssemos um propósito catalográfico, mesmo a parcela que não consideramos haveria de ser abordada. Mas ainda que essa sistemática não seja desprezível, não teria sentido se não fosse realizada em um lugar e em uma instituição em que houvesse acesso a tudo que concernisse ao autor e às interpretações que lhe foram oferecidas. É evidente não ser o nosso caso. Os relatos de animais que abordaremos se relacionam a dois propósitos.

---

1 Sobre o destino de parentes e amigos, ver Stach (2008, p.618-20).

(1) *O que deriva do teor de todo este livro*. Desde seu primeiro capítulo, temos chamado a atenção para a relevância desempenhada pela experiência da melancolia na ficção ocidental. Se ela ainda não era saliente na épica guerreira de Homero, já o era na tragédia ateniense. Embora a referência não se limite aos trágicos gregos, não tivemos o propósito de empreender um percurso, ainda que em ponto bastante menor, semelhante ao que Auerbach fizera com a concepção tradicional da *mímesis* ou, mais recentemente, Harald Weinrich com as transformações da experiência do esquecimento [*Lethe*] *Kunst und Kritik des Vergessens* (1997). O realce da melancolia quanto ao texto do que séculos depois será chamado de literatura teve sim uma função de contraste. Isto é, à expansão do romantismo, ou seja, da própria corrente que, através dos *Frühromantik*, estabeleceu a particularidade discursiva da literatura, correspondeu a exacerbação da expressão sentimental que esconde o lastro melancólico. Sua dominância se manifestou fosse pela lírica francesa a que Baudelaire se contraporá, fosse pela prosa de Rousseau e Chateaubriand. Mas foi também com força que realçou na França a reação ao sentimentalismo. Refiro-me menos à ênfase das situações cotidianas por Balzac do que ao realismo seco e irônico de Flaubert. Ao autor do *Madame Bovary*, como antes ao Sterne do *Tristram Shandy* atribuímos a reação à doce tristeza sentimental, que, se favoreceu a popularização dos gêneros literários, fez que a já então chamada literatura perdesse a sobriedade que lhe era concedida pelo lastro melancólico.

Tais diferenças não pretendem estabelecer um esboço de história literária. Reconhecemos que o sentimentalismo não retira a melancolia da condição de base da expressão literária – presente muito antes que o termo "literatura" estivesse em vigor; nosso propósito é apenas sumariamente acentuar que a reação de Sterne e Flaubert, na prosa, logo acompanhada pelo poema baudelairiano, ofereceu uma guinada considerável para a literatura própria da Modernidade. Também sem o propósito de fazer história literária, a pretensão que nos guia, nesta segunda seção deste livro, consiste em tomar Kafka e, a seguir, Samuel Beckett como representantes de uma ficção que, sempre mantendo a melancolia como lastro particularizante, agora assume uma vertente crítica, irônica e satírica, sempre de cunho negativo, em seu diálogo com o mundo a ela contemporâneo.

Fosse por influência da leitura de Goethe, Flaubert, Dostoievski e Kleist, fosse porque sua configuração psíquica o inclinasse a orientar-se pela linhagem daqueles autores, o fato é que em Kafka, mantendo a melancolia a posição de alicerce e pano de fundo, a tematização negativa da conduta humana passa a ocupar o primeiro plano.

Abordando exclusivamente seus relatos de animais, de imediato, trata-se de mostrar que não se diferenciam da conformação interna de seus romances, muito mais divulgados. A expansão de seu ânimo melancólico, muitas vezes extremando-se em um passionalismo que não desagradaria ao sentimentalismo romântico, era reservada às cartas de amor a Felice e a Milena, ao passo que seus protagonistas animais antes pareciam conhecer da gama das emoções reconhecidamente humanas, de preferência, se não exclusivamente, a angústia, a ansiedade ou, em grau menor, a discreta ironia, dominante no *Relatório para uma academia* e em *Um Artista da fome*.

(2) O segundo destaque é bem mais delicado. Como os diversos animais, sejam eles identificados como o macaco amestrado, o cão investigador, Josefine, a ratazana cantora, sejam propositalmente separados de alguma espécie definida – o "monstruoso inseto" de *A metamorfose* –, ou o animal construtor de sua furna relacionam-se com propriedades humanas?

A resposta há de ser procurada com muito cuidado. De imediato, reponta o impasse da alternativa: representariam criaturas humanas alegorizadas, sendo pois fábulas continuadoras de tradição antiga e bastante conhecida e que, sob essa condição, persistiam a transmitir uma certa moralidade, ou tentavam formular alguma conduta, específica de certos animais e distinta da esperável entre os homens? Levantamos as duas hipóteses para alijá-las por extremamente grosseiras. Em vez de tentar abordá-las, como se desconhecêssemos já terem sido afastadas pela crítica realizada há décadas, pareceu-nos preferível cotejar o caminho interpretativo que adotaremos com os já afirmados por alguns outros intérpretes. Dessa maneira evitaremos a impressão para o leitor que não tenha acesso às fontes citadas que abrimos uma trilha que antes não fora atinada. Ao dizê-lo, não pretendemos, em uma pretensa modéstia, que a trilha a ser desenvolvida, no seu todo, já tenha sido exposta. Mas a advertência ainda não é bastante. Tratar dos relatos de animais sem considerar o teor emprestado ao conjunto da obra kafkiana não deixaria de ser arbitrário. Dividiremos por isso o capítulo em três partes. A primeira será dedicada aos dados biográficos mais salientes, isto é, que mantêm relação direta com sua produção. A *originalidade* dessa parte será nula, limitando-se a conter uma possível sombra de novidade na articulação de passagens já conhecidas. Alguma interferência pessoal será necessariamente imposta pela tomada de posição entre linhas que sejam controversas. Nessa tomada de posição, estará a parte que não só reiterará o que já saberá o leitor que, a propósito de Kafka, não tenha se limitado a ler sua obra.

A segunda parte será dedicada ao tema escolhido para o capítulo. Não há o que dizer de antemão sobre ela. Valerá o que for capaz de render. A seu respeito, antes importa referir a dúvida que provocou. Pensei de início que nela deveria concentrar o que houvesse encontrado de mais saliente sobre os relatos de animais. Em algum momento, o foco foi modificado. Pensei que estaria sendo injusto em não destacar os intérpretes cuja leitura funcionaram como focos geradores da reflexão sobre Kafka em geral. Em princípio, deveriam ser referidos na primeira parte, porquanto, ainda que pudessem oferecer referências sobre os animais-personagens, mais haviam importado em precisar a figura do próprio autor. Optei pela direção contrária de lhes reservar um lugar específico. E como não teria sentido discuti-los minuciosamente, pois afinal o tema escolhido não fora o realce maior dos intérpretes de Kafka, deles discutirei apenas uns poucos tópicos, que estarão incluídos em um apêndice conclusivo. Assim explico a separação em que ponho os ensaios de Walter Benjamin e de Ruth Gross.

MELANCOLIA   133

AS ATRIBULAÇÕES DE UMA VIDA

Não se conhece um documento que ponha em dúvida a obsessão constante de Franz Kafka pela composição literária. Ela já é inequívoca em uma das primeiras cartas incluídas em seu longo epistolário. No final de uma espécie de diário que endereça a Oskar Pollak, amigo cuja pretensão de estudar história da arte seria malograda pela morte na frente de batalha, em 1915, Kafka, então apenas com 20 anos, escrevia:

> Deus não quer que eu escreva, mas eu devo. É então um eterno pra cima e pra baixo, mas, por fim, Deus é o mais forte e disso resulta mais infelicidade do que podes imaginar. Tantas forças estão em mim ligadas a uma estaca, que talvez ela se torne uma árvore verde, enquanto que, liberadas, poderiam ser úteis a mim e ao Estado. (Kafka, 1999a, p. 28, carta de 8 de novembro de 1903)

O aludido combate com o divino, se não fosse uma ironia, talvez se explicasse porque o destinatário pertencia à comunidade judaica da Boêmia, de que seus pais, como os de Kafka, haviam emigrado. Seja ou não plausível a explicação, as palavras de Kafka não mudam de tom. No empenho contraditório de mostrar ao próprio pai de Felice que não deveria favorecer a paixão que manifestava por sua filha, escrevia-lhe:

> Todo meu ser está voltado para a literatura; nos meus 30 anos, convenci-me precisamente desse rumo; se um dia a abandonar, deixarei de viver. (Kafka, 1999b, p.271, provavelmente em 28 de agosto de 1913)

Na mesma carta a Carl Bauer, acrescenta outro tópico, que não podemos entender não tenha provocado o mais imediato repúdio do senhor berlinense:

> Vivo em minha família, mais estranho que o mais estranho entre as pessoas melhores e mais amáveis. Nos últimos anos, diariamente falo à minha mãe uma média de menos de 20 palavras; com meu pai, apenas de vez em quando troco um cumprimento. Não falo com mi-

nhas irmãs casadas e com meus cunhados, sem que esteja mal com eles. Falta-me qualquer sentido de convivência com minha família. (ibidem, p.272)

Marthe Robert (1979) ressalta que a dicotomia acentuada por Kafka não se encerrava na dedicação à escrita e a quase indiferença ante os familiares. A ensaísta francesa entende que a redução dos nomes dos protagonistas de *O processo* e *O castelo*, Joseph K e K., respectivamente, deriva de que seu autor pertencia a uma tribo duplamente execrada pela população tcheca, tanto porque ele tinha como língua a de seus dominadores, quanto porque, enquanto pertencente à minoria judaica, estava aliado ao poder austríaco. O tabu do nome era o primeiro sinal do *processo* em que Kafka sentia-se envolvido. A subtração do nome próprio seria o primeiro sinal de culpabilização que não só levará Joseph K a entregar-se a uma morte miserável, como já selara a personalidade de seu autor. A culpabilização de Joseph K é correlata à do próprio Kafka, conforme um mecanismo sobre o qual argumentos fundados no direito positivo não têm qualquer possibilidade de atuação (cf. Robert, 1979, p.22). Do mesmo modo, antecipando uma argumentação a ser detalhada na segunda parte, os animais acolhidos nos relatos kafkianos ou são híbridos, como a bobina rachada de Odradek – cuja fala ainda o prende a uma propriedade das criaturas, enquanto sua constituição anuncia o mundo dos robôs ou das máquinas falantes –, ou são cruzamentos indefinidos, como o meio-gato e meio-carneiro de *Eine Kreuzung*, ou, mais amplamente, são invadidos por uma aflição que, de ordinário, considera-se propriedade humana. As situações primárias, isto é, os condicionamentos dos relatos a tal ponto aproximam-se de dados que sabemos próprios de sua biografia – a compulsão da escrita, a hostilidade ao meio familiar, concentrada na imagem paterna, a hesitação, a incapacidade de perceber o quanto o que via no *Arbeiter Unfall Versicherungsanstalt* indiretamente lhe estimulava para a exploração ficcional – que necessitaremos de delicadeza analítica para não tomar sua obra como uma repetição autobiográfica compensatória; que, portanto, seu pedido a Brod de apagá-la era, em termos de coerência, mais sensata que a decisão contrária tomada pelo amigo. E, mesmo abstraindo o que dele mais importa, sua produção ficcional, sua vida atribulada só se tornou mais bem conhecida porque Felice, no fim da vida, teve a necessidade de vender o acervo das cartas que dele guardara.[2] Não dar importância à sua enorme correspondência – não só à amorosa – como a seu volumoso diário seria um desastre – em que, na verdade, não caiu nenhum analista seu conhecido –, pois em poucos escritores vida e processo criativo estiveram tão entrelaçados.

Insistamos no dado que, no momento devido, deve ser esmiuçado: se a ficção kafkiana encontra seu solo de apoio em uma vida marcada por poucos eventos relevantes, o cuidado básico consistirá em ver como sua ficcionalidade nela, ao mesmo tempo, "inspira-se" e dela se autonomiza. Esse processo de desgarre será decisivo contra a tendência psicologizante frequente entre seus intérpretes e, do ponto de vista sociológico, para evitar a tendência, não menos rasteira e presente, de não compreender a tomada de posição quanto à modernidade que nela se afirmava. O que por ora acentuamos apenas anuncia o que ainda deverá ser feito.

Fora do que a abordagem dos textos deverá desenvolver, de um ponto de vista estritamente biográfico, não se há de perder de vista a situação conflitiva que Kafka conheceu desde jovem. Tenha-se claro: sua fixação na literatura, para não falar mais precisamente na obrigação que se impunha de escrever quase diariamente e mesmo mais de uma vez, não poderia provocar senão a ira do pai, que, vindo de um meio rural pobre, não queria vislumbrar em seu único filho homem outro sentido para a vida senão a capacidade que fora sua de vencer, como negociante em Praga, por sua absoluta dedicação ao trabalho e à família.

Hermann Kafka tornar-se-á não só por isso a figura negativamente emblemática para Franz. Assim também a fidelidade apenas convencional que o pai mantinha com a comunidade ju-

---

2 Não me refiro às cartas a Milena Jesenská e a Grete Bloch porque não sei de que modo foram preservadas.

daica, idêntica, como Franz verificará ao entrar em contato com a *troupe* do teatro iídiche, à dos outros judeus em situação social semelhante, sua postura de exclusivo favorecimento da língua alemã, como a única maneira de abrandar a distância quanto ao estamento dirigente, para não falar de sua atitude submissa ante qualquer um que aparentasse pertencer a um meio social superior, ou seja, mais próximo da corte, tornariam-se marcas indeléveis e convergentes para o filho do rude e próspero comerciante. Pareceria mesmo inevitável que a relação entre os dois não pudesse ser senão de manifesta hostilidade.

O embaraço criado dentro de casa ampliava-se para o futuro escritor em seu relacionamento fosse com sua comunidade originária, fosse com a população tcheca.

Quanto à primeira, aprofundava-se o hiato que, por parte de Hermann, já era acentuado, porque ele apenas de maneira rotineira obedecia ao ritual religioso judaico. É assim que, ainda jovem, enquanto aluno da Universidade de Praga, Franz recusava-se a fazer parte do círculo sionista e optava pelo ateísmo.

Quanto aos tchecos, ter consciência que o cultivo do alemão, que havia sido sua primeira língua, era a condição facilitadora de seu possível reconhecimento como escritor mais o afastava da população nativa dominante, encerrando-o no pequeno grupo dos literatos que, por viver em Praga, estava distante dos centros culturais propriamente germânicos. Daí o ímpeto de Kafka de escapar da família e da cidade, na verdade nunca efetivamente cumprida, fosse por sua já referida constante hesitação, fosse, durante a época da relação com Felice, pelo impacto da Primeira Grande Guerra.

Embora bastante conhecidos, cada um desses tópicos merecerá ser detalhado. Deixemos a desavença com Hermann Kafka para quando tratarmos do *Brief an den Vater* (1917). Antes nos detenhamos na precariedade da relação com a comunidade judaica. Já aludimos à sua indiferença quanto ao sionismo nascente, não se deixando contaminar pela adesão de Max Brod. Merece em troca nossa atenção a reação de Franz à presença eventual do grupo de pobres atores da Europa Central que se propunha encenar peças do teatro iídiche. Embora passageiro, seu contato lhe dará outro alento. Um esboço rápido será suficiente. Em 14 de dezembro de 1912, Kafka anota em seu *Diário*[3] haver presenciado a encenação de peça do teatro popular judaico:

> Ontem à noite, no *Savoy*. *Sulamit* de A. Goldfaden. É propriamente uma ópera, mas cada parte cantada é chamada de opereta. Já essa insignificância parece-me apontar para um caprichoso e precipitado empenho artístico, ademais inflamado por motivos falsos, em se separar da arte europeia, em uma direção parcialmente arbitrária (Kafka, 1990, 14 de dezembro de 1911)

A observação não aparenta qualquer simpatia pelo que assistira. Tampouco o comentário que se segue. O *Savoy* já era por si um teatro de poucos recursos e a encenação se cumprira em seu quarto de fundos. Mas isso ainda não era razão para a inesperada baderna, no fim do espetáculo. Depois de registrar uma sinopse do enredo, o memorialista acrescenta que, acabada a apresentação, o ator principal, Jizchak Löwy, volta ao palco e faz um agradecimento formal à audiência. Mal termina sua fala, é arrastado por outro ator, ouve-se um grito para que se feche a cortina, até que o representante tcheco da associação de trabalhadores judeus "prognostica a completa ruína dos atores, por sua conduta escandalosa" (ibidem, p.82).

O duplo registro de Kafka não o impede de voltar ao tema. A passagem que destacamos apresenta um de seus primeiros momentos de interação com a pobre *troupe*. A primeira referência ao grupo já se fizera em anotação de 4 de outubro: "Noite passada, *Café Savoy*. Companhia judaica" (ibidem, p.57). Durante todo o mês, o *Diário* refere-se aos atores, a Löwy, de quem Kafka tornara-se amigo, levara-o à sua casa, fora maltratado por seu pai, e o acompanhara em fazê-lo conhecer a cidade. São frequentes as referências a passagens das peças. Destaco a de 8 de outubro de 1911:

---

3 Traduzo por *Diário* o que, no original, aparece no plural, *Tagebücher*.

Vontade de ver um grande teatro iídiche, pois talvez a representação sofre pelo pequeno número de atores e o estudo insuficiente dos papéis. Também a vontade de conhecer a literatura iídiche, evidentemente marcada pelo ininterrupto combate nacional, que define cada uma de suas obras. Uma condição, portanto, que nenhuma literatura, mesmo a de um povo oprimido, mostra desta maneira constante. (ibidem, p.68)

O contraste entre as duas entradas assinala as atitudes diversas assumidas por Kafka. Insistamos na que lhe é mais rara. Seu afastamento da sinagoga correspondera não só a distância de qualquer convicção religiosa, como de toda a comunidade de origem. A obsessão pela literatura era ademais responsável pelo isolamento da família, por estar sempre trancado em seu quarto, pela separação entre o dia e a noite, identificados com o trabalho que julga forçado e inútil no Instituto, onde se encontra desde a manhã até parte da tarde, e, depois de algumas horas de descanso, com o tempo, prolongado pela madrugada, em que se dedica a escrever. A manutenção dessa rotina, praticamente mantida por toda sua vida adulta, explica suas anotações no *Diário* darem muitas vezes lugar a composições ficcionais, ora abandonadas, ora apenas interrompidas, sendo excepcional o caso de *Die Verwandlung*, completada em uma só tacada.

O tempo não consumido pelos dois encaixes era reservado aos encontros com os amigos, à frequentação de bares e prostíbulos. Ora, a presença de Löwy e dos atores quase maltrapilhos cria, para Kafka, uma trilha inesperada. É o que destaca a entrada de 8 de outubro. Não se tratava apenas da quebra de uma rotina. Muito mais do que isso, o interesse pela literatura iídiche o leva à tentativa concreta de ajuda dos atores. Sem se incomodar com o evidente preconceito que a própria comunidade judaica de Praga mantinha quanto aos judeus provenientes da Europa Oriental, entusiasma-se com a iniciativa que reunira os atores eventualmente ali presentes. Como declara a detalhada afirmação de seu biógrafo:

MELANCOLIA   139

Sentia estar diante de um milagre de autenticidade humana [...].
Estas pessoas tinham uma missão a que se atinham com ingenuidade e entusiasmo [...]. Queriam ser mediadores da cultura do povo
judeu, objetivar para o público a sua própria história, suas próprias
raízes, o que só era possível à medida que o enlaçasse à reiteração
lendária de acontecimentos históricos, já familiares aos judeus por
seu ciclo de festas. (Stach, 2002, p.49)

Daí o interesse que manifestava em se aproximar dos atores,
em saber de suas histórias desgraçadas, a familiaridade que busca estabelecer com Löwy. Em texto não recolhido na edição que
utilizamos, escreve no jornal *Selbstwehr* (Autodefesa) o artigo
"Jüdischer Theater". A passagem que traduzimos é transcrita na
monumental biografia de Stach:

> Como o grupo tem uma energia privilegiada e há peças altamen-
> te interessantes, uma récita extraordinária (*ein Gastspiel*) propiciaria
> uma representação realmente valiosa da vida dos judeus orientais,
> em uma forma de entretenimento. A preparação de um ou dois es-
> petáculos teatrais, para os quais não seria preciso um palco especial,
> seria altamente recomendável às associações judaicas. (apud Stach,
> 2002, p.58-9)

Saindo de seu enclausuramento, Kafka não se restringia a escrever o artigo assinalado, como distribuía folhetos de publicida-
de entre os grupos sionistas.

De todos os atos de sua vida, tão marcada pela profunda hesitação, que o prejudicaria intensamente, não redutível ao caso
com Felice, nenhum é comparável ao da ousadia de tentar agru-
par o legado do teatro com sua comunidade dispersa – não se
esqueça de que Kafka não só não frequentava os círculos judeus,
como se recusara a aderir aos grupos promotores do sionismo.
Sua intrepidez era tanto maior ao ter por alvo uma comunidade
em que era flagrante, e não só na cidade de Praga, a distância
assumida pelos judeus educados e assimilados, no caso à cultura
alemã, quanto pelos provenientes da Europa Oriental.

Apesar dos empecilhos com que depara, Kafka parece triunfar sobre a resistência à sua iniciativa. Era esperável que seu conselho fosse ouvido? Consegue que o grupo de atores represente para uma comunidade de judeus assimilados, assim como, o que antes pareceria inverossímil, que ele próprio fizesse a apresentação oral do espetáculo.

A iniciativa agora alcança a ponta perigosa consistente em que o público, mesmo porque falante do alemão, seria capaz de entender o iídiche em que se dava a encenação. Seu argumento tinha por núcleo a formulação:

> Os senhores começarão a estar bem próximos do jargão (*Ganz nahe' kommen Sie' an der Jargon*), se considerarem que, fora do que sabem (*in Ihnen ausser Kenntnissen*), são também ainda dotados de forças e da articulação de forças para entender sensivelmente (*fühlend*) o iídiche. Só aqui o intérprete pode ajudar em lhes assegurar que não mais se sintam excluídos e também a perceber que não devem se queixar de não compreender o iídiche (*Jargon*). Este é o ponto capital, pois por cada queixa evade-se o entendimento. Mas, se permanecerem calmos, de repente estarão no meio do iídiche. Uma vez que o iídiche tenha se apoderado dos senhores – e ele é tudo, a palavra, a melodia chassídica e a própria essência do judeu oriental – os senhores não mais reconhecerão sua prévia distância. Sentir-se-ão tocados com tanta força pela verdadeira unidade do iídiche que temerão a si mesmos, e não mais ao iídiche. (Kafka, 1994, p.193)[4]

Conforme Reiner Stach (2002, p.63), a convocação de Kafka foi mais empolgada que eficiente, encontrando apenas, no noticiário da imprensa, uma recepção polidamente discreta. Kafka, acrescenta seu biógrafo, "esteve perto de quebrar um tabu". Conforme anotação de 24 de outubro de 1911, o tabu dizia respeito à consciência viva da separação entre o judeu assimilado à língua e à cultura da parte avançada da Europa e o proveniente da Eu-

---

4 Segundo Reiner Stach (2002, p.615), a fala de Kafka foi transcrita por Elsa Taussig, futura esposa de Max Brod. Nas edições anteriores, aparecia com o título "Über die Iidische Sprache". Na atual edição crítica, aparece no volume 1 dos *Nachgelassene Schriften und Fragmente* (1993, p.188-193), sendo datada de fevereiro de 1912.

ropa Oriental. A iniciativa de Kafka em favorecer a aproximação a partir precisamente da língua era não só arriscada, como, do ponto de vista da política que tentava promover, redundou em um autêntico fracasso. É curioso que sua intuição sobre a questão da língua não o tenha impedido de usar uma estratégia que podia presumir fosse muito provavelmente negativa:

> Veio-me ontem à mente que não amei minha mãe como ela sempre mereceu e como eu era capaz porque a língua alemã me impedia. A mãe judia não é uma *Mutter*, a designação de *Mutter* a torna um tanto ridícula (não para ela mesma, porque estamos na Alemanha). Damos a uma mulher judia o nome alemão de *Mutter*, mas esquecemos a contradição que se crava mais profundamente no sentimento. Para os judeus, *Mutter* é particularmente alemão; inconscientemente, a palavra contém junto ao esplendor cristão, também a frieza cristã [...] (Kafka, 1999a, p.102, carta de 24 de outubro 1911)

A iniciativa, afinal desastrosa, de Kafka, absolutamente única em uma vida de recluso atormentado, poderá ter aprofundado o dilaceramento que se iniciara, como assinalará na *Carta ao pai*, quando ainda era criança. O detalhe não passou despercebido a Stach, que enfatiza que a ousadia de Kafka de tentar convencer os judeus tchecos de sua pertença comum a uma língua, sem gramática e sem *status* nacional, formada pelos restos de outras que se agregam à ossatura do alemão, indicava a possibilidade de constituir-se "o que poderia ter sido um outro Kafka, mais aberto ao espaço público" (Stach, 2002, p.65). Mas a tentativa de sair do claustro montado em si mesmo não fracassa apenas pela questão do espetáculo ou muito menos pela consciência de como o desgarre que progressivamente o marcava tinha como ponto de partida a falta de uma língua propriamente materna. A presença do grupo de teatro iídiche, a tentativa de ajudá-lo, ajudando a si mesmo a criar uma comunidade para si, leva-o à consciência mais aguda de uma inextirpável solidão. Conforme ele próprio crê, sua amargura aumenta ao compreender não poder se integrar a uma cultura literária propriamente judaica. É o que declara explicitamente na abertura da anotação de 6 de janeiro de 1912:

Ontem, Vicekönigde Feimann. Abandono a possibilidade de ser estimulado (*Eindrucksfähigkeit*) pelo judaico nestas peças, porque elas são monótonas e degeneram em um gemido, que se envaidece de raros momentos de energia. Pelas primeiras peças, pude pensar ter encontrado um judaísmo em que os rudimentos do meu poderiam repousar, desenvolver-se, esclarecer-me no meu judaísmo torpe e fazer-me avançar. Em vez disso, quanto mais escuto, tanto mais eles se afastam de mim (Kafka, 1999a, p.349, carta de 6 de janeiro de 1912)

Tudo, em suma, contribuía para que Kafka se tornasse o autor de obra aparentada com a que Max Brod nos permitiu conhecer.

A REALIDADE DE UMA VIDA

Principio por uma reflexão sobre o modo como está sendo constituída a primeira parte deste capítulo. Meu propósito é afastar uma dúvida que ela pode estar sendo provocada.

Desde o apogeu da história da literatura, no século XIX, generalizou-se o uso do modelo "vida e obra" para o que se pretendia como compreensão do texto literário. Pouco importa que hoje permaneça entre os mais retardatários. De todo modo, é conveniente perguntar-se por que o modelo afirmou-se tão maciçamente. Resposta imediata: por um lado, porque fornecia razão bastante para estimular a pesquisa nos arquivos, com a qual a média dos historiadores julgava demonstrar sua seriedade de cientista. A pesquisa fornecia-lhe o arcabouço de fatos que, ao serem conectados, permitia ao pesquisador acreditar que, com independência de suas preferências, era capaz de reconstituir a cena do passado. A frequência nos arquivos era o salvo-conduto do historiador; o que substituía sua impossibilidade de contar com meios de experimentação e com fórmulas matemáticas. Por outro lado, a influência incontestável das ciências naturais favorecia a tendência de organizar as causas explicativas em conjuntos deterministas.

A conjunção dos dois fatores conduzia ao prestígio da biografia. Definir uma vida pela frequência reiterada de certos traços implicava traçar o caminho pelo qual a obra de certo autor,

MELANCOLIA 143

o perfil de certo período ou mesmo de certo povo ou de certo Estado-nação era explicável.

Tudo isso é bastante divulgado. Mas não ofende tomar-se um exemplo bem conhecido: ter tido Machado de Assis uma origem humilde e ser mulato era considerado suficiente para que não tomasse parte nas campanhas abolicionistas, procurasse criar em seus textos efeitos de humor que seus críticos consideravam próprio apenas dos romances ingleses ou mesmo sua reverência ao porte e modos aristocráticos de Joaquim Nabuco. Tinha-se por suposto que essas cadeias causais eram suficientes para explicar o caráter de sua obra.

Fácil e rígido, o modelo dava ares de seriedade científica a seu praticante e o dispensava da embaraçosa questão da chamada experiência estética. Daí a questão estética poder ser deixada de lado mesmo quando o esquema "vida e obra" já houvesse sido afastado, sem prejuízo da explicação determinista. Daí a divulgação ainda atuante no começo da segunda metade do século XX da hoje ignorada *História social da arte*, de Arnold Hauser. Além do mais, o realce do factual e a observância do eixo determinista escolhido – fosse o clima, fosse a raça, fosse o econômico – abria caminho para que o historiador da literatura contribuísse para o conhecimento do dito espírito nacional ou, mais simplesmente, da nacionalidade.

Tais fatores adquiriam tamanho peso que, desde as primeiras histórias literárias, como a *Geschichte der europäischen Literatur*, composta entre 1803 e 1804 por Friedrich Schlegel, até as muito prestigiadas de Taine e Lanson, as tentativas de ordem diversa, como haviam sido os *Fragmentos* do ainda jovem Schlegel ou a busca de reflexão teórica, ensaiada nos citados *Fragmentos*, e fortemente intentada, no início do século XX, pelo primeiro Lukács, por Walter Benjamin e André Jolles, tiveram de esperar por outro tempo.

Os mesmos elementos de facilidade e rigidez que haviam favorecido o modelo "vida e obra" depois atuariam em sentido contrário. O corte longe esteve de ser brusco. Ensaiado ainda na década de 1920 pelos jovens *scholars* soviéticos, como Schklovski,

Vinogradov, Zirmunskii, Eikhenbaum, Jakobson, Tynianov, a contraposição que ensaiavam logo foi abortada e seus membros execrados como formalistas. Mas o didatismo pregado pelo *Proletkult* só valia sob o jugo stalinista. Fora da União Soviética (URSS), desde 1924, com o *Principles of literary criticism* de I. A. Richards, difundiu-se o que veio a ser conhecido como o *close' reading* anglo-saxônico. Apesar de sua modulação evidentemente contrária e da divulgação que alcançaria, o velho fantasma não se dissipou. Seria preciso a conjunção da passagem do tempo, a drástica mudança da ambiência histórica sucedida nos anos seguintes ao fim do Segunda Grande Guerra, junto com a afirmação de modelos teoricamente fortes, ainda que heterogêneos, para que o esquema então se tornasse execrado.

Por que recordamos dados banais? Porque a parte já apresentada e a continuação da primeira parte deste capítulo destacam a importância da biografia, aqui já bastante utilizada, de Reiner Stach, para a compreensão da singularidade da obra de Franz Kafka. Declará-lo não equivale a dizer que fazemos um resumo dos dois volumes já publicados de Stach, senão que fornecem o esqueleto da argumentação a ser desenvolvida. Assim fazendo, tanto estaremos evitando uma compreensão biográfica sequer aproximadamente determinista, quanto um textualismo cerrado, conforme praticava o *close' reading*. Como assim? Por acaso, de acordo com o que já apresentaram as páginas precedentes não se poderia pensar a *indecisão* como o traço determinante da obra kafkiana?! A pergunta seria apenas retórica se a resposta consistisse em declarar que o que se considera indeciso impedisse uma explicação de ordem determinista. Em vez dessa solução apenas bem-humorada, o apelo retórico é ultrapassado ao se conjugar a imprevisibilidade da conduta de um agente indeciso com as voltas absolutamente contingentes da história; da história pessoal de Kafka, de que o acidente capital será o encontro com Felice Bauer, e da história mundial, com a deflagração da Primeira Grande Guerra.

A resposta acima ainda não é bastante. Não se nega que tanto o encontro eventual com a viajante que estivera apenas de pas-

MELANCOLIA

sagem por Praga como o advento de um conflito que punha por terra a convicção europeia que o continente estava livre de morticínios semelhantes não caberiam em alguma explicação determinista. Mas por que não se poderia insistir na questão, considerando que o fator determinante era a obsessão kafkiana pela escrita literária? Porque, longe de negar uma verdade primária, ela precisa ser conjugada a uma constelação de fatores, sem a qual o caráter da obra do autor tcheco confundir-se-ia com o simples produto de uma mente altamente enferma.

Embora resposta mais concreta só apareça pelas análises a serem efetuadas, baste-nos por ora assinalar que a complexidade de fatores variáveis impede ser suficiente a causalidade linear proposta pelo determinismo. Porquanto a própria obsessão pela literatura relaciona-se a outros fatores, que têm consequências diversificadas. Por exemplo, o meio acanhado de Praga motiva em Kafka a vontade de escapar. Realizá-la não era uma decisão fácil, fosse porque ainda adulto continuava a viver na casa dos pais, fosse porque o Instituto de Seguro de Acidentes de Trabalho oferece-lhe um emprego estável, em que é reconhecida sua capacidade profissional, além de contar com a consideração de seus diretores e dispor de um confortável horário de trabalho. Apesar de a decisão de sair de Praga só tenha eventualmente se cumprido ao internar-se em sanatórios, para tratamento da tuberculose e depois do câncer que o matará, o propósito de mudança para Berlim poderia ter-se realizado por força da iniciativa de Brod em aproximá-lo de editores berlinenses, favorecida pelo estímulo recebido de um recém-vindo chamado Robert Musil, caso não fosse o começo da Grande Guerra. É por efeito da conjunção de fatores internos e externos, aqueles de incidência por toda a vida, esses, aleatórios, que a produção literária de Kafka não pode ser bem entendida sem a recorrência a elementos constantes e contingentes.

A explicação assim oferecida não é bastante senão para declarar que a recorrência a dados da vida do escritor não supõe qualquer relação com o esquema de vida e obra. Conquanto seja plausível considerar que o enlace entre a biografia e a produção de um autor é idealmente indispensável, sua efetividade dependerá da substituição de uma história apenas factual por uma história cultural (cf. LaCapra, 2009, p.14-36). Ou seja, pela articulação de vetores de ordem histórica e filosófica (cf. Costa Lima, 2005), visando a uma abordagem filosófico-cultural, mais precisamente antropológico-filosófica. Com isso, não se pretende que a obra ficcional de Kafka também abrange os textos não ficcionais de sua vida (diários e cartas)? Não, embora se saiba que, inesperadamente, de uma anotação de um de seus diários possa surgir um apólogo, uma obra de extensão média ou mesmo o princípio de um romance, ainda que ele não prossiga, consideramos que a diferença entre ficcional e não ficcional mantém-se. As cartas, enquanto cartas, não poderiam pretender a ficcionalidade, pois a sua destinação visa precisamente a narrar fatos, fantasias, projetos efetivamente sucedidos ou concebidos. As cartas, sobretudo as dirigidas a Felice, são com frequência não só líricas ou desesperadas, mas também sentimentais, em completa discrepância com a ficção do autor; em discrepância, não menor, apresentam um confessionalismo, além de manifestarem um desgosto com seu próprio corpo que provocou a resistência de alguns dos consultados sobre se gostariam de se encarregar de organizar as cartas guardadas por Felice.

Tomo um exemplo. Em 8 de outubro de 1917, em complemento de carta a Felice, como se abrisse uma cortina que o levasse a aposento bem distinto daquele em que estivera até então, reflete sobre "Der Heizer" ("O Foguista"), capítulo que completara de *Der Verschollene* (*O desaparecido*), cuja composição já abandonara, e estende-se sobre a relação de ambos com Dickens. Era sua argumentação:

> "Der Heizer" é uma pura imitação do Copperfield, de Dickens; mais ainda que o romance planejado. A história da valise, o rapaz que deleita e encanta a todos, os trabalhos humildes, a amada na casa de campo, as casas imundas, mas sobretudo o método. Como agora vejo, minha intenção era escrever um romance *à la* Dickens, tão só enriquecido das luzes mais intensas, que teria extraído do

MELANCOLIA

tempo e as mais apagadas, de mim mesmo. A opulência e a grandeza de Dickens, a poderosa prodigalidade, mas, em consequência, passagens de terrível debilidade, em que, cansado, ele apenas baralha o que já havia alcançado. Barbaramente, a impressão de um todo sem sentido, barbária que eu posso evitar, por minha falta de vigor e por meu epigonismo. *Secura de afeto (Herzlosigkeit) dissimulada por um estilo transbordante de sentimento.* Essas caraterizações rudes, artificialmente inseridas em cada personagem e sem as quais Dickens não seria sequer uma vez em condições de subir até ao alto de sua história (Kafka, p.840, carta de 8 de outubro de 1917, grifo meu)

A passagem acentua o afastamento da sentimentalidade de Dickens, em nome de uma expressão mais seca, ainda que sob o preço de tornar sua emoção dissimulada. Stach, cuja qualidade de biógrafo muito se deve à sua lucidez de leitor, observaria a propósito do sexto capítulo de *O desaparecido* que o acúmulo de detalhes que Kafka põe no "labiríntico hotel" o faz vacilar no "precipício do absurdo", emprestando à cena um caráter cômico próximo do *Modern times*, de Chaplin (cf. Stach, 2002, p.199-200).[5]

Obviamente, o fato de a passagem estar incluída em uma carta não apagava, sequer diminuía, a diferença de seu tom discursivo. E, se avançássemos até seus dois grandes romances, *O processo* e *O castelo*, veríamos que à transgressão do projeto dickensiano associava-se o choque entre a tematização do individual, dominante no romancista inglês, e a implacabilidade de uma lei que é gerida sem considerar os afetos de suas vítimas. No momento, usamos o exemplo acima apenas para mostrar que o sentimentalismo, a expressão apaixonada das cartas a Felice, contrastava

---

5 É extremamente rara a aproximação de Kafka com Chaplin. Chama a atenção a que é feita entre episódio de *O desaparecido* e o Chaplin da fase do cinema mudo: "Em *Der Verschollene*, o tio Jacó aparece como uma figura de Chaplin e não pode ser pura coincidência que o episódio do Teatro Natural de Oklahoma corresponda exatamente, em sua posição e no cenário de uma irônica vida extraterrena, em que todo o elenco de personagens aparece neste mundo como anjos, em um sonho ansioso de Carlitos, no fim de *The Kid*" (Sussman, 1990, p.150, nota 6).

radicalmente com a prática da secura inflexível aprendida por Kafka no rigor da expressão flaubertiana. Ou seja, o uso que aqui fazemos da conjunção entre vida e obra já não poderia confundir-se com o esquema banal de causa-efeito. Sua presença, ao contrário, abre-se para o leque das disposições discursivas diversificadas. Apenas adiantemos: às análises que formarão a segunda parte deste capítulo caberá mostrar como ao afastamento do sentimentalismo corresponderá uma expressão aparentemente fria, em que o afeto se mostra, senão ultrapassando a superfície da letra, nela penetramos.

A LITERATURA COMO PRISÃO

É fácil justificar o título dado ao item: desde muito moço, Franz Kafka trocara o convívio da família pela permanência em seu quarto – a esse estavam confiadas as tarefas que mais lhe importavam. Não é ocasional que não se lhe refira como um grande leitor ou seja apreciado por seus *insights* críticos. As horas desde cedo dedicadas a cartas e diários constituem um volume tamanho que não lhe sobraria muito tempo para ir além de seus autores favoritos. A leitura de textos de seus amigos e contemporâneos completaria o quadro. Mesmo que não se possa saber o que destruiu, o que tenha sido perdido, o que tenha caído nas garras da Gestapo ou o que, justa ou injustamente, permaneceu incompleto, os grossos volumes da edição de seus textos manuscritos evidenciam que não teria muito tempo livre para se aventurar na leitura de mais autores ou de reflexões críticas. A seus preferidos deveriam juntar-se quase que apenas o que lera quando estudante. Mas a escrivaninha não tomava apenas o lugar da família.

A ocupação com a escrita ainda, de imediato, implicava o pequeno contato com o cidadão da rua e com a língua tcheca. Fora o que escreve à sua tradutora e logo amiga Milena Jesenská, o não conhecimento pleno do tcheco não lhe permitiria exercer a função que tem no *Anstalt*. Mas, embora fale e leia em tcheco, não se conhece nenhum texto seu que tenha sido escrito salvo

MELANCOLIA

em alemão. Conquanto tampouco se confundisse com um asceta que fizesse da letra seu gafanhoto e deserto preferidos e mostrasse uma extraordinária presteza em ser eroticamente atraído pelo feminino mais diverso, nada desse convívio diminui a exclusividade que nele têm a pena e o papel.

Não nos propomos desenvolver se a reclusão ao texto literário resultava de uma motivação psicológica ou se ia além dela. Basta-nos saber que ela se afirma sobre sua própria constante hesitação e que essa se tornará evidente a partir da divulgação das cartas a Felice, desde 13 de agosto de 1912 até outubro de 1917, sendo confirmada pelas que depois endereçará a Milena. Mas ainda seria simplificar a questão encerrá-la nesses termos. A indecisão não só atinge o estrito trabalho literário, ela ainda se estende ao que considera digno de ser editado, assim como à sua comunidade de origem. Da primeira, é suficiente observar o caso referente a seu livro de estreia, *Betrachtung* (*Meditação*), lançado em 1912, por Ernst Rowohlt (Kafka, 1994, p.7-40). Parecerá estranho que o minilivro, formado por 19 fragmentos, que somavam apenas 33 páginas, deveu-se muito menos à decisão de Kafka que à iniciativa de Max Brod. Brod, por seu conhecimento do meio editorial berlinense, passava a funcionar como voluntário e gratuito empresário do amigo. Para que se reconheça a incerteza de Kafka em divulgar o que escrevia, comparem-se a passagem da carta a Brod e a que logo dirigirá a seu editor. Em 7 de agosto, antes de vir à casa do amigo, para acertar a ordem dos fragmentos, escreve:

> Paro, depois de uma longa tortura. [...] É pouco provável que, em futuro próximo, esteja em condições de corrigir as pequenas peças que restam. [...] Com que fundamento, te pergunto, de fato me aconselhas a deixar imprimir, em plena consciência, algo bastante mal, que então me repugnaria [...]? (Kafka, 1999a, p.165, carta de 7 de agosto de 1912)

Kafka parecia torcer para convencer seu "empresário" a não enviar os originais, embora ele próprio não se negasse a fazê-lo.

Possivelmente, contudo, entre reconhecer a insuficiência dos fragmentos e a possibilidade de ter um pequeno livro editado, é a segunda hipótese a vencedora. É assim que uma semana depois escreve formalmente a seu primeiro editor:

> Submeto-lhe a pequena prosa que senhor quis ver. [...] Por certo, não estou completamente decidido. [...] Mas me sentiria naturalmente feliz se a matéria a tal ponto lhe agradasse que o senhor a imprimisse. (ibidem, p.167, carta de 14 de agosto de 1912)

Para Brod, a vitória de sua iniciativa significava a abertura dos escritores tchecos até às editoras berlinenses. É como amigo e como voluntário empresário do escritor iniciante que faz aparecer, no início do ano seguinte, uma apreciação da *Betrachtung*. Basta ver seu princípio:

> Poderia muito bem pensar de alguém em cujas mãos caísse este livro (*Betrachtung*, de Franz Kafka, Verlag Ernst Rowohlt), que, naquele momento, tivesse toda sua vida mudada e se convertido em um homem outro. Destas pequenas peças em prosa deriva uma energia doce e *incondicionada* [...]. (Brod, 1979, p.24-5, carta de 15 de fevereiro de 1912)

A apreciação é tão exagerada que seria pouco crível que Kafka não reagisse contra ela. Só parece despropositado que tenha escolhido Felice como a receptora de seu protesto, pois ela não se destacava nem por sua sensibilidade literária, nem por haver manifestado alguma estima pela leitura do livro de estreia de Kafka:

> Hoje, depois de ler no novo número de *März* a resenha de meu livro por Max, caso encontrasse um buraco nele teria sumido. Sabia que estava em vias de aparecer, mas a desconhecia. Já havia algumas resenhas, naturalmente só de amigos, inutilmente superelogiosas. [...] A resenha de Max é mais que excessiva. Mesmo pela amizade com que me destaca, tem raízes mais poderosas às que se iniciam na literatura, vão além dela, não lhe dão uma chance e de tal maneira me superestima que me envergonha, orgulha e envaidece [...]. (Kafka, 1999a, p.92, carta de 14, 15 de fevereiro de 1913)

MELANCOLIA

Mais do que testemunho de seus justos escrúpulos, a reação mostra como percebe que esse tipo de recepção só enganaria o leitor ingênuo ou corriqueiro. Mas, ao endereçá-la a Felice, cometia o erro de reforçar seu desinteresse pelo livro.

Em suma, os argumentos aduzidos enfatizam que Kafka de tal maneira prezava a literatura que não levava em conta outros fatores que socialmente lhe importavam. O que vale dizer que, de fato, dela se tornava prisioneiro. Anos passados, esse seu estado se repetirá quanto a Milena: "Não me diga que duas horas de vida sejam mais que duas páginas escritas; que a escrita é mais pobre, embora mais clara" (Kafka, 2013, p.47, carta de 6 de julho de 1920). Já não deixava de ser uma concessão admitir que a escrita pudesse ser mais pobre, conquanto talvez considerasse o quanto o confuso da vida o atordoava.

Nada do que aqui se escreve é ignorado. Ao não o eliminar, considera-se que esse lastro, ao ser divulgado, não tem impedido uma interpretação falsa, porque parcial. Refiro-me à interpretação política que se costuma reservar à sua ficção. Particularmente desastrosas são as ilações extraídas de uma anotação no *Diário*, de 2 de agosto de 1914: "Alemanha declarou guerra à Rússia. Pela tarde, piscina" (Kafka, 1990, 2 de agosto de 1914).

Isolada, sem que o intérprete se dê ao trabalho de verificar qualquer contexto que a motive e em que se insira, a frase tem sido reiteradamente entendida como prova do absoluto desinteresse do autor por qualquer acontecimento mundano em que ele próprio não estivesse envolvido. Deve-se a Reiner Stach a desmontagem do equívoco. O alheamento que se alega estar em Kafka depende do desconhecimento de dois fatos. O primeiro é apenas pessoal, e não seria sabido por quem não acompanhasse a vida do autor, por assim dizer com uma lupa na mão. Sem adiantarmos os detalhes a serem reunidos no item seguinte, basta notar que, desde que começara sua correspondência com Felice, à medida que crescia sua paixão, mesmo sem um contato direto, no entusiasmo provocado por suas próprias frases, crescia em Kafka a ambiguidade que o torturava e não o abandonaria: por um lado, identificar a maturidade humana na constituição de uma família; por outro, o temor da promessa matrimonial. Dentro da lógica embaralhada de quem se comprometia, Felice tivera a propriedade de, sendo conhecida fora de qualquer laço com os Kafka, manter-se distante da figura materna, havendo sido conhecida em uma reunião superficialmente social, na casa dos Brod. Além do mais, como mal se tocaram as mãos e se trocaram palavras convencionais, manteve-se afastada de qualquer aproximação entre o feminino e a natureza sexual. Sabemos que Kafka era facilmente atraído pelo erotismo feminino, contanto que a agente sedutora estivesse distante da encarnação materna. Em consequência, a articulação entre o reconhecimento da sexualidade feminina e a afeição materna lhe apavorava. O dilema, a que ainda voltaremos, encontrará uma tensão bem mais alta. Sua culminância se dará em junho de 1914. Seu primeiro ato se cumprirá no dia 1, quando, na casa da família Bauer, em Berlim, Kafka oficializava seu noivado com Felice. Nesse encontro, não estava presente a amiga de Felice, Grete Bloch, a quem Felice pedira que fosse a Praga, na tentativa de entender as oscilações do noivo. A mediação que Grete cumprirá será mais do que complicada. Basta assinalar que sua aproximação de Kafka foi muito além de um papel diplomático.

Sem que se possa decifrar o que precisamente sucedeu, em menos de duas semanas, após seu compromisso, em 12 de junho de 1914, arma-se no Hotel Askanischer Hof, em Berlim, o que é conhecido como o "tribunal", armado para julgar as disposições descoordenadas de Franz. Além dos "noivos", com Felice no papel de acusadora, o escritor e amigo de Kafka, Ernst Weiss, que não sabemos se desempenhou algum papel, a irmã de Felice, Erna, e a já citada Grete Bloch.

Nenhum dos participantes guardou documento algum do "processo". Sabe-se apenas que, sem se defender, Kafka tem, afinal, o compromisso rompido. O importante é acentuar com Stach que a entrada no *Diário* de 2 de agosto tem como contexto o trauma provocado em Franz pelo julgamento no Askanischer Hof. Baste acentuar que seria arbitrário falar em trauma se, na ocasião, os laços com Felice não tivessem sido efetivamente des-

MELANCOLIA 153

feitos ou, não conhecendo a constituição psíquica do ex-noivo, não se soubesse a luta que travara, por suas cartas, em manifestar uma intensa paixão e um terror não menos intenso para o compromisso para o qual caminhava.

Esse seria, pois, o contexto privado na anotação. Quanto ao contexto público, parece estranho que os intérpretes europeus não tenham atentado para o que significava para todo o continente e o Ocidente o início do conflito da Primeira Grande Guerra.

O capítulo 3 do segundo volume de Stach complementará o quadro até agora parcialmente descrito. Pelo que até agora lembramos, a frieza absurda da formulação —para a Europa, guerra, para meu corpo, piscina —, decorrente de que Kafka não tivesse outro interesse absoluto senão o que produzia em sua escrivaninha, mostra-se incrivelmente improcedente pela consulta dos documentos hoje disponíveis acerca do empenho de Kafka, enquanto funcionário, nos anos de guerra, do Instituto de Seguro de Acidentes de Trabalho.

Entre as muitas informações, duas são capitais. A primeira concerne ao empenho dos diretores do Instituto, Eugen Pfahl e Robert Marschner, em, contrariando a vontade manifestada por Kafka de seguir para a frente de batalha, conseguir sua dispensa. Contra a suposição de que se tratava de um modo bastante generalizado de favorecer amigos e aliados, mostra o biógrafo que ela era justificada e sua pretensão terminara aceita porque a presença do funcionário era indispensável para o cumprimento das funções do Instituto quanto às vítimas do conflito. Não é preciso argúcia especial para compreendê-lo. Mesmo quem não conheça as memórias terríveis das *Strahlungen* (*Radiações*) de Ernst Jünger, terá uma clara noção do que significou, do ponto de vista dos conflitos bélicos, o início da guerra totalmente mecanizada. Ao Instituto cabia não só lutar para que os mutilados de guerra recebessem o auxílio dos acidentados de trabalho, como tinha de alocar, de acordo com as disposições do governo austríaco, os mutilados em tarefas que se julgavam ainda poderem exercer. Assim, por exemplo, pessoas sem um braço ou uma perna podiam servir como funcionários de escritório, porteiros ou encarregados de pesagem (*Wagemeister*), ou pessoas que tivessem perdido o dedo mindinho ou um olho continuarem a ser úteis como cabeleireiros, bombeiros ou na feitura de perucas etc. (cf. Stach, 2008, p.76-7).

Enquanto a população era mantida na ilusão de que os batalhões estavam bem equipados, que dispunham de equipes médicas, hospitais militares, serviço de ambulância e mantinham-se protegidos pelas normas do direito internacional (ibidem, p.78), nos corredores do *Versicherungsanstalt* e nas proximidades do escritório de Kafka amontoavam-se os aleijados e estropiados pela carnificina. O serviço que exigiam de Kafka e o fato de que os diretores o considerassem imprescindível provam a eficiência como se conduzia, sem nela interferir a exclusividade idealmente dedicada à literatura.

Dizê-lo não significa que, para si mesmo, Kafka não continuasse a se considerar servo do senhor comandante/servo da palavra e da frase. Destaco a propósito apenas uma entrada:

> Outra vez, apenas duas páginas. De início, pensei que a tristeza pelas derrotas austríacas e o medo pelo futuro (medo que, no fundo, me parece ridículo e, ao mesmo tempo, infame), impedissem-me, em suma, de escrever. Não foi o que se deu, mas tão só uma letargia, que sempre retorna e deve ser superada. (Kafka, 1990, p.677, 1 de setembro de 1914)

O que a princípio (do percurso de Kafka e desta análise) parecia testemunhar um cárcere privado termina por se mostrar como meio de resistência às desgraças da vida. Resistência não de caráter físico, mas pela ação conjunta da imaginação elaboradora com a mão executora. Por ter sido assim é simplesmente detestável recordar que Günther Anders (2007, p.48) tenha escrito: "Kafka não se sente preso por dentro, mas por fora. Não quer se *evadir*, mas *invadir o mundo*".

A formulação epigramática do autor chega a ser espantosa quando, voltando-se para a obra, declara: "Sua mensagem política é a auto-humilhação" (ibidem, p.38). Em termos de vida e obra, a frase é de uma arbitrariedade incomparável. Enquanto vida, a existência de Kafka foi, por certo, quase sempre a de auto--humilhação. Esperava-se contudo que um escritor e ensaísta da qualidade de Anders percebesse o contraste com sua obra. (Mas não terá sido nossa a arbitrariedade de supor que um artista, por ser artista, seja mais suscetível de entender o outro?)

O TORMENTO DO AMOR

Franz Kafka tinha 30 anos quando, em visita ao amigo Brod, conheceu a berlinense Felice Bauer. Vinda pelo transporte na época mais comum, o trem, parara em Praga, quando se dirigia a Budapest, em visita à sua irmã. Era o dia 13 de agosto de 1912.

Semanas depois, em 20 de setembro, refere-se a Felice, em seu *Diário*. É tão fria e neutra a maneira como a descreve que até mesmo sua referência parece estranha. O único dado que desperta a atenção é terem combinado viajar à Palestina, no próximo ano, e, se não for excessivo detalhismo, terem-se tocado, sobre as posições extremas da mesa, as pontas dos dedos.

Apesar desses sinais de convencionalidade e quase indiferença, em 20 de setembro, Kafka lhe escreve uma primeira carta. Porque reconhece nenhuma intimidade em que estiveram, precisa recordar seu próprio nome e acentuar ter sido aquele que a cumprimentou em Praga, na casa de... etc., e descrever-se como um "eventual escritor de cartas" (*ein unpünktlicher Briefschreiber*) (Kafka, 1999a, p.171, carta de 20 de agosto de 1912).

Talvez a distância de tempo e lugar nos faça estranhar a alusão. O qualificativo talvez procurasse justificar que estivesse a escrever a alguém que mal conhecera. Mas a dúvida não convence. Como hoje nos mostra o volume de sua correspondência – só o tomo relativo ao período entre 1900 e 1912, consta, entre cartas enviadas e recebidas, de 611 páginas – antes seria um inveterado usuário dos correios.

O circuito epistolar entre Praga e Berlim teria aí terminado se Felice não lhe tivesse respondido. Como a correspondência dela viria a ser destruída pelo destinatário, não sabemos que poderia ter dito que justificasse a rapidez e o teor da resposta de Kafka. Era 28 de setembro, como declarará a seguir, escreve-lhe poucos minutos depois de receber sua correspondência. Afirma então ter muitas coisas a lhe dizer. Logo chama a atenção para as revelações acerca de si mesmo. Elas não parecerão, ao leitor de agora, menos que abruptas e até inexplicáveis. Transcrevo parte da longa confissão:

> Uma chuva de nervosismo me atravessa ininterruptamente. O que quero agora, não quero no instante seguinte. [...] Tenho de empilhar incertezas em mim antes que se convertam em alguma segurança ou em uma carta. [...] Minha memória é muito ruim, porém mesmo a melhor das memórias não me ajudaria a escrever um pequeno parágrafo, que antes tivesse pensado e procurado memorizar, pois dentro de cada frase há transições que hão de permanecer em suspenso antes que escreva [...]. (ibidem, p.174-5)

Qual o sentido dessas voltas? Kafka o explica simplesmente porque Felice respondera sua primeira carta, o que nos parecerá quase protocolar. Embora devamos ter o cuidado que os comentadores muitas vezes não tiveram, estejamos certos que falta a segunda ponta da meada, as cartas de Felice fazem uma falta insanável.

Pelo material de que dispomos, Kafka explica o falar estrepitoso de suas falhas pela razão simples de que a berlinense lhe respondera. Diz-lhe que isso lhe trouxera tanta alegria que pusera sua missiva ao constante alcance de sua mão para sentir-se seguro de sua posse (*um seinem Besitz zu fühlen*). E, em sequência, sem mudar sequer de parágrafo, começam as exigências que lhe faz — "Escreva-me logo uma outra!" (*Schreiben Sie mir doch bald wieder einen!*). Se escrever uma carta exige esforço, faça *ein kleines Tagebuch*, um pequeno diário, "que exige menos e dá mais" (ibidem). Sem voltar atrás do pedido, compreende que o que dela requer demandaria mais do que um diário, pois não estaria sendo escrito para ela própria, senão para quem, sem saber nada a seu respeito, vorazmente quer apossar-se de seu íntimo.

MELANCOLIA 157

Solicita então que registre quando vai para o escritório, que toma no desjejum, o que vê da janela de onde trabalha, que tipo de tarefa realiza, o nome de seus amigos e amigas, "as milhares de coisas de cuja existência e possibilidade ele nada sabe" (ibidem). Atua como se achasse viável que Felice se transpusesse em palavras, sendo a dele a voz de comando. Como é impossível seguir a imensidade de cartas que Kafka lhe dirigirá, façamos ainda alusão à que imediatamente se segue.

O fluxo entre Praga e Berlim de imediato teria se tornado frequente, se não diário, se algo não parecesse estranho a Felice. Sem que possamos saber o motivo, a confissão e as exigências de Kafka não encontram a resposta imediata pela qual ansiava. Ela só lhe chega em 11 de novembro de 1912. Terão sido quase dois meses de aflição. Não vem à cabeça de Kafka que a confissão e as exigências de sua carta de 28 de setembro tinham sido descabidas. Na resposta de 15 de novembro, Kafka levanta três hipóteses, de que só a primeira parece se aproximar do verossímil: alguma coisa lhe teria ofendido no que lhe escrevera? Ou teria se aborrecido em que não houvesse falado da hipotética viagem à Palestina? Estaria doente ou, em formulação parecida a outras posteriores, teria sua carta se extraviado? Declara, afinal, que se dispôs a lhe escrever, alguns minutos depois de receber o que esperava por muitas semanas (cf. ibidem, p.238). No entanto, a hesitação em lhe remeter uma das várias versões de 23 de outubro não o impede, nos dias seguintes, 24, 25 ou 26, 29, 31 de outubro, 1, 2, 3, 4, 5, 6, 7, 8, 9, 11, 13, 15 de novembro de 1912, de lhe escrever quase diariamente, até que se decida pela remessa, no último dia mencionado.

É evidente que, em vez de acompanhá-las, destaca-se apenas a formação tensa que se desenvolve. A insistência das missivas de Kafka assinala que sua atração amorosa se desenvolve sem nenhum contato físico com a parceira. As intensas cartas parecem se responder a si mesmas; o pensamento em Felice se convertera em obsessão. À medida que essa se aprofunda, cresce proporcionalmente o receio da aliança, por cuja iniciativa era ele mesmo responsável. Sem que nos caiba explicar, nem muito menos entender, pois Kafka não sofre de qualquer inibição sexual, o relacionamento sem corpo o impulsiona e a própria atração sexual, a que o casamento não poderia se furtar, causa seu pavor. Apenas sabemos o que todo interessado pode reconhecer: o horror do matrimônio está na psique de sua vítima. Em carta de 1º de novembro, Kafka alcançava formulação bastante precisa:

> Minha vida tem consistido em tentativas de escrever. Na maioria, fracassadas. Mas, se não escrevo, logo me deito no chão, pronto para ser jogado fora. Minhas forças sempre foram lamentavelmente débeis, e, mesmo se não me desse conta abertamente, logo se tornava evidente que tinha de me poupar por todos os lados, deixar-me escapar de tudo para manter força bastante para o que me parecia minha principal finalidade (*Hauptzweck*). (Kafka, 1999a, 1º de novembro de 1912)

É de supor que a ausência corporal de Felice tivesse feito que Kafka, de posse de seu dilema psíquico, nele se aprofundasse. Mesmo antes da imensa carta de 27 de outubro de 1912 (cf. Kafka, 1999a, p.191-8), só no dia 13 lhe redigira duas versões, só enviadas depois. Entretanto, pela redação constante dos dias precedentes a novembro 1, ao receber, em 15 de novembro, a aguardada resposta de Felice, tudo indica que, como era próprio de seu temperamento hesitante, continuasse a admitir o plano das bodas.

Para tornar ainda mais evidente os vaivéns peculiares do atormentado autor, recorde-se dado que será explorado tanto por Elias Canetti (1985) quanto por Deleuze e Guatari (1975): é por influência direta de Felice que, em 22 de setembro, quase simultaneamente à primeira carta por ele escrita, que redige, entre uma noite inteira e o começo da manhã, *Das Urteil* (*O veredito*) e, entre novembro e dezembro seguintes, *Die Verwandlung* (*A metamorfose*). Embora consideremos com os autores acima referidos que o débito dos dois textos seja atribuído a Felice, sua discussão será feita em momento posterior.

Se o jato gigantesco de escrita supera a confusão mental do enamorado, fora da composição ficcional, o efeito dominante será um tanto diverso: (escreva para quem seja, para seu cunhado, para Max, para Löwy) "o único valor é que, com cada palavra,

MELANCOLIA

creio estar te tocando, a ti, querida" (Kafka, 1999b, p.42, carta de 15, 16 de janeiro de 1913). Tais manifestações de idolatria amorosa não deixam de ser acompanhadas pela lamúria constante quando não escreve: "Sei, querida, ainda não deveria ter parado de escrever; sei que parei muito cedo, mal passa de 1 hora, mas minha relutância era um pouco maior que meu desejo [...]" (ibidem, p.16, carta de 3, 4 de janeiro de 1913). Ou do reconhecimento de sua debilidade: "Sou a pessoa mais inconsistente que conheço e se não te amasse para sempre te amaria de todo modo, simplesmente porque não temes essa inconstância" (ibidem, p.52, carta de 21 de janeiro de 1913).

Como só pretendo fornecer o material bastante para a reflexão a desenvolver, ressalto passagem que reforça o reconhecimento de seu pavor pelo casamento:

> Querida, diga-me por que escolheste amar um jovem tão infeliz com sua infelicidade, a longo prazo, por certo, contagiosa (*ansteckend*)? [...] Mas não temas, querida, e fiques comigo. Bem perto de mim! (ibidem, p.84, carta de 9, 10 de fevereiro de 1913)

Embora a base para a discussão pudesse ser ampliada, o que trouxemos é suficiente para entrarmos em uma viva polêmica, que envolve pensadores (Deleuze e Guattari) e escritores (Canetti) de merecido prestígio e um kafkiano de qualidade (R. Stach). Sem que este o diga, sua defesa não é de ordem apenas literária, mas também ética.

Em *Der andere Prozess* (*O outro processo*), o romancista Elias Canetti (1985) expressa uma interpretação do caso Felice que não pode ser ignorada. Ousada, por isso mesmo merece a melhor atenção. Principia por destacar a consequência imediata do conhecimento de Felice Bauer. *Das Urteil* é escrito em um só relance, dois dias depois de recebida a primeira carta de Felice. Pode-se dizer que ela provocou uma química psíquica em Kafka, que, de repente, desbloqueou o mecanismo que o entravava. Como Stach bem captou, o enredo é atravessado por correntes tensas e dinâmicas:

Em uma descarga, aparentemente sem história nem precedente, o cosmo de Kafka estava presente [...]; a figura superpoderosa e, ao mesmo tempo, "suja" do pai, a racionalidade oca do narrador (*Perspektivfigur*), a superposição do cotidiano pelas estruturas jurídicas, a lógica onírica do enredo e não por último o fluxo do relato sempre *em direção contrária* às expectativas e esperanças do protagonista. (Stach, 2002, p.117)

O efeito positivamente surpreendente provocado por Felice se prolonga além de *O veredito*, como se a fornalha que nele se acende não se apagasse e se prolongasse por "O foguista" (*Der Heizer*), pelos capítulos seguintes do romance a ser interrompido, *Der Verschollene*, e, quando parece que o relato "se deteriorou muito [...]", interrompe-o para redigir uma de suas peças mais famosas, *Die Verwandlung* (*A metamorfose*). Dessa declara "que, em minha miséria, ocorreu-me na cama, agora perturba e pede para ser escrita" (Kafka, 1999a, p.241, carta de 17 de novembro de 1912). Apesar de o próprio Kafka considerar seu final *ebelhaft* (asqueroso) (cf. ibidem, p.251, carta a Felice de 24 de novembro de 1912), Canetti a considerará uma das poucas obras-primas do século, e será a peça mais estudada do autor tcheco.

Só essas comprovações tornariam indiscutível o papel afirmativo desempenhado por Felice. Se ela não terá condições de diminuir a ansiedade de seu parceiro, e as crises de depressão que o acompanhavam terminarão por dissipar o laço que os unia, não foi menos a partir dela que Kafka "*soube que suas melhores e mais profundas formulações derivavam algumas vezes de uma consciência profunda de depressão*" (Stach, 2002, p.162, grifo meu). Como isso terá sido possível a partir de uma moça intelectualmente simples, cuja eficiência antes se voltava para o campo empresarial? Com os documentos restantes, ninguém será capaz de explicá-lo. Nem por isso é menos incontestável.

A tese proposta por Canetti não será nada tolerante. Para ele, Kafka se comportou como um algoz, se não por uma maldade autossuficiente, por sua modelagem psíquica. Em poucas palavras: Kafka nela encontrara aquilo de que precisava: "Uma

MELANCOLIA 161

segurança à distância, uma fonte de energia que não transtornasse sua sensibilidade pelo contato próximo, uma mulher que estivesse à sua disposição, sem dele esperar mais que sua palavra [...]" (Canetti, 1985, p.14).

Em contraste, o êxito profissional de Felice, que principiara como datilógrafa e ascendera em uma fábrica de gramofones, é incapaz de se interessar e compreender o caráter raro da produção intelectual de Franz Kafka. Se ela é "necessária como alimento contínuo, não é capaz de descobrir o que alimenta com suas cartas" (ibidem, p.20). Em poucas páginas, Canetti enuncia sua tese. Ela é cruel, sem deixar de ser pertinente. Dotando sua análise da mesma sensibilidade crítica que reveste sua trilogia autobiográfica – na verdade, muito mais uma abordagem ferina de seu tempo que alguma forma de destaque de si próprio –, Canetti encontra sua tese confirmada pela realização do "tribunal" no *Askanischer Hof* berlinense. O engajamento formal de Kafka ante a família de Felice e o tribunal que ela própria monta são lidos por Canetti como os geradores do começo e do encerramento de *O processo*: "O compromisso matrimonial tornou-se na detenção do primeiro capítulo. O 'tribunal' aparece como a execução, no final" (ibidem, 52).

Sem a mesma incisividade e precisão expressiva, a tese de Canetti já aparecia no *Kafka – 'Pour une' littérature' mineure'*, de Gilles Deleuze e Félix Guattari (1975). O romancista tcheco entrava como comprovação do embate dos autores contra o modelo psicanalítico: "Só cremos em uma política de Kafka, que não é nem imaginária, nem simbólica. Só cremos em uma ou mais máquinas de Kafka, que não são nem estrutura nem fantasma. Só cremos em uma experimentação de Kafka, sem interpretação nem significância, mas somente protocolos de experiência" (Deleuze; Guattari, 1975, p.14).

Claro que uma tese que procura menosprezar o quanto pode a importância de Édipo enquanto instrumento analítico afirma que, em *Carta ao pai*, "o efeito do engrandecimento cômico é duplo" (ibidem, p.20). O unanimemente acusado pelo filho é "uma foto, insinuada em uma máquina de uma espécie bem outra. [...]

Os juízes, comissários, burocratas etc. não são substitutos do pai, é antes o pai que é um condensado de todas essas forças a que ele próprio se submete e convida seu filho a submeter-se" (ibidem, p.17 e 21-2). Mas o "Édipo gordo" não é mais que objeto de um ataque divertido. O interesse principal dos dois pensadores está na relação de Kafka com Felice. O escritor, com frequência apresentado como um pobre atormentado, assume o papel de vampiro:

> As cartas são um rizoma, uma rede, uma teia de aranha. Há um vampirismo das cartas, um vampirismo propriamente epistolar. O castelo de Drácula, o vegetariano, o jejuador que suga o sangue dos humanos carnívoros, não está longe. Há algo de Drácula em Kafka, um Drácula por cartas [...] As cartas devem trazer-lhe sangue e o sangue dar-lhe a força de criar. (ibidem, p.53-4)

Antes de considerarmos a tese principal dos autores, há de levar em conta que, embora exagerem no entendimento cômico da figura paterna, estão corretos em verificar que a interpretação psicanalítica costuma falsear o caso, reduzindo a questão-Kafka à incidência do triângulo familiar, quando, na verdade, juízes, comissários, burocratas, assim como a "nebulosa de judeus que abandonaram o meio rural tcheco" expõem "esses outros triângulos opressores" (ibidem, p.23) atuantes na vida de Kafka. Mas, de toda maneira, o que mais nos interessa em *Kafka – 'Pour une' littérature' mineure'* é a tese do vampirismo.

Ao que saibamos, Stach (2002, p.204) é o único que se contrapôs à parcialidade das duas interpretações. Bastará termos em conta a tese de Canetti, pois, fora o lado positivo da discussão empreendida por Deleuze e Guattari, esses apenas acrescentam a afirmação estilisticamente eficaz do vampirismo.

A afirmação de que Kafka se comportava em face de Felice como um inocente culpado é bastante esclarecedora e mesmo correta. Mas apenas dentro dos limites em que somos todos postos pelo desaparecimento das cartas de Felice. Como entenderemos sua docilidade ante as exigências de Kafka, sua passividade quando chegara a recorrer ao senhor Carl Bauer nas alegações

MELANCOLIA

sobre o caminho torto que sua filha trilhava em manter uma relação afetiva com alguém que tinha horror ao casamento? É certo que, conhecendo apenas a correspondência de Kafka, é aceitável até mesmo a grosseira acusação de vampirismo. Foi mérito de Reiner Stach observar que as obsessões de Kafka estão mais do que declaradas; seu estranho afeto por uma pessoa com quem pouco se encontrou é tão enfático quanto seu pavor do enlace. Por conseguinte, que seus intérpretes deveriam ao menos considerar que suas conclusões são válidas apenas porque não se pode saber o que levara Felice a manter tão longa relação com uma pessoa que revelava sua própria debilidade.

Apenas acrescento um detalhe. A indecisão de Franz Kafka não se revelou apenas frente a Felice. Seja porque ele próprio já está mais maduro, seja porque Milena tem capacidade intelectual de que a berlinense carecia, os dois não chegaram sequer perto dos dilemas e impasses da relação anterior. Veja-se, no entanto, a semelhança do autorretrato que Kafka traça para ela:

> Estas cartas que se cruzam e importunam, Milena, devem terminar; elas nos enlouquecem, não se sabe o que se escreveu, a que se respondeu, o que se agita, seja o que for. Compreendo muito bem o teu tcheco, também escuto teu riso, mas, em tua carta, me escavo entre a palavra e o riso e então apenas escuto a palavra e, por cima, minha essência: a angústia. (Kafka, 1986, carta de 12 de junho de 1920)

(A propósito da última frase da carta, é oportuno lembrar a observação de Walter Benjamin (1980, p.431): "O que, no direito, é a corrupção, em seu pensamento é a angústia".

ANÁLISES

Por que, em Kafka, os relatos de animais?

Há poucos anos, Domenick LaCapra (2009, p.155) observava: "Penso haver sinais de uma consciência crescente de que um critério decisivo que diferencie radicalmente o humano do animal ou os humanos de outros animais não existe ou, no melhor dos casos, é fantasmático".

O referido interesse é corroborado pela remissão ao ensaio de Derrida (*L'animal que' donc je' suis*, 2006), à ficção de Coetzee (*Lives of animals*, 1999), com restrições, a Agamben (*Homo sacer. 1: il potere' sovrano e' la nuda vita*, 1995). Ainda que, eventualmente, os ensaios referidos não tratem diretamente de Kafka, saber de sua existência importará para o entendimento de seus pequenos textos sobre animais.

Fundamentalmente, a trilha explorada por LaCapra tem por base a verificação de o quanto a divisão multissecular entre o homem e os outros animais tem servido para assinalar a prioridade do homem, entre as criaturas. Ela tem dado respaldo filosófico para afirmar uma suposta essência humana, pragmaticamente, justificar a superioridade de um certo humano sobre outros (sejam eles as mulheres ou os não brancos) e para declarar que "o animal-outro-que-humano" é o "repositório residual da alteridade radical" (LaCapra, 2009, p.152). Como bem nota o autor, a grande divisão assim estabelecida mancha o chamado humanismo, que, mesmo sem se dar conta, derivava daquela hierarquização. Assegurada a distinção das fronteiras do "animal-outro- -que-humano", as preocupações éticas e políticas passavam a ser reservadas ao propriamente humano. Nesse sentido, conquanto LaCapra discorde de Agamben quanto às ilações que esse extrai do Holocausto, podemos estar certos que o aniquilamento que os nazistas pretendiam fosse absoluto dos judeus, dos então existentes homossexuais e doentes mentais, em vez de decorrência da extrema perversão de um líder carismático, encontrava suas raízes em um sempre louvado humanismo ocidental.

O inesperado arco entre humanismo e perversão nazista, não explicitado por LaCapra, fornece um análogo exato para o enredo dos textos de Kafka. Considere-se a formulação do ensaísta norte-americano: "A própria noção do ser humano parece tipicamente contar com a figuração essencializante ou com a concepção de humanidade pela qual a essência ou o próprio ser do

MELANCOLIA

humano 'como tal' é sua humanidade sem contraſte com a animalidade do animal" (ibidem, p.155).

Em palavras mais diretas: o enlace da reflexão de LaCapra com textos escritos quase um século antes decorre de que esses se recusam a ter seus protagoniſtas animais como meras alegorias de uma essência dominante. Logo veremos que essa ponte impreviſta nos será fundamental.

Se o relacionamento da reflexão baſtante contemporânea com a ficção kafkiana assim encontra uma via eſtrita, ainda quando não explicitada por seus autores, o contrário sucede com a elaboração anterior de Deleuze e Guattari, em ensaio que explicitamente dialoga com a obra kafkiana. O já aqui referido *Kafka – 'Pour une' littérature' mineure'* converteu-se em um dos ensaios mais divulgados dos filósofos franceses, por efeito da incomum reflexão teórica, desenvolvida a partir de Kafka, acerca do caráter assumido pela produção literária em uma pequena nação. Nesta, dizia nosso autor, "há menos ocupação para o hiſtoriador da literatura, mas a literatura é menos uma queſtão de hiſtória da literatura do que concerne ao povo e, por isso, é empunhada, se não de maneira mais pura, pelo menos de modo mais seguro" (Kafka, 1999a, p.315, carta de 25 de dezembro de 1911).

Não será, contudo, esse o aſpecto que aqui deſtacaremos. A partir do texto integrado ao *Diário* do autor (Kafka, 1990), Deleuze e Guattari o tomaram como campo de prova de alguns núcleos ideativos que interessavam à sua elaboração filosófica. Importa-nos a inter-relação que eſtabelecem entre dois pontos.

(1) Ressaltam haver em Kafka um vazio de sentido, que é afaſtado em favor da plenitude da experimentação. Repetindo a transcrição que já fora aqui feita: "Só cremos em uma *política* de Kafka, que não é nem imaginária, nem simbólica. [...] Só cremos em uma *experimentação* de Kafka, sem interpretação, nem significância, mas somente em protocolos de experiência" (Deleuze; Guattari, 1975, p.14). Para não haver dúvida sobre as palavras, transcrevemos ainda esclarecimento logo acrescentado a seguir:

Um escritor não é um homem escritor, é um homem político, e é um homem máquina, e é um homem experimental (que deixa de ser homem para tornar-se símio ou coleóptero ou cão ou rato, tornar--se animal, tornar-se inumano, pois, na verdade, é pela voz, é pelo som, é por um estilo que se torna animal e certamente por força da sobriedade). (ibidem, p.15)

Permitam-me os adeptos dos conhecidos filósofos: que pode ser, em um texto composto de uma codificação semântica, como a língua verbal e não a música, uma *experimentação* despojada de significância, senão, para usar de um nome de eleição deleuziana, um rizoma caótico?

Pode-se alegar que nos prendemos a uma formulação imprecisa, que deveria ser cotejada com outras passagens, que não repetem a dicotomia. Assim, em passagem explicitamente que refere a nosso objeto:

> Os animais em Kafka nunca remetem a uma mitologia, nem a arquétipos, mas só correspondem a gradientes ultrapassados, a zonas de intensidades liberadas, onde os conteúdos se libertam de suas formas, não menos que as expressões, do significante que as formalizava. (ibidem, p.24)

Ou, no final de formulação que já pertence ao segundo ponto a destacar: "A literatura só tem sentido se a máquina de expressão precede e conduz os conteúdos" (ibidem, p.101).

Ainda que as duas passagens pareçam contrariar a separação abissal entre experimentação e significância, seria pretensioso declarar que os autores não tivessem dado-se conta do que teria escapado a seu controle. Até por respeito àqueles de quem divergimos não devemos amaciar sua pisada forte.

(2) O segundo ponto está diretamente articulado ao primeiro. Conforme seus autores, a oposição entre experimentação e significância resulta da hostilidade flagrante que manifestam a interpretações de cunho psicanalítico. É verdade que a abordagem psicanalítica, empregada em relação a Kafka desde que seu nome

MELANCOLIA 167

avultou para a crítica, tem sido responsável por descalabros de peso. Mas em que se fundamenta a desmontagem psicanalítica promovida em *Kafka – Pour une littérature mineure*? Parece razoável declarar que se funda na afirmação: no *Brief an den Vater*, "o nome do pai sobrecodifica os nomes da história, de judeus, tchecos, alemães, Praga, cidade-campo" (Kafka, 1992, p.18). O texto kafkiano assumia como ponto de partida uma explicação edipianizante; afirmação que, é justo dizer com Deleuze e Guattari, reduzia ao âmbito familiar uma situação bastante mais complexa. Os intérpretes que acatam tal redução fundamentam-se em uma psicanálise de limites familistas, cujas implicações de imediato ressaltam em *Die Verwandlung*. Em vez de o pai ser o centro de gravidade da acusação, faz parte de uma sobrecodificação que se estende aos conflitos inerentes à sociedade tcheca. O pai é, por isso, um elemento menos repressor ou, na montagem do quadro na mente de Franz Kafka, seria ele menos a figura por excelência de sua acusação? Embora Deleuze e Guattari sequer levantem essas questões, elas são verdadeiras e, ao mesmo tempo, não anulam a pluralidade das triangulações com que os pensadores integram a família no todo da sociedade.

Há um lado de acerto no processo que Deleuze e Guattari lançam contra *A metamorfose* edipianizada. Seu acerto, porém, não elimina o que querem jogar no lixo: que o pai é a quina que fere Franz, e Felice, cujo papel não podemos saber por completo, a ponta liberadora, responsável pela descarga de energia das primeiras grandes obras do escritor. Sem que haja novidade, reiteremos: o triângulo familiar é o plano explícito em que se imbricam o triângulo judiciário (o juiz, o advogado, o acusado), o econômico (a instituição em que trabalha, sua direção, sua posição de funcionário), o político etc. Mesmo sem confrontarmos a disposição contra Édipo dos pensadores franceses com a psicanálise que atacam, reconhecemos que estão corretos em, a propósito da ficção kafkiana, romper o estreito limite de sua expressão confessional para torná-la uma peça acusatória da sociedade. Nesse sentido, conquanto longe da contundência do texto de 1934 de Benjamin, de que ainda trataremos, Deleuze e Guattari (1975) acenam para a dimensão política da obra kafkiana, o que ainda não era frequente na década de 1970. Ainda estendemos nossa concordância a *Die Verwandlung*: "Gregor se torna barata (*cancretat*), não só para fugir de seu pai, mas antes para encontrar uma saída onde seu pai não soube encontrá-la, para fugir do gerente, do comércio e dos burocratas [...]" (ibidem, p.24-5).

Todas essas concordâncias não escondem a veemente discordância à antítese entre *expressividade e significância*, que sequer leva em conta a "significância" política que os próprios pensadores franceses concordavam em ver em Kafka.

Pela relevância da discussão que o pequeno livro de Deleuze-Guattari suscita, demos-lhe um espaço relativamente largo. O fim do item "Por que, em Kafka, os relatos de animais?" terá um sentido bem diverso: irá se deter em um apanhado sintético das primeiras tentativas de compreensão dos relatos de animais. A propósito, um ensaísta que não é dos melhores, K.-H. Fingerhut (1969), explicava dedicar toda uma obra apenas ao exame de tais relatos pela insuficiência que verificava nos estudos que lhe haviam antecedido. Apresenta-se o fundamento de sua argumentação.

No começo propriamente dito de seu estudo, Fingerhut (1969, p.23) declara que "dos estudos fundamentais sobre o conjunto das obras de Kafka, apenas W. Emrich tratou detida e sistematicamente das narrativas e fragmentos relativos a animais". Como o *Franz Kafka* de Emrich é de 1958, há de aceitar que essa não foi a parcela das obras de Kafka privilegiada a partir da publicação póstuma de *Der Prozess* (1925). Que ponto de vista adotava Emrich? Resume Fingerhut (1969, p.23):

> Considera as muitas figuras de animais fundamentalmente por uma perspectiva abrangente. A tarefa tem de "constituir" uma "esfera inacessível". No homem moderno, alienado de seu "verdadeiro eu" e separado da "autêntica universalidade", justifica-se, de diver-

MELANCOLIA 169

sas maneiras, a perda de confiança e, propriamente, "da existência espiritual livre". Como a culpa pelo processo de alienação cabe à consciência centrada na sujeição ao mundo, o animal é o fundamento predestinado para sua outra estrutura de ser consciente passível de revelar a articulação do "universal" com o "verdadeiro eu". Em sua total estranheza, as figuras de animais de Kafka não se enquadram em uma "única e determinada relação alegórica e simbólica. Sendo somente imagens do 'incompreensível' e do indisponível não podem ser 'interpretados'". Nem por sua forma externa, nem por seu ser-animal são resultados daquela "esfera indisponível", que se abre sob os fenômenos empíricos possíveis.

Conforme o autor da longa citação, a concepção geral de Emrich entrava em conflito com suas análises particulares. A passagem que vertemos assim se justificava por ter sido, ainda que rude e, no melhor dos casos, irregular, integrada à primeira obra que escolheu o objeto. À proposta de Fingerhut ainda importava, conquanto de maneira sumária, consignar as abordagens imediatamente sucessivas. Entre outras, aludirá então à tese de Kurt Weinberg, *Kafkas Dichtungen. Die Travestien des Mythos* (1963), para a qual Kafka aborda o "inconsciente do homem moderno, a se sobrepor e contrariar as representações da divindade da tradição antiga, judaica e cristã" (ibidem, p.27), a conexão que declara haver sido frequente da interpretação psicológica com a alegórica (ibidem, p.29) e a de caráter sociológico (ibidem, p.31). A referência a elas feita, quase tão só de maneira nominal, indica seu (justo) mínimo apreço. Mas a apresentação menos sumária da obra inaugural não demonstra que lhe concedesse outra muito diversa. As restrições que formam o motivo do capítulo dedicado aos antecedentes justificam que Fingerhut dedique seu livro ao tema. Ao contrário de concretizá-las, é preferível nos determos no que diz sobre a apreciação de Emrich.

Chama a atenção algo diverso do que Fingerhut destacou – o desacordo entre o entendimento geral da função dos relatos de animais e dos relatos particularizados. É, de imediato, saliente o choque decorrente do desnível na qualidade da análise literária alemã que se cumpria mesmo sob o nazismo (com destaque para Max Kommerell, Hugo Friedrich, E. R. Curtius) e o grau de generalidade vazia da que se dava no imediato pós-guerra. (Não foi essa irregularidade a responsável pelo movimento estudantil de 1968 e a consequente criação das universidades novas de Konstanz e Bielefeld?) Isso ressalta na maneira como Emrich conduzia sua tese. Falar, sem precisão histórica, na "alienação" do homem moderno paradoxalmente se assemelha à afirmação sobre a surpreendente natureza angélica do homem, a manter-se inocente malgrado seus crimes. A recusa do caráter alegórico dos relatos destacados está distante de ser falsa. Mas, posta em termos sumários, recorda-nos a grande divisão a que vimos referir-se LaCapra. Pois por si a negação da alegoria supunha que a maneira habitual de protagonizar animais só poderia ser feita pela recorrência a uma tamanha superioridade humana que só alegoricamente seria possível a aproximação de polos tão diversos. Mas, se o oposto, o homem, em sua feição moderna, teve dissipados seu "eu" e sua "universalidade", a oposição não teria de ser desfeita? A consequência imediata é a de que onde a oposição se mantém, ela se torna vazia. Ou seja, se os protagonistas animais não podiam remeter alegoricamente ao outro diverso, sua interpretação só podia ser insignificante.

A última consequência parece mostrar que Emrich não se restringia a afirmações rotineiras ou abusivas. No entanto, por um caminho arbitrário, o autor, ao tocar na questão do sentido dos textos, abria uma questão interessante. A declarada incompreensibilidade da figuração animal não tem alguma proximidade com a consequência que traçamos pela oposição feita por Deleuze e Guattari entre experimentação e significância? A inesperada aproximação tanto poderia aprofundar a crítica aos autores quanto, como preferimos pensar, no *unverstehbar* (*incompreensível*) de Emrich estaria a intuição, conquanto remota, que a obra de Kafka centralmente aponta para a difícil questão do sentido na Modernidade. Melhor dito, para a insuficiência dos sentidos habituais nas academias. Ao dizê-lo, assumimos o compromisso de, adiante, aprofundar a questão.

A metamorfose

Apenas recordemos que a destruição das cartas de Felice Bauer a Franz Kafka torna inevitavelmente parcial a interpretação que se ofereça a seu longo relacionamento. Isso não impede o analista de reconhecer que a jovem berlinense foi a responsável pela quebra dos entraves psíquicos de que resultaram *Das Urteil*, o capítulo "Der Heizer", ainda a continuação do afinal interrompido *Der Verschollene* e de *Verwandlung*, assim como, para Canetti, os momentos decisivos do rompimento de sua relação serviriam de matéria-prima para o princípio e o final de *Der Prozess*. Daí, a referência àquelas primeiras composições nas cartas de Kafka não só a Felice, como também a Max Brod: a escrita contínua, feita entre a manhã de 22 e a manhã de 23 de setembro de 1912, é comunicada a Brod em 7 de agosto (cf. Kafka, 1999a, p.165-6, carta de 7 de agosto de 1912). Em carta de 24 de outubro, informa a Felice que *Das Urteil*, chamando-a de pequena narrativa, a sair pela Rowohlt, será a ela dedicada (cf. Kafka, 1999a, p.188, carta de 24 de outubro de 1912).

Durante os meses de feitura de *A metamorfose*, Felice será continuamente comunicada do que será depois reconhecido como sua primeira grande obra. A princípio, o impacto da figura da berlinense dera lugar à travessia mais longa de *O desaparecido*, mas, no final de carta de 17 de novembro, já anuncia que o romance não irá adiante, enquanto leva adiante matéria em que começara a pensar ainda na cama (cf. Kafka, 199, p.240-1, carta de 17 de novembro de 1912). *A metamorfose* permanecerá referida nas cartas a Felice, enquanto durar sua composição. No começo de carta de 6/7 de dezembro de 1912, declara a obra terminada, embora "o atual remate não me deixe feliz" (ibidem, p.306). O desgosto com sua conclusão já recebera, em carta de 24 de novembro, qualificação bem negativa, pois ali declarava que se tratava de uma "estória extraordinariamente repulsiva" (ibidem, p.257). A reformulação não é unívoca, porquanto logo a seguir declara que "em geral, não me desagrada, mas é sem limites repulsiva" (ibidem). A repetição do qualificativo *ekelhaft*, em seu primeiro uso acompanhado de *ausnehmend*, leva-nos a pensar que não se satisfazia com seu final, se é que seu juízo também não dependia de o enredo declaradamente apontar para a cena familiar.

Como o que fizemos até agora foi apenas preparar a montagem para o exame da primeira narrativa kafkiana de extraordinário peso, uma distância maior há de ser guardada para o que se escreve a seguir.

Já não sei onde li haver mais de mil interpretações sobre *Die Verwandlung*. Em vez de propor uma outra variante, é preferível partir de dois especialistas em Kafka, contemporâneos e de mesma nacionalidade, para, a partir do que tenham dito, verificar o que ainda é plausível declarar. (Não nos preocuparemos em que as exposições tenham proporções semelhantes, pois a análise do segundo é, no mínimo, bem mais minuciosa.) Antes mesmo de virmos ao cotejo, vale destacar a observação de extrema felicidade de R. Stach, que anota o autor tcheco romper o cordão umbilical com o seu admirado realismo flaubertiano pelo começo abrupto e intrigante do relato:

> Quando certa manhã Gregor Samsa acordou de sonhos intranquilos, encontrou-se em sua cama metamorfoseado num inseto monstruoso (*ungeheures Ungeziefer*). (in Carone, 2011, p.226)

Pela conduta imediata de Samsa, poder-se-ia pensar que, sem a mínima noção do que se passava, era vítima de um horrendo equívoco. Tanto assim que por um longo trecho se comporta como um humano que estranha haver dormido além da conta e ter dificuldade em repetir o gesto habitual de levantar-se da cama. É como se demorasse a aceitar que estava, de fato, convertido em um inseto sem nome.

No curso do relato, reagirá de outro modo, mas o mistério que o recobre não se dissipará – apenas se desfará quando for jogado com um traste mole, na lata de lixo. Assim, embora o cotejo com *Carta ao pai* explicite a proximidade das desventuras de Samsa com a biografia do próprio autor, o choque de abertura e seu procedimento imediato são suficientes para assinalar que a cena da vida real servia apenas de discreta moldura para a exploração ficcional a ser processada.

Venhamos ao cotejo analítico, a começar com o crítico que é passível de ser mais rapidamente sintetizado. Em *Franz Kafka: Tragik und Ironie*, Walter H. Sokel (1976) considera a cena em que Kafka recusa o convite paterno para jogar cartas com ele e sua mãe como a matéria a partir da qual se define a gênese do "puro eu" kafkiano. A passagem do *Diário*, datada de 25 de outubro de 1921, analisa a recusa como formante do elemento capital da psique do anotador. À afirmação seguia-se a pergunta: "Que significava essa recusa, repetida muitas vezes desde a infância?" (Kafka, 1990, p.870). A resposta é imediata: "Pelo convite, se me oferecia participar da vida comunitária, em certa medida, da vida pública" (ibidem). E Kafka logo acrescentará: "Só muito mais tarde, compreendi que sempre recusava por certo em virtude de minha fraqueza geral e, particularmente, da fraqueza da vontade (*aus allgemeiner und besonders aus Willenschwache*)" (ibidem, p.871). Na autorreflexão kafkiana, a recusa do convite paterno era o efeito pontual de "uma paixão mais profunda, cujas consequências eram bem mais extensas: nunca haver abandonado Praga, jamais ter praticado um esporte ou exercido uma profissão etc." (ibidem).

Sokel, de sua parte, evita levar em conta o emaranhado entre o efeito pontual, sua consequência geral e causa abrangente para privilegiar um caminho mais curto: "Foi a recusa que o moldou, o gesto de recusa, o 'não'. Primeiramente, foi a rejeição de participar do jogo no círculo da família e então a recusa da vida em comum, no mundo" (Sokel, 1976, p.18).

O *nein*, a negativa em aceitar a integração que lhe propõem, como sua palavra e gesto originários, já fora decisivo em sua obra juvenil, a *Betrachtung*, nos textos de temática semelhante e temporalmente próximos (*Das Urteil* e *Die Verwandlung*), no curso do processo em que Josef K é condenado a ser morto sem decisão judicial, assim como na impossibilidade de K, o agrimensor, em ser recebido pelo castelão que o convocara, assim como no emigrado que desaparece na América. Ou seja, em parte considerável da obra kafkiana, o não à vida comum seria a força energética de uma ficção que rompia com o molde literário generalizado.

Noutras palavras, a negativa acentuada no *Diário* não se referia apenas à existência do homem, senão também do autor. Nos termos de Sokel, a partir da constituição de seu *rein Ich (puro eu)*, Kafka desenvolve o princípio do *Ich Spaltung (divisão do eu)*, que o converteria no poeta do mundo dos mitos freudianos (cf. Sokel, 1976, p.18). Para Sokel, por conseguinte, a leitura de Freud por Kafka não teria sido descompromissada; muito ao contrário, teria lhe servido de fundamento para canalizar sua energia até então reprimida, convertendo-se na fonte de sua singularidade.

Sokel não se propõe refletir como o que chama de "puro eu" opera por meio de sua divisão (*Spaltung*). Pela maneira como os refere, aquele seria o núcleo modelador, enquanto a *Spaltung* o operacionarizaria. O papel de Felice como desbloqueadora da repressão inibitória não é considerado. Assim sucederia porque Sokel se prendia a uma visão imanentista do texto literário, sendo para ele, então, secundários os elementos biográficos "externos" à pura constituição textual? Uma hipótese menos provável seria de não ter tido conhecimento da edição de sua correspondência, apenas realizada em 1952, ou que tenha tido escrúpulos em penetrar a intimidade dos dois. Qualquer que seja a hipótese correta, o fato é que à própria abordagem, por sua feição psicanalítica, faz falta apreciar um documento que já sabemos de importância capital. Mas, em vez de nos contentarmos com conclusões especulativas, é preferível ainda recorrer a um pequeno ensaio que Walter H. Sokel, enquanto professor de alemão da Universidade de Stanford, publicara em inglês. Conquanto a passagem seja longa, tem o mérito de mostrar o crítico concretamente em ação, a propósito do relato que abordamos:

> No plano verbal, menos explícito que *O veredito*, mas igualmente lúcido em termos poéticos, *A metamorfose* fornece razões articuladas para acusar e condenar seu protagonista. Gregor é claramente punido por tentar quebrar a alteridade de que fez seu destino. A irmã de Gregor articula o que conduz à sentença de

MELANCOLIA 175

morte proferida pela família contra ele. O argumento dela é claro e convence Gregor. Se o inseto fosse de fato seu irmão, teria, por seu próprio acordo, deixado a família. Se ele tivesse agido de acordo com a lei interna que encontrou seu cumprimento visível em sua horrível mudança, teria continuado a retirar-se não só da forma humana, mas ainda da comunidade humana representada por sua família. Se Gregor fosse seu verdadeiro eu, teria entrado na solidão final e a morte teria sido seu autocumprimento. Sua família poderia então ter honrado sua memória. O parasita e monstro repulsivo é seu falso eu que se recusa a morrer. Em lugar disso, saqueia a família, procura explorá-la e arruína seus membros. É esse eu parasitário e hostil que a irmã expõe, julga e condena, com inflexível crueldade. (Sokel, 1966, p.21-2)

Poderia simplesmente acrescentar que a caracterização de Samsa a partir do princípio do "eu puro", implicitamente entendido como aquele que se recusa a fazer concessões, leva ao resultado desastroso de, pela quebra da alteridade que escolhera, ter terminado como um parasita repulsivo.

Em vez de tentar levar adiante a proposta exposta, é preferível compará-la à apresentada por Heinz Politzer – subsidiariamente, o cotejo nos ajudará a entender a questão do falso eu parasitário.

A edição alemã do *Franz Kafka. Künstler*, de Heinz Politzer (1978) é um pouco anterior a *Tragik und Ironie*. Se esse é de 1976, aquela era de 1965. A versão original de Politzer saíra em inglês, em 1962, com o título de *Kafka. Parable and Paradox*, cuja publicação terá sido facilitada porque o autor ensinava, desde 1960, em Berkeley.

Primeira observação a propósito de *A metamorfose*: é o único relato de animais em que o protagonista é um humano que assume a forma animal (cf. Politzer, 1978, p.110). Divide-se o relato em três partes: na primeira, apresenta-se a relação de Gregor Samsa com seu ofício: é caixeiro-viajante de uma firma comercial. A segunda tematiza sua relação com a família, e a terceira, seu relacionamento consigo próprio (ibidem). O esquema servirá de base para o autor para sua operação analítica. Na primeira, Gregor está em seu quarto, pouco depois de despertar e perceber pelo despertador que perdera a hora em que deveria levantar-se e preparar-se para tomar o trem. O autor faz sua primeira observação de peso: "[...] O tique-taque contínuo do despertador expunha a engrenagem mercantil de que Gregor estava a serviço" (ibidem, p.111). (À medida que se concretizem as análises veremos o papel central desempenhado pelas imagens, no texto de Kafka.) Mas Gregor é mais do que uma peça na "máquina do capitalismo". O aspecto humano de sua relação com a firma é também monetariamente contaminado: o pai fizera um empréstimo com o chefe da empresa e a forma de trabalho desempenhado por Gregor, por assim dizer, o hipotecava à firma (ibidem). A sua era, por conseguinte, uma existência de escravo; de escravo *up to date*. Antes de sofrer a metamorfose, já tinha a existência de um animal. Politzer então acentuava, de passagem, o aspecto sociopolítico do relato, sem que precisasse falar em termos estritamente econômicos. Em consequência, se a metamorfose sofrida se explicasse como uma tentativa de escapar da escravidão, a razão de ser do relato deveria ter-se encerrado na primeira parte

A partir desse momento, desenvolve uma apreciação bastante interessante da fase do capitalismo em que o personagem está inserido. Obrigado a resumi-lo, destacarei dois flagrantes. No primeiro, "a uniformidade do capitalismo organizado" (melhor teria sido dizer da racionalidade capitalista), apenas iniciando o processo de impessoalização das relações, faz que o envolvimento entre Gregor, sua família, o chefe da empresa e seu gerente assuma um caráter privado. Assim, tão logo se sabe no trabalho que o caixeiro-viajante não embarcara na hora acertada, o gerente vai em pessoa à casa do empregado para saber como se explicava sua negligência. E, como se para justificar sua presença, repete o que declara ter sido a explicação avançada pelo chefe:

> O chefe em verdade me insinuou esta manhã uma possível explicação para as suas omissões – ela dizia respeito aos pagamentos à vista que recentemente lhe foram confiados – mas eu quase empenhei minha palavra de honra no sentido de que essa explicação não podia estar certa. (in Carone, 2011, p.237)

MELANCOLIA 177

Sem destacar a maldosa astúcia das palavras do gerente, que, ao mesmo tempo, pareceria indicar sua confiança no funcionário e efetiva a ameaça que pesa sobre ele, note-se com Politzer que o deslocamento do gerente até à casa de Gregor indicia o fim da fase patriarcal do capitalismo liberal e a entrada na mecanização dos papéis, significativamente já apontada pela ênfase no despertador e do descumprimento de seu sinal. A segunda imagem, de forma chaplinesca, aponta na mesma direção. A memória do aflito Gregor o leva a recordar a maneira como o chefe se relacionava com seus subalternos:

> [...] É estranho o modo como [ele] toma assento [em sua banca] e fala de cima para baixo com funcionário – que, além do mais, precisa se aproximar bastante por causa da surdez do chefe. (ibidem, p.229)

Como bem nota o intérprete, a relação se estabelece em termos simultaneamente próximos e distantes. A "ambiguidade, suspeitosamente característica de tempos em mudança, é estampada na imagem do chefe empoleirado no espaldar de sua cadeira" (Politzer, 1978, p.112).

Ao acentuarmos o caráter de passagem de uma empresa patriarcalizada para sua forma mecanizada de certo modo desequilibramos a exposição esperável. O próprio leitor constatará que toda a passagem é muito menos extensa do que a relação tensa estabelecida entre o gerente e os membros da família, seja porque esses sabem que Gregor já devia ter saído, seja pelo olhar do funcionário graduado. Mas preferimos essa solução a dizer em abstrato que a primeira parte é espacial e temporalmente muito limitada. É certo que, temporalmente, como Politzer já assinalava, não dura mais de uma hora. E, espacialmente, restringe-se ao tormento de Gregor no quarto, procurando lidar com seu corpo horrendo de inseto de ventre abaulado e perninhas em movimento constante, à aflição dos pais, em crescendo desde a chegada do gerente. Sua presença indica o perigo iminente de a família perder sua segurança econômica, até então assegurada pela "penhora" do filho. A única figura constantemente doce e protetora de Gregor, a materna, alega que o filho está enfermo e, por isso, sequer saíra do quarto. Como o ex-caixeiro não consegue abrir a porta do quarto, sua ausência mantém a todos intrigados. O pai indaga se pode entrar no quarto. E Gregor responde que não.

Instaura-se o pior dos desacordos: aquele em que as partes adversas têm igualmente razão. O gerente então fala mais grosso. Ao pretenso comentário que atribuíra ao chefe, acrescenta:

> [...] Vendo agora sua incompreensível obstinação, perco completamente a vontade de interceder o mínimo que seja pelo senhor. E o seu emprego não é de forma alguma o mais seguro. (in Carone, 2011, p.237)

A Samsa não resta outro meio de defesa senão a tentativa de se explicar: "Mas, senhor gerente [...], eu abro já, num instante. Um ligeiro mal-estar, um acesso de tontura, impediram-me de me levantar" (ibidem, p.237-80). Inciente de seu próprio estado, Gregor não leva em conta como só poderia recorrer aos guinchos de um inseto, além do mais sem "família", isto é, não pertencente a nenhuma espécie.

A maneira que se manifesta provoca a indignação do gerente: "Entenderam uma única palavra? – perguntou o gerente aos pais. – Será que ele não nos está fazendo de bobos?" (ibidem, p.239). E, enquanto a mãe procura interceder pelo filho, ainda contando com a ajuda da irmã Grete, o gerente acrescenta em voz baixa: "Era uma voz de animal". (Sem perceber, o gerente acerta na mosca.) Gregor, além de enclausurado, está fora do circuito que se estabelece entre os membros da família e o representante da empresa.

Ainda sem se dar conta da transformação que sofrera ou sem ter meios de saber o que se passava, desinterpretando os ruídos que ouvia vindos da sala, Gregor acrescentava: "Agora já se acreditava que as coisas com ele não estavam em perfeita ordem, e a disposição era de ajudá-lo". Mas os equívocos não constituíam uma "comédia de erros". Os erros tinham uma razão que nenhum dos participantes percebia. O comentário de Politzer (1978, p.115) é seco e preciso: "Gregor não está apenas doente, senão

MELANCOLIA 179

que também é um prisioneiro". A impressão de comédia decorre
da sombra chaplinesca que paira; e mantém-se próxima do clima
de tragédia. Uma ambiência onírica penetra, por assim dizer, em
um plano da realidade mais trivial.

Para ser viável, a hipótese de que a metamorfose de Gregor
representasse uma fuga da realidade dependeria de que ela se
desse fora do engano de pensar-se uma criatura livre, que se empenhava, por seu trabalho, em promover o resgate financeiro da
família. Chega-se ao fim da primeira parte do relato. Seria difícil
pensar-se em uma construção mais precisa em sua incrível tensão. Como ela era a mais curta, ainda podemos tratá-la com certo
esmero. O comentário agora precisa ser mais direto:

> Na segunda parte, o tempo começa a se dissolver. A primeira
> parte durara uma hora, das seis e meia até cerca de sete e meia.
> [...] No tempo, um estado de torpor informe substitui o proces-
> so de trabalho e de vida precisos, como sucede com os doentes e
> prisioneiros [...]. A partir daqui, a estória se mostra como paródia
> e recusa do ideal de Kafka: a pureza da condição de solteiro. (Po-
> litzer, 1978, p.115)

Grete, a irmã que o protegia, incorporando-se à suavidade
da mãe, em contraste com a agressividade paterna, "entra em seu
quarto, na ponta dos pés, como se visitasse um inválido ou um
estranho" (ibidem). Sua conduta era própria de quem em Gregor
reconhecia, como já comentara Politzer, não só um doente, mas
um preso. A partir de agora "Nada mais modifica sua solidão. A família tem agora a tarefa de ajustar essa criatura desamparada a seu
meio. Tem a oportunidade de evidenciar sua própria humanidade, à medida que se encarrega do inseto, do filho" (ibidem, p.116).

A afirmação, que tem por objeto os Samsa, refere-se ao modo
como reconhecerão/não seu filho e irmão, presta-se a diferençar
entre a conduta bondosa, mas, afinal, apenas passiva, da mãe, que
termina por se submeter à agressividade do marido, a constante
hostilidade dele, que desde o início da estória sente ameaçada a
segurança que alcançara por meio do filho-caixeiro e a mudança

radical da atitude da irmã, Grete. Essa começara como a prestativa enfermeira do enfermo prisioneiro, para, por fim, dar razão ao pai e condenar Gregor à mais infame das mortes.

Conquanto a conduta decisiva para o desenrolar da narrativa seja a mudança da irmã, analiticamente o traço a destacar é a observação que Politzer ressalta: desde o princípio da narrativa, vimos que o trabalho que Gregor executava era motivado pela dívida contraída pelo pai. Ora, depois de serem passados alguns meses, Gregor já compreende que sua estranha metamorfose não era nem o pesadelo de uma noite, nem provisória. Ao procurar explicar ao gerente o estado em que se encontrava, quando ainda o julgava momentâneo, seus guinchos de inseto tanto assustaram o funcionário que o fizeram fugir da sala, esquecendo bengala, chapéu e jornal. A retirada precipitada do gerente claramente indicava que o emprego estava perdido, e a família inevitavelmente sofreria um baque financeiro.

À procura de adaptar-se ao irremediável, Gregor tenta escutar o que os membros da família conversam entre si. É dessa maneira que surpreende o pai confessar que não perdera todas suas reservas, senão que uma parte estava escondida no cofre: "O que vale dizer, o pai explorara incondicionalmente a consciência de dever de Gregor, confiando em que a submissão inata que o filho manifestava e estando certo que ela o impediria de lhe pedir contas" (Politzer, 1978, p.118).

Seu êxito fora tamanho que desde a entrada de Gregor na firma, o pai não precisara mais trabalhar. Antes de se cumprir a metamorfose, Gregor era aquele que, por sua mecanização de caixeiro, possibilitava a ociosidade do chefe de família. Antes de se tornar um inseto sem nome, Gregor era uma peça desconhecida, portanto já sem nome.

O acidente poderia contribuir em apenas dar mais colorido à estória. Mas o analista dele extrai um efeito inesperado: a metamorfose de Gregor não fora um terrível acidente, que, como logo dirá, era passível de suceder a qualquer um, senão que "pode representar a imagem simbólica de uma predisposição parasitária, herdada do pai" (ibidem). Com sua dedução, Politzer contrapõe-

-se em termos absolutos à caraĉterização de Emrich do relato kafkiano como "incompreensível". Daí a força de observação quase imediata: "E talvez a metamorfose de Gregor não seja senão uma imagem dessa impossibilidade de solução" (ibidem).

Momento brilhante de sua análise, Politzer comporta-se como um compositor que, reconhecendo o ineditismo de certa passagem, compreende que sua obra ali não terminava. É a figura mais contraśtante de qualquer outra, Gregor Samsa, que possibilita um raio de luz que diminui a escuridão. Mas que dizer de Grete, a irmã que, indo além da solidariedade passiva da mãe, procurara amparar a figura horrenda? Nesse papel, fora ela que compreendera que o prato que preparava para o irmão já não poderia conter os alimentos que ele até então mais havia apreciado. Se a mãe expressava a bondade frágil, afinal inútil, se o pai era o enganador que explorara a diśposição positiva do filho, mais acentuadamente ele agora se mośtra como a fonte do parasitismo do filho. Pois Politzer não se limita a dizer que o pai se convertera em um parasita, senão que transmitira esse seu traço ao próprio Gregor. A explicação assim se esclarece: se Gregor queixava-se de seu emprego, do desconforto das viagens, dos horários e das acomodações, também nele via vantagens, tendo a possibilidade de ascender. É assim que não era apenas um escravo, mas alguém que aceitava, e não só acatava, sua condição. A aceitação de seu lugar significava para Politzer – que manifeśta uma patente tomada de posição política – que Gregor era um cumpridor de ordens, um agente sem iniciativas e, portanto, alguém parasitário.

A dedução terá consequências acentuadas no todo da interpretação. Se há em Gregor um traço hereditário, a sua metamorfose não é um acidente acontecido apenas com ele – entendemos melhor por que Politzer dissera que ele sofrera o que poderia, na conjuntura hiśtórica da ação em que se encontra, suceder a qualquer um.

Para melhor compreender-se a coerência na interpretação do crítico, teremos de entender que a metamorfose não se reśtringiria ao filho homem. Muito ao contrário, ela provocará em Grete a conduta mais alterada. Sua transformação principia pelo que pareceria a continuação de sua procura de ajuda ao mísero inseto. Convencida que Gregor já é o *ungeheures Ungeziefer*, pensa em adaptar seu quarto às suas necessidades transformadas. Por isso pensa e termina por vencer a resistência da mãe que se opunha à ideia de que o quarto de Gregor deveria adaptar-se à nova condição de seu ocupante. Ou seja, que no quarto deveriam ser deixados apenas um lugar em que dormisse e a escrivaninha, estando o resto do espaço livre para que pudesse mais desembaraçadamente subir pelas paredes e rastejar pelo teto. Na aparência, era ainda a Grete simpática a Gregor aquela que assim cogitava. Sem que o relato o diga ou Politzer se proponha "ajudar" sua própria interpretação, na aceitação que Gregor era agora de fato um inseto começava a se operar outra Grete. E como o inseto conseguira abrir a porta e rastejava pela sala, a primeira vez que ela se dirigiu a ele, desde o acidente capital, foi em admoestação a algo que sua presença na sala provocara, repreendê-lo com: "Du, Gregor!".

Não detalhamos a cena em que a declara, porque exigiria um esclarecimento aqui afinal dispensável. Baste-nos o comentário lateral de Politzer: "Em lugar da boa samaritana, [...] uma irmã na compreensão cristã da palavra, destacava-se por completo a filha de seu pai" (ibidem, p.122). O que vale dizer, Grete convertera-se em eficaz ajudante no extermínio do "monstruoso inseto". Da cena preparatória, em que o pai persegue o mísero rastejante, destaquemos tão só uma frase-indício: "O pai apareceu no campo de batalha e pôs o inseto em um pânico sem igual" (ibidem, p.121). Pois, com exceção da mãe, cuja conduta permanece de uma bondade inconsequente, a disposição dos membros da família torna-se unanimemente contrária a Gregor. Por isso o analista dirá com preciosa precisão:

> O título da narrativa tem maior validade para a irmã do que para
> o próprio Gregor. A metamorfose de Grete forma a estrutura básica
> da ação épica, ao passo que a metamorfose de Gregor já se cumpriu
> e é de ser pressuposta desde a frase inicial do relato. (ibidem, p.123)

MELANCOLIA

Em que consistiu a metamorfose não explicitamente declarada, porém ainda mais válida de Grete? A explicação cabal teria de ser longa, caso o leitor visado não dispusesse de uma tradução de qualidade. Por isso ela poderá ser reduzida.

A metamorfose de Grete encontra seu primeiro ponto capital quando, ao entrarem ela e sua mãe no quarto de Gregor, encontram o inseto agarrado à gravura em que antes havia pregado o recorte da foto de uma dama coberta de peles, tirado de uma revista ilustrada. Sem entrarmos em detalhes,[6] apenas se assinale que a mãe assusta-se, a ponto de desmaiar. Na procura de ajudá-la, Grete traz vários frascos de essências. Ao espargi-los sobre a mãe, Grete involuntariamente atinge a carcaça do inseto, deixando-o ferido. (Não nos referiremos ao episódio em que Politzer vê uma tentativa de incesto, quando Gregor procura prender-se ao pescoço de Grete.) A partir da situação, que resumimos grosseiramente, Gregor passa a ter contra si não só a agressividade constante do pai, como o apoio deste pela irmã, enquanto sua aliada fiel, a mãe, é uma peça inútil.

O pai acossa o inseto que se move lentamente, ferido e sem contar sequer com todas as suas patinhas. Sua morte será precipitada pela perseguição paterna, que lança maçãs contra ele. Uma delas o alcança, prende-se à sua carcaça e aí apodrece. (Acompanhando o texto, o leitor perceberá que mal havíamos apresentado dois terços do enredo. Eliminamos seja o episódio referido de passagem da suposta tentativa de incesto e, sobretudo, o papel da música executada ao violino por Grete, para, se possível, ganhar a simpatia do funcionário da empresa.)

---

6 Para não nos perdermos em outra vertente interpretativa, não destaco a cena aparentemente menor de Gregor, agora inseto rastejante, agarrar-se à moldura da mulher de peles, como se procurasse estabelecer um contato físico, mesmo sexual, com ela. Essa análise já estava feita quando um amigo me chamou a atenção de livro de Frank Möbus (1997), *Sünden-Fälle*, que, como declara seu subtítulo, trata da "sexualidade nos relatos de Franz Kafka". Na segunda parte, dedicada a *Die Verwandlung*, a cena do inseto agarrado à "moldura dourada" tem um papel de destaque. Embora o livro de Möbus esgote em uma temática restrita, tem a qualidade de abrir outro ângulo na abordagem mais frequente do autor tcheco.

Pretende-se que a opção aqui feita pela incompletude do resumo do relato é de algum modo compensada pelo desdobramento de dois destaques. A primeira parte da afirmação: "Depois
que Grete retirou sua mão protetora, Gregor ficou por completo
entregue à ruína" (Politzer, 1978, p.122). Há muito abandonara
a suposição de que dormira mal e vivia um pesadelo. Isso se dera
na primeira parte do relato e agora meses já são passados. Já não
sente fome e, incompreendido pelo pai que não entende seu empenho em mantê-lo fora de seu quarto, permanecendo Gregor
próximo de seus familiares, é atingido pelas maçãs que o pai usa
como petardos. Será aquela que, agarrada à sua carapaça, ao cor-
romper-se, apressará sua morte. Politzer bem acrescenta: "Manifestamente, Gregor nunca esteve mais próximo da compreensão
de seus fracassos humanos do que, na forma de um animal ferido
e perseguido, perece em sua imundície" (ibidem, p.124).

Ao passo que Sokel falava na tentativa de quebra por Gregor
da alteridade que se impusera, Politzer, com raro acerto, verifica
que seu primeiro fracasso consistira em sujeitar-se à passividade
que lhe fora imposta em submeter-se à condição de cumpridor de
ordens, indispensável para que mantivesse o *status* financeiro da
família. Passividade de um ponto de vista físico contraditória, pois
consistente em sujeitar-se à atividade febril de caixeiro-viajante.

Atente-se que a interpretação de Politzer diferencia-se da
de seu colega por não entender a conduta de Gregor estabelecida por coordenadas derivadas de seu próprio eu. Por um lado,
é uma passividade que chega às raias do parasitismo herdado:
assim como o do pai. Depois de assegurado o emprego do filho,
deixava-se estar preguiçosamente em casa; estabelecia-se, então
retrospectivamente, uma herança parasitária – Gregor de fato a
inicia, melhor seria dizer, ativa-a, tornando possível que se ative, *a posteriori*, a paterna. (A narrativa deixa claro que o pai não
deixara de trabalhar senão porque sabia que passava a dispor
do salário do filho. Tanto assim que, ante a impossibilidade de
continuar a dispor do fluxo monetário estabelecido por Gregor,
passa a trabalhar como porteiro de um banco, enquanto Grete se
emprega no comércio.) Pela função que Gregor passara a desem-

MELANCOLIA 185

penhar na firma, converte-se em peça de uma ordem mecânica, à medida mesma que se integra na racionalidade do capitalismo mecanizado. Ou seja, o que designamos, a partir da interpretação de Politzer, de dado chapliniano significa que a ideologia liberal, que respaldara a fase precedente do capitalismo, fora engolida, convertera-se em um *flatus vocis*, pela conduta dirigida, agora imposta, aos que, não empresários, têm de tornar-se seus empregados e submeter-se a seus cálculos e gostos.

A segunda observação é encontrada em toda a passagem de que assinalamos apenas os pontos primariamente capitais: "A metamorfose não o mudou. [...] Quem trata com coisas, vive (*reist*) com coisas, transforma-se em coisa e termina como um monte de lixo" (Politzer, 1978, p.131). Ou seja, a quebra do realismo flaubertiano, que havíamos assinalado, com R. Stach, na abertura de *Die Verwandlung*, há de ser lida com o máximo cuidado. Ao fazê-lo e emprestar a seu relato uma ambiência de pesado sonho ruim, Kafka, em vez de se desprender do cotidiano contemporâneo, tornava-o mais próximo do sistema social do que as obras literárias que se pretendiam realistas. Gregor é a vítima indiferenciada do processo de coisificação.

Ainda cabe uma terceira observação: "A lei fundamental da força encenada pela metamorfose de Gregor é sua impenetrabilidade" (ibidem, p.134). O termo original empregado por Politzer, *Undurchdringlichkeit*, que não se confunde com o *unverstehbar* (*incompreensível*) de Emrich, muito menos remete ao contexto da oposição de Deleuze e Guattari entre experimentação e significância. As três passagens, no entretanto, convergem para o mesmo destaque: a expressão kafkiana rompe com o significado congelado e esperável das palavras: põe em xeque o *sentido* que o leitor usualmente poderia esperar e que respalda o *thrilling* das obras de alta vendagem e a crítica banal procura ilustrar por algum episódio biográfico do autor.

Quando, portanto, optamos por não considerar partes reconhecidamente importantes de *A metamorfose* e não nos referimos à parte final, que desagradava ao próprio Kafka, em que a paz da família é restabelecida depois que a pá de lixo recolheu os restos do inseto humano, tivemos como justificativa estarmos de acordo que o colapso do *sentido esperado* relacionava-se com a visão de mundo que, derivada do Iluminismo, favorecia e favorece o próprio liberalismo, agora ultrapassado pelo que o autor chamara de *organisierter Kapitalismus*. Não importa a impropriedade da expressão. Interessa sim a conexão entre o ocaso do sentido congelado das palavras/frases/períodos com a chamada ideologia do progresso. Além de aspectos outros, as análises seguintes terão esse ponto como implícito.

Ein Bericht für eine Akademie

Um relatório para uma academia data de 1917, do mesmo ano em que é constatada a tuberculose de Kafka e em que termina sua relação com Felice Bauer. Inicialmente publicado na revista *Der Jude*, no fim do mesmo ano aparecerá como o último relato na coletânea *Ein Landarzt* (*Um médico rural*).

Sua leitura, aparentemente fácil e, por certo, muito menos complicada que a de *Die Verwandlung*, provocará uma abundância de comentários. A leitura desses, no entanto, mostrará o desastre frequente de seus intérpretes. Tenha-se o exemplo de um já aqui referido. No extenso *Tragik und Ironie*, o autor escreve:

> A realização sem precedentes do macaco depende do princípio artístico e, ao mesmo tempo, simiesco da imitação (*Nachahmung*): o macaco observa atentamente o que lhe ensinam e então procura ele próprio fazê-lo. O princípio clássico não é apenas da arte senão que concerne a toda educação e formação humanas. (Sokel, 1976, p.344)

É verdade que a explicação de Sokel desenvolvia-se no contexto do contraste da conduta de Rotpeter, o macaco, com a de Gregor Samsa. Também é certo que, por ela, o autor não procurava ir além de estabelecer o sentido de uma passagem no *Relatório*. Mas a maneira como entende o uso da imitação – não nos referimos sequer à analogia de sua aplicação na arte e sua atuação pelo símio – é tão unívoca que compromete a compreensão do todo.

A razão do equívoco não deixa de ser bastante simples: a "imitação" que o macaco amestrado diz haver praticado de seus captores, que, diante de sua jaula, punham-se a lhe ensinar práticas humanas, com destaque para o beber aguardente na própria garrafa, tem um sentido irônico evidente. Sokel não terá deixado de percebê-lo, mas não pôde dar-lhe o peso necessário, porque acompanhava o hábito do *scholar* pós-romântico europeu de entender a prática da arte – a que Sokel dará uma generalização ainda maior – como imitativa. Não o perceber contaminará o entendimento geral que o autor ainda oferecerá. (Sem entrar no aspecto teórico da questão, o entendimento de Sokel já fora questionado por Claude David, 1980, p.1100.)

O tom parodístico que atravessa todo o *Bericht* será bem notado pelos comentários de Claude David à tradução francesa das obras de Kafka. Assim como Sokel, David compara o *Relatório* com a saga de Samsa, acentuando sua inversão. Ao passo que Gregor "escolhera a solidão e a reclusão, o macaco põe-se do lado da acomodação, da assimilação, da facilidade" (David, 1980, p.1100-1). É oportuno observar que a inversão do comportamento não se dá apenas do ponto de vista do rendimento textual, porque também ressalta biograficamente: ao passo que o trágico a frio de *A metamorfose* é composto no início da relação de Kafka com Felice Bauer, *Ein Bericht* ironiza a própria opção tomada por Franz em 1919, quando, depois de uma demorada relação esdrúxula, percebe que a retomada, por iniciativa própria, do compromisso nupcial supunha "viver como todo o mundo, na banalidade da vida conjugal", correspondente, do ponto de vista de Rotpeter, "a esquecer definitivamente as florestas virgens da Costa do Ouro" (ibidem, p.1102). Note-se de passagem: a rara capacidade kafkiana de, alimentando sua ficção de seu roteiro biográfico, ao mesmo tempo, torná-la dele independente. A ironia que constitui o solo da fala do animal amestrado é básica para compreendê-lo. A resistência mantida por Kafka quanto ao casamento, a que se obrigava e de que se desfará afinal seria perdida ou, pelo menos, distorcida se a narrativa de Rotpeter cumprisse a clave imitativa, conforme a suposição de Sokel.

Acompanhar as anotações do comentador francês aqui apresenta outra vantagem. Claude David insiste em que o animal aceita a domesticação que seus captores lhe oferecem, mesmo "porque não tinha escolha". E, em oposição literal a Sokel, acrescenta: "É inexato dizer que o macaco, conforme o esquema freudiano, abandona o paraíso narcísico pela resignação do homem adulto e civilizado" (David, 1980, p.1100). "O macaco relata sua rara proeza; mas não se torna cego pelo orgulho; bem sabe que apenas procurou o refúgio mais cômodo e menos custoso" (ibidem, p.1102). Ou seja, a *saída* (*issue*) que encontra não se confunde com a liberdade que a interpretação deformada ressalta. Afirmá-lo, compromete todo o sentido parodístico do relato.

A tematização da oposição entre *liberté* e *issue*, que diretamente não era oferecida por *A metamorfose*, exibe a oportunidade de se diferençar entre a justeza do esclarecimento filológico e o rendimento crítico a extrair do texto ficcional. Em termos filológicos, o entendimento de Claude David é impecável. É corretamente que então acrescenta: "Também é preciso evitar descrever-se esta metamorfose do macaco selvagem em um animal sábio como um ato positivo [...]" (ibidem, p.1100). Do ponto de vista filológico, a *saída* que o animal capturado encontra é um mal menor. Ora, a distinção entre o que é filologicamente justo e o que é possível, portanto desejável, no exercício crítico, permite-nos mostrar que, no texto destacado, a *saída*, mantendo sua posição de oposição à liberdade, apresenta um rendimento bastante maior. Para demonstrá-lo, precisamos recorrer a uma curva expositiva por certo ousada.

Nos termos do *Relatório*, a conduta de Rotpeter caracteriza-se pela "renúncia a qualquer obstinação", em recordar como era sua vida antes de sua captura. E logo agrega: "Eu, macaco livre, me submeti a esse jugo" (in Carone, 2011, p.113). Leio na renúncia afirmada uma antecipação do conceito heideggeriano, década depois famoso, da *Gelassenheit*. Conforme o competente autor do *Dicionário Heidegger*, o ato de *deixar estar*, como pode ser traduzida a expressão, era entendido pelo pensador como "um remédio contra a tecnologia. A tecnologia nos 'aliena' de nosso

MELANCOLIA

habitat nativo, ao reduzir o tamanho do globo, de maneira a tornar tudo familiar e sob nosso alcance" (Inwood, 2002, p.36).

Há por certo de considerar que, em 1919, não só o conceito não estava elaborado, como tampouco estava publicada a obra que tornaria seu autor famoso, e que Kafka nunca mostrou nenhuma propensão para elaborações teóricas. Por conseguinte, para falarmos em antecipação, devemos estabelecer sua correlação com um modo de pensar e viver precedente ao visado pelo filósofo e passível de ser conhecido por Kafka. De acordo com o esclarecedor do conceito, a Gelassenheit opunha-se à tecnologia, porque ela "ameaça nossa 'Bodenständigkeit, nosso 'enraizamento no solo'" (Inwood, 2002, p.36). Ora, é evidente que essa direção assumida pela tecnologia não surgira somente a partir de 1920. Já antes o desenraizamento era o acompanhamento necessário da prática colonizadora, desenvolvida, no século XIX, pelas nações europeias avançadas. A captura de Rotpeter era sua prova cabal. Natural da Costa do Ouro, viera com seu bando beber água. Ao aproximar-se com outros de um curso d'água, seus futuros captores, que estavam de tocaia, atiraram e só a ele alcançaram.

A explicação deveria nos levar a dizer que Heidegger era contra a atividade colonizadora que contemporaneamente a ele continuava a ser exercida? Reconhecido o flagrante conservadorismo do filósofo, a hipótese seria ridícula. Podemos supor que, de acordo com sua oposição entre Geschichte e Historie, se ele pensasse em termos geschichtlichen, seria contrário a seu emprego. Mas para o próprio Heidegger a Geschichte é uma prática de alcance superficial, em contraposição a Historie, que não é da competência dos historiadores e é responsável pelas descontinuidades no tempo do mundo. Portanto, ainda que se contrapusesse ou, mais provavelmente, não prestasse maior atenção ao processo colonizador, seu conservadorismo regozijar-se-ia pelo aumento de poder político-econômico trazido para a Alemanha.

A especulação acima foi necessária para o próximo passo. Por sua atitude de resignação, Rotpeter seria um praticante da Gelassenheit? Sim, embora com restrições. O conceito heideggeriano supõe o exercício plenamente humano da liberdade. Inwood

(2002, p.36) cita suas próprias palavras: "Diferimos dos insetos, que estão 'conscientes' das coisas apenas à medida que se chocam diretamente com elas e assumem, a partir disso, um comportamento apropriado". Ora, o animal amestrado, a propósito de sua conduta, declara aos senhores acadêmicos: "Eu não tinha saída (*Ausweg*), mas precisava arranjar uma, pois sem ela não podia viver. [...] Tenho medo de que não compreendam direito o que entendo por saída (*Ausweg*). Emprego a palavra no seu sentido mais comum e pleno. *É intencionalmente' que' não digo liberdade' (Freiheit)*" (in Carone, 2011, p.117, grifo meu). Sua resolução, por conseguinte, não é, explicitamente, um ato de liberdade, mas de resignação oportunista. Por certo, Rotpeter não só não se arrepende de sua atitude, como encara ironicamente a maneira como os homens consideram a liberdade a que renuncia:

> [...] É muito frequente que os homens se ludibriem entre si com a liberdade. E assim como a liberdade figura entre os sentimentos mais sublimes, também o ludíbrio correspondente figura entre os mais elevados. (ibidem, p.117)

É evidente que a equivalência entre liberdade e ludíbrio (*Täuschung*) não cabe no âmbito da *Gelassenheit*. Rotpeter escolhe a maneira de agir que considera que, entre os homens, é, ao lado da liberdade, a mais apreciada. Perceber que, entre seus captores, o ludíbrio tem o mesmo apreço que a liberdade era bem evidentemente uma manifestação de alta ironia. Tão alta que a reflexão do macaco constitui uma verdadeira paródia da fala bem comportada dos acadêmicos que o escutavam.

A ousadia acima nos dá condições de um segundo passo. Em comentário à sua tradução, Modesto Carone levanta a questão de se a metamorfose do macaco em um sábio animal amestrado não seria uma "variação irônica da teoria de Darwin" (Carone, 2011, p.110). A indagação é bem viável e serve-nos de ponto de partida para uma outra arrancada. A teoria da evolução foi adaptada pelas ciências sociais nascentes do século XIX como um processo pelo qual, na esteira dos animais que precedem a forma

MELANCOLIA

humana, a restrição de cada um a uma territorialidade delimitada viesse a dar lugar ao mundo aberto ao homem, para que aí exercesse sua liberdade.

A variante do darwinismo por Rotpeter cria um terremoto no espaço textual. O macaco compreende que, se quiser sair da jaula em que o transportavam para a Europa, precisa descartar-se da "imitação" dos homens que declaram ansiar pela liberdade e ocultam de si mesmos o ludíbrio resultante: "Se eu fosse um adepto da já referida liberdade, teria com certeza preferido o oceano a essa saída que se me mostrava no turvo olhar daqueles homens" (in Carone, 2011, p.119). Sua astúcia consiste em dar outro sentido à saída (*Ausweg*). Uma mínima anotação não deve escapar: reconhece que a saída que procura "não devia ser alcançada pela fuga" (*Flucht*) (ibidem, p.118-9).

Estava armada a equação da paródia: a liberdade valorizada pela espécie humana, encarecida pelo desdobramento irônico do evolucionismo, seria para ele ou um engano, pois a pequena extensão do barco faria que logo fosse recapturado, ou equivaleria ao suicídio por afogamento. Melhor sorte não alcançaria pela fuga. A saída, por conseguinte, não só não se confunde com essa, senão que tem, ao menos para os que já não estão arraigados a um solo – ou seja, em termos de Heidegger, já se tornaram anônimos na massa humana – o único sentido positivo.

Todo o desenvolvimento que fizemos partiu da diferenciação entre esclarecimento filológico e exploração crítica. Já havíamos dito que, em Kafka, o que é entendido por diversos intérpretes com termos que aludem à oclusão do sentido, deriva do questionamento da relação congelada entre significante e significado. Se do significante deriva a imagem, tradicionalmente ela se expõe como corroboradora ou confirmadora do significado estabilizado e dicionarizado. Em Kafka, ao contrário, a imagem é uma estrela, cujo brilho irradia em várias e discrepantes direções e assim provoca significações diversas. A disposição estelar da imagem aqui se concretiza quanto ao par *Freiheit – Ausweg* (*liberdade – saída*).

Como voltaremos à questão, baste no momento acrescentar: a ênfase na liberdade e na capacidade de o homem autogerir-se desenvolveu-se a partir do pensamento do *cogito*, estendendo-se para a reflexão política, a partir do Iluminismo. O termo "saída", em alemão, literalmente "afastar-se do caminho" (*Aus-Weg*) – que sucede com os que se desenraízam do solo, distanciam-se de suas tradições, não cultivam o mal-afamado *Blut und Boden* (sangue e solo) – assumia um sentido negativo, sendo confundido com "fuga" (*die Flucht*). A autonomia que a reflexão ficcional kafkiana assume da matéria-prima em que assenta, a matéria biográfica, não só estabelecerá uma direção antagônica, como nos permitirá ver – sem a pretensão de desencavar uma intencionalidade autoral, o que equivaleria a retornar à concepção do sujeito consciente de sua potencialidade – a contradição assumida quanto ao desdobramento pela Modernidade do legado do pensamento do século XVIII.

Havendo chegado ao fim da abordagem da paródia de Rotpeter, pensamos em retornar à análise anterior e mostrar como a problemática de Samsa ganha outra dimensão ao ser pensada em termos da questão liberdade *versus* saída e da distinção entre saída e fuga. No fim, pareceu-me preferível seguir a linha da primeira versão e só tratar daquelas alternativas depois de a conduta do macaco amestrado ter-nos mostrado sua validade.

Kleine Fabel

Escrito no final de 1920, *A pequena fábula* figura sem o título no segundo volume dos textos póstumos de Kafka (1992) (cf. *Nachgelessene Schriften und Fragmente*, II), o que só é feito pelos editores da coletânea *Beim Bau der chinesischen Mauer* (*A construção da muralha da China*), publicada em 1931.

O texto é epigramaticamente tão curto que se torna viável introduzir sua tradução:

> Ah, disse o rato, cada dia o mundo fica mais estreito. Antes, era tão amplo que eu tinha medo, corria adiante e ficava feliz em que visse, afinal, surgir no horizonte paredes à direita e à esquerda. Mas essas longas paredes correm tão depressa de encontro à outra que

MELANCOLIA

logo me encontro na derradeira peça e ali, no canto, está a armadilha que me aguarda. "Tens apenas de mudar de direção" disse o gato e o devorou. (Kafka, 1992, p.343)

O minitexto nos oferece a oportunidade de conceder a Fingerhut (1969, p.23-32) a atenção que antes lhe negamos.

A designação de fábula, declara Fingerhut, é imprópria porque não vem acompanhada da lição moral que fazia parte do gênero. (Não deveria pensar-se na frequência da ironia kafkiana?) Por isso, acrescentava o crítico, aproximava-se da parábola. Embora a retificação não tenha maior importância, cabe assinalar a explicação sintética: a primeira frase contém uma sentença geral em forma de provérbio, elucidada pelo "curso da vida" do rato. A perspectiva assim parece estreitar-se e renunciar a uma vivência geral em favor de uma apenas subjetiva. Porém, na drástica mudança conclusiva, ironicamente encarecida, a estória recupera sua generalidade, que se intensifica, perde seu caráter anedótico e nos leva a compreender sua particularidade como caso ilustrativo da ironia trágica da vida. [Note-se de raspão: na rápida passagem do plano subjetivo para o geral não há recorrência a nenhuma lição moral senão que remissão à ironia trágica da vida pelo salto metafórico que se cumpre, conforme Blumenberg nos ensinou a reconhecer.] Dessa maneira vão pelos ares os limites do tratamento próprio à fábula tradicional, que tematizaria as relações entre o forte *versus* o fraco ou o falso amigo disfarçado em "conselheiro". De acordo com a tese reiterada por Fingerhut a propósito dos relatos animais de Kafka, as máscaras animais não mais esclarecem, a modo de exemplo, uma rejeição determinada, estritamente delimitada do que seria próprio ao humano. Em lugar dessa função exemplificativa, o protagonismo animal aponta para algo universalmente concernente à situação do homem (cf. Fingerhut, 1969, p.172). O que vale dizer, abandonada sua função tradicionalmente fabular, o animal deixa de ter valor como alegoria e é tratado como dotado de uma conduta extensiva aos animais, entre os quais está o homem.

A extrema condensação kafkiana encontra uma apreciação epigramática, passível de ser desenvolvida. Embora o autor o faça, pareceu-nos preferível encaminhá-la por outra via. Façamo-lo por um modo também ainda aqui não explorado: em vez de acentuar a discrepância que Kafka estabelece entre a matéria-prima de que parte, a conformação de sua própria vida, e o encaminhamento independente e autônomo que vem a dar a seus relatos, acentuaremos o grau de proximidade ou distância com outras de suas narrativas que foram ou serão ainda discutidas.

Quanto ao *Relatório*, não se pode deixar de atentar para a questão liberdade *versus* saída. Na construção proverbial da *Pequena fábula*, a alternativa reduz-se à ilusão do correr adiante contra a saída zero – as paredes do curso da vida que progressivamente fecham-se até chegar ao aposento, em cujo canto está a ratoeira. A menor força expressiva da *Pequena fábula* decorre de sua própria construção proverbial. A eficácia de um provérbio depende de conduzir ao enunciado geral decorrente de uma situação particular. Muito dificilmente essa superposição deixará de dar lugar a um clichê. Kafka consegue evitá-lo, seja por reservar a entrada do gato ao último momento, seja por dispor do recurso da língua, em que o verbo *auffressen* supõe, mais do que devorar, o comer grosseiro e voraz de alguém que despreza as chamadas maneiras de mesa. De todo modo, a liberdade aniquilada é algo mais do que uma ilusão, e a ausência de qualquer saída condensa a narrativa à força de um *Witz* (chiste). Não se diz que se trate de um texto corriqueiro, pois se assim o considerássemos não o teríamos escolhido, senão que menos capaz de exigir um grande esforço reflexivo. De todo modo, ele contribui seja para o que progressivamente diremos sobre o *Ausweg*, seja sobre a relação dos relatos de animais com o humano.

Demoremo-nos por um instante no segundo ponto. Víamos no começo da segunda parte do capítulo que um intérprete afinal não destacado percebia que os *Tiererzählungen* não eram alegorias. Traduzido em termos do que se disse sobre o uso do provérbio, isso significava que não podiam ser lidos como anônimos clichês. Notávamos a seguir sobre *Die Verwandlung* que a transformação de Gregor não podia ser entendida como uma forma de escapar da prisão a que o submetera a dívida paterna. Isso equivalia a dizer que era falso entendê-lo como *fuga*. O episódio de *A metamorfose*, que só destacaremos no *Pesquisas de um cão*, relativa ao "alimento" que Gregor procura encontrar na música, fazia parte de sua tentativa de lutar por sua identidade humana. Veremos então que, sem conseguir abandonar a carapaça com que morrerá, procurava uma *saída*, para a situação a que fora reduzido. Ou seja, ao contrário de Rotpeter, no *Relatório*, ainda sentia a precisão de resistir ao que era o seu *Winckel* (*armadilha*). É só quando sabe que fracassara, que se resigna à plena passividade, que o acompanhará até à morte próxima.

Já ao símio amestrado não se apresenta uma posição semelhante a uma *saída*, pois não pode senão se resignar. Em suma, em oposição à liberdade, para o rato da *Pequena fábula*, a *saída* era nenhuma. Em cada um dos casos considerados, temos uma posição particular: Gregor, desde a tentativa de conversar com o gerente até à busca de também escutar o violino de Grete, tenta desesperadamente encontrar uma saída; Rotpeter, depois de capturado, percebe que, estando obrigado a se resignar, ainda tinha uma certa margem de escolha − escolher o cativeiro menos sombrio. Vir a ser convidado para narrar sua aventura para os acadêmicos, mostrando que tivera êxito, torna-se uma paródia que satiriza o humano que se julga de posse de êxito; o rato, afinal, é aquele para o qual à vida, inexoravelmente, não cabe nenhuma alternativa senão ser pasto do outro (mais forte, mais ágil, mais jovem etc.).

Embora resista à vontade de prosseguir a reflexão sobre as alternativas apresentadas à *saída*, como disposição passível de ser tentada, contra a ilusão da liberdade, deixo-a escapar ao menos antes de vir ao indispensável. Como possibilidade, a *saída* não se confunde nem com a resignação, nem com a fuga. Fuga, resignação e saída são, no plano da realidade, opções possíveis. Nenhuma delas oferece a satisfação que a liberdade ensejava. Mas Rotpeter sabe que a liberdade é uma bela ilusão. No plano da realidade, a *saída* tem o caráter, não necessariamente realizável, de resistência ativa. Mesmo a fuga pode ser um modo eventual de saída, desde que decorra de uma decisão estratégica – fugir agora para melhor reagir depois – e não seja uma decisão definitiva. Pelas possibilidades consideradas declina-se a busca de sobrevivência. Na fuga, como decisão, a sobrevivência é procurada pela renúncia a todo propósito antecedente. Na resignação, a sobrevivência alcança seu grau zero – entre um resto de vida e a extinção, há a contingência de um instante, maior ou menor. Na *saída*, escapa-se de um caminho pré-traçado porque se aprendeu que o caminho, que supunha a chegada a um lugar melhor, afinal se verificou uma bela mentira. A *saída* supõe, portanto, um desvio, uma curvatura, tenha ou não êxito. A única consideração indispensável: quando falo na autonomia da ficção kafkiana quanto à sua matéria-prima usual, sua própria biografia, reitero que os parâmetros de uma e outra não coincidem. Para sua própria vida, não há *saída*.

Na verdade, a distinção transcende o caso de Kafka. A ficção oferece algo impossível para a vida enquanto tal. A vida concerne ao processo biológico; como tal, a vida não tem *saída*. A ficção, ao contrário do que repete a mediocridade, não imita a vida (!), mesmo porque *a vida* se encerra no biológico, ao passo que a atuação da ficção diz respeito a um dos modos possíveis de agir *na vida*.

Forschungen eines Hundes

Em vez de epigramático, as *Pesquisas de' um cão*, começado, interrompido e assim deixado em 1922, é, no sentido musical do termo, uma rapsódia. Ou seja, é caracterizado pelo amálgama de temas, que antes se aglutinam, em vez de propriamente se desenvolverem. É curioso constatá-lo pelo contraste que assim se estabelece com a escrita não só tensa, mas densa, frequente em Kafka. Daí, como assinala Claude David (1980, p.1218): "[...] Pouco a pouco, o narrador muda de rosto à medida que se desenrola o relato: mal se reconhece o velho sábio do princípio, cercado pela estima de todos, no miserável solitário que sai ofegante de seu período de jejum".

O caráter rapsódico incomum impõe a mudança em sua abordagem, que começará por um resumo bastante esquemático das fases da vida do cão. A frase de abertura do relato cujo título não aparece no original manuscrito já anuncia o caráter que ela terá: "Como minha vida mudou e como, no fundo, não mudou" (Kafka, 1992, p.423).

Quando jovem, o cão aspirava à vida grupal. Os embaraços que então encontrava talvez o deixassem "um tanto frio, reservado, ansioso, calculista, mas, afinal de contas, um cão normal" (ibidem, p.424). Um episódio em sua juventude provocará sua mudança. Foi o encontro dos sete cães músicos. Fascinado pelo som que produzem, que ia do ruído ao silêncio, a presença dos executantes era tão avassaladora que fanfarras continuavam a soar quando não eram mais executadas. De idêntica maneira que a escala ia do extremo do ruído ao extremo do silêncio, o cãozinho tanto sentia perder os sentidos como estar integrado ao grupo. Fora do sentimento nele despertado, o futuro pesquisador observava a conduta dos executantes. A serenidade que parecia acompanhar sua atuação contrastava com a tensão manifestada por suas patas traseiras. Se não o receio do fracasso que os agitava, que então os forçava a fazer o que faziam? Indo além da gama dos efeitos sensíveis – a atração pela música escutada, a estranheza da conduta corporal de seus executantes, o cão lhes indaga por que assim atuavam. Mas, indispondo-se à lei da educação canina, não recebia qualquer resposta: "[...] Cães que não respondem ao apelo de outro cão, sob quaisquer circunstâncias, imperdoável a cães grandes ou pequenos, cometem um atentado contra os bons costumes" (ibidem, p.431).

A falta de resposta dá lugar à censura do que até então vira. "Estes cães contravinham a lei" (ibidem). E a infração tornava-se mais grave, pois, erguendo-se sobre as patas traseiras, "se desnudavam e expunham arrogantemente sua nudez" (ibidem, p.432).

O cãozinho observador era vítima de sua reação contraditória. Pensa em admoestar o grupo, mas um ruído perturba-o e transforma-se em música, que o enleva. Suas reações antagônicas só cessam quando o ruído e a luminosidade que acompanhavam o grupo desaparecem nas trevas de onde haviam surgido.

Logo explicaremos por que reduzimos o que chamamos o primeiro motivo do relato – a vontade de se integrar, a solidão resultante das pesquisas a que o protagonista se entregava; o respeito com que era tratado por seus companheiros, embora não compreendessem sua maneira de levar a vida – em favor do relativo detalhamento do episódio dos cães cantores. Por enquanto, apenas importa assinalar que o tom rapsódico já se apresenta pela justaposição dos dois motivos. Eles têm em comum serem apenas recordações sucedidas a um velho cão. Mas a reação contraditória provocada ao ser testemunha do surgimento dos cães cantores tem, agora na velhice, uma outra recepção. Distante da cena evocada, como que a vê de outro modo. Sentia como se, ao se reunirem pela manhã, para cumprirem seu ofício, aos executantes houvesse se interposto um pequeno cão como um impositivo, de que em vão procuravam se desembaraçar, para que cumprissem sua "música terrível ou sublime" (ibidem, p.433). Sua imaturidade, em suma, levara-o a distorcer o significado de um encontro (que tampouco os futuros leitores de Kafka entenderão).

É esse evento incompreensível já para o próprio narrador que transformará seu modo de vida. De acordo com o que chamamos de primeiro movimento do relato, a busca de integração do cão-narrador era contrariada pelo gosto de pequenas pesquisas, apenas toleradas por sua espécie. Suas pesquisas, não obstante, a partir de agora marcarão seus dias: "Comecei então minhas investigações pelas coisas mais simples; material não faltava. Por azar, é o excesso que me causa desespero nas horas sombrias. Principiei por pesquisar de que a espécie canina se alimenta" (ibidem, p.436).

E o relato logo acrescenta que reconhece o ineditismo da investigação, bem como saber que lhe falta "o saber e a aplicação e a calma e, não por último, acima de tudo, nos últimos anos, também a disposição" (ibidem, p.437).

Estamos, portanto, no terceiro movimento da rapsódia. Se ela apresenta algum nexo com o primeiro movimento, o único que tem com o segundo consiste em que a extraordinária variedade deste o convence a dedicar-se ao que pouco interessa à comunidade. Apesar do quê, a primeira pergunta de sua indagação modifica-se.

MELANCOLIA

Já não se trata de procurar saber de onde provém a alimentação da espécie canina senão de onde a terra extrai o alimento. A mudança provoca a divergência maior da comunidade. Ante a questão, respondem-lhe de maneira pragmática: "Se não tens bastante o que comer, nós te daremos do nosso" (ibidem, p.438). A passagem parece claramente estender à espécie canina um traço dos humanos: as questões não interessam senão quando estão dirigidas a um fim prático. (De modo semelhante, já se disse que só aparecem respostas para o que há perguntas.) Ora, a questão do cão-pesquisador tem um nítido cheiro metafísico. "Quem tenha alimento (*Speise*) o tem guardado; não é egoísmo mas todo o contrário: é a lei do cão; uma decisão do povo, procedente da vitória sobre o egoísmo, pois os que possuem são sempre a minoria" (ibidem, p.439). (Embora quase sempre exclua comentários ao que apresenta como mera sinopse, não deixo de assinalar a manifesta ironia crítica que cerca a exposição da "lei do cão".)

Mais do que sucedeu com a primeira questão a que o cão-pesquisador pretendera se dedicar, a segunda provoca reação, se bem que disfarçada, de maior monta. Justamente porque a comunidade não queria saber dela, era seu proponente tolerado e não expulso.

> Era o tempo em que, embora rissem de mim, tratado como um animalzinho bobo, empurrado daqui para ali, eu gozava da maior estima pública; isso nunca mais se repetiu depois; entrava livremente em todas as partes, não me punham nenhum obstáculo, era de fato adulado, embora a adulação fosse disfarçada como rudeza. E tudo isso por causa de minhas questões, de minha impaciência, de minha sede de saber (*Forschungsbegierde*). (ibidem, p.440)

Daí passagem de que não se pode prescindir:

> Só com a ajuda da sociedade canina comecei a compreender minha própria pergunta. Quando, por exemplo, perguntava: de onde a terra extrai esse alimento, preocupava-me, como as aparências dão a crer, com a terra, preocupava-me, por acaso, com os trabalhos da terra? Nem um mínimo, logo reconheci que isso estava absolutamente distante de mim; preocupava-me tão só com os cães, e nada mais. (ibidem, p.441).

O reconhecimento por parte do pesquisador implicava retornar ao *Leitmotiv* que atravessa e dá sentido à rapsódia: a opção do que narra pelo silêncio, pela solidão reflexiva, pelo desgarre da companhia dos de sua espécie:

> Nos últimos tempos, sempre mais reflito sobre minha vida, procuro o erro decisivo, culpado por tudo que talvez tenha cometido e não consigo encontrá-lo. No entanto devo tê-lo feito e fosse incapaz pelo trabalho diligente de uma longa vida de alcançar o que queria, isso provaria que o que eu queria era impossível, do que decorreria a completa desesperança (*Hoffnusgslosigkeit*). (ibidem, p.444)

A estranheza que rondava sua vida desde o momento inicial levanta a indagação que motiva outro torneio: "Estive realmente tão sozinho com minhas pesquisas, agora e desde sempre" (ibidem, p.445).

A maneira como a indagação se formula admite resposta de outro teor: "Todos os cães têm como eu o impulso de levantar questões e eu, como cada outro, tenho o impulso de calar" (ibidem, p.445-6). Como se o relato contivesse um salto, agora outro motivo se incorpora. Contam ao cão-pesquisador, como um fato sabido, sobre os "cães aéreos" (*Lufthunde*). Deles soubera antes do episódio dos cães cantores. Quando escutava falar dos "cães aéreos" não acreditava no que lhe diziam. Mas depois do episódio que vivenciara, "o absurdo lhe parecia, nesta vida insensata, mais verossímil que o pleno de sentido, e particularmente fecundo para minha pesquisa" (ibidem, p.447).

Sua admissão do que antes inadmissível abre o relato para o campo do suprassensível. Por exemplo, como os cães aéreos poderiam se reproduzir se apenas estivessem dotados dos mecanismos reconhecidos pela ciência? A abertura para algo além do comprovadamente terreno lhe permite reabrir a questão da solidão. Antes, ele se via excluído de sua espécie por sua opção investigadora. Agora, admite que a interrogação é um traço abrangente da espécie. Mas traço de qual tipo? A resposta é pessimista: a pergunta constante parece-lhe o traço (*die Spur*) de quererem

MELANCOLIA

"confundir as questões verdadeiras" (ibidem, p.452). Passava então a temer que "meus congêneres antes sejam reconhecidos por todo o contrário do êxito" (ibidem, p.455). A diferença quanto ao relacionamento entre a disposição ao questionamento e a espécie a quem pertence sempre fora sujeita a mudanças relativas. Antes, acreditava que o culto ao questionamento era apenas dele e os outros apenas fingiam tolerá-lo. Depois, admite que se estende à espécie, estando tanto a coletividade quanto ele próprio sujeitos a calá-lo. O que era favorecido pela espécie visava ao "progresso geral", alcançável pelo desenvolvimento da ciência (cf. ibidem, p.455). Por certo, diz a si o narrador, a ciência progride e irresistivelmente. Mas a inevitabilidade do progresso científico é comparável à da velhice. Ela é, portanto, menos uma conquista que algo inexorável. Por isso ainda, continua o cão, não considera que as gerações anteriores fossem melhores; eram apenas mais jovens. A nossa geração – a fala do cão parece renunciar a toda a distância que a reflexão ficcional kafkiana guarda quanto à sua própria vida, explicando por que tantos pesquisadores não vêm diferença entre uma e outra – está talvez perdida, porém é mais inocente do que as anteriores: "Posso compreender que a vacilação de minha geração não é mesmo uma vacilação, é o esquecimento de um sonho sonhado durante mil noites e mil vezes esquecido. Quem terá rancor de nós pelo mil vezes esquecido?" (ibidem, p.456).

Glosamos parte do argumento e traduzimos o básico. A mudança do juízo se fizera para demonstrar que, confiando na ciência e no progresso que ela promoveria, os antepassados tinham feito desaparecer o traço das perguntas corretas. Sua geração, em vez de pior que as passadas, fora apenas contemporânea do fracasso de um sonho.

Em suma, o desvio de direção que a rapsódia tomava passa a ter a função específica de criticar o progresso – e aqui a ficcionalidade de Kafka estava de acordo com certa visão da contemporaneidade. É dentro dessa função mais geral que se desenvolve a exclusiva ao relato destacado: a crítica à própria pesquisa efetuada pelo cão. Suas duas perguntas sucessivas – sobre a alimentação da espécie e como a terra a engendrava – agora assumem outro rumo: em vez de vir da terra, não é do alto que vem o alimento? "Grande parte da alimentação que se encontra na terra, provém do alto; por nossa habilidade e avidez, em grande parte a agarramos antes que chegue à terra" (ibidem, p.461).

Parece inegável que nessa composição, pouco antes da morte, um motivo religioso insinua-se. Não se trata de supor que Kafka, o enfermo, repensasse o ateísmo assumido na juventude, senão que se aproximava de uma tematização que não podia ignorar. O cão pensa no ato de seu povo (o cão fala especificamente em *Volk*), que se volta para o alto, invoca-o em seu ritual, sem menosprezo pela ciência que prezam, e dirigem suas sentenças, cantos e danças em "atrair do alto o alimento" (ibidem, p.462). Mas não se pense em uma espécie de regresso, ainda que eventual e provisório, à comunidade de que o próprio Kafka se afastara. É certo que o cão pesquisador procura realizar tal chamamento para o alto. Mas não é menos certo que fracassa. Procurava então alcançar o que não conseguira pela prática do jejum a que se submetera. Pois, como já sucedera em resumos de outros relatos, na sinopse das *Forschungen* não nos referimos ao momento agudo, correspondente à consideração religiosa, em que o cão afasta-se da comunidade, procura a solidão e a prova do jejum. Embora permaneça a dúvida, se fizemos certo, presumimos que o leitor interessado não se satisfaria com o resumo que se lhe oferecesse. De todo modo, venha-se à passagem.

A fome queima as entranhas daquele que procurara emendar sua investigação inicialmente "científica" por uma prática ascética. Conquanto soubesse que o ritual que evocava não era mais praticado por sua espécie, conquanto tivesse tentado a se dizer que o modo de vida que agora investigava não se opunha necessariamente ao que procurava a ciência (cf. ibidem, p.462), a *saída* corajosamente procurada pelo cão caminha para o lugar nenhum; para a morte.

Deitado à sombra de uma árvore, fraco a mais não poder, recebe a visita de um cão estranho. Interrogado, esse se diz um cão caçador. Ter por missão fazê-lo cessar seu jejum mortal. Por efeito do jejum a que se submetia, diz o narrador saber que esse

MELANCOLIA 203

cão tinha o poder de levá-lo para longe dali, embora não pudesse saber como iria levantá-lo (cf. ibidem, p.477). O primeiro ato do visitante consiste em preparar-se para entoar um canto. Estabelece-se um derradeiro diálogo: "Vás cantar, disse eu. Sim, respondeu com seriedade. Logo cantarei, mas não já" (ibidem, p.478). O canto só se dirigia ao pobre e fracassado pesquisador. De sua parte, ele se lembra dos cães cantores e associa o que escutara à natureza da espécie:

> Para penetrar na natureza canina, pareceu-me que as pesquisas sobre a alimentação eram mais apropriadas e podiam conduzir à meta com menos voltas. Um terreno comum entre ambas as ciências pareceu-me desde então suspeito. É a teoria do canto capaz de fazer descer o alimento sobre a terra. (ibidem, p.481)

O nosso cão prolonga o âmbito da contradição já contida em seu relato. A princípio, falara mal da preferência que seu povo dá à ciência, considerando-a o motivo do desapreço que tinham por ele. Afastara-se então e introduzira o elogio do alto, acrescentando que a explicação "religiosa" da procedência do alimento não era incompatível com a admitida pela ciência. Percebe agora seu erro: as duas explicações, a científica e a teológica (ou a metafísica) são inconciliáveis. Mas a última frase vertida é em si mesma contraditória. Começa por afirmar que a ciência é o meio adequado para responder à indagação que se propusera, para em seguida dizer que a teoria do canto explica a descida do alimento ("Es ist die Lehre vom dem die Nahrung herabrufenden Gesang").

Ou nos contentamos que a frase acentua a discrepância absoluta das duas explicações, ou entendemos que a teoria do canto – e as práticas a ele associadas (sentenças, danças e cantos específicos) – é válida enquanto crença (e não verificação). Mas, na verdade, o cão jejuador não ultrapassa a contradição. O autor teria tido o propósito de acentuar a impossibilidade de conciliação, determinando-se o moribundo a afirmar que a crença é mais válida que a verificação?

Sem estar entre as maiores peças escritas por Kafka, deixando em aberto tanto o entendimento do episódio dos cães músicos como a referência aos cães aéreos, o *Investigações* torna-se ainda mais intrigante pelo retorno da questão da música, introduzida em *A metamorfose*. O violino que Grete voltava a tocar ajudara, por um momento, a ilusão de Gregor que poderia reintegrar-se no meio humano. Ao contrário, provocando a desavença do pai com os hóspedes a que alugara um quarto, precipitara a discórdia completa de Gregor com a família e o encaminhara para a morte. Igualmente, aqui, o cão que lhe aparece quando as agruras do jejum o fazem vomitar sangue, combina a condição de habitante do alto com a qualidade de cantor. Sem que o relato explicitamente o declare, o propósito do visitante em tirá-lo da situação em que se encontra equivale a levá-lo pelos ares. Como no caso de Gregor Samsa, a *saída* para o cão confunde-se com o encontro da morte. Nesse sentido, parece esclarecedor o que, anos antes, Kafka escrevera em seu *Diário*:

> Pode-se perfeitamente reconhecer em mim uma concentração na escrita (*auf das Schreiben*). Quando se tornou evidente que, em meu organismo, a escrita era a orientação mais fecunda de minha natureza, tudo tomou essa direção e deixou desocupados todos os talentos que se dirigiam para as alegrias do sexo, do comer, do beber, da reflexão filosófica e, acima de tudo, da música. (Kafka, 1990, p.341, 3 de janeiro de 1912)

A música, sobretudo a música, identificou-se com a renúncia, assim como a escrita (ficcional) identificou-se com a *saída*. Como essa, embora manifestamente resistisse à mera resignação, nunca se confundisse com o êxito, eventualmente, como mostrarão os dois relatos referidos, a procura da *saída* tornava-a vizinha do supremo índice daquilo a que renunciara e que só lhe deixaria de faltar com a morte.

Talvez pudesse ser eliminada a observação que agora acrescento: por nossa análise, consideramos que o texto não concluído por Kafka deixou sem explicação os episódios dos cães cantores e

MELANCOLIA

dos cães voadores. Não os tomamos como inexplicáveis senão por uma falha do texto e não como decorrência das características da criação kafkiana. O que vale dizer, não consideramos que *a significação aberta* do relato kafkiano seja sempre bem-sucedida. O tom rapsódico que assinalamos apenas antecipa o defeito assinalado.

O leitor que não aceite a interpretação proposta encontrará apoio em John Winckelmann (1967, p.204) que, na própria abertura de sua análise das *Pesquisas de um cão*, declara, sem meias palavras, que "toda esta estória e sua interpretação depende de que os cães de modo algum entendem os seres humanos". Em palavras mais explícitas, não é que aqueles episódios, com destaque para o primeiro, não contenham alguma significação, senão que o narrador, enquanto membro da espécie canina, não conseguiu identificar os músicos como o que eram: seres humanos.

Gostaria de saber como o autor explicaria a passagem em que o cão faz restrições ao comportamento dos cantores que, ficando de pé sobre as patas traseiras, exibem suas partes pudendas. Todo o mistério, em suma, que intriga o pesquisador, decorreria de que "os cães consideram a existência incompreensível precisamente por conta do alimento que homens invisíveis põem diante deles" (ibidem, p.208).

Bouvard e Pécuchet, os personagens exemplares do satírico Flaubert, teriam ficado contentíssimos com a explicação do professor norte-americano. Como eu próprio não os tomo como paradigmas, permito-me discordar de Winckelmann.

Der Bau

Escrito no inverno de 1923-1924, *A toca* é a última grande obra incontestável de Kafka. Claude David (1980, p.1253) não hesita em chamá-la de "um *non plus ultra*, um impasse genial". E, no entanto, do mesmo modo que, no contemporâneo *Das Schloss*, de janeiro de 1922, o texto foi abandonado antes de ser completado.

Conforme o testemunho de sua última companheira, Dora Diamant, Kafka dissera-lhe que a conclusão ainda deveria constar do encontro do animal escavador com seu inimigo, que o venceria e mataria. A edição dos *Nachgelassene Schriften und Fragmente* II (Kafka, 1992) a confirma ao apresentar inconclusa a última frase (transcrevo a última palavra "*das*"): "Se me tivessem escutado, também eu deveria ter notado algo; ele teria tido de, com frequência, interromper o trabalho e ouvido, mas tudo permaneceu sem mudanças, *das* (que tanto poderia ser artigo definido neutro ou pronome relativo)" (Kafka, 1992, p.632).

Ainda que importante biograficamente, do ponto de vista do texto a informação é quase irrelevante. A presença que se concretizaria do ruído impediria que se interpretasse a parte final do texto como alucinação, como já chegou a ser feito. Mas, sendo um texto com as características de Kafka, não impediria inúmeras outras falhas/possibilidades.

Em respeito à qualidade de peça excepcional, mudamos a maneira de proceder, dando primeiro destaque ao que o leitor não encontrará pelo contato do texto visível.

O primeiro intérprete que citamos alcança um momento incomum ao escrever: "Em contraposição ao entendimento clássico que atribui, inalienavelmente, ao homem a liberdade, segundo a visão de Kafka, a natureza humana se realiza na articulação ameaçadora com o ser aprisionado" (Fingerhut, 1969, p.159).

Mesmo por isso, infere o autor, "'a nova construção' das relações entre o homem e o animal impede que a figura deste seja compreendida como imagem do humano" (ibidem, p.160). A reiteração do que aqui já fora dito torna-se oportuna, porque a mudança de perspectiva não só impede que a grande separação seja entendida, conforme já assinaláramos com LaCapra (2009), como maneira de afirmar uma essencialidade superior do humano, com a justificação ético-política do tratamento bestial reservado aos outros animais etc. Ora, os relatos de animais por Kafka força o abandono do *Grand Canyon*: em lugar de definidos por traços particulares específicos, os homens e os outros animais são expostos à mesma escala de angústia e ansiedade. Uma comunidade de reações sensíveis os aproxima. É sabido como a *Angst*, no sentido mais doloroso de angústia, foi enobrecida como propriedade do homem. Mas, desde que o animal não fala,

MELANCOLIA

como podemos saber o que sente o gado ao ser conduzido para o matadouro ou o simples animal doméstico ao ser abandonado pelos donos que já não o querem?

Kafka não escreveu reflexões semelhantes. Mas a referida comunidade sensível pode ser constatada na resignação irônica de Rotpeter, no empenho de Gregor Samsa de mostrar à família que permanecia um membro seu, na tentativa de Josefine de alcançar privilégios por uma habilidade que de fato não possuía ou o nosso escavador sem nome, que procura a sobrevivência na construção de uma toca, e em sua ansiedade de perfeccionista que sempre percebe um defeito no que já fizera.

A observação de Fingerhut ainda admite que ampliemos outra reiteração. Temos assinalado que, em reação ao sentimentalismo difundido pelo romantismo usual, que escondia o veio melancólico que a obra chamada literária já manifestava antes que ela recebesse, o romantismo trivial veio a encontrar a resistência de autores como Flaubert e Sterne, se não antes da própria ênfase sentimental, com Cervantes e Montaigne, aos quais coube ressaltar que a extrema doçura da expressão, provocado por um lirismo de superfície, impedia aquele traço radical da obra literária, por se interpor à sua plena relação com o mundo. O sentimentalismo romântico tornou mais branda, comovida e aceitável a relação da obra literária com um público então disseminado. Não nos demoramos na observação porque já foi feita noutro momento. Interessa-nos verificar como a aparente frieza de Kafka diante de reações afetivas extremamente pungentes ou negativas impede a formação de um clima patético ou passional e passa a exigir de seu leitor um grau elevado, se não mesmo exacerbado, de *reflexão proposital*. Isso por certo o tornará um prosador cada vez mais separado do público massificado.

As observações acima impuseram-se como entrada para *A toca*, por efeito de seu modo de construção. Conquanto ela pareça próxima de *Investigações de um cão*, na verdade não lhe é menos antagônica. Pois, se às *Forschungen* cabem formalmente a designação musical de rapsódia, *Der Bau*, ao contrário, poderá ser definida como uma sonata formada por dois movimentos ou de uma em que o primeiro movimento contivesse dois andamentos diversos, contudo entre si harmônicos. (Hipoteticamente, o fim, tal como descrito por Diamant, conteria o terceiro movimento.) A distinção, que se funda na diferenciação de princípios formais de construção, é mais amplamente desenvolvida a partir de anotação de Claude David (1980, p.1255):

> Contrariamente às *Investigações de um cão*, *A toca* é forte e claramente construída. Ela se compõe de duas partes aproximativamente iguais: a segunda parte fala unicamente do guincho que, a partir de certo dia, faz-se escutar na toca e, a partir de então, não mais cessa; a primeira parte relata os acontecimentos anteriores. Essa primeira parte, por sua vez, divide-se em dois desenvolvimentos: no primeiro, o animal está em sua toca, no segundo, dela saiu e provisoriamente se instalou perto da entrada.

Em nome do descanso do leitor, seria talvez preferível dar aqui por encerrada tais considerações. Mas, certo ou errado, não procuro servir ao descanso. Venho então a um ponto mais relevante que o antes acentuado. Ele concerne à diferença de *Der Bau* com *Die Verwandlung*.

Se os dois são os relatos de animais que Kafka melhor realizou, em *A metamorfose* o autor ainda lança mão de um amálgama de acidentes, que, dando movimento à estória, facilita a sua realização. Já em *A toca* temos praticamente um único personagem, o animal que usa os poucos recursos de que dispõe para se abrigar, descansar e proteger-se. Qual era seu inimigo? O tempo que passa fora da entrada, sem que nada lhe apareça além de uma tranquila paisagem, parece indicar que é de ordem imaginária. O guincho que escuta e preenche todo o segundo movimento tanto poderia ser entendido como decorrência da perseguição imaginária de que sofre quanto, sobretudo a atentar-se para a lembrança recordada por Dora Diamant, que o inimigo era bastante real. Ilusória ou realmente, sua sobrevivência se mostra ameaçada. Não fosse assim, o próprio objeto do relato não teria razão de ser.

Se, em comum com *A metamorfose*, os relatos estão eivados de descrença no exercício possível da liberdade, naquela, a obediência passiva de Gregor em seguir a ordem paterna de empregar-se na firma de que é devedor, antes mesmo do desastre de sua transformação, facilita sua impossibilidade de encontrar uma *saída*. Como declarava Politzer, o que sucedera com Samsa não era algo excepcional, porquanto passível de passar com qualquer um que pudesse ser chamado de escravo-em-regime-de-liberdade, isto é, que se submeta a cumprir ordens, ou ainda, que troque sua capacidade de iniciativa pela segurança de um emprego. Em *A toca*, as coordenadas são outras. O animal cavador tem um caráter profundamente ativo, sua capacidade de sacrifício chega ao ponto de aceitar o sacrifício de sua integridade física, ferindo-se contra a rocha para que seu abrigo seja mais seguro. Sua busca de encontrar uma *saída*, provocada por um inimigo seja real seja imaginário, atinge um nível de dramaticidade. É verdade que a diferença entre os dois protagonistas se resume aos métodos que usam, pois, afinal, ambos não conseguem escapar do desastre.

A conclusão então quer dizer que, em todos os relatos de Kafka, não há possibilidade de resgate. No fim, para homens e animais está reservada a destruição. A insistência que fazemos na busca de *saída*, com as alternativas já apontadas, quer dizer que a expectativa de uma derrota final não equivale ao louvor da passividade. Como víamos dizer o protagonista de *Pesquisas de um cão*, "liberdade", "progresso", "ciência" tornaram-se termos que se fundiram entre si, como indicadores do *caminho*. O *Ausweg*, como sair do caminho, indica por certo a consciência de que a expectativa de realizá-lo antes se confunde com o fracasso ou, no caso da versão, como a temos, de *A toca*, na permanência ansiosa do aparecimento do inimigo. De qualquer modo, não se pode negar que a afirmação do *Aus-weg* indica o reconhecimento de uma margem de resistência, que visa, se possível, à sobrevivência.

Venhamos a uma última observação. Ela visa a testar uma afirmação que temos reiterado: a de que o ficcional kafkiano não se confunde com uma glosa autobiográfica.

(Insisto na observação na tentativa de resguardar Kafka da mania que recentemente se espraia de entender a ficção como... autoficção.) Ora, a declaração pareceria contrariada por um analista cuja sensibilidade já aprendemos a reconhecer. A propósito de *Der Bau*, Politzer percebe um detalhe capital. Ele chama a atenção para o fato de o animal-narrador chamar a entrada (*Eingang*) da toca de saída (*Ausweg*), como, o que pareceria mais estranho, usar dois termos [*Erstinglingswerk* (realização) e *Exemplar* (exemplar)], frequentemente usados quanto a textos: "Os vocábulos '*Erstlingswerk*' e '*Exemplar*' referem-se à natureza literária desta construção, a única natureza que o escritor Kafka aceitava" (Politzer, 1978, 490)[7]. Daí a tese que propunha: "*A toca* é a narrativa da vida de Kafka e de sua obra no momento de sua morte" (ibidem, p.493). Essa a razão por que usava dois termos que, em um contexto usual, só teria sentido literariamente.

Diante do efetivo achado como continuaríamos a afirmar a discrepância entre a vida do autor e a autonomização de seus relatos ficcionais? Politzer chegava a afirmar que "o leitor o segue por sua obra quando ele acompanha o animal por corredores e fortificações de sua toca" (ibidem, p. 490). "As realidades fundamentais do animal que se esconde em sua construção são a suja toca como origem e verdadeiro lar, a floresta como pesadelo e labirinto, a fuga do dia na escuridão" (ibidem, p.491). Tais indagações afinal recebem a inflexão derradeira: "A criação alberga tão só o criador; abarca-o com tal exclusividade que ele chegou mesmo a perder sua identidade" (ibidem, p.494).

A tese que defendemos já fora então formulada. Talvez apenas tenhamos oferecido um destaque que Politzer não lhe concedera. Irônica e mascaradamente, em seu último relato, Kafka traz um de sua vida, convertendo-o porém em matéria que será absorvida por sua criação. O relato explicita o caráter de todo

---

7 "Estou quase contente, tenho uma certa sensibilidade por esta realização (*Erstlingswerk*) de meu começo" (Politzer, 1978, p.587). "[...] Concedo que há uma falha em minha toca, como sempre há em tudo de que só existe um exemplar (*Exemplar*)" (ibidem, p.584).

grande relato ficcional: é o *hospedeiro de' seu criador*. Assim se mostra, sobretudo em sua segunda parte. Se, na primeira, ainda se tratava de construir o "exemplar" de sua entrada-saída, na segunda, ela tomada seja como incompleta, seja como terminada, o abrigo mostra-se incapaz de preservá-lo da ansiedade.

Nossa sinopse não deixará de ser quase simplista. Se é admissível chamar-se o texto inteiro de sonata, não se poderia dizer, mesmo de seu começo, que traz a indicação de algo semelhante a um *adagio maestoso*? É certo que, talvez com certo eufemismo, o animal escavador declara-se no auge da vida [*Mein Leben selbst jetzt auf seinem Hohepunkt* (ibidem, p.577)]. Completada sua leitura, compreende-se que todos seus dias estavam consumidos. A menos que o relato fosse concebido como um diário, antes, pois, deveria ressaltar que se encontra na velhice. Mas o detalhe tem pouca importância. Na abertura, o cão construtor encara o que fizera e está satisfeito: "Fiz minha toca e ela parece bem feita" (ibidem).

Não fora o produto de alguma astúcia e a escavação resultava depois de várias tentativas. Mas uma primeira ruga já aparece de dentro de sua satisfação: "Vivo em paz na parte mais secreta de minha toca e, no entanto, lenta e silenciosamente, de alguma parte, o inimigo fura um buraco até mim [...]" (ibidem). Diz por isso a si mesmo que seria atrevimento confundir o que fizera com uma pesquisa de valor (*Nachforschungswert*). E logo avança sua primeira autocrítica: o que fizera derivara da covardia. Por certo visava dispor de um refúgio e de um lugar de descanso. Daí o musgo que cobre e esconde seu acesso (*Zugang*). Mas a segurança acompanha-se de seu avesso: "Estando minha vida em seu zênite, bem sei que que mal tive uma hora plenamente tranquila". Ao se prolongar, a frase explica sua inquietação: "Ali, naquele lugar, sob o musgo sombrio, estendo-me mortalmente e, em meus sonhos, muitas vezes olfateio um focinho cupido" (ibidem). O que, portanto, poderia soar como adágio, embora nunca *maestoso*, parece comprometido. O refúgio trabalhado por certo lhe dará momentos de tranquilidade. Mas eles logo serão interrompidos pela presunção de alguma pata hostil. A designação de adágio é mantida por comparação pelo que advirá: há uma sombra que se alarga, como se o narrador soubesse que algo adverso aproxima-se e procurasse disfarçar de si próprio o que sabe ou intui.

Como o animal que recordamos é criação de um outro, chamado Kafka, melhor se explica que a alegada entrada logo receba sua mais explícita expressão: *real entrada* (*wirkliche Eingangsloch*), que, na mesma frase, é nomeada de *Ausweg*: "Teria também podido pensar em fechar esta verdadeira entrada com uma camada de terra mais fina e bem-comprimida, tendo por baixo uma mais frouxa, de maneira que me custaria pouco esforço usar de novo a saída" (ibidem).

Em suma, as primeiras páginas correm em um vai-e-vem de qual seria a verdadeira função da toca. Refúgio era por certo, que serviria ora de descanso, ora de defesa. Mas, se aquele nunca é pleno, esta tampouco se atualiza. Se os riscos comprometem a promessa de tranquilidade, saber-se sob a terra o levava a reconhecer que, de todo modo, vivia "em paz, no interior da toca" e o eventual invasor correria o risco de ser surpreendido pela oculta armadilha. Mas quase ao mesmo tempo a inquietação turva sua tranquilidade. Quem lhe dissera que os inimigos teriam de ser tão só externos? "Não só os inimigos externos me ameaçam; eles também estão no interior da terra; nunca os vi, mas as fábulas contam sobre eles e nelas creio. São criaturas subterrâneas [...]" (ibidem, p.578).

É ocioso descrever a demorada construção; seus corredores, sua praça central, o lugar em que concentra a carne do que caça, depois dividida entre várias passagens. Destaque-se, por alusão à correspondência autobiográfica, na proximidade da entrada-saída, a região que chama de labirinto, primeira peça da construção. O labirinto – alusão às suas primeiras tentativas literárias? – está próximo à passagem do interno para o externo. O externo motiva a construção da toca. Mas o interno não lhe dá descanso. Por isso esteja na toca ou venha à superfície, não está livre de inquietação constante. Onde adormeça, desperta sobressaltado por uma suposta ameaça, que não se concretiza.

MELANCOLIA 213

Em síntese, mantendo a ideia de que o primeiro movimento do relato divide-se em duas partes, na segunda, correspondente ao período da vida em que a velhice o enfraquece, o *adagio* torna-se sombrio, tem mais espaço para a inquietação do que para o repouso. No segundo movimento, o escavador se permite afastar os musgos de disfarce e observar o mundo externo. Aparentemente, não há ameaças. Mas por hábito ou convicção, está certo que não pode abandonar a toca. Retorna a ela mais inquieto que dela saíra. Convence-se que sua segurança é precária, que há de atentar nos defeitos do que já construíra, que há de aumentar os corredores. A ansiedade intensifica-se a partir do momento que escuta um guincho que, por mais que queira convencer-se do contrário, não deixará de segui-lo. Procura defender-se escavando as paredes, supondo que seriam vermes que então poderia surpreender, atacar, destruir. Em vez de solução, sua inquietude torna seu trabalho apressado e a terra acumulada atrapalha seus passos. Levantam-se outras hipóteses. Em lugar de vermes, como antes supusera, imagina que seja um animal enorme que se move em seu rumo. Pensa se não seria possível negociar com ele e afastá-lo da toca. Obseda-o a presunção de falhas do que fizera. Mas a sensação de segurança despertada pelo conjunto escavado faz que recupere a confiança:

> Mas minha toca não é apenas uma caverna de salvação (*Rettungsloch*)! Quando estou na praça central, cercada pelas grandes provisões de carne, com rosto virado para as dez galerias que partem de lá e de que, cada uma, em obediência ao plano de conjunto, afunda ou sobe, estende-se ou arredonda-se, amplia-se ou estreita-se, todas proporcionalmente tranquilas e vazias [...] então me afasto do pensamento de segurança e sei que aqui está meu castelo (*Burg*) [...] meu castelo que a ninguém mais poderá pertencer e que é tão meu que posso aqui receber, tranquilamente, a ferida mortal de meu inimigo, pois meus sangue aqui correrá em meu chão e não se perderá. (ibidem, p.601)

Mas a imensa frase não pertence ao recitativo de uma ópera de Verdi, que então esperasse pelos aplausos de um público entusiaſta. Para começar, *Der Bau* ainda eſtava longe de acabar. Por isso a extensão do período tem o efeito contrário: diz de uma segurança absolutamente falsa.

A inquietação torna a crescer e lhe diz que nenhuma conſtrução, aumentasse o quanto quisesse seus corredores, deixa de ter uma falha. Ela o faz suſpeitar que a *saída* um dia converta-se na entrada do inimigo. Será ele alguém ou *Der Tod*, a morte, que o aguarda? De todo modo, a longa frase, conquanto inflada de um entusiasmo que as páginas seguintes desmancharão, tem sua função: o *Aus-weg* não se cumpre, mas, assim como Gregor Samsa podia ser qualquer outro, por que a *saída* não poderia encontrar a volta que não teve nos relatos de Kafka? A afirmação aqui se impôs porque, sem se pretender um pensador, Kafka conſtruiu, com sua sensibilidade traumatizada, uma reflexão rara, inconfundível e indiſpensável da modernidade.

Josefine, die Sängerin oder das Volk der Mäuse

Josefine, a cantora ou o povo das ratazanas: o duplo título do que deverá ter sido o ultimo escrito de Kafka concentra seu verdadeiro sujeito no *oder* (*ou*). O que equivale a dizer, a tematização incide sobre o próprio relacionamento da supoſta cantora com seu povo, não sobre o canto que a singulariza ou a divisão que opera entre os seus. Ressaltar, portanto, a dúvida sobre a singularidade de Josefine — ela de fato tem mais do que os guinchos comuns a todos os de sua eſpécie ou apenas o pretende — implica discordar de Fingerhut (1969, p.201) que considerava inequívoco seu canto.

Em consequência, apossa-se de Josefine a crença de ser ela a paſtora protetora de sua gente, levando-a a reivindicar eſtar liberada do trabalho de todos —, crença cujo sentido só poderemos atinar por equivalência com o que se passa entre os homens. Insiſte-se, pois: até seu último relato, o protagonismo animal supõe romper a oposição entre o humano e os outros animais e eſtender a toda a animalidade a ansiedade, o terror, a angúſtia do humano. Lembre-se a magnífica anotação de Benjamin (1980, p.419): "Pode-se ler por um bom trecho as estórias de animais de Kafka sem se dar conta que não se trata de homens".

Reiteremos os passos: se é verdade que, desde *Die Verwandlung*, os relatos de animais negavam o investimento alegórico, os textos seguintes acentuavam essa negação. Daí a validade da observação que Fingerhut extraiu de H. G. Pott (1958): "O pensamento de certo modo resulta da imagem, é por ela produzido" (apud Fingerhut, 1969, p.161).

A relevância da observação impõe seu desenvolvimento. Parece evidente que, no relato alegórico, a relação é inversa: a imagem é subordinada a um certo pensamento; disso resulta a alegoria conter um enunciado de cunho ético. Mas não basta inverter a reação entre significado e imagem, de maneira que essa, liberando-se de seu caráter de ilustração, funcione com um foco luminoso de que irradiem significações diversificadas. Embora a afirmação seja correta, mantém intacta questão decisiva anterior: como se efetiva o relacionamento dos animais de que trata este ou aquele relato com a comunidade dos únicos animais que falam?

Reiterá-lo na abertura da última leitura tem o propósito de assinalar: ainda que desconheçamos alguma tradução do relato para o português, não nos preocuparemos com um resumo seu. Antes nos interessará, a partir de sua sinopse, pensar no que resulta de sua focalização imagética. Partimos para isso de um ponto já discutido.

A estória de Josefine diferencia-se de *Der Bau* porque neste o construtor preocupa-se tão só com sua toca e é o sujeito único do relato. Por isso, o *oder* do título ali não faria nenhum sentido. O animal que, ao contrário de Josefine, não tem uma espécie definida, já principia em busca de um lugar de paz e refúgio. Embora escreva "refúgio", não suponho que ele escave uma fuga. Dos inimigos sabemos apenas que existem, não que hostilizassem o construtor, tivessem a mesma necessidade que ele e/ou se dedicassem a tarefas semelhantes. Ora, saber que os dois relatos foram escritos poucos meses antes da morte do autor, sugere-nos uma primeira pista. De *A toca*, já se disse que se assemelhava a uma autobiografia ficcional. É enquanto textos de cunho ficcional que a proximidade das composições há de ser considerada. Se, como vimos, é certa a proximidade autobiográfica de *A toca*, em que o animal construtor concentra toda sua energia na feitura das galerias, dos corredores, do labirinto, da entrada-saída e, se a essa se aplicam dois termos, *Erstlingswerk* e *Exemplar*, antes apropriados a propósito de textos, assim também Josefine pretende ter um talento que, fora de seu relato, é reservado aos homens. A maior evidência da sombra autobiográfica é reservada para *Der Bau*. No caso de Josefine, melhor seria considerar a autotematização irônica de Kafka, ampliada pelos supostos partidos dos que aceitam ou recusam sua qualidade literária. A ironia torna-se mais aceitável considerando a pretensão de Josefine de permanecer livre das tarefas comuns. Não esqueçamos porém a conclusão de Politzer a propósito de *A toca*: a criação *engloba o criador e' absorve' sua identidade'*. Ou seja, é suficiente levar em conta alguns traços de sua biografia como ponto de partida, porque, no seu todo, a narrativa conduz para a autonomização de seus relatos ficcionais.

Entendida a suficiência de uma tênue correlação entre biografia e construção do texto, pode-se-lhe acrescentar a decisão de Kafka, temporalmente próxima, de destruir parte de seu legado e solicitar de Brod que fizesse o mesmo com o restante, com a resolução de Josefine de, ciente das divergências acerca de seu dote de cantora, diminuir o tempo de suas *performances*, até por fim abandoná-las. Intérprete algum, provido de algum bom senso, encontrará entre as decisões de Kafka e de Josefine mais do que uma correlação bastante frágil. Poder-se-ia no máximo pensar em tal grau de masoquismo do autor que o "inspirasse" a criar a decisão de Josefine. Mas os que levam a hipótese a sério recorrem ao que, com acerto, já se chamou de "falácia intencional". Em poucas palavras, o que era válido quanto ao relato anterior, tem uma incidência bastante bem débil no relato de Josefine.

Mas a consequência de se estabelecerem paralelos entre o curso da narrativa e a vida do próprio autor apresenta muito mais do que o risco de pouca fecundidade. Lembro a propósito o pequeno ensaio de Carl R. Woodring (1958), "Josephine the singer or the mouse folk".

MELANCOLIA

O autor não tinha nenhum acanhamento em ver no relato destacado uma combinação de dados biográficos: a cantora remeteria ao grupo do teatro iídiche de que Kafka procurara se aproximar ou também aos profetas do povo judeu ou à massa do povo. Se, na narrativa, declara-se que o povo considerado mal tem tempo de usufruir da infância, isso corresponderia à necessidade dos judeus de viverem em constante diáspora. Ao mesmo tempo, a cantora alegorizaria o artista em geral, enquanto os que a cercam representariam a massa contemporânea: "Onde, em nosso século, as massas não são [...] o povo das ratazanas de Kafka?" (Woodring, 1958, p.74).

A abordagem não mereceria ser sequer referida se não apresentasse uma questão mais séria que a interpretação insuficiente de um certo autor: a interpretação seria um suplemento para o que o próprio autor poderia ter declarado. Que seriedade então teria esse tipo de atividade? Os *new critics* batizaram o procedimento de *intentional fallacy*. Porém o mais grave não estava em o intérprete pôr-se no lugar do autor, senão em tornar gratuita e desnecessária semelhante atividade, a não ser como uma forma de narcisismo, se possível lucrativo. Também a crítica corre pelos mesmos trilhos quando não se correlaciona a uma reflexão teórica, não necessariamente anterior a ela, pois, com frequência simultaneamente desenvolvida. À reflexão teórica caberá mostrar a que tipo de questão conduz o *como se'* pelo qual se cumpre a ficcionalidade, dando outro alcance ao "isso quer dizer que" proposto pela interpretação banalizada. Nesse sentido, a questão teórica serve de ponte de ligação entre o *poiético* do ficcional e o conceito-cercado-de-metáforas do *poiético* da filosofia.[8]

Verificada a fecundidade reduzida da mera hipótese autobiográfica, procuremos outra pista. De acordo com H.-H. Fingerhut

---

8 Em termos teóricos, a superação da vida autoral pela criação que opera corresponde ao que chamamos de *mímesis* da produção, isto é, àquela que, indo além da *representação*, opera uma *apresentação* – a constituição de uma cena que supõe um ingrediente tamanho de diferença que o vetor contraposto, a verossimilhança, restringe-se a tornar legível (ou compreensível) o que então se mostra (cf. Costa Lima, 2014).

(1969, p.202), um melhor caminho se abre considerando a seguinte via: "Os atributos dos ratos são escolhidos e referidos de modo que apontam como traços cifrados (*Chiffren*) de um coletivo humano". O que o autor chama de "traços cifrados" tem a propriedade de não estabelecer uma correlação, digamos, paralelística – que seria absurda entre as espécies consideradas –, pois não é apenas seletiva. Falando como se o narrador fosse o porta-voz da comunidade, lê-se no começo:

> O silêncio e a paz são a nossa música mais cara; nossa vida é penosa; mesmo se alguma vez escapamos das preocupações do cotidiano, não podemos nos elevar a coisas tão remotas de nossa rotina como a música. (Kafka, 1992, p.651)

Mas o "traço cifrado" tem a peculiaridade negativa de, em vez de oferecer uma indicação sobre a singularidade pretendida por Josephine, antes serviria para justificar, entre as ratazanas, o partido que nega que a cantora emita mais do que guinchos. Josefine é então um enigma que divide a comunidade. Por isso ela é submetida a um teste: é posta a cantar com outras ratazanas. O resultado lhe é negativo: sua voz não se distingue dos outros guinchos.

Josephine não toma o fracasso como definitivo: se alguém se põe diante dela, sua entonação já não se confunde com um simples guincho. O que vale dizer: para aceitar que é efetivamente capaz de cantar é preciso sobretudo também vê-la. "Para compreender sua arte é preciso não só escutar mas também vê-la" (ibidem, p.654). Ou seja, o "traço cifrado" torna a suposta cantora um enigma. Se assim era, por que recorremos ao critério proposto pelo crítico? Porque, para o relato, o decisivo não é saber se Josefine é uma singularidade efetiva ou um engano, mas uma consequência da questão antes posta do tipo de correlação entre as espécies das ratazanas e dos humanos. Tínhamos dito que essa correlação não era de tipo paralelístico. Que então significa a peculiaridade de Josefine exigir que o receptor também a visse senão que a correlação não era de ordem lógica, mas ficcional? (Uma correlação paralelística é de ordem lógica porque dois segmentos, *ab*, *cd*,

MELANCOLIA

têm uma mesma extensão e/ou um mesmo traçado. A correlação ficcional, a partir de alguma semelhança (a verossimilhança), enfatiza a diferença. O que vale dizer, a divisão criada a propósito do pretenso canto de Josefine – e o narrador está entre os que nela não creem – ressaltava-a como enigma. Daí que, mesmo os que nela não acreditavam, não se propunham desmistificá-la. Pois para um povo, como diz o narrador, guiado pela razão prática de uma vida difícil, o enigma apresentava um certo encanto.

Até ao presente momento, o narrador privilegiava o ponto de vista dos receptores de Josephine, entre os quais ele se incluía. O ponto de vista da narração agora se desloca para a própria Josefine. Ciente de sua condição de *prima dona*, ela se mostra indignada quando percebe que seu público é pequeno. Quando assim sucede, seus adeptos enviam mensageiros apressados e só se tranquilizam quando conseguem um público suficiente.

O acidente contornado não resolve definitivamente o conflito latente. Tomando consciência de que sua arte não é devidamente apreciada, Josefine, em suas apresentações, começa a restringir suas modulações do canto e sua *performance* corporal. Seu propósito era tentar calar a hostilidade dos que não reconheciam sua singularidade. Mas ela a tinha de fato? O relato não resolve a questão. Ela manter os hábitos que cercam a fama de uma *prima dona* não confirma sua condição. Como Josephine não consegue calar a dissenção que a cerca, diminui mais ainda suas apresentações, não aparece quando a esperam; embora a procurem mantém-se desaparecida. Quando seu canto era esperado, dela não se sabe; "dessa vez nos deixou por completo".

> Talvez não sintamos tanto sua falta, mas Josefine, livre do exílio terreno, que não poupa a todos os serem de eleição, perder-se-á alegremente entre os heróis inumeráveis de nossa gente e logo, como não fazemos história, elevar-se-á às alturas da redenção e estará esquecida como todos seus irmãos. (ibidem, p.678)

Não há nesse final um eco religioso ou sua paródia, cercado de não menos amarga ironia? Para Josefine, a *saída* consistira em excetuar-se, verdadeira ou presumidamente, da comunidade de guinchos. Não conquistando a unanimidade de sua gente, seu não caminho constara de duas etapas; a primeira fora a resignação da morte, a segunda, bem mais radical, o esquecimento pelos demais de sua própria morte.

Como a *saída* apresenta sua resolução mais frequente, retornemos à questão: que mais se poderia dizer sobre a correspondência relacional entre humanos e ratos? Além do que já escrevemos sobre a correlação não paralelística, mas ficcional, há de falar em uma linha transversal. O ponto em que se tocam concerne ao destino frequente do *Aus-weg* kafkiano, ao passo que a extensão da linha correspondente às ratazanas cumpre seu desenvolvimento ficcional. Mas a descrição permanece grosseira

Será preferível dizer que o ponto de intersecção contém o que há de mais agudo entre homem e animal outro: a intensidade da angústia. Da extensão das duas linhas, nada, na verdade, diz-se de inerente ao humano, mas a intersecção assegura que o que se tematiza a propósito do povo de Josefine de igual valeria para a linha em que não se toca. Assim o enigma de Josefine poderia ser igualmente transposto para a linha que não lhe cabe. Pretensa ou verdadeira cantora, singularidade ou emitente de guinchos idênticos aos dos demais, a questão se põe e não se resolve para as suas gentes, transcrita nas linhas que se cruzam, acompanhadas da mesma interrogação.

A última observação talvez já seja prescindível: o dilema de Josefine e a expansão que ele permite nos põem a uma imensa distância das soluções sentimentais. Em troca, há um subsolo que liga a ficção de Kafka com a grande literatura prévia à Modernidade: o subsolo da melancolia. Isso não significa que deixa de haver a questão *des Anciens et des Modernes*. Ela retorna ou permanece com outro formato: agora, para aproximar-se do fecundo subsolo comum à ficcionalidade (pelo menos ocidental), a expressão há de ressaltar a ênfase em recursos de negação – a ironia, a sátira, a paródia, o enigma não confundido com a irracionalidade.

MELANCOLIA 221

Adendo

Trabalhar hoje sobre Kafka supõe estar disposto a estudar uma bibliografia muito maior que os quatro grossos volumes de sua correspondência (*Briefe* 1900-1912; 1913-1914; 1914-1917; 1918-1920), que compreendem mais de duas mil páginas.

Mesmo que tenhamos feito este capítulo em um país que ignora o respeito às bibliotecas, seria um gesto estúpido não destacar os textos analíticos capitais para o conhecimento do autor. Radicalmente, eles são apenas dois, que preferimos, salvo em mínimas ocasiões, não usar, para destacá-los em uma posição à parte.

Comecemos pelo mais recente, o "Kafka's short fiction", de Ruth Gross (2002), germanista da Universidade do Texas, Arlington. O ensaio é surpreendentemente curto e despretensioso. Destacamos seus maiores tópicos. Estritamente, eles se limitam a dois. O primeiro, referente à *Carta ao pai*, é tanto mais surpreendente pelas inúmeras vezes que já fora abordado. Levando-a extremamente a sério, em vez de resolvê-la como "uma ampliação cômica de Édipo" (Deleuze; Guattari), tampouco se limita a debulhá-la como um rosário de queixas e lágrimas. Chega mesmo a compreender que o velho Hermann Kafka procurara educar o filho de acordo com os valores do meio rural de que proviera. Nas palavras do próprio *Brief*:

> Só podes tratar uma criança como foste criado, com força, gritaria e raiva e, além do mais, isso te parecia muito apropriado para este caso pois querias fazer de mim um rapaz forte e corajoso. (Kafka, 1992, p.148)

Mesmo sem seu propósito, Hermann criava no filho a imagem de um homem gigantesco e violento. É particularmente acentuada uma cena de infância. Na hora de dormir, a criança já estava em seu quarto e, provavelmente, não porque tivesse sede, mas para irritar os pais ou apenas para conversar, pedia água. E Kafka escreve: "Depois que algumas fortes ameaças não tiveram efeito, me tiraste da cama, me levaste para o balcão externo (Pawlatsche) e ali me deixaste, só de camisa, ante a porta fechada" (ibidem, p.149).

Daí o autor da missiva acrescentar que "seu modo de educação, nele desde então provocara um trauma (*ein inner Schaden*)" (ibidem). Embora acrescente que entenda por que assim procedia, bem como os aplausos que o pai lhe dirigia ao vê-lo cumprir atitudes de macho, não deixa mais adiante de acentuar a imagem que nele se gravara:"Para mim, te tornaste o enigmático de todos os tiranos, cujo direito sobre todos se funda em sua pessoa e não no pensamento" (ibidem, p.152).

O resultado da educação recebida foi fazê-lo fugir de tudo que recordasse a figura paterna:"Em primeiro lugar, a loja de que a família tirava o sustento. E atitudes do pai-patrão passavam a torturá-lo, a envergonhá-lo, sobretudo pela rudeza com que tratava seus empregados" (Gross, 2002, p.172).

Recordo mais rapidamente dois outros fatores destacados pela germanista: o judaísmo convencional, restrito às solenidades mais usuais, afastava Franz de sua comunidade de origem e a hostilidade manifestada pelo pai pelo interesse desde cedo vivo pela literatura. Tudo isso provoca o progresso aumento de sua distância quanto à própria constituição da família:

> Casar-me. Fundar uma família, aceitar os filhos que viessem, mantê-los e até encaminhá-los um tanto neste mundo inseguro é, segundo penso, o máximo que, em suma, um homem pode alcançar. (apud ibidem, p.200)

A maneira como o pai o socializara tornou-o especialmente incapaz para o casamento (cf. ibidem, p.216).

Muito condensados, os dados acima são bastantes para mostrar, sem excesso de acusação, o peso que Kafka reconhece na herança paterna. Gross tem o bom senso de não pretender explicar o caráter da produção ficcional de Kafka pela transmissão recebida. Mas tê-la bem esclarecida é fundamental para uma abordagem que queira mostrar como legado literário do autor, tendo um nítido lastro biográfico, não poderia simplesmente explicar-se por ele. Pode-se até acrescentar: o primeiro sinal de sua grandeza esteve em saber sair do caminho biograficamente previsível.

MELANCOLIA

Passemos ao ponto decisivo do ensaio de Ruth Gross.[9] De acordo com o entendimento usualmente repetido, a obsessão literária kafkiana fazia que, fora das horas do *Brotsberuf* (tempo dedicado ao ganha-pão), consagrasse-se exclusivamente a escrever. O duplo sentido do termo alemão *Beruf* (profissão e vocação, quando não se estende à acepção religiosa de *chamamento*) permitirá a Gross contrapor-se à afirmação de que a obra do autor tcheco tem entre suas propriedades o desinteresse político. Em que ela se baseia para dizê-lo?

Desde que o artista e, mais particularmente, o poeta e o prosador deixaram de dispor de um mecenas, que o sustentava e, implicitamente, controlava o caráter de sua produção, passou a estar quase sempre obrigado à divisão de assegurar seu sustento fora do que ganhasse com sua produção específica. O fenômeno oposto de um Balzac, que vivia de escrever, era excepcional. Sem citar a passagem de Walter Benjamin, Gross desenvolve um raciocínio próximo ao dele: "Há muito que indica que o mundo dos funcionários e o mundo do pai são semelhantes para Kafka. A semelhança não os honra. Ela é feita de torpeza, depravação e sujeira" (Benjamin, 1980, p.410). Em Kafka, só em *Um artista da fome* a divisão era ultrapassada, porque a arte do protagonista consistia na prática do jejum que pagariam os curiosos em testemunhá-la. Provavelmente, sem pensar na ação política a que seu texto assim apontava, a agudeza do ensaio de Gross esteve em acentuar que a vocação-como-*Beruf*, em Kafka, concretizas-se a partir do acompanhamento da ação profissional dos personagens. Destacando *Um artista da fome* frente a *Josefine, a cantora*, ela escreve:

> Seu corpo [...] não pode ser sustentado pelo pão que ganha, porque, ao rejeitar todo alimento pelo qual trabalha, é, artisticamente

---

9 Pelo caráter do capítulo, nos limitamos a tratar de um pequeno ensaio da autora. O interessado, no entanto, encontrará material suplementar em sua contribuição ao *reader* de Alan Udolf (1987, p.150-7), em sua própria introdução e em texto subsequente (Gross, 2002, respectivamente p.1-17 e p.209-34).

falando, seu trabalho. À diferença de Josefine, o desaparecimento é a meta, não a imprevista consequência da apresentação do eu unificado do trabalho e da arte. [...] Devemos então concluir que o eu perfeitamente unificado seria o estado inalcançável da vida. (Gross, 2002, p. 92)

Benjamin tinha dito que Kafka era um escritor para dialéticos. Sua frase permaneceria enigmática sem a contribuição de Ruth Gross. A dissociação entre *Beruf* como profissão e como vocação textualmente se desfaz apenas na morte ou, analiticamente, pela verificação de seu atributo político. Assim entendo a qualificação de ser Kafka um escritor para dialéticos: a olho nu, ou seja, para a visão linear do texto kafkiano, a angústia que persegue seus personagens cola-se a momentos ociosos (ou fora do exercício de uma profissão), de acusado por um tribunal que não se sabe sequer onde localizado, de um agrimensor não recebido pelos que o convocaram, de um emigrado que desaparece antes que se saiba onde fora parar, para não repetir as situações dos relatos que analisamos.

Fora desse enlace sutil, a analista mostra como o mundo dos personagens de Kafka é formado por uma variedade de Joseph K, isto é, de empregados acusados não se sabe de quê, de Gregor Samsa, transformados sem motivo em um inseto sem nome. Nesse sentido, a verificação de Stach a propósito do caráter do trabalho executado por Kafka no Instituto de Seguro de Acidentes de Trabalho estendia para o campo do *Beruf*-profissão o que era afim ao âmbito do *Beruf*-como-vocação: os sofrimentos que diariamente testemunhava lhe serviam de "estímulo" para o que criava.

Em síntese, acentuando que a vocação de escritor de Kafka cumpre-se por meio de personagens que vivem em uma profissão correlata à ansiedade e à angústia que os atravessa, Gross vai mais fundo no que Politzer acentuava: os dilemas que encontramos em Kafka têm por contorno a racionalidade capitalista. Verificar a nova escravidão que se cria torna-o um escritor para dialéticos.

Preferimos inverter a ordem cronológica dos autores que destacamos para tornar mais evidente a admiração por Walter Benjamin. Isso, ademais, era aconselhável porque não nos demora-

MELANCOLIA

mos nas diversas apreciações que Benjamin fez do autor tcheco, o que exigiria um ensaio de extensão semelhante à deste capítulo. (Veja-se a coletânea de ensaios e cartas, enviadas ou recebidas por Benjamin a propósito de Kafka, há anos realizada por Hermann Schwepenhäuser (1981).) Limitamo-nos a assinalar um aspecto do ensaio que publica no décimo aniversário da morte de Kafka. O leitor compreenderá a razão da escolha.

Benjamin relaciona o inacabamento dos seres estranhos ou híbridos em Kafka com passagem de uma conversa dele com Max Brod, que este conservara. A conversa girava em torno do gnosticismo. Ante a afirmação de Kafka que terminava por "nosso mundo é apenas (produto) do mau humor de Deus, de um dia ruim", Brod se animara a indagar: "Então, fora da manifestação do mundo que conhecemos, haveria esperança?". Kafka sorria ao responder: "Ô, esperança bastante. Só que não para nós" (Benjamin, 1980, p.414).

Indo além do amargo chiste kafkiano, Benjamin relacionava o mundo da lei que impera, com o do mito e o de Kafka. "O mundo do mito que, neste contexto, vem à mente é incomparavelmente mais jovem que o de Kafka, pois o mito já prometia a redenção (*Erlösung*)" (ibidem, p.415). Acrescentava ainda como atestação que o relato de Ulisses introduzia a razão e a astúcia, vencedoras da lei opressiva (ibidem).

Como não seria prudente iniciar aqui uma discussão entre os mundos do mito, da razão e a posição em que se situaria o de Kafka, apenas expliquemos o motivo do destaque do tópico. Benjamin declarava que o mito, enquanto promotor de uma razão astuciosa – a razão épica, podemos supor que a pensava anterior à luta a desenvolver-se entre sofistas e Platão e seus aliados – preparava a promessa da redenção da espécie e, talvez, considerasse o cosmo fechado da filosofia clássica grega como seu ultrapasse, que no entanto visava ao mesmo propósito redentor.

Pouco importa se minhas suposições estão corretas. Para o enunciado de Benjamin apenas interessa a relação temporal estabelecida entre o mito e Kafka: *o mito era bastante posterior ao mundo kafkiano, ou seja, a promessa de uma redenção para o homem só teria surgido bem depois de Kafka.*

É evidente que se tratava de uma fantástica construção hipotética, fundada em uma temporalidade invertida: ao mundo de Kafka corresponde um tempo precedente ao do mito. A razão astuciosa, que se manifesta no *epos*, seria uma etapa primeira da promessa redentora; etapa infantil de uma razão que tinha por motivação descobrir um sentido redentor para o mundo. (Não penso, nem importa aqui considerar que tal *Erlösung* alcançasse uma dimensão religiosa, inconcebível em Benjamin.[10])

O decisivo no raciocínio do malogrado pensador era entender que a florescência da razão resgatadora, por motivos que seu ensaio não procura desvendar, fenecera em Kafka – poder-se-ia cogitar em uma articulação histórica, o estado do mundo em vésperas do que será a catástrofe da Primeira Guerra, com a estrutura psíquica altamente neurótica do autor, de que resultara o retorno de um estado de espírito (*Stimmung*) que vigorara entre os homens, *antes* da socialização dos mitos (ou, depois da épica homérica, com o domínio do *pathos* trágico). Poderíamos encontrar sua concretização na figura daquela coisa estranha, de que não tratamos porque não poderia ser considerada um animal, com toda aparência de uma bobina quebrada que falasse, Odradek, em que, nas palavras de Kafka (1972, p.139), "o todo se mostra, na verdade, sem sentido".

Confiemos na força desbravadora da especulação benjaminiana: admita-se quer que a razão vá além de sua disposição astuciosa e venha a se integrar a um *corpus* filosófico, quer que a fronteira filosófica alargue-se e seja ultrapassada pela razão científica, esta, contemporânea a Kafka, e, em sequência, a Benjamin, converta-se em opressiva. Contemporaneamente ao ensaio de Benjamin, Husserl, nas anotações que ainda chegou a escrever para a sua *Crise' das ciências europeias*, tornaria mais plausível a afirmação de uma razão opressiva ao explicar a referida crise como decorrência da autonomização que a tecnologia alcançara sobre a ciência que a possibilitara. Que haveria entre

---

10 Se recorro à segunda parte do capítulo 1, haveria de notar que a tragédia, ressaltando o *pathos*, já se afastava da astúcia promissora de Ulisses.

MELANCOLIA

a razão de dominância tecnológica e o todo governado por uma lei sem sentido? Já parece ir além da mera especulação observar que, entre o apogeu da razão científica ou tecnológica e o pessimismo que se alastra mais precisamente a seguir da Primeira Grande Guerra, reinara o otimismo evolucionista – hoje reduzido a certa rede mediática ou a políticos em vésperas de eleição. Ou seja, a ênfase kafkiana na falta de caminho, ou melhor, na necessidade de ter de sair do caminho (*Ausweg*) mostra-se como desengano na crença do progresso.

Em suma, o filão que destacamos no ensaio de Benjamin poderá soar como uma fantasia especulativa. Preferimos considerá-la como um ponto de partida que conduz à alternativa em que o tempo contemporâneo é visto como regido por "uma lei opressiva" (Benjamin) ou, conforme dizia Kafka, a propósito de Odradek, como "uma verdade sem sentido", ou ainda melhor, na caracterização de Gershom Scholem (1981, p.82), em carta a seu amigo Benjamin em 20 de setembro de 1934: "Tu me perguntas o que compreendo pelo 'nada da revelação' (*Offenbarung*). Aí compreendo uma situação em que ela se mostra sem significação, em que, na verdade, ela ainda é asseverada, em que se mantém em vigência (*gilt*), porém não significa (*bedeutet*)".

Em síntese, a última abordagem aqui feita, referente ao tópico que destacamos no texto de Benjamin, foi o sêmen de que germinou o fundamento deste capítulo. Para formularmos sua síntese, basta-nos substituir o termo em que Scholem concentrava sua crença religiosa (*Offenbarung*) por seu correspondente leigo, *lei*. Porque a lei mantém sua *vigência*, guarda a força de seu mandato, sem dispor do vigor do convencimento, que a ela só coexiste enquanto o seu enunciado *significa*, a lei torna-se arbitrária e tão só é condução válida para seus executores e beneficiados. Desde esse momento, é preciso descobrir uma *saída*, mesmo que ela seja algo provisório; assegure apenas um modo de sobrevivência ou tão só um alívio. Mas que/quem estabelecerá essa força imperativa!? Desde que Deus afastou-se do mundo, o *quem* foi descartado. Resta o *quê*, que continuamos a desconhecer. Cega ou passionalmente, a lei impera.

3

A ESPERA
PRELÚDIO A SAMUEL BECKETT

INTERCRUZAMENTO DE VIDAS E OBRAS

O título do item aponta para o paralelismo com a abertura do capítulo anterior. Ele só fará sentido quando se chegar ao momento de comparar as duas trajetórias pela análise de suas obras. Neste momento, deverá ficar claro não só por que ressalto, em comum, a abertura biográfica, como a razão de, entre os grandes autores da modernidade, ter escolhido precisamente esses dois.

Assim como no caso de Kafka, contaremos com o apoio de uma exaustiva pesquisa biográfica. Porém, conquanto Stach e Knowlson sejam usados com um propósito semelhante, não se pretende que cada um tenha tido uma posição equivalente quanto a seu biografado. Ao passo que Reiner Stach realiza sua pesquisa quando não só Kafka, como seu mundo já haviam desaparecido, James Knowlson teve a fortuna de ser amigo de Samuel Beckett e de dispor de testemunhos a ele próprio dirigidos. De nosso ponto de vista, a diferença pouco contará, porque o decisivo, seu rico detalhismo biográfico, terá sua utilidade restrita à oferta de informações sobre a ambiência das obras.

Filho de uma família financeiramente bem-situada, Samuel Beckett educou-se em Dublin, completando sua formação universitária no Trinity College. (Ao ser galardoado com o Prêmio Nobel, em outubro de 1969, demonſtrará seu reconhecimento à inſtituição, doando parte da soma à biblioteca do College.)

Depois de ensinar no Campbell College (1927-1928), em Belfaſt, e de ser leitor de inglês (1928) na École Normale Supérieure, de Paris, período em que conhece e torna-se amigo de Joyce, regressa a Dublin, onde, entre 1930 e 1932, foi leitor de francês e italiano, no Trinity College. Convencendo-se de não ter vocação acadêmica, pede demissão. No mesmo ano de 1932, começa o que, de início, deveria ser uma viagem de conhecimento ao estrangeiro, a principiar pela Alemanha,[1] onde contava se hoſpedar com uma tia, que, acompanhando seu marido alemão, emigrara para Kassel. Seu propósito maior, além de praticar a língua, era conhecer originais por ele mais admirados de pintura antiga e contemporânea. Depara então com dois impreviſtos: a situação financeira do tio tornava-se cada vez mais difícil por sua condição de judeu, em uma nação que já conhecia as consequências da ascensão hitleriſta, e a presença do nazismo que já se manifeſtava na perseguição à chamada arte "degenerada".

Seu propósito de conhecimento da pintura não chega a ser totalmente prejudicado porque ainda consegue ver, em Erfurt, quadros de Kandinsky, Feininger e Nolde, e, em Dresden, uma coleção particular, que contava com obras de Klee, Picasso e Miró. Knowlson (1996, p.223) chama a atenção para seu desinteresse por queſtões de ordem política: "[...] Beckett não eſtava interessado em teorias políticas, mas sim nas injuſtiças humanas perpetradas pelo regime naziſta".

A situação precária de William Sinclair, o marido da tia, um *marchand de tableaux* judeu sob o tacão nazi, obriga Beckett a abreviar sua permanência na Alemanha e a seguir mais depressa para Paris. Aí recebe o choque de saber da morte do pai, a quem

---

1 De extrema utilidade é a consulta textual e iconográfica da pesquisa de Erika Tophoven (2005): *Becketts Berlin*.

MELANCOLIA

era extremamente afeiçoado. De regresso a Dublin, é aconselhado por um médico amigo a receber tratamento psicanalítico. Dado que a psicanálise ainda não era praticada na Irlanda, segue para Londres. Como a pequena renda mensal a que passara a receber desde a morte do pai não era suficiente para sua longa terapia – foram mais de 150 sessões, entre 1934 e 1935 –, realizada com o depois famoso Wilfred Ruprecht Bion, seu tratamento era pago pela mãe, com quem sempre manteve uma relação ambígua, entre amorosa e tumultuada.

Em Londres, Beckett leva uma vida pobre, que assim se prolongará por décadas. Para somar ao que recebe de casa, conta apenas com as poucas resenhas que assina. Além da terapia com Wilfred Bion, suas atividades se restringem a visita a museus e a ida a concertos. Embora a escassez de meios financeiros lhe fosse imposta, a maneira como dispunha de seu tempo livre demonstrava que, desde muito jovem, não se interessava pela estabilidade de um emprego ou pelo acesso a uma renda fixa, optando pela atenção ao que era feito nas artes, não só literária, como musical e pictórica.

É nessa Londres de antes da guerra que, em seguida a uma peregrinação por várias editoras, publica sua primeira ficção, a coletânea de contos, *More pricks than kicks* (1934). Antes, ainda na Irlanda, havia escrito "Dante. Bruno. Vico... Joyce", publicado em 1929 na antologia *Our exagmination round his factification for incamination of work in progress*, na revista *Transition*, que ainda acolheria um conto seu e, já em Londres, editado pela Chatos, o ensaio sobre *Proust*, publicado em 1931.

A recepção reticenciosa do *More pricks* – que a crítica designaria "uma farsa para intelectuais" – não favorece a circulação do livro. Em resposta à carta de Beckett, desapontado com a primeira prestação de contas de vendas, Charles Prentice, que trabalhava para a editora que o aceitara, polidamente lhe escreve:

> Foi simpático de sua parte escrever sobre a conta. Sabe Deus como eu gostaria que as vendas tivessem sido maiores, mas espero que não se deprima, e, por certo, não deve se preocupar com a Chatos.

[...] Estamos na verdade contentes em haver publicado o *More' pricks than kicks* e nosso pesar é sobretudo por você. Afinal, foi uma oportunidade de publicar literatura e, embora a decepção não seja agradável, estamos preparados contra ela. (apud Knowlson, 1996, p.177)

Embora a gentileza do intermediário fosse (e continue a ser) incomum, não podemos deixar de notar um dado na aparência banal: *"I do hope' you won't be' depresse'd"*. É provável que a referência não fosse gratuita ou apenas manifestação de boas maneiras; que, em suma, o funcionário da editora soubesse do estado psíquico do jovem autor. De qualquer maneira, ela serve de ponte para entender-se melhor a reflexão que Beckett desenvolve, a propósito de um de seus retornos a Dublin, em carta a seu amigo Thomas McGreevy:

> Em casa, algumas coisas parecem mais simples. Pareço ter-me tornado indiferente às emoções de botequim [...] Os sentimentos das pessoas não parecem interessar, se é simpático para com todos, para o ofensor e o ofendido, com um *basso profondo* de reserva que nunca te abandona. [...] Sou agora obrigado a aceitar todo o pânico como psiconeurótico – que me faz ter pressa em voltar e ir adiante. (Beckett, 2009b, p.216-7)

A referência a seu tratamento psicanalítico é apenas indireta, mas evidente. Além do mais, Knowlson (1996, p.174) acentuará que a maior eficácia da intervenção de Bion se devia a seu próprio interesse pela escrita literária. Isso facilitará que o psicanalista, em vez de apenas "corrigir" os impulsos da psique de seu paciente, canalizasse-os para fluxos que se configurarão em sua obra, a exemplo dos sentimentos de frustração e violência.

A anotação merece algum desenvolvimento. Apesar de a afirmação de A. Alvarez (1973, p.62) sobre *L'Innomable'* – a formulação do livro "soa como o estado da mente de um esquizofrênico crônico" – seja simplesmente brutal, a participação de Bion na conduta literária de seu paciente não é tão absolutamente positiva como supõe o biógrafo. No curso da análise, teremos ocasião de verificar que, sem deixar de ser descortês, a observação de Al-

MELANCOLIA

varez não é absurda: "*O Inominável* está perigosamente próximo de ser *O Ilegível*" (ibidem, p.63).

Terminado o motivo terapêutico de sua permanência em Londres, Beckett, mesmo pela penúria com que vivia, retorna à casa materna. Como a relação entre filho e mãe foi constantemente tumultuosa e dada a opção de Beckett por uma vida errante, sem maiores preocupações em estabelecer um pecúlio, em 1937 ele retorna a Paris. Sua situação é agora mais grave, pois não tem nenhum emprego e a início da guerra era cada vez mais iminente. Dada sua desatenção para questões de ordem pública, é válida a explicação que o primo do escritor, Morris Sinclair, oferecerá em carta a Knowlson:

> Viver na Irlanda era uma prisão para Sam. Entrou em choque com a censura irlandesa. Não conseguia conviver com a cena literária irlandesa ou com a política do Estado livre, como W. B. Yeats fizera. [...] Mas a grande cidade, o horizonte mais amplo oferecia a liberdade de um anonimato comparativo [...] e o estímulo, em vez da opressão, do ciúme, da intriga e dos mexericos de Dublin. (apud Knowlson, 1996, p.253)

Antes de fixar-se em Paris, Beckett ainda publica em Londres o romance *Murphy* (1938). Até consegui-lo, fizera a incômoda peregrinação por diversas editoras. Seu resultado de vendas será tão pobre quanto o de sua posterior tradução francesa (1947). No posfácio à tradução em português, Nuno Ramos (in Beckett, 2013, p.223) dirá irônica e saborosamente: "Aqui, o personagem é já puro Beckett, embora o livro não o seja".

Murphy foi seu primeiro livro de alguma importância. O princípio da Grande Guerra ameaça não permitir que saísse do anonimato das levas de escritores e artistas atraídos por Paris. Antes dessa ameaça, contudo, outra mais imediata dele se acerca. Por mais que permanecesse desinteressado de questões políticas, a vertiginosa expansão nazista, a derrota do exército francês e a ocupação de Paris iam muito além de seu desinteresse. Em 1941, seu amigo Alfred Péron, com quem chegara a trabalhar na tradução de Joyce, convence-o a incorporar-se à resistência. Bastou um ano para que sua célula fosse denunciada por um padre delator. Perón será preso e morto pela Gestapo. Beckett e sua mulher, Suzanne Deschevaux-Dumesnil, escapam por um triz e refugiam-se na aldeia montanhosa de Roussillon, cujo difícil acesso, aliado à falta de interesse estratégico e à ausência de alojamento para as tropas alemãs, assegura a sobrevivência do casal. Os refugiados conseguem ganhar a sobrevivência exercendo tarefas manuais para os fazendeiros locais.

A fuga aludida e seu êxito seriam de referência aqui ociosa se não fosse um testemunho precioso para o exame da inter-relação de sua vida com a de Kafka. Isso porque, do ponto de vista das relações entre vida e obra, os dois apresentam, no que respeita ao espaço público da política, uma conexão bem oposta. Para compreendê-lo, recorde-se o que se vira no capítulo anterior. Na vida de Kafka, muito raramente – sua participação em favor dos pobres atores do teatro iídiche, sua atuação, em favor dos mutilados da Primeira Grande Guerra, exercida no Instituto de Seguro de Acidentes de Trabalho – ele se manifestou sobre o que sucedia além de seu espaço privado, ou, mais especificamente, além de sua mesa de trabalho e de sua desastrada experiência amorosa. Sua ficção, ao contrário, não tem outra matéria-prima senão o choque dos indivíduos isolados com a impenetrabilidade da lei. Ora, que poderia ser mais oposto do que o notado em Beckett? Desinteressado que fosse pelos antagonismos políticos, sua participação ativa na 'Résistance', reconhecida pela condecoração de 'Croix de' ferre' do governo francês, demonstra sua capacidade de combater por interesses coletivos. No mesmo sentido, quando já famoso, lê-se sua colaboração com os que se empenham pela libertação do teatrólogo Fernando Arrabal, acusado por Franco de blasfêmia e traição, assim como sua participação em favor da libertação do teatrólogo e líder político tcheco Václav Havel, uma das últimas vítimas da mão de ferro soviética, além da partilha financeira pelo que tinha direito com o Prêmio Nobel de 1969, efetuada entre a biblioteca do Trinity College, escritores, pintores e diretores de teatro. Outros gestos semelhantes ainda

MELANCOLIA 235

podiam ser arrolados – como o apoio para a encenação de *Espe-rando Godot* por encarcerados em uma prisão alemã, o favoreci-mento para que a peça fosse representada, nos Estados Unidos, por um elenco de atores exclusivamente negros. Acrescentá-los apenas acentuaria o contraste com a ausência em toda sua obra, não apenas na parcela que analisaremos, da mínima referência direta a questões de ordem pública e social.

Depois da abordagem das obras que escolhemos, voltaremos, com mais elementos, a esse cruzamento invertido. No momen-to, baste-nos acrescentar que ambos partem de uma negação co-mum: o que costumamos entender como liberdade e ação livre são, de fato, termos contingentes, se não ilusórios. Vejamos como a questão se anuncia em Beckett, seja no ensaio sobre Proust, seja no juízo sobre sua admirada obra joyceana.

Beckett considera sua própria obra como produto da direção oposta da que James Joyce emprestara à sua:

> Quanto mais Joyce sabia, tanto mais podia. Como artista, ele tende à onisciência e à onipotência. Eu trabalho com a impotência, a ignorância. Penso que a impotência não foi explorada no passado. Parece haver uma espécie de axioma estético de que a expressão é realização – deve ser uma realização. Minha pequena exploração está naquela inteira zona do ser que sempre foi posta de lado pelos artistas como algo inutilizável – como algo por definição incompa-tível com a arte. (in Graver; Federman, 1979, p.148)

Embora fosse rude ou mesmo insolente dizer que a diversida-de afirmada de rumos implicasse um critério valorativo, esse não deixa de se explicitar em documento bastante anterior: na carta que endereça de Dublin, em 9 de julho de 1937, a alguém que se tornara seu amigo na Alemanha, Axel Kaun:

> Torna-se cada vez mais difícil, mesmo sem sentido, para mim, escrever em um inglês formal. E cada vez mais minha língua me aparece como um véu que tivesse de ser rasgado de modo a chegar àquelas coisas (ou ao nada) que estão por detrás. (in Craig; Fehsen-feld; Overbeck, 2009, p.518)

Por menor que fosse seu propósito, a via considerada triunfa-lista de Joyce era identificada com um modo antiquado e convencional, que a literatura, ao contrário da pintura e da música, insistiria em manter. É impossível deixar de cogitar que, apesar de sua inconteste admiração, Joyce aparecia-lhe como um competidor, diante do qual haveria de descobrir uma alternativa que o diferençasse. Mas o próprio Beckett não fez a ilação, nem tampouco foi ela explicitada por qualquer um dos críticos consultados.

Para tentarmos um melhor entendimento do que se passaria em Beckett como projeto literário e por que a elaboração desse projeto o levava a se pôr em uma posição de reserva ou mesmo de antagonismo quanto a seu amigo e admirado Joyce, destaquem-se certas passagens do ensaio que, jovem, escrevera sobre Proust. (Paradoxalmente, ele é mais útil como testemunho da reação do leitor do que uma verdadeira tentativa de apreciação crítica.) Reúnam-se as passagens sobre as quais, de início, pensaremos:

> Vítimas como também o são os organismos inferiores que, conscientes apenas de duas dimensões, subitamente, confrontam-se com o mistério da altura – vítimas e prisioneiros. Não há como fugir das horas e dos dias. Nem de amanhã nem de ontem. Não há como fugir de ontem porque ontem nos deformou ou foi por nós deformado. (Beckett, 1986, p.9)

> Mesmo supondo que por um desses raros milagres de coincidência, quando o calendário dos fatos corre paralelo ao calendário dos sentimentos, a realização tenha-se dado, que o objeto do desejo (no sentido estrito da doença), tenha sido conquistado pelo sujeito, neste caso a congruência é tão perfeita, o estado-de-tempo da realização elimina tão precisamente o estado-de-tempo da aspiração que o real parece o inevitável e (sendo em vão todo o esforço intelectual consciente de reconstituir o invisível e o impensável como uma realidade) tornamo-nos incapazes de apreciar nosso contentamento, ao compará-lo com nosso pesar. (ibidem, p.10)

> A memória involuntária é explosiva, "uma deflagração total, imediata e deliciosa". Restaura não somente o objeto passado, mas

também o Lázaro fascinado ou torturado por ele [...], porque em sua chama consumiu o Hábito e seus labores e em seu fulgor revela o que a falsa realidade da experiência não pôde e jamais poderá revelar – o real. Mas a memória involuntária é um mágico rebelde e não se deixa importunar. (ibidem, p.26)

> [...] Se o amor, para Proust, é uma função da tristeza do homem, a amizade é função de sua covardia; e se nenhum dos dois pode concretizar-se, devido à impenetrabilidade (ao isolamento) de tudo que não for *cosa mentale*, ao menos o fracasso da posse terá talvez a nobreza do que é trágico, enquanto que a tentativa de comunicar-se onde não é possível qualquer comunicação não passa de vulgaridade simiesca, ou horrendamente cômica, como o delírio que sustenta um diálogo com a mobília. (ibidem, p.51)

As passagens poderiam ser complementadas com as que fossem retiradas de "Dante, Bruno, Vico... Joyce" (1929) e do bem posterior "Three dialogues with Georges Duthuit" (1949). Mas não será preciso fazê-lo porque a posição beckettiana não mudará com o correr dos anos – melhor seria dizer, porque nosso autor nunca pretendeu se destacar por seu talento crítico. O fato, ademais, de só procurarem exprimir a visão pessoal do autor quanto à arte e aos autores e artistas escolhidos torna sua ensaística, sob o aspecto da objetividade procurada, absolutamente equivalente à sua ficção.

É valido ainda de início declarar que as passagens poderiam ser tomadas como variantes da epígrafe extraída de Leopardi: "*E fango è il mondo*". Por que seria o mundo lama, lodo, se, entre ele e o sujeito humano, não se opusessem tantas barreiras? Elas começam com as dimensões do tempo, que deforma o sujeito por sermos dele vítimas e prisioneiros. O tempo nos habitua às dimensões do antes e do depois; uma tomada como passado, a outra, como porvir. De igual, deforma-nos porque a constituição da matéria e da psique não são entre si transparentes, pois o que foi tem consistência de cinza e o que será não sabemos que espécie de cinza será. (Beckett não se digna explicar o que entende pelo "mistério da altura"; desenvolver qualquer hipótese seria, de nossa parte, arbitrário.) Decorre daí que, mesmo se se admite a improvável coincidência entre o "calendário dos fatos" e o "calendário dos sentimentos", o objeto do desejo, enquanto invenção da psique, ao ser alcançado pelo sujeito e então estabelecer uma congruência perfeita entre os tempos de realização e de aspiração, forçaria a eliminação do segundo. O que vale dizer, a improvável coincidência das formas do calendário se revela impossível porque, como realização, o desejo é uma quimera. E o é porque ele existe enquanto se confunde com estar à espera.

A aludida impossibilidade de coincidência já independe da diferença constitutiva da matéria do mundo e da psique. Essa já resulta da inconfiabilidade da linguagem. Como entendo a elaboração beckettiana, o desejo estabelece a aspiração por algo, que não se confunde com a constituição mesma desse algo. A disparidade não se verifica entre *physis* e *psyché*, senão que entre a imagem criada pelo desejo, expressa em suspiros e palavras, e a presença real do desejado.

A terceira passagem destaca a desconformidade entre a memória involuntária e o hábito. Como o hábito vicia a realidade da experiência por enrijecê-la e, assim, impedi-la de reconhecer a variedade, interdita ao sujeito que o real se lhe revele. Por isso, apesar do magismo da memória involuntária, ela é ingovernável; serve a quem quer, no momento que arbitre fazê-lo. Por isso mesmo o sujeito humano não pode contar com sua magia. Eventual e esporadicamente, ela lhe servirá para que logo se retraia.

As passagens selecionadas então se projetam sobre a última: a consequência derradeira das barreiras que se assinalaram é o sujeito ter como parceiro apenas sua intimidade; com o quê, como dissera Leonardo, ela não vai além da condição de *cosa mentale*. Por isso os sentimentos de amor e amizade são resultantes de estados anteriores, da tristeza e da covardia que os motiva. Nenhum dos dois sentimentos, por conseguinte, abre o caminho para além do isolamento que cerca o sujeito humano. Abre-se por isso para o homem apenas a alternativa desigual das atitudes cômica e trágica. A primeira, definida por sua vulgaridade simiesca, consiste em não considerar a deformação que o tempo

MELANCOLIA 239

provoca no sujeito e a inconfiabilidade da linguagem. O trágico, em troca, definido como nobre, consiste em o sujeito *saber* que, prisioneiro do tempo, o acesso à alteridade lhe é negado pelas falhas de que se originam seus sentimentos de amor e de amizade, não sendo mais bem aquinhoado em relação à própria *physis*.

Quando acentuamos que o ensaio não poderia ser tomado como uma tentativa de apreensão efetivamente crítica da *'Recherche'*, porque não pretende senão enunciar a reação afetiva de seu leitor, estamos a dizer que Beckett usava sua imensa sensibilidade e argúcia de leitor para antecipar, no que Proust fizera, o que ele próprio só conseguiria ficcionalizar algumas décadas passadas.

De todo modo, por menos que Beckett tenha mudado sua concepção da arte em geral, pesava que então tivesse apenas 25 anos. Se não nos desviasse da meta principal do capítulo, aprofundaríamos-nos em "Three dialogues with Georges Duthuit", que tem a vantagem extra de ser contemporâneo da trilogia. Limitemo-nos à curta menção.

Uma pequena passagem inicial do diálogo será suficiente. Levando a cabo a crítica à tradição da pintura não contemporânea, Beckett declarava que falava "de uma arte que se desviava de si com repulsa, cansada de proezas mesquinhas, de fazer de conta que é capaz, de fazer um pouco melhor a mesma coisa de sempre, de ir um pouco além de uma estrada árida" (Beckett, 2006, p.556). E ante a pergunta de seu interlocutor: "E preferindo o quê?", acrescentava: "A expressão de que não há nada a expressar, nada com que expressar, nada a expressar, poder algum de expressão, desejo algum de exprimir, juntamente com a obrigação de exprimir" (ibidem).

Voltemos ao ambiente de sua estrita obra ficcional. Bafejado pela sorte de escapar, junto com sua companheira, da morte pela polícia nazista, Beckett tem a oportunidade de voltar à Irlanda, em visita à mãe, a quem havia anos não encontrava. O retorno a casa lhe trará uma dificuldade imprevista. Como não tinha visto de permanência na França, para ter o direito de retorno se incorporou à Cruz Vermelha irlandesa, que colaborava com o esforço de reconstrução europeia, pela instalação de um hospital em Saint-Lô, na Normandia. Nele, trabalha como intérprete, até o fim de seu contrato, em dezembro de 1945. É neste ponto obrigatório assinalar, com seu biógrafo, as mudanças que a participação na Resistência, o tempo que se mantém fugido, a ajuda na instalação hospitalar, nele operam:

> Os anos da guerra tiveram um efeito profundo em Beckett. É difícil imaginá-lo a escrever os relatos, romances e peças que produziu no turbilhão criador do período imediato ao pós-guerra sem a experiência daqueles cinco anos. Uma coisa era apreciar intelectualmente o medo, o risco, a ansiedade e a privação. Outra bem diversa ele mesmo vivê-los, como ao ser esfaqueado [em Paris, por um proxeneta, em janeiro de 1938] ou quando se escondia ou fugia. (Knowlson, 1996, p.315)

O conhecimento dos dados biográficos nos ajuda a acentuar que o retorno a Paris, onde agora se fixará por 52 anos, com o amadurecimento provocado pelos anos próximos passados são fundamentais para entendermos o rumo que sua produção agora receberá.

Beckett apresenta o caso singular de um escritor que só se torna famoso, aclamado por grande maioria da crítica especializada e procurado pelo público, depois de optar por escrever sistematicamente em uma língua estrangeira. (Ao escrever o *Lolita* em inglês, Nabokov, mesmo que já vivesse exilado, era conhecido por obras que continuavam a ser escritas e editadas em russo.) Entre 1930, quando publicara em Paris, a pequena coleção de poemas, *Whoroscope*, 1934, com os relatos curtos do *More pricks*, 1935, a coletânea de poemas, *Echo's bones and other precipitates*, 1938, o romance *Murphy*, e ainda 1945, quando aparece em Paris o original em inglês do *Watt* (segundo o responsável pela *Grove Centenary Edition*, repleta de erros tipográficos), para não mais repetir a referência a seus poucos ensaios, Beckett escreve exclusivamente em sua língua materna.

Terminada a experiência da guerra, onde estivera perto de ser levado a um campo de concentração, em que perdera seu amigo Alfred Péron, e da ajuda humanitária no hospital em Saint-Lô,

MELANCOLIA 241

de volta a Paris, Beckett se dedica a escrever apenas em francês. As explicações oferecidas – durante seus dois anos em Roussillon, só falara em francês, mesmo porque Suzanne, sua mulher, nunca aprendera o inglês, ou a oferecida pelo próprio autor de querer escapar da "exuberância e dos automatismos do anglo-irlandês" (apud Knowlson, 1996, p.324) – não são convincentes. De qualquer modo, é beneficiado por sua facilidade na aprendizagem de línguas, desenvolvida e demonstrada ainda no Trinity College (latim, italiano, francês, alemão). Isso por certo o beneficiará no completo domínio da língua do país em que escolhera viver, embora sempre tenha mantido o cuidado de submeter seus originais à verificação de uma *native speaker*, a viúva de A. Péron. O indiscutível é que, entre 1946 e 1950, Beckett entrega-se ao que Knowlson (1996, cap.15, p.322-50) chamará de *a frenzy of writing*. É certo que ainda escreveu o romance *Mercier et Camier*, as *Nouvelles et textes pour rien* só publicados depois de tornar-se famoso, e a peça *Eleutheria*, apenas postumamente conhecida pelo público. Em troca, entre 1947 e 1948, escreve *Molloy* e *Malone meurt*, entre outubro de 1948 e janeiro de 1949, *En attendant Godot*, entre 1949 e 1950, *L'Innomable*.

É nesse curto período que Samuel Beckett deixa de ser um autor conhecido apenas em pequenos círculos, desde cedo habituado a ter seus originais recusados ou, como notamos a propósito do *More pricks than kicks*, a receber amáveis comunicações sobre seu fracasso de vendas, para se tornar alguém que ganha tamanha projeção nos suplementos e revistas literárias que precisa exercer grande vigilância para se manter o máximo possível fora dos círculos publicitários. (Ao receber o Prêmio Nobel, em outubro de 1969, escapara do assédio da imprensa em viagem para a Tunísia.)

Embora só saibamos a propósito da publicação do *Molloy* e do *Malone meurt*, no mesmo ano de 1951, que seu êxito de crítica fora suficiente para entusiasmar seu então jovem editor, Jérôme Lindon, desde então responsável pela edição em francês de toda sua obra, podemos supor que seu êxito não se estenderia além do público aficionado à literatura. Lembre-se comentário a que ainda deveremos retornar: Maurice Blanchot (1959, p.308), a propósito de *L'innomable* (1953) perguntava-se, em sua breve mas brilhante resenha, "quem fala nos livros de Samuel Beckett? Qual é este 'eu' infatigável que aparentemente sempre diz a mesma coisa?". E responderá que é o agente de "uma palavra neutra"; que assim sucede porque "a obra exige que o homem que a escreve se sacrifique pela obra, torne-se outro, não se torne um outro, não o outro da criatura viva que era, o escritor com seus deveres, suas satisfações e seus interesses, mas antes ninguém, o lugar vivo e animado em que ressoa o apelo da obra" (ibidem).

(Por um desenvolvimento mais amplo do comentário de Blanchot seria verificado que a trilha negativa, antitriunfalista, exploradora da insignificância – antijoyceana como seria antipicassiana – que Beckett se propunha e veio a realizar supunha o contrário do filão romântico, expressão do sujeito que o realizava, e sentimental; uma ficção não compensatória. E mais do que isso, atonal, perigosamente próxima do intransitivo.)

O crítico converte cada razão sobre o caráter da obra em uma nova pergunta. Ao chegar ao fim da trilogia: "Aí, a palavra não fala, ela é, nela nada começa, nada se diz, mas ela está sempre de novo e sempre recomeça" (ibidem).

Ainda que a apreciação de Blanchot deva ser vista ao lado de outras, deve-se notar que ela traz implícito que seu reconhecimento do empenho pelo texto supõe que o crítico francês nele ve concretizar-se uma linha de pensamento diversa, mesmo oposta, à que mais frequentava os noticiários literários.

Mesmo pelo caráter excepcional da apreciação de Blanchot, temos de ter o cuidado de não compreender sua apreciação como a mais frequentemente provocada pelo autor irlandês. Não que a recepção de Beckett deixasse de ser, em sua maioria positiva, senão que nos iludiríamos se daí concluíssemos que sua extrema nomeada em Paris, resultasse da acolhida positiva da trilogia. A consagração de Beckett, que torna seu nome conhecido mesmo por quem nunca o tenha lido, adveio da representação de sua primeira peça teatral, *Esperando Godot*, em 1952. Nela, a linguagem menos comunica do que declara a exaustão de seus agentes, que vivem à espera de algo ou alguém de que sequer se sabe se existe. Para comunicar, a linguagem dos protagonistas há de dispor de uma ação. Chamaremos de ação o que ali se passa?

Não parece mero exercício de lógica *a posteriori* supor que o extraordinário êxito da peça, muito além de razões intelectuais, tenha tido a ver com o ambiente de ansiedade social e de destruição, material e psíquica, provocada pela Segunda Grande Guerra. O desenrolar e as consequências da guerra não só abalaram o orgulho de ser francês, havendo sido o país quase por completo ocupado por um povo secularmente seu rival, não só humilhado pela decisão de um herói nacional em estabelecer, em Vichy, um governo de compromisso com o ocupante, não só terminará por jogar na lata de lixo o sonho de uma sociedade humana progressista, não só obrigará o cidadão francês a pensar no que se dera a seu redor, quando a cada resistente correspondera um formigueiro de delatores e colaboracionistas, como, mais largamente, parecia mostrar que a direção tomada pelo Ocidente, de que a França era um dos condutores, precisaria ser repensada e refeita. (O fato de falarmos em uma forma de passado não significa que suponhamos tratar-se de uma fase vencida.)

Temos chamado a atenção para que Beckett, enquanto escritor, não mostrava interesse pelo que sucedia no espaço público. Apesar disso, o seu êxito esteve dependente de que *Godot* indicasse um estado de espírito, que se concretizava politicamente, embora a peã não contivesse qualquer insinuação de opção política.

Todas estas considerações não devem obscurecer que a onda que se ergue e levará Beckett para além das fronteiras nacionais foi provocada pela encenação, por Roger Blin, no teatro de Babylone. Logo a peça chegará à Alemanha e passará aos Estados Unidos. Se, em sua estreia norte-americana, em um teatro grã-fino, foi um fiasco, logo, nas encenações seguintes, ao chegar a New York, atrairá uma multidão de espectadores.

Seu efeito se traduzirá, desde logo, na radical mudança da situação financeira do casal. A vida dos Beckett, que beirava a miséria ou dependia da disponibilidade das resenhas que arrecadasse, das aulas particulares de Suzanne ou da eventual bolsa farta de Peggy Guggenheim, de repente, graças aos dólares advindos das diversas apresentações nos Estados Unidos, torna-se confortável e, mesmo que o autor não pretendesse tornar-se rico, lhe permite adquirir um apartamento modesto e possuir uma casa de campo.

A ampliação da área em que Godot era encenada tornava tolerável que a apresentação da peça na Inglaterra e na Irlanda fosse retardada pela ação da rígida censura que já havia prejudicado Joyce. Como a composição de sua estreia teatral coincidira com a escrita de sua trilogia de pós-guerra, é nos anos 1950 que Beckett, além de se tornar celebridade, vive seu período de maior produtividade. Mas essa excepcionalidade não interfere em sua visão pessimista do mundo e na frequência de suas crises de depressão. Muito ao contrário, especialmente *O Inominável* faz que ele sinta haver entrado em um impasse. Felizmente, para seus admiradores, a crise não o impede de escrever, entre 1955 e 1956, sua segunde grande peça, o *Fin de partie*, publicada em 1957. Embora não provoque o impacto do *Esperando Godot*, como texto, ela não só não lhe fica a dever, como é bastante mais elaborada. Apesar então de ser um escritor não só afamado, mas de qualidade reconhecida, não diminuía seu sentimento de negror perante a vida. São sintomáticas a respeito as conversas que mantém, em Paris, com seu amigo americano, o professor Lawrence Harvey:

> Naturalmente, falavam um bocado sobre os acontecimentos diários de suas vidas. Mas, à medida que a noite avançava, Beckett também discutia com Harvey sobre seus sentimentos acerca de sua própria escrita. Para ele, escrever, como dizia, era uma questão de "descer aquém da superfície", rumo ao que descrevia como "a autêntica debilidade do ser". (Knowlson, 1996, p.439)

Mas o persistente sentimento de amargura não deixava de ser acompanhado pela necessidade de continuar. (Ao chegarmos à análise dos textos veremos não só a permanência dessa dualidade, mas seu significado para o caráter de sua obra.) Numa

MELANCOLIA

aproximação não elaborada, podemos dizer que, para Beckett, o *insight* precioso consistia em que a partida jogada na vida estava de antemão perdida, sem que se justificasse abandoná-la – a resistência da escrita não era movida pela esperança de alguma melhora no resultado das ações humanas. Ainda que fosse indiscutível sabê-la previamente perdida, mesmo assim as peças, os textos, as palavras tinham de se manter a ressoar.

Se, após trilogia, houve alguma mudança foi a passagem, quase integral, da escrita literária para a forma teatral, a ser cada vez mais encurtada, a ponto de, em casos finais, sequer "caber" no palco. Pois, ao lado da preferência pelo teatro, não se pode deixar de notar que, sem perder o traço satírico-cômico, seu texto progressivamente diminui de extensão, como se a maneira que o autor tivesse de suportar o impasse que desde muito se preparava até concretizar-se em *O Inominável* fosse tornar cada vez mais rarefeita a companhia que a palavra encontrava noutras palavras. Por isso a explicação que Fábio de Souza Andrade (2002, p.12) oferece para a composição de *Esperando Godot* apenas seria plausível quanto aos romances que estavam sendo escritos contemporaneamente:"Dedicar-se à forma dramática como um descanso e tomada de fôlego foi o pretexto para a elaboração da peça".

MURPHY, EXEMPLO DO BECKETT DE ANTES

Na procura de explicar a discordância quanto ao caráter escrita da peça teatral, estudarei o romance de maior qualidade que Beckett escrevera antes da década de 1950. Parto para isso de uma observação do mesmo Fábio de Souza Andrade (2013, p.237), na nota, "Sobre Murphy", que acompanha sua tradução: (É) "Um Beckett surpreendentemente prolixo, quase barroco, para os seus futuros padrões". Seu caráter "quase barroco" decorria da convivência de uma construção elaborada de um estilo bastante requintado com situações cômico-zombeteiras, que, de repente, se transformavam em um pastelão sério. Ora, na ficção escrita posterior ao *Murphy*, a linguagem perde o tom prolixo para que fosse acentuada a articulação de *patterns* variados, como o cômico ligado ao burlesco, ao grotesco, ao escatológico sexualizado, a um vago trágico, ao *non sequitur* no interior das frases. Ou seja, a ficção escrita beckettiana explorava ao máximo a complexidade, pondo-a a serviço do *nada* – "O sol brilhava, sem alternativa, sobre o nada de novo", é a frase de abertura do *Murphy* – e do que julgava que a arte até então julgara descartável. A descoberta do teatro – antes apenas eventualmente ensaiada –, as pequenas peças para a rádio e a TV, estivessem ou não ligadas ao cansaço intelectual, lhe permitia uma via mais direta, legítima para seus planos, porém distante da complicação do *Murphy*. Mesmo que não venhamos a completar o contraste com a prosa curta posterior de Beckett, será útil nos determos no romance, que, ao aparecer, em 1938, fora pouco prestigiado (e menos ainda lido).

Comecemos a tratar do *Murphy* precisamente pelo que há pouco chamamos de transformação do cômico-zombeteiro em pastelão sério. Assim sucede, logo no início, quando o protagonista é definido como aquele que procura aprender com Neary a controlar seu coração, impedindo-o da ameaça de ora parar, ora de estar próximo de rebentar. O coração de Murphy reproduz o descontrole do mundo, que, em ponto menor, é reiterado no desacerto das afinidades amorosas: Neary amava a senhorita Dwyer, "que amava um certo tenente aviador Elmann, que por sua vez amava uma srta. Farren de Rigsakiddy, que amava um certo reverendo [...], que no fundo de sua sinceridade era forçado a admitir uma certa inclinação por uma srta. West de Passage, que amava Neary" (Beckett, 2013, p.8). A cadeia não se estende a Murphy, nem à prostituta Celia, participantes do "pequeno mundo", contido no "grande mundo", "onde *Quid pro quo* era apregoado como mercadoria e a luz nunca se apagava duas vezes" (ibidem, p.9), em período rebuscado, que se encomprida e eruditiza.

No outro mundo, toca um telefone e os que por ele falam se tratam como se já tivessem sido apresentados:

> Murphy não conseguia soltar a mão. Esperava ouvir, a qualquer momento, os passos apressados da senhoria na escada, ou de algum

outro locatário. A campainha estridente e alta do telefone fazia pouco dele. Por fim, liberou a mão e apanhou o receptor, que, na agitação, levou à altura do ouvido, em vez de atirá-lo no chão. – Ao diabo que te carregue – disse. – Ele já está cuidando disto – ela respondeu. Celia.

Estabanado, apoiou o receptor sobre o ventre. A parte de si que odiava ansiava por Celia, a parte que amava, se arrepiava toda, só de lembrar dela. A voz soprava um lamento distante contra a sua carne. Resistiu um pouco, depois pegou o receptor e disse: – Você não vai voltar nunca? (ibidem, p.9-10)

O diálogo é tão propositalmente desconexo como toda a narrativa. É o próprio relato que se esforça em romper qualquer sequência que suscitasse verossimilhança. Daí o horóscopo, a "pequena bula da comunhão", encomendada por Murphy. Mais de uma página inteira contém tanta (in)coerência quanto a frase: "Muita atenção nos encontros com Quadrúpedes, Editores e Pântanos Tropicais, pois podem resultar em prejuízo ao Nativo" (ibidem, p.29).

Murphy encomendara o horóscopo e lê a folha escrita que recebera. Ao escutá-lo, Celia introduz o motivo que a acompanhará por todo o romance: a insistência em que Murphy procure emprego. Nas palavras com que o amante lhe responde – "Na geena mercantil [...] a que suas palavras me convidam, um deles [refere-se a 'você, meu corpo e minha mente'] se irá, talvez dois, ou até os três" – já parece se escutar o zumbido do texto inteiro; do ponto de vista de Celia, a que se empenhava em tornar possível a convivência com Murphy: "Sentiu-se [...] como que ensopada por palavras que sucumbiam tão logo pronunciadas, cada palavra abolida, antes de poder fazer sentido, pela palavra que a sucedia, de tal forma que, ao final, não sabia o que havia sido dito" (ibidem, p.35).

O formato do texto procura configurar o desconcerto do mundo pelo desconcerto com que dele se fala. Ainda que o buscado desconchavo ainda não consiga armar a pretendida forma dissonante, pode-se sentir que há uma força, embora imatura, a orientar a procura.

No meio do que se combina por desacerto, será ainda preciso destacar pelo menos um derradeiro: Celia, desde que se interessara por Murphy, cuidava de um velho, que a amava. Os dois não partilham da cadeia dos amores desencontrados porque, sem dela pedir compensação, o senhor Kelly sustentava Celia, e assim lhe permitia não depender dos encontros esporádicos, possibilitados por sua presença em certas ruas.

O sustento de Celia pelo velho senhor era uma das poucas exceções ao peso de uma falta generalizada que paira sobre cada personagem, e cada palavra. Quando nada por isso, alguma ação devia prometer algum efeito, além daquele demasiado pequeno. Dele se encarrega Murphy ao fazer de conta, ao sair diariamente, que está sim à procura de um emprego. Mas de fato estava? Sua errância era apenas um nome bonito para a preferida vagabundagem. Ao retornar ao encontro de Celia de mãos vazias, alegava que o horóscopo predissera que seu dia de sorte era bem preciso: 4 de outubro de 1936.

O já antes referido Neary fora consultado em Dublin. Ele agora está em Londres, além de Murphy, que permanece na enganação de se dizer à procura de um trabalho. Neary, de sua parte, está sozinho. Ou melhor, à procura de Murphy. Ambos, naquele "palheiro repleto de serpentes", na cidade "viva e vibrante com seus espiões, sua personalidade plural [...]" (ibidem, p.91). Menos importa que se encontrem do que referir o aumento da entropia narrativa, propositalmente empreendida por Beckett.

O relato tem sua desconexão acrescida porque à recusa pelo autor de verossimilhança se agrega sua escrita refinada, que zomba de seu meio social e parece privilegiar – mas apenas parece – o dos pobres desgraçados. Murphy, sem dúvida, é um deles. Tem por predileção seguir o que noutra cidade, praticante de outra língua, se chamaria a carreira de pícaro, o que, na azáfama da metrópole mercantil europeia, se assemelharia a um crime. Seu desacerto se agrava com a morte do velho Kelly, que, por seu desinteressado apoio financeiro, permitia que Celia se reservasse para Murphy.

Sem que o relato assim o declare, o impasse entre a relação amorosa e a preferência do protagonista pela vagabundagem parece se dissolver quando Murphy conhece um certo Ticklepenny, ajudante de enfermeiro em um asilo de doentes mentais. A seu respeito, importa recordar que, no romance, o amor é menos profissão que modalidade de desencontro.

Ora, o enfermeiro-chefe "tinha um interesse especial por Ticklepenny, em tudo semelhante a uma paixão" (ibidem, p.122). Mas, conforme a regra da narrativa, o ajudante não lhe corresponde e muito menos aprecia sua função. Conhecerem-se Ticklepenny e Murphy parece o encaminhamento de uma solução. Substituir Ticklepenny seria algo positivo para ambos: o até então ajudante de enfermeiro se livraria da função que lhe era incômoda, ao passo que, para Murphy, era um emprego que dele não exigia grandes esforços. Apesar da má vontade do "grandalhão ruivo e careca de costeletas", chefe dos enfermeiros, Murphy é contratado pelo período de experiência de um mês.

Com a morte do senhor Kelly, Celia e Murphy tinham passado a ter onde morar. Mas, com o emprego, Murphy possuía um alojamento e pouco pensava em Celia. O que não significa que estivesse feliz com seu "pequeno mundo". Pelo contrário, mostrava-se inimigo ao espírito da instituição que o empregava, pois

> a função do tratamento era construir pontes [para o "grande mundo"], transladar os pacientes da sua perniciosa pocilga particular ao glorioso mundo das partículas discretas, onde seria sua a inestimável prerrogativa de novamente admirar, amar, odiar, se rejubilar e uivar, de maneira razoável e equilibrada, consolando-se na companhia de outros na mesma enrascada. (ibidem, p.138)

Ao concentrar-se em Murphy, a narrativa sugere que sua substituição da vagabundagem pelo emprego provisório antecipava algum choque maior. As imagens do grande e do pequeno mundo são empregadas a propósito do que está além das fronteiras da instituição e do espaço em que vivem os pacientes. O desacordo do substituto de Ticklepenny consistia em que ele optava pelo espaço destes: "Que estímulo mais vigoroso se poderia oferecer a um homem atolado no pântano do grande mundo senão o exemplo de uma vida irrevogavelmente realizada no pequeno [...]?" (ibidem, p.141).

Os fatos, ademais, de pouco procurar Celia, de apenas ainda sonhar com ela, de dar-se bem com os internos e de Ticklepenny resolver a falta de aquecimento do quarto ocupado por Murphy são sintomas de um desfecho que se vislumbra por curvas desconexas, sem que deixe de se desenhar. Murphy cada dia parece mais se adaptar a seu nicho, a ponto de Celia ser relegada à sua espera. O leitor deverá relembrar a predição do horóscopo: no momento em que tivesse um emprego, ela perderia o corpo ou a mente dele. Mas o próprio relato, ao focalizá-la não faz a associação.

Não parece incomodada por seu companheiro não a procurar. Aguarda-o, desnuda, em uma cadeira de balanço, "deslindando a estopa de seu passado", enquanto Neary e dois outros personagens, todos vindos de Dublin, continuam à procura de Murphy. Este é o único que parece estar onde quer estar. A desconexão é geral, mas ninguém dela se dá conta.

Os três vindos de Dublin, a que não prestamos maior atenção, e Celia se encontram. Sua conversa escorrega, sem que as frases se conectem. Afinal, embora seus interesses tivessem um único alvo, para cada um Murphy era algo diverso. O passeio entre os personagens é inconsequente – como que apenas preenche um tempo de espera por alguma coisa, que nenhum deles presume que seja. A ação, ao invés, se desenrola por inteiro em torno de Murphy. No exercício de sua função de auxiliar de enfermeiro, ele se aproxima e simpatiza particularmente com um paciente, chamado Endon – o tradutor brasileiro aproveita a decifração das fontes feita por um pesquisador inglês que esclarece a palavra, em grego, significar "para dentro" (cf. ibidem, p.212); com ele, costuma jogar xadrez.

No final do romance, durante a ronda noturna de Murphy, Endon o distrai e escapa de sua cela. Murphy o traz de volta e o narrador, anotando que Murphy aproxima seu rosto do enfermo, acrescenta: "A relação entre o senhor Murphy e o senhor Endon

MELANCOLIA 251

não poderia ser mais bem traduzida do que pela tristeza do primeiro ao ver a si próprio na imunidade do segundo em ver qualquer coisa além de si mesmo" (ibidem, p.196).

Se Beckett pretendia acentuar a disposição de Murphy de se identificar com o ver além de si mesmo de Endon, ou seja, em não estar submetido ao império dos que se creem sadios, não poderia conseguir formulação mais enrolada. Uma maneira mais direta de dizê-lo seria que as relações entre Murphy, até então externamente tomado como saudável, e Endon, o internado, se mostram invertidas. Embora Murphy procurasse lembrar a imagem mental das pessoas com que convivera, "não conseguia fazer uma imagem mental de criatura alguma que houvesse encontrado [...]" (ibidem p.197). Pois ao supostamente saudável, escapa toda a identidade. E aqui se torna decisivo o meio que Ticklepenny improvisara para que Murphy tivesse aquecimento em seu quarto. Consistira em transferir para o alojamento de Murphy um radiador a gás, cujo disparador de faísca seria acionado pela aproximação de uma vela acesa. Então, depois de deixar Endon de volta à sua cela, Murphy corre para seu quarto, aproxima o pavio de uma vela do radiador, de cujo bico o gás fluía, e se deixa sentado em uma cadeira. Nesse processo, o corpo de Murphy se aquieta. (Efeito do gás, que o leva ao desmaio ou mesmo causa sua morte antes que seu corpo queime?)

O final é pleno de detalhes ociosos. Durante dias, Celia e os visitantes irlandeses procuram notícias de Murphy. São por fim informados de sua morte, declarada acidental. Seu desejo, comunicado por carta a Celia e os amigos que o procuravam, era de ter o corpo cremado e as cinzas levadas para o Abbey Theatre, de Dublin, lançadas na privada.

A cremação ainda se faz no próprio manicômio. Celia é a primeira a abandonar o grupo – afinal a rua espera que ela retorne a seu antigo ganha-pão. Os outros aos poucos desaparecem. Só um fica com o pacote de cinzas e com ele entra em um *pub*. Em um momento de descontrole, joga-o contra um embriagado que o ofendera. E o romance está próximo do fim quando fala do destino das cinzas do morto:

Na hora de fechar, o corpo, o espírito e a alma de Murphy estavam livremente distribuídos pelo chão do pub; e antes que a aurora viesse outra vez acinzentar a terra, havia sido varrido fora, com a areia, a cerveja, as bitucas, os copos, os fósforos, o cupê e o vômito. (ibidem, p.215)

O resumo acima já seria bastante para verificar-se que, pela escrita de Beckett, o sentimento de solidão do protagonista, de frustração amorosa, de desencontro com o ritmo da vida urbana se comunica estreitamente e se entrosa com o tom de zombaria e sarcasmo, acrescido ao ambiente satírico que se prolonga ao grotesco. Esses elementos permanecerão no Beckett maduro, do qual apenas são subtraídos o pseudorrefinamento estilístico, uma certa exibição de erudição e um enredo com elementos desnecessários (tipicamente, é o caso dos três vindos de Dublin que, na procura de Murphy se juntarão a Celia.)

Em lugar de insistir nesses componentes que ainda distanciam o texto do que será próprio de Beckett, mais vale acompanhar, de modo ligeiro, a recepção a ele contemporânea.

O primeiro texto selecionado, datado de 1938, é de um anônimo. Ele acentua:

A erudição, o humor (*wit*), violento e o vasto vocabulário empregados na análise de Murphy. O que a seu herói falta em sabor ou vivacidade é suprido pela maneira como sua disposição é estudada. (in Graver; Federman, 1979, p.46)

A curta resenha continha uma observação nada convencional: "O livro tem momentos tediosos [...]" (ibidem). Eis uma observação crítica que será tematizada na reflexão crítica mais recente.

Das três resenhas que os organizadores da *Critical heritage* escolhem, a extremamente qualificada será cunhada pelo poeta galês Dylan Thomas. Ele destaca como "suas qualidades óbvias, energia, hilaridade, ironia e invenção cômica". O que não o impede de concluir o parágrafo com um severo: "Devo dizer que *Murphy* é difícil, sério e errado" (in Graver; Federman, 1979, p.46-7).

MELANCOLIA

Consideremos como o bom poeta justificava os dois primeiros qualificativos:

> É difícil porque é escrito em um estilo que procura compensar sua verbosidade geral pela dificuldade das palavras e das frases que usa, tendo em conta a economia particular, e porque o relato nunca sabe se está sendo narrado objetivamente a partir do interior de seus personagens ou subjetivamente, a partir de fora. Sério porque é, sobretudo, o estudo de uma personalidade complexa e particularmente trágica, que não pode reconciliar a irrealidade do mundo visto com a realidade do não visto e que, embora desdenhe e despreze a sociedade "normal", vagueia pela sociedade anormal atestada, em sua busca de "um pequeno mundo". Murphy é a avestruz individual no deserto produzido pela massa. (ibidem, p.47)

Por que consideraria o livro errado? Justificar à parte e mais longamente o terceiro qualificativo ressalta a importância que concede ao qualificativo. O livro não realiza o que o autor precisamente pretendeu: "O conflito entre a interioridade e a face externa de certas pessoas curiosas". E não o é "porque as mentes e os corpos destes personagens quase não têm relação entre si". A seguir porque "grande parte do livro é escrito de maneira imprecisa (loosely)". Por fim, porque o autor "supõe escrever acerca dos estratos mais baixos da sociedade, sobre os sem posse, mas assume sobretudo a visão romântica deles [...]. Romanticamente, busca o esplendor na sarjeta e cada tolo e vilão que encontra tem o cérebro assassino substituído por um coração de ouro" (ibidem, p.47-8).

A apreciação de Dylan Thomas é tão precisa que surpreende não seja destacada entre as apreciações verdadeiramente cirúrgicas de Beckett. Isso é tanto mais lamentável porque, embora em graus distintos, alguns dos defeitos que apontava persistirão na obra madura do autor. (Assinalo de passagem: ao destacar Kafka e Beckett como representantes da ênfase melancólica não sentimental da Modernidade procurei paralelamente mostrar que sua manifestação não é sinônimo de uma mesma qualidade.)

Seria danoso terminar este item sem uma observação sobre seu próprio desenrolar. Ao iniciar-se, ele pretendia simplesmente justificar a recusa de explicar-se a escrita do *Esperando Godot* apenas como um modo de alívio quanto à tensão provocada pela composição da chamada trilogia do pós-guerra. Mas a análise do *Murphy* adquiriu uma autonomia, que agora se torna válida por si. Como, entretanto, fica a pretensão inicial referente à diferença entre a composição literária e a teatral? Ela se resume a nos permitir a abordagem mais detalhada do *Murphy* para acentuar o contraste, embora não absoluto, com o que será o *Molloy*, o *Malone meurt* e *L'Innomable*.

O contraste poderá se resumir nestes termos: ali, a análise de um caráter complexo ainda era prejudicada por uma linguagem imprecisa, ao passo que, na trilogia, a complexidade se torna plenamente da própria *forma*, que, intencionalmente, se deforma.

A partir daí extraímos o que nos parece atrair Beckett para a linguagem teatral: por seu próprio caráter de espetáculo visível, elocutório e gestual, a linguagem teatral exige que sua complexidade dependa *menos de recursos escritos*. Não é, portanto, que a peça teatral seja de composição mais simples, senão que sua carga de complexidade não se encerra no texto escrito. Ao optar pela linguagem teatral – como fará progressivamente, depois das *Nouvelles et textes pour rien* –, Beckett não terá escolhido o mais fácil, porém uma configuração formal que o tornaria mais próximo da *impotência* que, como declarava na entrevista com Israel Shenker, não havia sido explorada no passado (in Graver; Federman, 1979, p.148). Objetivamente, não podemos afirmar que a opção formal combinasse com a impossibilidade individual de produzir de outro modo.

MOLLOY, O INÍCIO DA TRILOGIA

Se não fosse redução demasiada me inclinaria a escrever que o resumo da ação do *Molloy* se restringe a dois desmoronamentos:

MELANCOLIA

o da suposta unidade do sujeito – correspondente, na prosa de ficção, ao personagem –, seguido pelo da coerência do enredo, dependente da articulação interna das frases, formadora de uma ação plausível, apta para a diversão e/ou para a leitura séria. Com efeito, os dois aludidos desmoronamentos serão responsáveis seja pela controvérsia que o livro despertará, seja pela fama que, afinal, cortejará o nome do autor.

A solução econômica não seria conveniente porque jogaria com dados técnicos que o leitor não estaria obrigado a dominar. Por isso adotaremos o meio termo: o enredo, ou melhor, as duas estórias que o compõem, será bastante sintetizado, servindo no máximo de guia para a história da recepção que nos foi possível realizar, etapa prévia de nossa abordagem própria.

A preferência estabelecida se fez contra a outra possibilidade de estabelecer duas colunas paralelas, que destacassem as coincidências das trajetórias de Molloy e Moran. Ela foi relegada porque, demasiado esquemática, daria a supor que seu estabelecimento procurasse compensar o cunho propositalmente anárquico do romance.

Abandonada a solução paralelística, partamos da afirmação do contraste entre os dois começos e a maneira como cada um apresenta seu protagonista. Estamos, por conseguinte, diante do contraste de dois princípios: o relato de Molloy se inicia de maneira não linear: encontra-se no quarto que fora de sua mãe, trazido por um veículo cuja identidade ignora, tendo sido recolhido na vala etc. Ali, no quarto, tem a função de redigir e entregar o que fizesse a um portador, que regularmente recolhe seu trabalho e lhe paga. Não se diz sobre que escreve, quem o encomenda e remunera. Apenas se declara que Molloy entende que a tarefa lhe parece sem importância: "[...] Eu gostaria agora de falar das coisas que me restam, me despedir, terminar de morrer. Eles não querem. Sim, eles são muitos, ao que parece" (Beckett, 2014b, p.23).

Sua referência ao presente é bastante sumária e o que se segue tem o caráter de retrospectiva das voltas que dera, com o propósito de reencontrar a mãe e dela extrair o dinheiro preciso para manter sua perambulação.

Por mais de 100 páginas, o segundo protagonista, Moran, mostra ser o contrário de um vagabundo. É um viúvo, que vive na companhia do filho, católico praticante, de vida mediocremente regulamentada, possuidor de casa própria. Não teria o que fazer no romance se Gaber, o mensageiro de Youdi, não lhe trouxesse o encargo de localizar Molloy. De Youdi, o leitor apenas saberá que tinha por particularidade mudar de ideia com facilidade. Nada se diz sobre a relação entre o que Molloy escreve e a razão por que Gaber deve procurá-lo. Muito menos porque o mensageiro depois recebe a contraordem de não mais procurá-lo. Menos que misteriosas, as demandas parecem desinvestidas de qualquer significação.

Como Molloy já chegara à casa materna em estado fisicamente crítico, poder-se-ia supor que Gaber tenha sido dispensado do encargo porque o investigado morrera. Contra a suposição, lembrar-se-á que Molloy desempenha seu trabalho sem que se diga que seu estado físico fosse crítico. Ou sua declaração que apenas gostaria de terminar de morrer indicaria que, de fato, se encontrava em um estado extremo? Tampouco é explicado por que de Molloy e Gaber se afirma algo tão banal como a de que ambos têm sede e, sem que se detalhem as razões, que mataram alguém. O mistério é uma sátira do mistério que fascina o leitor – sátira porque não visa a fasciná-lo e não o fascina porque não se explica a razão do que é misterioso.

Os detalhes não explicados decorrem da narrativa propositalmente despedaçada; como se as medíocres particularidades que se distribuem entre os dois relatos fossem restos do que apenas não mais se realiza.

Reiterada a razão de tratarmos de cada um dos protagonistas em separado, voltemos a Molloy. A rememoração que ele faz de seu passado ao começar seu trajeto que o traria ao quarto da mãe já o apresenta em um estado fisicamente envilecido. Está cego, quase não tem memória, dispõe de uma só perna porque a outra, embora existente, está dura. Usa muletas e, nessa condição, pedalar em uma bicicleta é uma ginástica difícil e estranha. A visita que faria à mãe era a repetição de uma prática de certa constância. Sabia que, se a encontrasse, a veria em um estado lastimável:

MELANCOLIA

Seu rosto pergaminhoso e peludo se iluminava, ficava contente de me cheirar. Ela articulava mal, num fragor de dentaduras, e na maior parte das vezes não se dava conta do que dizia. [...] Em todo caso, não vinha para escutá-la. (ibidem, p.37)

Dessa vez, ao se aproximar da cidade, melhor dito da rua perto de um abatedouro de animais, um policial estranha a maneira como deixava de pedalar com muletas e descansava; pedira seus documentos e como ele não possuía mais do que folhas de jornais que trazia para se limpar, considera-o suspeito e o leva para a delegacia. Ouvido pelo delegado, tem dificuldade de recordar seu nome e declará-lo. De repente, o recorda. Mas a trapalhada em que estava metido, sem documentos, sem domicílio certo, esquecido do mais elementar, faz que, ao lembrá-lo, o delegado lhe indague se aquele era o nome da mãe, para a casa de quem declarara que se dirigia. Sua confusão é típica de uma comédia papelão:

Você se chama Molloy, disse o delegado. Sim, eu disse. E a sua mãe, disse o delegado, ela também se chama Molloy? Fiquei pensando. Sua mãe, disse o delegado, ela se chama —. Deixe-me pensar! Gritei. [...] Pense, disse o delegado. Mamãe, ela se chamava Molloy? Provavelmente. Ela também devia se chamar Molloy, eu disse. (ibidem, p.43)

O cômico encobre o trágico. Terá parecido apenas um débil mental. Termina sendo solto e, após uma cena extra, na frente da delegacia, continua a pedalar. O seixo que costumava chupar, que refaz por outro semelhante quando não mais o encontra no bolso do casaco, será depois substituído por um estoque de outros iguais, distribuído pelos diversos bolsos. Segue-se uma ociosa descrição, sem qualquer interesse, que se estende por páginas. Antes disso, chega à cidade e, seguindo em sua bicicleta, atropela e mata o desgraçado de um cão. Sob ameaça de ser linchado, é salvo pela dona do animal que o liberta do grupo enraivecido, sob a alegação de que apenas apressara a morte do animal, pois já o levava para ser sacrificado. A senhora não se limita a fazê-lo senão que o convida para que fique em sua casa.

Todos esses atos se processam sem nenhuma explicação. A vida das pessoas se assemelha às ações de robôs. Diante do desconchavo a que Beckett submete sua narrativa, o anonimato da massa humana a que Heidegger se referia ainda seria um *topos* acadêmico.

Por que a senhora o convida a que permaneça em sua casa? Por que ele o aceita? Sua resposta é tão arbitrária quanto a sequência anterior: "Ela precisava de mim, para ajudá-la a fazer seu cachorro desaparecer, e eu precisava dela não sei por que motivo" (ibidem, p.57). Molloy o afirma para logo se desdizer:

> Foi ela que cavou o buraco debaixo de uma árvore. [...] Qual foi minha contribuição nesse enterro? Foi ela que fez o buraco, que colocou o cachorro dentro, que encheu o buraco. Em suma, só fiz assistir. Contribuí com minha presença. Como se tivesse sido meu próprio enterro. (ibidem, p.59, 60)

Ainda que se esboce um enredo, chulo que fosse, não há sentido algum. A contradição se acrescenta à insignificância. Aquela tem agora a função de retificar sua suposta surdez: das palavras ouve tão só o som:

> [...] As palavras que ouvia, e ouvia muito bem, tendo o ouvido bastante apurado, eu as ouvia da primeira vez, e ainda mesmo da segunda, e com frequência até da terceira, como sons puros, livres de toda a significação [...] E as palavras que eu mesmo pronunciava e que deviam quase sempre se ligar a um esforço de inteligência, muitas vezes me davam a impressão do zumbido de um inseto. (ibidem, p.77)

Que relação haveria na sua eleição do som sem significação e o convite de Lousse de que permanecesse em sua casa? Para que mandasse que seus criados dele cuidassem e aí o mantivessem? As explicações poderiam ser várias. Não se espere que alguma se concretize. Automaticamente, por associação com a narrativa usual, Molloy pensa na experiência amorosa. Mas não. Não tivera nenhuma atração por Lousse e nada indica que tivesse havido alguma por parte dela. O automático continua com a pergunta:

MELANCOLIA

"Uma mulher teria conseguido deter meu impulso de ir para a minha mãe? Provavelmente" (ibidem, p.85). O "plácido nome de Ruth", que também poderia ter sido qualquer outro, o faz grotescamente lembrar a mulher que "tinha um buraco entre as pernas [...], e eu metia, ou melhor, ela metia, meu membro dito viril lá dentro, não sem trabalho, e eu empurrava e me esfalfava até jorrar ou renunciar ou ela me suplicar para desistir" (ibidem, p.85-6).

A grosseria que acompanha a troca de nomes retrocede ao lugar em que Ruth e ele teriam se conhecido: o "monte de imundícies", no terreno baldio em que se encontraram. A relação erótica é reduzida à sua expressão mais brutal, imunda e animalesca. E a repentina recordação se encerra com a morte súbita da parceira.

A evocação do passado remoto traz Molloy de volta à casa de Lousse, onde ainda se encontrava. Sem que precise se explicar, nem muito menos seja impedido, um dia abre o portão e parte. Na casa que abandona, deixa a bicicleta. Em troca, enche os bolsos de pequenos objetos de prata. Não se pergunta se não comete um furto. São atos de quem não quer saber de nada.

A atração pelo nada, o jogo de palavras com *nada* não é senão um trato com insignificâncias. O que lhe importa é a preocupação constante com a morte. Sem se referir a "Le Squelette laboureur", de Baudelaire, sua reflexão repete a pergunta angustiada sobre se o pós-morte não reservaria algo pior que a própria vida:

> [...] No que me diz respeito pessoalmente, sempre preferi a escravidão à morte, ou melhor, a ser morto. [...] Para fazer-lhes entrever até onde ia a confusão das minhas ideias sobre a morte, vou lhes dizer francamente que não excluía a possibilidade de que ela fosse ainda pior que a vida [...]. (ibidem, p.100)

Como não há interlocutor para aquele que narra, há de supor que Molloy pensa no diálogo com quem o lê. Sem que a narrativa de Beckett recorresse à própria vida, é de considerar que arrolava entre as convenções de que se empenhava em se desvencilhar a que estabelece uma barreira entre a confissão biográfica e o relato ficcional.

Quem tenha algum contato com a elaboração do texto literário sabe que, por um lado, o primeiro ato daquele que se libera da ingenuidade quanto à literatura consiste em entender que o texto ficcional não é o veículo adequado para expressão das vivências pessoais; por outro, entretanto, que a distância entre a vida pessoal e o texto de qualidade longe está de impedir que acontecimentos pessoalizados, seja qual for seu grau de modificação ou a consciência com que isso é feito, ali penetrem. A passagem em pauta remete ao corte pelo autor daquela interdição.

De volta à errância de um personagem que desconhecia a linha reta, Molloy tem no puro caminhar o que, para Kafka, representava a tentativa de encontro de uma *saída*. Se na geração passada, o tcheco se empenhara em vão em descobrir uma *saída* para os impasses de seus personagens, por que, na geração seguinte à Segunda Grande Guerra um autor de peso não haveria de substituir as voltas inúteis por uma saída pelo simples caminhar em frente? Dito de modo mais direto. Ainda que os personagens kafkianos não encontrem alternativa para a falta de liberdade, não deixam de buscá-la. Sua tentativa é ainda mais explícita nos seus dois grandes romances, que não serão aqui abordados. Joseph K tenta por todos os meios chegar ao tribunal que deveria julgá-lo, embora ele próprio não soubesse de quê; K não se empenha menos em chegar a um dos funcionários do castelo que o convocara para um emprego. Em Beckett, não há sequer essa busca. Por isso a caminhada a que se entrega o homem de muletas o leva a embrenhar-se na floresta. O que com ele aí sucede, com que depara ou com quem se encontra são circunstâncias que em nada importam.

Resta-lhe o imperativo do retorno à casa da mãe – espécie de bússola desgovernada que guiasse um corpo que se desfazia. Assim, depois que a perna que permanecera sadia começa a também endurecer, concebe como meio de prosseguir adotar o rastejo próprio de uma lesma. Sombria, a floresta o protege da claridade, até que chegue a seu limite, role pela vala e seja socorrido por quem o leva ao quarto onde o encontramos na abertura do romance.

Chega-se à narrativa de Moran. O excesso de detalhes relativos aos preparativos de sua partida, para cumprir a tarefa que Gaber lhe transmitira é proporcional à inutilidade do que há de fazer. A proporcionalidade parece explicável pela mesma razão que a tradutora da edição brasileira oferece a propósito de Molloy: "Molloy [...] recorre ao abjeto, à crueldade, à gratuidade de suas ações, empenhando-se para que o leitor não se aproxime muito dele, não o compreenda, não se compadeça, não o enquadre" (Souza, 2014b, p.12-3).

Poder-se-ia dizer: se os formalistas russos consideravam que a linguagem literária provoca o *estranhamento* da linguagem usual, Beckett conduz o estranhamento para a própria relação com o leitor. Se esse costuma entender o texto literário como provocador de empatia, o esforço beckettiano consiste em distanciar seus textos da incômoda companhia.

É certo que a simpatia por Moran seria bem mais difícil. No entanto, os pequenos detalhes semelhantes aos do primeiro relato parecem insinuar que os dois protagonistas não devem ser vistos como criaturas dissemelhantes. Isso não significa que eles sejam o mesmo ou, como declara um de seus intérpretes, que Moran deveria ser considerado como pertencente a um tempo anterior ao de Molloy, sendo aquele o autor de que Molloy seria o personagem por ele criado... (cf. Kern, 1970, p.35-45). É preferível a observação de Georges Bataille (in Graver; Federman, 1979, p.55-64): um se aproxima do outro, seja porque Molloy crê ter um filho e Moran o tem de fato, seja porque ambos estão a serviço de um misterioso terceiro personagem, que a Molloy paga pelo que escreve e a Moran encarrega de procurá-lo, seja ainda pela deterioração física, *a priori* presente em Molloy e que atinge Moran quando retorna de sua frustrada missão, seja ainda pelas desventuras semelhantes de ambos na floresta. Mas, continuava Bataille, não menos se diferenciam seja pela vida rotineira de Moran, contraposta à errância do vagabundo, seja pela final de ambos: Molloy é levado para a casa da mãe, Moran, ao voltar, encontra seu galinheiro e sua colmeia destruídos, e sua casa aos pedaços.

As diferenças, por certo, são significativas, mas apenas para que os protagonistas não se confundam. Seus traços de diferenciação são meros pedaços de cortiça que boiam entre os destroços do relato e o desaparecimento da unidade do sujeito.

Sobre a recepção de *Molloy*

Só quem disponha do repertório o quanto possível exaustivo da recepção de uma obra poderá confirmar a impressão que deixa a pequena parcela de que disponho sobre o caráter da reação imediata ao aparecimento de *Molloy*: que um livro complexo e inovador terá sorte se encontrar resenhadores sensíveis e interessados em sua tarefa e, se possível, também capazes de assinalar seus defeitos.

A deficiência de não contarmos com um acervo maior de resenhas e/ou artigos sobre *Molloy* é de algum modo compensada pelo aceso às entrevistas concedidas por Beckett a Israel Shenker, Gabriel D'Aubarède e Tom Driver.

Ainda antes de utilizarmos mais sistematicamente o material disponível, para o propósito comparativo que cerca o capítulo anterior e este, vale lembrar a diferença que o próprio Beckett via em sua obra quanto à de Kafka:

> O herói de Kafka tem coerência proposital. Está perdido mas não é espiritualmente precário, não está caindo aos pedaços. A minha gente está caindo aos pedaços. Outra diferença: Nota-se como a forma de Kafka é clássica, ela segue como um compressor – é quase serena. Parece todo tempo estar ameaçada mas a ansiedade está na forma. Em minha obra, há ansiedade atrás da forma, não na forma. (in Graver; Federman, 1979, p.148)

Se dissemos que Beckett não se distinguia por seu talento crítico, essa é uma das raras passagens em que a restrição não é cabível. A diferença entre ansiedade (*consternation*) *na* ou *atrás da forma* é correlata à diferença que estabelecia entre sua obra e a de Joyce: neste, dominava a mestria no uso do material, nele, a exploração da impotência. Tanto Kafka quanto Joyce concentra-

MELANCOLIA 263

vam seu poder expressivo na forma, Beckett procurava tornar expressivo o que até então se considerara, na arte, insignificante, ou seja, inexpressivo. Para afastar-se do clássico, tinha que privilegiar a ruptura, o despedaçado; como dizia Murphy, a palavra de que, abstraindo-se o significado, restasse o puro som. É nesse afastamento, antecipo, que nos parece estar sua falha.[2]

Sei que tudo isso pode soar chocante. Mas nunca presumo que o que escolho terá fácil acolhida. Reconheço minha conclusão ter contra si o tom dominante da melhor crítica. Precisamos então acompanhar o material selecionado com extremo cuidado.

Passemos então à análise das resenhas que oferecem o excelente *Samuel Beckett: The critical heritage* (Graver; Federman, 1979). Em princípio, assim como em relação às outras obras que examinaremos, seguiremos a ordem cronológica de publicação. Porém a maior qualidade do texto já referido de Georges Bataille nos obrigará a tirá-lo daquela ordem: Bataille (1979) fora o segundo a recepcionar o *Molloy*, mas será o último sobre o qual refletiremos.

Maurice Nadeau (in Graver; Federman, 1979, p.51), um crítico e editor, cujo renome se propagara além da França, assina a primeira resenha sobre o *Molloy*, lançada no *Combat*, de 12 de abril de 1951. Mostrando-se conhecedor de parte significativa da obra do autor, vê a abertura da trilogia como continuação do *Murphy*, cuja tradução francesa ainda não aparecera. À semelhança de Murphy, Molloy entregar-se-ia à mesma estranha geografia que aquele tivera na mente, dentro da qual, afastando-se do grande mundo estranho, pretendia se retirar: "Produto de uma mente muito insana ou muito inspirada (não se ousa dizer), é um monumento que se destruía enquanto se construía ante nossos próprios olhos e que, por fim, desaparece em pó ou fumaça" (ibidem, p.53).

---

2 Terminamos por retirar do desenvolvimento da passagem a discordância que viemos a estabelecer com a tese defendida por Pascale Casanova (1997), para quem a revolução literária provocada por Beckett consistiu na constituição de uma literatura abstrata. Anos atrás, considerei sua tese consistente. Hoje a vejo como formuladora do que fracassa na tentativa beckettiana de abrir uma alternativa a Joyce. Achei preferível excluir o desenvolvimento da objeção para não dar a entender que escolhera Beckett apenas para que servisse de contraste com Kafka.

Gloso sua continuação: seu desafio é dinâmico e abrangente – compreende a própria linguagem que se desarticula, de tal modo incrementada por formulações contraditórias que, no fim, a narrativa não se filia a reino algum, mesmo que fosse o do ridículo (ibidem). E logo acrescenta: "Beckett nos instala no mundo do Nada, onde algumas ninharias que são homens se mexem por coisa alguma" (ibidem).

Nadeau percebe o correto delineamento geral do romance e não se restringe a observá-lo retilínea e burocraticamente. Arrisca-se a assinalar algo incomum: "Nunca alguém ousou insultar tão abertamente tudo que o homem toma como certo, indo ao ponto de incluir essa linguagem que poderia ao menos apoiar para que gritasse sua dúvida e seu desespero" (ibidem).

Como prova da atenção com que lera, em longo mas sucinto parágrafo mostra-se capaz de sintetizar o roteiro de Molloy e Moran. Além de evidência de sua ousadia, era parte de sua honestidade reconhecer que "qualquer que seja o modo com que se procure definir o caso limite que representa na literatura de agora, apenas se conseguirá traí-lo e, ainda mais seriamente, pela interpretação do que pela análise" (ibidem, p.54).

O que vale dizer, Nadeau reconhecia que a mudança operada nos laços sociais pelo pós-guerra punha em xeque o modo que fora habitual de ler, portanto de entender e interpretar a obra literária. Desse modo, mesmo que não tivesse ideia do que intuía, prenunciava que o pós-guerra não só impunha a reconstrução material do que havia sido destruído, como o advento de uma arte e de um pensamento questionadores, aquela do que fora a própria vanguarda, este da tradição estabelecida há séculos.

O tamanho da tarefa que Nadeau via concretizar-se no primeiro romance que o esquisito irlandês escrevera em francês faz que não se estranhe que o autor se indagasse se a mente que o concebera era "muito insana ou muito inspirada".

Fora o explicável deslize, frequente na época, de compará-lo com o "humor kafkiano", o texto de Nadeau é tão precioso que é de lamentar que não tivesse ido além do curto espaço de uma resenha.

MELANCOLIA

O texto seguinte, como já dissemos, é tão excepcional que, depois de declarar sua posição catalográfica, o deixamos para o final do item: trata-se do que Georges Bataille publica em 15 de maio de 1951, na revista *Critique*.

Passamos de imediato para o que Jean Pouillon publica, em julho de 1951, em *Temps Modernes*.

Ao contrário de Maurice Nadeau, Pouillon não mostra conhecer a obra anterior de Beckett, mesmo o seu conto "L'Expulsé", publicado em francês. Por isso parte de sua resenha é dedicada a explicar o rumo tomado pela literatura do absurdo, que tinha em Sartre o seu promotor filosófico e no Camus de *L'étranger*, seu representante literário. "O absurdo, esclarece, não é de modo algum misterioso; é, como Sartre escreveu acerca de *L'étranger*, nada menos que o relacionamento do homem com mundo".

> [...] Coisas e condutas nos são mostradas como sempre foram; são descritas com um realismo cauteloso de que apenas faltava o significado, e é essa falta que gerava o sentimento de absurdo. O problema está em que, revelado o método, a visão do mundo que nos oferecia é altamente desvalorizada. (in Graver; Federman, 1979, p.65)

"O absurdo pode até se tornar o signo de uma crença obscura na ordem" (ibidem). Ora, o crítico acrescenta que não vê o relato desprovido de significado: "Não se pode possivelmente censurar alguém que quis ser um vagabundo, errar sem uma meta definida. De qualquer modo, dizer isso – sem uma meta definida – é ir muito longe" (ibidem).

Por conseguinte, a estranheza que *Molloy* provocava parecia ao crítico, que não emprega o termo, algo desarrazoado. Mas ainda não tirava a conclusão definitiva:

> [...] O absurdo não devia ser separado do normal ou oposto a ele, como a realidade da ilusão, pois neste jogo lógico os termos são traçados e não se sabe realmente quem se beneficia com isso. Ao contrário, alguém poderia reconhecer a falta de significado no próprio significado como um componente essencial. (ibidem)

Com esse argumento, Pouillon julga concluída a condenação que propunha: "É isso que *Molloy* convida a fazer. [...] Não vejo este relato como carente de significado" (ibidem) etc.

Pouillon prestava à crítica de Beckett um desserviço maior do que a afirmação de sua semelhança com o gesto kafkiano. E à medida que, apesar da diferenciação que estabelecia quanto à autêntica literatura do absurdo, a fama do autor ultrapassava fronteiras, logo encontraremos Adorno, em seu elogio de Beckett, a lamentar que ele houvesse se deixado influenciar pelo absurdo do... absurdo. A propagação do *non-sense* fazia seu caminho.

Completada sua demonstração, o resenhista francês podia conceder que o não empenho de Molloy em de fato encontrar sua mãe ainda ressalta a diferença com que os homens em geral tentam atingir seus objetivos: "Sente-se que ele está procura de estabelecer uma divisória entre ele e a generalidade das pessoas" (ibidem, p.66). Mas não ser um adepto completo da busca sem sentido não lhe traz grandes benefícios. Molloy é apenas alguém que joga, com o fito de destruir o jogo a que entrega sua vida. "Na opinião de Molloy, não se deveria fazer mais do que ver, embora sem imaginar que então se vê alguma coisa. O que, sem ser um ideal, é apenas um expediente" (ibidem, p.67).

Tendo feito tanto *barulho* por nada, havendo reduzido o romance de Beckett a algo tão trivial, Pouillon encerrava sua medíocre apreciação: "Esse livro, em conclusão, não é um romance; oferece uma moralidade, a mais clássica possível, a de uma consciência absoluta, quase científica" (ibidem).

Alegue-se que resenhista algum está obrigado a conhecer a obra precedente do autor que apresenta, ademais se ela fora publicada noutra língua e em outro país; que, além disso, deveria saber que Samuel Beckett há anos vivia na França. Mas daí discuti-lo dentro dos parâmetros da filosofia do absurdo era um vergonhoso provincianismo. Provavelmente, Pouillon teria hesitado em conduzir sua resenha como o fez se soubesse que, no começo do século XX, o austríaco Fritz Mauthner publicara *Beiträge* einer *Kritik der Sprache* (*Contribuições a uma crítica da linguagem*) (1901), obra que, Beckett conhecera ainda quando estudante e

MELANCOLIA 267

que voltaria a consultar, por solicitação de Joyce (talvez impossibilitado de lê-la, por sua deficiência de ver). No entanto, mesmo que Pouillon não tivesse essa informação, pois afinal *Beiträge* não se tornou uma obra famosa, não deveria ser insensível ao clima de desastre que pesava pela Europa, recém-terminada a Segunda Grande Guerra. Por maior que fosse sua proximidade com o pensamento de Sartre, por efeito de seu trabalho nos *Temps Modernes* e a autossuficiência francesa de então, o verdadeiro absurdo era confundir a atmosfera social da década com o rumo então dominante no pensamento parisiense.

Ainda sem falar do texto de Bataille, em setembro de 1951, Bernard Pingaud apresenta, na revista *Esprit*, uma espinafração ao romance, que ainda começava de modo polido:

> O êxito do livro é fácil de ser compreendido: este excessivamente humano, e, apesar de sua arbitrariedade, essa imagem profundamente crível da degradação não deixa de ser sedutora. Vivemos em um tempo de desespero, em que desastres estão por todas as partes, e Molloy é um desastre – tendo muito pouco de um homem, é a ausência de um homem. Ele é o que apareceria em um homem se todos seus atributos humanos, lógicos, racionais, polidos e decentes tivessem sido destruídos em uma única tacada (in Graver; Federman, 1979, p.67-8)

Como que pessoalmente ofendido pelas arbitrariedades que devia julgar inerentes ao ser humano, o resenhista ataca o livro como se fosse um adversário de carne e osso: "Parece como se o senhor Beckett não tivesse outra intenção senão a de, por não ter nenhuma, deixar-se conduzir por uma linguagem caprichosa e agitada, do mesmo modo como Molloy se deixa levar pela vida" (ibidem, p.68).

E, vindo à segunda parte: "Não posso deixar de ver nela um exercício em composição, por certo habilidoso – nunca lhe falta interesse – mas, de fato, demasiado habilidoso e irritante por sua gratuidade" (ibidem, p.70). Pois, por fim, "o estilo que usa [...] é cuidadosamente negligente e sempre desconcertante" (ibidem).

A partir da recepção na revista *Esprit*, as resenhas, ainda quando se pretendam elogiosas, são lamentáveis. É o caso da que Vivian Mercier (1979), que então ensinava na Universidade da Califórnia, que reduzia Molloy e Moran a alegorias do ego e do *id*. A psicanálise, na crítica literária, fazia suas vítimas a partir de seus próprios praticantes.

Por fim, Philip Toynbee (1979, p.74), no *Observer* de 18 de dezembro de 1955, acusava Beckett de ser "o produto final de uma tradição ficcional que tem fluído de Kafka, por meio de Sartre, Camus e Genet e de uma tradição niilista francesa que retorna a Jarry, Lautréamont, Sade. O que ele fez foi levar seu desespero e nojo aos limites derradeiros da expressão, indo além deles".

Feche-se a lembrança de leituras desastrosas com a observação de que a passagem dos anos e o forçoso ingresso de Beckett na galeria dos autores celebrados com a falência do último dos comentadores selecionados pelas antologias: em 1956, Ludovic Janvier (in O'Hara, 1970, p.56), em *Pour Samuel Beckett*, comparava Youdi ao Deus pai e seu mensageiro, Gaber, ao arcanjo Gabriel!

Embora irritante, a pobreza intelectual tem a vantagem de dispensar comentários.

A análise de Georges Bataille

Publicado em 15 de maio do ano de lançamento de *Molloy*, Bataille (in Graver; Federman, 1979, p.55) dispõe de um espaço que lhe permite ir muito além de uma resenha. A sensibilidade inteligente com que escreve seu ensaio já se manifesta em sua abertura: "Molloy é uma maravilha sórdida (que nos revela a realidade) que continuamente se aproxima de nós, mas de que sempre nos afastamos com certo terror (e se nos torna conhecida) apenas sob a esquiva da angústia".

A caracterização extrema é bastante justa porque o romance "explora com ironia inflexível as possibilidades extremas da indiferença e da miséria" (ibidem, p.59). A passagem se aproxima da formulação inicial porque interdita que se tome a revelação da

MELANCOLIA

sordidez como decorrência da *imitatio* do mundo contemporâneo, pois seu traço básico, em vez de ser de ordem temática, depende e decorre do tratamento dado à própria linguagem. Assim, lateralmente se explica a quantidade de resenhadores e, depois, de analistas que se sentirão irritados com o que se lhes apresenta.

A maneira como Bataille enfrenta seu objeto o impedia de assumir um relacionamento apenas profissional, que não impossibilita que o leitor se veja a si como *pessoa* e o que lê como ligado aos contornos de sua ambiência. A maravilha sórdida que Bataille reconhece o toca em sua sensibilidade, não em seus pudores. Daí a afirmação de extrema solidariedade, que vai além de uma manifestação de simpatia intelectual: "Se eu fosse indiferente ao frio, à fome e às múltiplas dificuldades que esmagam o homem quando se abandona à natureza, à chuva e à terra, à imensa areia movediça do mundo e das coisas, eu próprio seria o personagem Molloy" (ibidem, p.55).

Tal identificação significa que, se aceitarmos nos liberar dos atavios que douram a existência, estaremos obrigados a nos dizer que a criatura humana supõe a existência do fracasso. Esse fracasso independe do reconhecimento de sermos mortais – que novidade há em dizê-lo? – mas decorre de sermos indefesos perante nossas próprias defesas, pois elas nos limitam.

A aceitação, por certa dolorosa, de nosso fracasso supõe o exercício da "violência criativa da linguagem", que, paradoxalmente, não se atualizaria sem "a *ausência* de humanidade e a personalidade *amorfa* de Molloy" (ibidem, p.57). O que vale dizer, a invenção de Molloy seria impossível sem que se aceitasse a força movida por Beckett pelo exercício da combinação entrópica da linguagem.

O homem, em sua generalidade, não seria criticável por recuar perante tal exigência. Muito menos considera-se injustificado que procure evitar a entropia sempre próxima do uso da linguagem. Mas tal admissão, que nos leva a entender melhor o mau humor despertado desde as primeiras passagens de *Molloy*, apresenta o risco de se acatar uma polícia repressiva da expressão, o controle do ficcional.

O ensaísta dava um salto acima na compreensão de Beckett ao perceber o que nele irritava noutros resenhadores e a razão de o escritor irlandês optar por essa via. Se não concordamos que essa deva ser a apreciação integral de Beckett, tampouco mascaramos sua importância.

Bataille não faz o rodeio do parágrafo anterior, mas a frase seguinte deixa claro que, para ele, a escrita de ponta é aquela que atualiza a violência da linguagem:

> [...] A liberdade de um escritor que não mais reduz a escrita a um meio de expressar seu significado, que consente em responder a possibilidades presentes, embora caoticamente misturadas, naquelas correntes profundas que fluem pela agitação oceânica das palavras, deriva de seu próprio acordo, submetendo-se ao peso do destino, na figura *amorfa* da *ausência*. (ibidem, p.57)

Bataille exemplificava com a famosa passagem que principia por "Dizer é inventar", para, de imediato, compor um enlace de afirmações e negações. Procurando a explicação mais simples, a ser desenvolvida quando virmos à análise proposta por W. Iser: se é errado pensar que "inventar" (*invenire*) quer dizer "fazer criar algo de novo", que, ao dizer alguma coisa, não invento nada, em troca a invenção supõe estabelecer uma afirmação, que, não se confundindo com um "fazer vir" o que não havia, provoca, a seguir, uma negação. Se as consequências do dizer terminassem no momento de negação do que fora afirmado, o dizer se confundiria com um instante da existência, e não com um fluxo que a atravessa. Desse fluxo resulta que o dizer supõe uma cadeia de momentos afirmativos (a afirmação feita) e negativos (a negação do afirmado), que motiva a nova afirmação, que provoca a nova negação, e assim adiante.

A direção que Bataille dá a seu pensamento, não se confundindo com algum postulado de alguma escola ou movimento, deriva da falta de compromisso com o que leva ao disfarce. Algo, em suma, de semelhante ao que declara o próprio Beckett. Os compromissos de que esse se afasta faz que Bataille veja a linguagem além do plano a que ela, cotidianamente, é reduzida:

A linguagem é o que determina este mundo regulado, de cujas significações provém o fundamento de nossas culturas, de nossas atividades e de nossas relações, mas ela assim o faz à medida que se reduz a meio destas culturas, atividades e relações; liberta destas servidões, ela não é nada mais que um castelo deserto, cujas rachas gritantes deixam passar o vento e a água; não é mais a palavra significante, mas a expressão indefesa que a morte usa como disfarce. (ibidem)

Afirmo aqui uma certa discordância – ela aqui apenas começará a se formular, para que prossiga no curso do diálogo que estabeleceremos com Wolfgang Iser. Abertura da discordância: creio que Bataille concebe uma dicotomia que empobrece a questão que tão justamente levantara. Conforme essa dicotomia, ou a linguagem seria um exercício de violência (a atualização de sua força entrópica), que Bataille vê presente em Beckett, ou se acomodaria a um jogo de compromissos que, pondo-a a serviço da comunicação, a esteriliza. (Algo de comparável, embora não idêntico, ao que Lorenzo Mammi (2012) nota que Giulio Carlo Argan aponta na experiência da arte, nas décadas próximas e seguintes de 1960 e 1970: ou a arte "exigia ser julgada pelo seu valor social ou existencial, e recusava qualquer tipo de análise formal [...] [ou] se punha como uma estrutura de signos que teria seu valor em si, independentemente de qualquer contexto histórico ou biográfico" (Mammi, 2012, p.18). A posição que Bataille critica está próxima da primeira, conquanto a imanência estetizante da segunda esteja longe de se confundir com o que louvava.)

Pergunto-me: a linguagem que atualiza a violência potencial do verbo seria construtora de alguma cultura? Se podemos imaginar que seu poder entrópico é passível de ser canalizado para a criação, como essa, mantendo viva sua chama, se estenderia a uma sociedade?

Em lugar da dicotomia de Bataille, propõe-se uma via intermediária, pois a constituição de uma cultura não parece possível senão como uma forma de mediação entre a violência criadora e a redundância comunicativa. (Daí a pergunta que deixo escapar para mim mesmo: a crítica que, apesar do louvor a Beckett, aceito lhe fazer não decorre que ele se põe demasiado do lado de uma certa entropia, não dando lugar à mediação que encontrávamos em Kafka, no último Thomas Mann, no Musil do *Homem sem qualidades* ou no *Ulisses?*) Sei que essa é uma formulação perigosa. Desenvolvo-a com cautela. Defendê-la supõe acatar, em relação à obra de arte, a imprescindibilidade de algum grau de compromisso; melhor dito, a presença de uma área de violência contida. Atualizada como puro poder entrópico ou que não contenha um grau absolutamente mínimo de verossimilhança, a linguagem não falaria senão para a rala comunidade de artistas, inventores ou talvez para místicos, se é que não se converteria em um idioleto, significativo apenas para seu próprio autor.

Embora a posição de Bataille não fosse idêntica à do ensaio de Argan, "A crise da arte e a crise da crítica", recordada por Leonardo Mammi (2012), sua consequência quanto à crítica de arte dela se aproximaria: a adotar a entropia sem ressalvas de Bataille, a crítica entraria em idêntica crise porque seu dilema seria de ordem política (ou o crítico estaria filiado à mesma opção do artista ou seria alijado da comunidade deste) ou de ordem esteticista, com a mesma consequência da anterior. Um grau razoável de verossimilhança seria indispensável para não tornar o objeto de arte, mais especificamente a arte da ficção verbal, algo de interesse apenas para uma muito restrita *intelligentsia* – não foi este exatamente o problema do *Finnegans?*

Em termos mais amplos, a estrita alternativa formulada por Bataille antecipava o questionamento radical que veio a ser feita, na Europa, de toda prática justificadora de uma hierarquia social. É pouco depois que se propaga a crítica ao internamento dos loucos nos asilos, sob o argumento de que os asilos seriam uma forma de limpeza, em favor da sociedade dos sãos. No mesmo sentido, embora em escala extremamente menor, chegou-se a questionar o lugar mais alto reservado aos oradores nos recintos acadêmicos. Recordo que, em sua primeira vinda ao Brasil, foi perguntado a Foucault o que ele pensava a respeito, ao que respondeu que, tentando a prática da aula em o professor se pôr no mesmo plano físico dos alunos, concluíra por sua inoperância.

Pelos exemplos, quero dizer: a adesão absoluta de Bataille à posição que Beckett levará adiante de rejeição de todas as convencionalidades presentes na escrita literária pecava por simplismo. Se, em princípio, ela era positiva, pelo lado imediatamente menos perceptível propiciava uma crise que afetará tanto a prática ficcional como sua reflexão teórica.

Como o desenvolvimento da questão ainda será feito, podemos retornar à posição de Bataille. O prosador e ensaísta anotava então que as características observadas no *Molloy*, especificamente o "frenético progresso para a ruína que anima o livro, que, sendo o ataque do autor ao leitor, é tamanho que este, sequer por um instante, está tão livre para retirar-se na indiferença", não teria sido possível se não se originasse em um motivo poderoso (cf. Bataille, 1979, p.61) – o "sono da razão"?

Procuro reproduzir o argumento que Bataille desenvolve em palavras o quanto possível mais diretas. Tal torpor da razão se manifesta como a morte e aquela "'ausência de humanidade', que é a aparência viva da morte" (ibidem, p.61). Uma e outra são "ausências de realidade", que, embora não se apresentem em cláusulas distintas do discurso, não podem ser consideradas irrelevantes porque constituem "a verdade última" (ibidem). Ora, essas figuras, incapazes de ser enunciadas em cláusulas precisas do discurso, concentram-se em um só ponto, nesta "figura horrível, dolorosamente pendurada em suas muletas, (que) é a verdade que nos aflige e nos segue não menos fielmente que nossas próprias sombras" (ibidem). Molloy, portanto, configura o que, por nosso "sono" da razão, procuramos afastar de nós mesmos: "É o medo desta figura mesma que governa nossos gestos humanos, nossas posturas eretas e nossas frases claras" (ibidem). Ou seja, por se concentrar no aspecto de Molloy, Bataille ultrapassa a desconfiança que manifestávamos há pouco em que seu louvor absoluto da entropia da linguagem o inclinasse para um certo esteticismo. A figura do vagabundo estropiado, que não se queixa do destino, muito menos de, após sua peregrinação entre as sombras da natureza e a violência institucionalizada da delegacia de polícia, não mais encontrar sua mãe viva, concretiza a forma disforme assumida pela coletividade humana. Tenha-se porém o cuidado de não confundir a imagem-símbolo de Molloy com uma busca de criar a empatia do leitor, que absolutamente nele inexiste. Em vez de o protagonista se extremar em cena dramática, "ele é esquecimento, impotência" (ibidem, p.62). Assim o final do relato de Molloy não conduz à desgraça "mas antes à indiferença, em que um homem esquece até seu próprio nome, na perfeita indiferença à mais repugnante miséria" (ibidem), como sucedera com o personagem quando interrogado pelo delegado de polícia.

O ensaísta, no entanto, não está satisfeito com os resultados a que já chegara. Por isso acrescenta, como se expusesse sua retificação ao caminho que Beckett o fizera seguir: nisso, diz ele, "há um tanto de chicana. Molloy, ou melhor, o autor está *escrevendo*: está escrevendo e o que escreve é que a vontade de escrever dele escapa..." (ibidem). Processa-se uma dupla e contraditória ação: o pensamento se evapora do personagem, que se declara indiferente, mas a sua indiferença é *escrita* por alguém, mesmo que se afirme que a vontade de escrever se afaste de quem escreve.

O que Bataille pretendia acentuar? A *impureza da representação ficcional*, isto é, imputar a alguém, o personagem, algo que é efetivado pelo autor. O autor *declara a indiferença atribuída a alguém, muito embora este alguém seja de fato o responsável pelo que faz*. A ficcionalidade é impura pelas seguintes razões: (a) porque supõe *a representação* (feita por alguém, o escritor) de *uma representação* — que não reduplica o que, em princípio se entende por representação: aquela que se baseia na percepção; (b) A cena da ficção vale para o leitor, não para quem a compõe. Portanto aquela que a compõe não pode declarar indiferença, a não ser que ela se refira à sua própria atitude quanto ao leitor.

Se a segunda razão rebate contra o romancista, em troca, uma mais remota expressa um efeito que lhe é favorável: não poderíamos relacionar a contradição com o que desenvolvíamos do que ele antes declarava sobre o duplo aspecto, afirmativo e negativo, do ato de inventar? Ou, se nos concentramos apenas em Beckett, a duplicidade não se conecta ao final de *O Inominável*: "É preciso continuar, não posso continuar, vou continuar" (Beckett, 2009, p.185)? Procuro explicar-me. Por certo, seria maluquice considerar que Bataille imaginasse o desenvolvimento que alguém faria de sua citação do "Dizer é inventar" ou o que Beckett escreveria no final da trilogia? Em troca, *efetivamente tematizava o contraste entre a voz atribuída ao personagem e a contravoz do autor*, contraste textualmente reiterado no final do segundo relato, quando Moran, de volta à sua casa, depois de haver sido abandonado pelo filho, encontra seus poucos bens destroçados. E então escreve: "É meia-noite. A chuva está batendo nas janelas. Não era meia-noite. Não estava chovendo" (Beckett, 2014b, p.237. A coexistência, na passagem escrita, de uma dupla voz cuja função a sutileza de Bataille captara o leva então a dizer: (A contradição) resulta "simplesmente que não é Molloy: Molloy de fato admitiria *nada*, porque *nada* escreveria" (Bataille, 1979, p.62). Em formulação mais explícita: no encerramento do *Molloy*, é Moran quem pensa. Por ele se torna mais simples declarar que uma dupla voz está contida e se faz presente no enunciado. Como o que passa pela mente de Moran não pode ser articulado por uma cláusula precisa, pois ou esta, ao se introduzir, teria de explicar a relação dos dois protagonistas, ou há de penetrar no texto à semelhança da circunstância afirmada e/ou negada da chuva, só uma contradição (a mais) poderia dar conta da aleatoriedade do que ocorre na mente de Moran. A contradição, em suma, é a disposição verbal correspondente à indiferença do personagem, reiterada, *ao mesmo tempo*, que a *diferença* do que escreve. Em suma, se a indiferença atribuída ao autor indica seu descaso quanto à recepção, ao mesmo tempo, ela se agarra ao personagem e lhe dá uma dimensão extra. A indiferença é suposta e terá um efeito negativo – o tédio que alguns críticos acusarão – e positivo, pelo aumento da complexidade da relação entre os personagens.

Sem considerar o efeito (b), negativo, a justificação do procedimento fora dada pelo próprio Beckett ao designar o modo de enunciação presente na trilogia como o do narrador narrado. É possível, portanto, explicitar-se: o recurso inusitado de fazer que um mesmo período fale de duas ações opostas, a do narrado (o personagem) e do narrador, cumpre-se por uma enunciação formalmente contraditória. Nos termos mais amplos possíveis, que diz respeito ao que se processa no *Molloy*, será possível afirmar: há alguém que se aproxima da morte com indiferença (Molloy); há a diferença de quem escreve o indiferente (o próprio Beckett).

Reiteremos: as consequências extraídas da reflexão desenvolvida por Bataille: "a cena da ficção vale para o leitor, não para quem a faz", admite, portanto, desenvolvimentos antagônicos. Se, pelo que concerne à complexificação dos personagens, tem um efeito positivo; por outro lado justifica a crítica que, a partir de Bataille que parcialmente se encaminhava a Beckett: porque a cena da ficção vale exclusivamente para o leitor, a recusa de conceder qualquer empatia para sua leitura não contraria apenas o hábito da leitura habitual, portanto não só favorece a violência criadora, senão que expõe ao leitor a indiferença que o autor guarda quanto a ele. Ou seja, *o aprofundamento do exame crítico de um autor da importância de Beckett não revela apenas o que lhe devemos como inovador, mas também as debilidades contidas em sua obra.* Seu exame assim se torna, sem dúvida, muito mais delicado. Contudo sua urgência se revela pela dicotomia desastrosa que vemos presente na arte, não só na literatura, contemporânea: com frequência, seus produtos, ainda que sob a máscara da experimentação, ou (a) apenas se tornam elaborações para o mercado, destinadas à grande vendagem – é o que frequência sucede com as chamadas *instalações*, ou (b) se entregam aos programas com que se montam os *best-sellers*. A alternativa é particularmente crítica nos países periféricos, à semelhança daquele para a qual se destinas os livros que tenho escrito.

Beckett recusa isso e aquilo, para em troca escolher um caminho que, potencialmente, retrai o leitor da obra inovadora.

O ENREDO SUBTRAÍDO DE *MALONE MORRE*

A primeira grande ousadia de Samuel Beckett e de seu editor francês esteve em lançar no mesmo ano de 1951 dois romances incomuns, *Molloy* e *Malone morre*. A crítica não poderia reagir

MELANCOLIA

senão manifestando sua estranheza, que se concretiza na coincidência das observações de Maurice Nadeau e de Richard Seaver, o introdutor da obra em francês de Beckett para o público de língua inglesa.

Nadeau (in Graver; Federman, 1979, p.78), que já escrevera sobre o *Molloy*, agora dirá: "*Malone' morre'* faz recuar os limites do empreendimento que é levado a cabo em obra a ser ainda publicada. Depois do quê [i.e., do *Malone'*] é difícil imaginar que outra coisa pôde ser deixada a Beckett senão o silêncio". Seaver (in ibidem, p.86), de seu lado, se perguntará: "É possível ao senhor Beckett ainda avançar sem sucumbir à completa incoerência do som inarticulado, ao silêncio do nada, em que o lodo e Molloy, em que o objeto e o ser sejam não só contíguos mas unos?".

Ao dizê-lo, os dois comentaristas já estão informados de que um terceiro volume ainda os aguarda. Como têm razão na pergunta que se fazem, é aconselhável, mesmo fazendo uma subtração de seu enredo, termos um sumário mais detalhado do volume segundo.

Malone' morre' gira em torno da morte que Malone espera. Sua expectativa não se dá por desespero, excessivo fastio ou alguma doença terminal. Nada senão saber-se próximo do banal ponto de chegada. Nenhuma ansiedade o cerca, como tampouco cercara Murphy, Molloy ou Moran. Há mesmo uma certa ironia para consigo próprio quando chama a morte de um segundo nascimento. É, portanto, sem regozijo ou terror que sabe próximo o fim da viagem. Sua primeira frase o diz e logo o reitera: "Estarei em breve apesar de tudo completamente morto. [...] Tenho esse sentimento, eu o tenho há alguns dias, e confio nele" (Beckett, 2014a, p.21). Daqui até lá, acrescenta o narrador, "vou-me contar histórias, se puder" (ibidem, p.22). Transcrevemos a frase, sem sequer insinuar o poço que se abre.

O fim chega a ser desejado porque, para ele, a vida fora um jogo com "o informe e o inarticulado, as hipóteses incuriosas, a obscuridade, a longa caminhada com os braços estendidos, o esconderijo" (ibidem, p.23). O jogo ainda continua, só que agora seu *terminus ad quem* é o nada. Ao "narrador narrado" cabe rememorar o que tenha feito ou o que inventara no entretempo. Parece-lhe até entretido dizer como passará o tempo e aí incluir uma contradição:

> Estou achando tudo atraente há alguns dias. [...] Situação atual, três histórias, inventário, aí está. Alguns interlúdios não devem ser excluídos. É um programa. Não me afastarei dele senão na medida em que não possa fazer de outro modo. Está decidido. Sinto que estou cometendo um erro enorme. Não faz mal. (ibidem, p.25)

A sensação de que a atividade prometida será divertida logo se desmente. Já sabemos que, por parte do narrador beckettiano, as contradições hão de ser esperadas. Poder-se-ia pensar: como eliminá-las, se as paredes do abismo não são retas e lisas? Como de outro inferno já se dissera: *Guarda e' passa.*

Antes de começar a inventar as prometidas estórias, assim como Molloy, Malone reconhece que está em um quarto. Mas não idêntico ao daquele. É o aposento de um asilo para velhos por certo sozinhos e/ou sem respaldo financeiro, no qual, entretanto, também chegara em uma ambulância, também tendo vindo de uma floresta. (Em Beckett, as coincidências parecem intencionais. Não nos perguntemos sua razão: confundir os intérpretes, ser objeto de discussões e teses, dar a entender que o nome pouco personaliza estórias semelhantes ou o quê?)

Malone declara que não está em uma instituição, mas adiante percebe que tem companheiros, que lhe parecem anormais — como aqueles que Murphy tivera de atender. A primeira informação é contraditada pelo que logo diz: "A porta se entreabre, uma mão pousa um prato sobre a mesinha que se encontra ali com este fim, leva o prato da véspera, e a porta se fecha outra vez. Fazem isso por mim todos os dias [...]" (ibidem, p.27)

A retificação sobre o tipo de lugar em que se encontra é a informação verdadeira: ali é o lugar em que, rotineiramente, cuidam de pessoas desamparadas. É de presumir que os demais dispõem do mesmo que ele: uma mesa com rodinhas, em que, diariamente, deixam um prato de sopa e um penico. Nenhum

MELANCOLIA

279

escrúpulo os separa: "Penico, tigela, eis os polos". No que se relata, coisas que atendem a necessidades de carga e descarga estão próximas do corpo a que se referem: "Quando meu penico está cheio, coloco-o na mesa ao lado do prato. Então passo vinte e quatro horas sem penico. Não, tenho dois penicos. Tudo está previsto. Estou nu na cama, direto nas cobertas" (ibidem, p.28).

Na maneira como se relata, o grotesco é parente próximo do repugnante. Beckett parece empenhado em manter o leitor distante de qualquer sentimento de simpatia do que se lhe oferece. Ainda lembremos a advertência do verso de Dante: *Guarda e'passa*.

Além dos poucos objetos mencionados, Malone dispõe de um bastão com um gancho; com ele, aproxima a mesa da porta ou a traz de volta, para perto de si. Os seus escassos tesouros ainda compreendem um caderno grosso e um lápis, que se encurtará com o correr da narrativa, até que dele só reste um grafite sem cobertura. Eventualmente, o bastão se perde, o caderno só ainda tem umas poucas páginas em branco.

Não, não nos apressemos. O próprio corpo de Malone é uma máquina que se apaga:

> Meu corpo é o que se chama, talvez com leviandade, impotente. Não consegue por assim dizer mais nada. [...] Vejo e escuto muito mal. A vastidão só é iluminada por reflexos, é para mim que os sentidos estão apontados. [...] O que se vê, o que grita e se agita, são os restos. (ibidem, p.29)

Até agora, Malone se contentara em se descrever e a seus arredores próximos. Começa a executar as etapas prometidas. Não se pergunte como Saposcat, o agente da primeira estória, aparece. Talvez tenha estado em sua memória. Ou terá sido inventado no instante em que o lápis o tocou? Pertence à família de mesmo nome, que vive numa miséria semelhante à de Malone, que mora no campo e só dispõe da própria ajuda: "Parecia que os Saposcat tiravam a força de viver da perspectiva de sua impotência" (ibidem, p.31). E as conversas que mantinham eram como de outras criaturas semelhantes e sem perspectivas de melhora. Eram infalivelmente medíocres, e esperavam que o filho crescesse para se tornar um assalariado. Malone interrompe a "invenção" da primeira estória: "Que tédio. E chamo isso de jogar. Me pergunto se não é ainda de mim que se trata, apesar das minhas precauções. Vou ser incapaz, até o fim, de mentir sobre outra coisa?" (ibidem, p.32). A pergunta nos deixa alertas sobre o estatuto da estória que se conta. (Lembremo-nos do que já se desenvolveu a partir de observação de Bataille.) Fora cautelas, Malone se promete refletir melhor sobre o que estabelece a conexão entre sua cabeça, o lápis e a caderno:

> Vou refletir bem sobre o que disse antes de ir além. A cada ameaça de desastre vou parar para me examinar tal como estou. É justamente isso que queria evitar. Mas é sem dúvida o único meio. Depois desse banho de lama saberei admitir melhor um mundo que eu não manchei. (ibidem, p.33)

A segurança que procura ter concerne ao que deposita nos penicos ou ao que elabora sobre os Saposcat? A questão sequer se lhe põe, pois volta à estória de Sapo. Para que se perceba que não se levanta questão onde o texto corre em terreno plano, lembremo-nos do que Beckett dizia sobre sua diferença quanto a Kafka: neste, a angústia, a ansiedade está *na forma*, nele, está atrás, *sob a forma*. Como entendo a distinção, a forma em Beckett pode parecer ou mesmo esforçar-se em ter a aparência de *insignificante* para que sua realização se cumpra por explorar o que sempre, na arte, parecera desprezível. A associação importa porque, em si mesmo, o relato retorna à estória de Sapo. Na verdade, seu andamento muda de tom. Sapo tem uma cabeça que aparenta pertencer a uma criatura inteligente, embora dela nada brote de distinto do trivial. O assunto então não avança. Em troca ou apesar disso é objeto da mais banal das controvérsias que os pais mantêm. Daria um bom atleta, e não faz parte de equipe alguma, afirma o pai. Como se protestasse, em defesa do filho, a mãe contesta que estuda todo o tempo. A que o pai logo responde: "E é sempre o último". E assim seguem, até que o narrador recorre a estabelecer um hiato maior entre as linhas, indicando a mudança de foco do que é escrito no caderno. É Malone que interrompe a banalidade extrema da conversa para se retirar em si mesmo: "Não voltarei mais a essa carcaça senão para saber sua hora. Quero estar lá um pouco antes do mergulho, fechar sobre mim pela última vez a velha e querida escotilha, dizer adeus aos compartimentos onde vivi, afundar com o meu refúgio" (ibidem, p.38).

Malone sabe que atropela seus próprios pensamentos. Eles não o desgostam porque sejam triviais. Isso não o incomoda: "Viver e inventar. Tentei. Devo ter tentado. Inventar. Não é a palavra. Viver também não é. Nas faz mal. Tentei" (ibidem, p.39). O que logo acrescenta ajudará a compreender tanto o que entende por "inventar" quanto a relação do narrador Malone com seu autor:

> Talvez tenha vivido afinal, sem saber. Me pergunto por que estou falando de tudo isso. Ah sim, é para me desentediar. Viver e fazer viver. Não vale a pena indicar as palavras. Não são mais ocas do que o que carregam. Depois do fracasso, o consolo, o descanso, recomeçava a querer viver, a fazer viver, ser outro, em mim, num outro. Como tudo isso é falso. (ibidem, p.40)

Inventar não dispõe do sentido nobre que etimologicamente lhe concedemos. É apenas um rumor de palavras que permanecem ocas. O que as palavras prometem? Transferir o fracasso para outra pretensa carcaça. A negatividade confessada de Malone transparecerá na entrevista que Beckett (in Graver; Federman, 1979) concederá a Israel Shenker, em maio de 1956. Não seria legítimo declarar que a distinção ali feita quanto à linhagem de Joyce derivasse de um instante de depressão profunda, a não ser que se afirmasse que o mesmo estado já o perseguia, antes de seu grande êxito, nos diálogos de 1949, com Georges Duthuit, em que a concordância sobre a grandeza de Matisse era admitida para acentuar a diferença com o que pensa que ele próprio faz: "Uma arte que se desvia [de uma certa ordem no plano do factível] com repulsa, [...] cansada de fingir ser capaz, de ser capaz, de fazer um pouco melhor a mesma velha coisa, de ir um pouco adiante de uma estrada árida" (Beckett, 2006, p.556).

Essas passagens de suas raras entrevistas servirão de porta de entrada para o que estaremos entendendo como o abismo aberto por Beckett sob a forma. Mas ainda é cedo para aprofundá-lo.

Enquanto Molloy ainda tivera uma travessia, por certo muito difícil, até ser recolhido da vala em que caíra, Malone só dispunha da rememoração e do desfiar das estórias que se prometera. A rememoração, por sua vez, se interrompe e passa a traçar outro plano. Não o plano em que esteve Sapo. A paisagem, é certo, não muda daquela em que Malone se recolhia para se ver onde se encontrava. A paisagem, ou seja, o aposento em que está, é a mesma. Porém muda sua angulação: pelo que contém, e ele já não sabia, ali só há o armário. Seguem-se a reação e a descrição dos pequenos objetos, semidesfeitos, que formam seu tesouro: "[...] Disse a mim mesmo que preciso ir mais depressa. As vidas verdadeiras não toleram esse excesso de circunstância. É aí que espreita o maligno. [...] São variadas as formas nas quais o imutável se consola de ser sem forma" (Beckett, 2014a, p.43).

As frases borbulham; se não têm nexo é mesmo pela falta de forma do pouco que há. Por que, afinal, nos empenhamos em descobrir o nexo que as frases deviam conter senão porque já sabemos que Beckett se impunha trabalhar com a impotência, a ignorância, *contra* a expressão como realização? Automaticamente, *isso lhe impunha entender o nexo narrativo como uma mera convenção literária.* Seu antepassado, o irlandês Sterne, despedaçara com o *Tristram Shandy*, a narrativa linear, o enredo de que era possível derivar um sentido central. Beckett radicaliza seu propósito. Pergunto-me, porém, se não há um excesso em seu "shandismo".

Aproximamo-nos mais do abismo, do abismo beckettiano. Mas ainda não é o momento de descer por ele. Apenas acrescentemos: à destruição das convenções literárias corresponderá, na trilogia, o questionamento da ficcionalidade. O contar-se estórias que o narrador se prometera era o modo que ele tinha de preencher seu tempo de espera; de chamá-las de "invenção", mesmo que não passassem, embora bastante modificados, de capítulos de sua própria vida. Mas isso não equivaleria a questionar a ficcionalidade, pois apenas a contornaria, porque fingiria a conexão estar entre palavras e frases, quando já estivera contida em sua própria vida.

A sedução de descer pelo abismo se torna mais tentadora. Para ainda evitá-la há uma bela passagem. Como é muito longa, tenho de estropiá-la:

> Terminei de procurar por mim. Estou enterrado no universo, sabia que um dia encontraria meu lugar nele, o velho universo me protege, vitorioso. Estou feliz, sabia que seria feliz um dia. [...] Quero apenas uma última vez tentar compreender, começar a compreender, como tais seres são possíveis. Não, não se trata de compreender. De que então? Não sei. Lá vou eu apesar de tudo. Não deveria. A noite, a tempestade, a infelicidade, as catalepsias da alma, desta vez vou ver o quanto tudo isso é bom. Nem tudo está dito entre mim e – sim, tudo está dito. Talvez tenha apenas vontade de ouvir dizer mais uma vez. Mais uma vezinha. Todavia não, não tenho vontade de nada. (ibidem, p.45)

O corte prejudica a beleza; dela prescindimos para ressaltar as contradições que afloram – "Estou feliz", "Quero apenas [...] tentar compreender", "Não, não se trata de compreender", "a noite, a tempestade [...], vou ver o quanto tudo isso é bom, "vontade de ouvir dizer mais uma vez", "não, não tenho vontade de nada". As contradições florescem como um jardim de urtigas.

Por mais que as contradições se destinem a comandar a narrativa, pelo desterro do sentido, elas se condenam a substituir uma convenção por outra. Por isso, fazendo Sapo sair por um momento de foco, Malone, o narrado, tem que se abrir para outra estória. Tratará agora da família dos Louis. Camponeses também, igualmente pobres, o pai de família era desdentado, vivia de sangrar porcos e considerava que a mulher, ao contrário dele, ainda jovem, estava obrigada a servi-lo sexualmente.

Como no caso dos Saposcat, o relato reúne ações grosseiras e expressões convencionais. Assim não sucede por alguma recaída em um ridículo realismo senão pela desavença do autor com a "incorruptível beleza".

A segunda estória eventualmente se cruza com a primeira, e Sapo entra em contato com os Louis. Sua relação é rotineira, o narrador não precisa explicar por que deixa pequenos presentes para a família, nem tampouco por que parte sem se despedir. Ao retornar a Malone, o relato mantém o mesmo tom opaco, embora sejam mais incisivas suas observações sobre o que vê e escuta. A quebra das convenções não equivale a uma linguagem que se isente da singularidade da literatura. Aqui e ali, ela reaparece: "Cada árvore tem sua maneira de gritar, como na calmaria o seu sussurro" (ibidem, p.54). Não se interdita a formulação da beleza. Apenas não se expurga sua vizinhança com as contradições frequentes. "Infortúnios, benefício, não tenho tempo de escolher as palavras, estou com pressa, pressa de terminar. E todavia não, não estou com pressa" (ibidem, p.55).

A vida de Malone não escapa do circuito pobre com os poucos objetos de que dispõe, a cama em que afunda, a mesinha que acolhe o prato e o penico, o caderno, o lápis que encurtai, a observação fina do entorno, a espera, sim, a espera: "Esperei a aurora. Fazendo o quê? Não sei. O que devia fazer. Espreitei a vidraça. Me entreguei a minhas dores, minha impotência. E enfim me pareceu por um instante que ia receber uma visita!" (ibidem, p.58).

Já sabemos que o espaço maior na composição do texto corresponde à passagem a outra cena. É assim que logo se volta a falar de Sapo e os Louis. Como no caso de Molloy, encontram-se nas proximidades de um abatedouro de animais. Ter uma casa da morte oficializada nas proximidades reduz a distância quanto ao velho Louis, sangrador de porcos. Ele não só ganha assim a vida, como, no momento do relato, junto com o filho, cava a cova para a mula que o servira até morrer de velhice, enquanto a mulher leva um coelho para a cozinha. A diferença de cores entre o animal morto e o que será em breve dará lugar a um breve comentário: "[...] Se a mula tinha sido preta, o coelho tinha sido branco. Já estava morto, não existia mais. Há coelhos que morrem antes de os matarem, de simples pavor" (ibidem, p.64).

Fora das convenções que disfarçam e mascaram, sem compromissos com o realismo, a própria vida não pede licença para

MELANCOLIA 285

ser rude. Na sequência, vindo à família, fala-se da estreiteza da casa em que viviam. Ela obriga o filho a dividir seu quarto com a irmã. A exiguidade não permite que o sexo tenha mistérios. O irmão se masturba, eventualmente na presença de sua companheira de quarto. A referência é tão corriqueira que ocorre próxima de a filha contar à mãe que Sapo lhe dissera que ia embora. A partida, o corriqueiro desaparecimento de alguém, é tão usual como a morte do animal ou a iminência do incesto. O insignificante ocupa um largo espectro e suas garras são fortes. Malone entra no curso das frases e às vezes se pergunta se já não teria morrido na floresta. Nesse caso, o trabalho que dele se narra, com o lápis e o caderno seriam arbitrários. Mas o desmentido afasta a hipótese – "[...] O bom senso me diz que ainda não parei completamente de ofegar" (ibidem, p.70). Mas é do próprio bom senso que Malone duvida. Em longa digressão, pensa sobre a luz que invade o quarto:

> Ela fica lá fora, a claridade, o ar cintila, o granito da parede do outro lado brilha com toda a sua mica, ela está contra a minha vidraça, a claridade, mas não passa, de modo que aqui tudo se banha, não direi na sombra, nem mesmo na penumbra, mas numa espécie de luz de chumbo, que não lança sombra e que por consequência é difícil para mim saber de onde vem [...]. (ibidem, p.71)

A confusão que invade a percepção de Malone não impede que o lirismo resista ao cinza. Se, por instantes, a introspecção de Malone assume uma direção lírica, noutras não é menos grotesca. O moribundo se declara "um velho feto [...] encanecido e impotente", cercado por figuras também à beira da decomposição: "[...] Minha mãe não aguentou mais, eu a apodreci, ela está morta, ela vai parir por meio da gangrena, papai também talvez esteja na festa, vou desembocar vagindo, em pleno ossuário, aliás não vou vagir, não vale a pena" (ibidem, p.77).

Nem sempre as estórias que Malone se conta são tão claras. A que principia por "levei tempo para reencontrá-lo, mas reencontrei" se diferencia por sua longa duração. Refere-se a Macmann.

Ao narrador, ele parece alto, bem vestido, os botões de seu sobretudo são descritos com minúcias de alfaiate. Aparentemente está sentado em algum lugar de onde vê "as pessoas, numerosas na rua àquela hora, terminado o seu dia, toda a longa noite pela frente" (ibidem, p.82). De seu posto, Macmann descreve os passantes, reflete aleatoriamente sobre o destino também diverso dos animais de transporte, sobre as fases do cavalo, a princípio a serviço de casas abastadas, até quando, ao envelhecer, são vendidos para serem esquartejados. As estações do ano pouco importam. Homens, árvores, pássaros correm, permanecem ou voam de lá para cá. Todo o corriqueiro é passado em revista. Mas a referência a coisas e estações não quer dizer que Macmann fosse um observador imóvel: "[...] Não adianta nada ignorar isso e aquilo, ou se sabe tudo ou não se sabe nada, e Macmann não sabe nada, só quer considerar sua ignorância de certas coisas, daquelas que o assustem entre outras, o que é humano, mas isso vai passar" (ibidem, p.86).

A estória de Macmann não é idêntica às anteriores. Ao contrário, a sua "invenção" está bem próxima à do próprio narrador: "Escrupuloso até o fim, eis Malone, tim-tim por miúdo tim-tim" (ibidem, p.88). A comparação trará Malone à sua espera. Espera que, por certo, é de ambos. O que os espera, demora, e o intercurso se amplia em um tumulto de palavras:

> [...] É preciso jogar e perder, para se comportar bem, e só tenho de continuar como se fosse durar até o São João, pois creio que alcancei o que chamam de mês de maio, não sei por quê, quero dizer, porque se acho que o alcancei, pois maio vem de Maia, merda, também guardei isso, deusa do crescimento e da abundância, é uma simples crença, do crescimento pelo menos, pois a abundância só vem mais tarde, com as colheitas. (ibidem, p.88)

Palavra-puxa-palavra, a morte, sua espera se cruza com o mês do crescimento, leva a um palavrão, e este ao mês das colheitas. Haveria de renunciar a qualquer sentido ordenado? Viver não é estar no tumulto do heterogêneo? Ou todos passaram à fren-

MELANCOLIA 287

te de Macmann, homens, árvores, pássaros, animais, todos que param, passam ou correm, impotentes, enquanto creem que apenas vivem, diante de uma mesma morte? Que novidade há em declarar que a vida supõe essa espera? O narrador, por certo, não pretende que esteja a dizer algo de novo. A importância do que registra está noutro ponto. Para resgatá-lo, Malone recorda que "apesar das minhas estórias continuo a caber neste quarto" (ibidem, p.90). Sua multiplicidade de personagens corresponde à duplicidade do narrado quanto ao narrador. Dizer-se portanto que essa duplicidade, verdadeiro *Leitmotiv* do romance, indica que o narrador é um artista, seria bastante pobre se não fosse da ordem do óbvio. A duplicidade que importa ressaltar se encontra noutra formulação, não menos constante em Beckett: "[...] Se algum dia me calar é que não haverá mais nada a dizer, mesmo que tudo não tenha sido dito, mesmo que nada tenha sido dito" (ibidem, p.91). Se a invenção enuncia coisas e sujeitos falsos, a necessidade de inventar não se esgota na falsidade da invenção. Malone, ou melhor, Beckett, não é apenas alguém que considera as reflexões desenvolvidas por Mauthner, senão alguém que as debate. Todos os personagens, os Murphy, os Molloy, os Moran, os Malone aproximam entre si pormenores, idiossincrasias, fantasmas – como o de terem eventualmente assassinado um ou mais de um –, transitam daqui para ali até que "de repente a cortina se ergue e explode todo o buquê de cores encantadoras, rosa pálido e brancura de carne, e também o dourado que não tive tempo de entender" (ibidem, p.94).

Que significa a inesperada explosão de cores? Algo que negue a identificação da invenção com o falso? Sim e não. Sim, por certo, porque o inventado não tem a carne e a consistência corporal do autor do narrador. Não porque o narrador e seus personagens não reduplicam sua fonte, o autor; não são a sua mera expressão; ou, como ainda se escuta dizer, não são a *imitação* da ambiência em que o sujeito-autor empírica e efetivamente circula.

Lendo-se toda a passagem a que a citação se integra, entende-se sua motivação: ao formulá-la, Malone não percebera que, por sua janela, via um encontro sexual: "[...] Parecem um só corpo e por consequência uma só sombra. Mas quando cambaleiam vejo bem que são dois". Mas sua incompreensão é expressa de tal modo que ajuda o leitor a captar o sentido, formulado como algo ainda impreciso, de toda a trama: não se trata de referir uma cena vista e não entendida, mas de tornar o orgasmo humano equivalente a uma explosão de cores. Em lugar da convenção literária, que descreveria o imediato do não entendimento, seguido aos poucos da decifração da cena que se desenrola do apartamento vizinho, a terceira invenção de Malone se faz acompanhar da violência da linguagem. É essa violência que concretiza a criação.

De todo modo, a presença de Macmann não se encerra no que já se disse. Se até então fora visto como um voyeur, agora, mantendo-se na rua, está debaixo de uma chuva forte. A passagem que transcrevo é parte das trivialidades comuns ao narrador e suas invenções: "Incomodado pela água que enchia seu chapéu, passando pela fenda, Macmann o levantou e colocou sobre a têmpora, quer dizer, virou a cabeça e encostou a bochecha no chão" (ibidem, p.95).

Ao deixar a posição de observador passivo, sentado ou com a cabeça colada à terra molhada, Macmann passa a ter maior consciência do que o associa à família dos demais personagens. Sua reflexão caberia a qualquer outro, se este outro narrado tivesse a mesma capacidade de elaboração: "[...] Teria sem dúvida se perguntado se precisaria realmente haver outra coisa que não a vida para ser punido..." (ibidem, p.96).

É o cansaço da vida que torna dolorosa a espera. Nisso, Macmann não é senão o homem comum; o que não impede que o narrador relate, em sua vida, instantes de loucura, em que o paradoxo é o meio mais adequado de composição. Refiro-me à passagem em que, contratado para limpar um canteiro de cenouras, passara a arrancar, indiscriminadamente, parasitas, legumes e até flores. Ou que, contratado para limpar as ruas, era assediado pela disposição contrária de deixá-las mais sujas. O grotesco então se combina com o traço do comediante que Beckett mantivera da tradição literária irlandesa. Pela excepcionalidade da passagem, ela não pode ser apenas mencionada:

MELANCOLIA

[...] Ao fim do expediente ao longo de todo o setor que lhe havia sido confiado, viam-se cascas de laranja e banana, bitucas, papéis inomináveis, cocôs de cachorro e cavalo e outras imundícies, concentradas com cuidado ao longo das calçadas ou reconduzidas com diligência para o meio da rua, com o objetivo aparente de inspirar nos passantes o maior desgosto possível e de provocar o máximo de acidentes, alguns fatais, por escorregões. (ibidem, p.101)

Em vez de ter o personagem como um demente, o narrador expõe um de seus aspectos singulares.

Assim como o desgarre das convenções permite que sejam mantidos detalhes insignificantes e cenas raras, assim também narrador e narrado muitas vezes se confundem. Do mesmo modo, depois de espacejamento maior na composição do texto, admite indicar a saída de cena de Macmann e a volta de Malone, eis que sua obsessão pelo fornilho de cachimbo quebrado provoca o lamento: "Este pobre Macmann" (ibidem, p.107).

Curto lamento, seguido de formações absolutamente desencontradas. Ou articuláveis apenas enquanto se reconheça que Macmann era um derivado de Malone, a ele semelhante, como os seixos com que Molloy enchia os bolsos do casaco. O detalhismo de insignificâncias é tão frequente quanto os sinais de interrupção da narrativa ou o surgimento, no interior de um de seus blocos, de mais contradições e incoerências. Assim, depois da manifestação de surpresa ou lamento pela natureza de Macmann, sucedem-se orações sem nexo – "Esta clava é minha, ponto, é tudo. Está manchada de sangue [...]. Me defendi mal, mas me defendi. É isso que digo a mim mesmo às vezes" (ibidem, p.107) – que poderiam ter sido atribuídas a Molloy ou a Moran. A quebra das convenções admite não só o demorado detalhe ocioso, como frases sem nexo – ainda deveremos ver qual o sentido da falta de sentido.

Não é o estado de Malone que justifica a distância de sentido, mas a vida que a ele se agarrara: "Decididamente a noite é longa e pobre conselheira. [...] Se à aurora eu ainda estiver lá, descobrirei. [...] Afinal retificações *in extremis, in extremissimis*, são sempre possíveis. Mas será que não acabo de me extinguir? Vamos, Malone, não vá recomeçar" (ibidem, p.109).

Há sempre o risco que assim suceda, pois, como responde à pergunta que se faz: "Disse que não digo mais que uma pequena parte das coisas que me passam pela cabeça?" (ibidem, p.112). Mas, quaisquer que sejam os riscos de retorno, parece haver chegado por fim a temporada das perdas definitivas. Malone declara que há dias não voltam a encher seu prato e a esvaziar seu penico. O desejo da morte passa a apossar-se dele mais que a vontade de permanecer.

Saltamos algumas páginas até a próxima interrupção. Quando o texto volta a fluir, Macmann está em um asilo, equivalente ao do próprio Malone. Talvez a falta de substituição dos componentes da mesa, acompanhada da perda do bastão e de o lápis estar reduzido ao grafite sem cobertura, tenha se seguido à morte de Malone. A narrativa não o declara. Não sucederá o mesmo que, no romance anterior, onde Moran se torna o agente de que o relato trata, em lugar de Molloy? Entre os que cercam Macmann, há uma mulher velha, que será sua guardiã. Moll é seu nome: "Ela lhe trazia a comida [...], esvaziava seu penico todas as manhãs e..." (ibidem, p.116). A essa altura, o leitor já saberá que o insignificante e repetitivo é indispensável, na trilogia. (Tão repetitivo e insignificante que é lamentável, sobretudo se se pensa que o autor, que se incompatibilizara com a praga do realismo, por inesperado viés dele se reaproxima.)

A partir de agora, Moll se converte de enfermeira-guardiã em amante do internado. Se em *Molloy*, o tratamento de matéria de ordem sexual era caricaturesco ou mesmo grotesco – o narrador aspira que lhe amputem os testículos para que não mais dessem falso testemunho –, agora se transforma em um pastelão escatológico: "[...] Excitando-se no jogo, terminaram mesmo, embora de uma perfeita impotência um e outro, por fazer brotar de seus abraços secos e débeis uma espécie de volúpia sombria, apelando a todos os recursos da pele, das mucosas e da imaginação" (ibidem, p.120).

É estranho o cuidado da crítica consultada – fora a de um mal resenhador, que considera Sade como um de seus autores lidos – em não se referir ao detalhe. A única exceção que encontrei está em Marjorie Perloff, que, ao se referir aos testículos balou-

MELANCOLIA

çantes, restaura o verso integral de Leopardi, *non che' lo speme'*
il desiderio è' spento (não só a esperança, o desejo está gasto) – a
passagem só se encontra na versão em inglês – "*So that* non che
la speme il desiderio, *and 'I longe'd to see' them gone'* [...]" (de 1951
a.I, p.31) – com a observação irônica e bem-humorada da autora
sobre a semelhança gráfica e fônica entre o italiano *speme'* e o
inglês *sperm*, assim como, na passagem integral, entre os termos
ingleses, *testicles* e *testify* (cf. Perloff, 2008, p.291).[3]

O caráter de *slapstick* (*sketch* ou comédia papelão) é frequente
em todo Beckett; a grosseria no trato de matéria sexual pode ser
entendida como decorrência de ser o homem entendido por Beckett como um "composto de sujeira e ferocidade" (Perloff, 2008,
p.280). Isso explicaria que a guardiã-amante termine substituída
por feroz assassino. Mas o decisivo é o encontro amoroso verificar-se no caso da vida dos parceiros. Como mostra frase de Moll,
pertencente ao mesmo longo parágrafo, nada há de sentimental
entre os "sustos e apalpadelas ariscas" que se trocam: "Querido,
não se passa um dia sem que eu agradeça a Deus, de joelhos, por
ter te encontrado, antes de morrer. [...] Que seja no mesmo instante, é tudo que peço. Aliás tenho a chave da farmácia" (Beckett,
2014a, p.121).

Impassível de adoçar-se, a relação se torna cada vez mais as-
querosa. A velhice de Moll convertendo sua carne em decomposição começa a feder: "Ela nunca tinha cheirado bem, mas entre
não cheirar bem e exalar o odor que ela exalava nessa época há
um abismo. No mais estava sujeita a vômitos" (ibidem, p.126).

Ao fedor de Moll corresponde o arrefecimento da mútua
esfregação. Macmann chega a se perguntar se a paixão outonal
da guardiã não arrefecia. Antes, porém, de chegar a alguma conclusão, é informado que ela morrera. Comunica-o o novo enfermeiro, Lemuel, o quase idiota, mestre de rudezas e maldades.
Como é costumeiro na trilogia, a narração não poupa detalhes,
antes os prolonga como se fossem informes relevantes. Assim,
em vez de apenas apresentar o substituto de Moll, declara: "Aqui

---

3 Agradeço a indicação do texto à amiga beckettiana Ana Helena Souza.

está sua papa. Coma enquanto está fervendo"; depois de mais uma pequena interrupção, detalha-se sua estupidez: "Solicitado a dizer se São-João-de-Deus era uma instituição privada ou sob a tutela da República, se era um asilo para velhos e enfermos ou um manicômio, [...] Lemuel ficava longamente a cismar, até dez minutos ou um quarto de hora por vezes [...]" (ibidem, p.128).

Entre acessos de berros e incompreensão, o culto beckettiano do contraditório chega a requintes sádicos, que, se é possível dizê-lo, ultrapassam a escatologia formulada a propósito de Moll. O sadismo, por certo, já não se exercita na área de eros. Com Lemuel, ele se cumpre pela violência, de imediato, dele consigo mesmo: "Quando os terrores da reflexão não o pregavam num lugar, durante longos minutos, ele ia e vinha sem parar, com seu andar pesado, furioso e cambaleante, gesticulando e articulando com violência vocábulos ininteligíveis" (ibidem, p.129). Mas tais terrores ainda eram inocentes. A referência a que seus pais eram "provavelmente arianos" parece aludir à lembrança recente dos que se consideravam descendentes de arianos puros. De todo modo, Lemuel começa por praticar em si mesmo os horrores que tornaram famosos seus pretensos ascendentes. Conduz para isso um martelo, com que golpeava a própria cabeça. A justificava para sua preferência ultrapassava a propriedade de descendentes de arianos. Antes de sê-lo, Lemuel pertencia a uma espécie que dedica a vida ao exercício do execrável: "[...] A parte em que se batia com mais gosto, com esse martelo, era a cabeça, e isso era compreensível, pois aí está uma parte ossuda também, e sensível, e fácil de atingir, e é lá dentro que há todas as imundícies e podridões [...]" (ibidem, p.130).

Ao misturar o que atribui a "invenções" diversas, o que mais particularmente diz de Macmann, com detalhes que seu biógrafo ou alguns de seus intérpretes declararam que fizera parte da biografia do próprio Beckett, o autor reafirma a morte do sujeito, enquanto particularidade indevassável. Não nos demoramos, como tem sido costumeiro, em assinalar o questionamento irônico e mesmo feroz feito por Beckett contra o *cogito* cartesiano, estendendo-o a seu discípulo belga Arnold Geulinex. Basta acentuar

MELANCOLIA

que as mencionadas coincidências entre o que vivera e empreſta a seus personagens derivam da negação do sujeito individualizado. Beckett faz que seus narradores se vejam apenas como aqueles que, enquanto eſþeram, contam-se eſtórias nada edificantes.

Caberá ao leitor, vencidas as dúvidas que nele suscite a demora dos detalhes banais e o tédio, a argúcia, maior ou menor, de saber aceitá-los ou rejeitá-los. De todo modo, já devemos ser capazes de reconhecer que o mérito de Beckett não eſtá na determinação de personagens cujas trajetórias singulares os assemelhasse a Hamlet, Emma Bovary, Ana Karenina, o capitão Ahab ou o escriturário Bartleby. Já sabemos que a perda de singularidade se associa à ruptura da convenção narrativa, que abandona seu fio, dividido em blocos, que muitas vezes parecem mal conectados. É verdade que, quaisquer que sejam as voltas, o desdizer, a frequência das contradições, algum fio há de se manter. Assim, depois do amor outonal de Moll, do contato com Lemuel, o futuro assassino, Macmann, sabendo também perdido seu baſtão, toma a palavra para pedir a ajuda a alguém a quem não havia sido apresentado, talvez o agente da funerária. Mas, do mesmo modo que desconhecemos de quem se trata, lemos que, pela manhã, o desconhecido batera em Macmann. Se a perda do baſtão faz-nos pensar no seu narrador, a ação agressiva do desconhecido nos lembra, de imediato, de Lemuel. Tais semelhanças não são explicadas. Se o autor tivesse o propósito de insinuar o leitor a descobrir o que a narrativa não revela, deveria deixar alguma dica. Mas isso talvez parecesse ao autor uma convenção narrativa. Por isso temos de seguir as coincidências inexplicadas. Seja como for, o agente violento permanece no quarto. Macmann faz um geſto de que lhe pedirá alguma coisa: "Em pé ao lado da cama, ele me observava. Tinha coisa para lhe pedir, por exemplo, para me dar meu baſtão" (ibidem, p.133). Mas afônico, não o faz. A coincidência com personagem anterior vai adiante. Também Macmann tem um caderno e um grafite. Ser outro o seu nome, em nada altera as ações que então se repetem. Sapo, os Louis eram diferentes. Na terceira eſtória, o narrado parece eſtar mais próximo do narrador.

Os nomes pois não importam? A afirmação é de validez quase absoluta. Constantes são a violência que cerca os personagens e a maldade. Assim Macmann se previne contra o fato de o anônimo tê-lo visto escrever e, para evitar que se apropriasse do caderno, o esconde noutro lugar. O narrado poupa o narrador Malone de fazer que o agente funerário expresse a maldade que teria planejado: "[...] Ter dito a si mesmo, enquanto almoçava, Esta tarde vou tomar-lhe o caderno [...]. Mas quando voltou não estava mais ali onde tinha me visto colocá-lo, não contava com isso" (ibidem).

As coincidências aumentam sempre mais. Assim como sucedera com Malone, já não trocam os pratos e penicos de Macmann. E o próprio nome do narrador, Malone, é referido:

> Os que me fizeram viver aqui até agora cuidarão sem dúvida para que eu seja enterrado com um mínimo de pompa. Aqui jaz Malone enfim, com as datas para dar uma vaga ideia do tempo que ele levou para se desculpar e depois para distingui-lo dos homônimos, numerosos na ilha e do além-túmulo. (ibidem, p.134)

Macmann teria sido o que continuara o trajeto de Malone no asilo, depois de sua morte? E o caderno seria o mesmo? Só restavam poucas páginas.

O relato volta a falar de Macmann. Dele, agora se diz como alguma coisa de rotineiro; que saíra de seu quarto e os guardas "acabaram percebendo que ele se escondia, quando se escondia, sempre no mesmo lugar e que tal ostentação de força não era necessária" (ibidem, p.139). Não era preciso usar da força para ir buscá-lo. Louco com louco, Lemuel e Macmann dividem a moita em que o segundo cavara uma toca. "[...] Com frequência, ficavam lá um bom tempo juntos, no arbusto, antes de retornar, acocorados um contra o outro, pois o ninho era pequeno [...]" (ibidem).

Desnecessário dizer que era mais um detalhe insignificante, que não afeta a violência própria do guarda: um dia, quando Macmann retorna com um galho que arrancara de uma árvore, Lemuel chama um outro da equipe, que espanca Macmann "até Lemuel lhe dizer para parar [...]" (ibidem). As frases parecem

MELANCOLIA   295

ser contaminadas pela loucura reinante. E voltam a se enrolar, como transtornadas em um turbilhão de sons. Do fundo de seu tumulto, soa um tom lírico, semelhante a algo que destoava da ambiência ensandecida: "Os olhos estragados por ofensas demoram-se vis sobre tudo que pelo que tão longamente pediram, na última, na verdadeira prece enfim, aquela que não solicita nada" (ibidem, p.141).

A demora sobre o caderno, fosse do narrador, no seu resto de páginas, fosse do narrado, é cumprida por olhos estragados, que não solicitam mais que o nada.

Sucede uma nova interrupção e o relato se concentra no asilo. Macmann é visto a vagar. Escapara outra vez do quarto? Mas muitos outros vagam por ali. Uma coisa seria a fuga, bem diversa seria o passeio pelo campo em torno do asilo. E de novo a narrativa se interrompe. Passa-se a tratar de uma cena inusitada. Uma senhora de posses, moradora das vizinhanças, resolvera conceder um instante de descanso, talvez de felicidade aos alienados, promovendo uma excursão de barco pelas ilhas vizinhas. O grupo será formado por cinco pacientes, amarrados entre si por uma corda, levada por Lemuel.

Ao passeio, antecede mais um requinte de crueldade. Está combinado que a cozinha forneceria seis recipientes. Cada um com uma sopa, incrementada por um pedaço de toucinho. Ao apanhá-los, Lemuel retira os toucinhos e os engole. A infração será a menor para a qual o louco guardião se preparara.

Dispensemos os inúmeros detalhes para logo encontrarmos a senhora benemérita, acompanhada de dois marinheiros, Lemuel e os encordoados. Os marinheiros procuram um local onde aportar a chalupa. Afinal, tratava-se de um piquenique, digamos beneficente. Chegados à ilha, Lemuel apenas empurra a patrocinadora, que cai e ali é deixada; solta Macmann; aproxima-se por trás de um dos marinheiros e o mata com um golpe de machadinha. Macmann tenta escapar. Lemuel mata o outro marinheiro e embarca de volta com os que lhe estão presos. Que pensa fazer com eles? "Quando o sol desapareceu, por trás da montanha, e as luzes do porto se puseram a piscar, então Lemuel fez Macmann e os outros dois subirem na barca, ele mesmo subiu e se afastaram da praia, todos seis" (ibidem, p.154).

Que fará Lemuel sem os marinheiros? Saberá governar o barco? Como se os visse ao longe, o relato apenas declara: "Este emaranhado de corpos cinzentos são eles" (ibidem). Emaranhados por que também os matara ou apenas por que são vistos à distância? É verdade que Lemuel sabe que seu machado está sujo de sangue. Mas ainda se lê: "Lemuel é o responsável, ele ergue seu machado, onde o sangue não vai secar nunca, mas não é para bater em ninguém, não baterá mais em ninguém, não tocará mais em ninguém, nem com ele nem com ele nem com nem com nem [...]" (ibidem).

"A noite está semeada de absurdas luzes, as estrelas, os faróis" etc. Estejam vivos ou mortos, entre os homens, o cinza se amontoa.

Malone morre: alguma apreciação

A anotação de Hugh Kenner (1968, p.15) poderia servir de epígrafe a todo o capítulo: "O método invencivelmente cômico de Beckett [...] localiza a comédia nos próprios movimentos da mente humana". Mas, antes de virmos à abordagem que o notável crítico desenvolvia, é preferível relacioná-la à elaboração independentemente promovida por J. D. O'Hara (1970): se há razão em se falar na tradição cômico-humorística de Beckett, vale ainda notar que, com facilidade, ela se transforma no humor negro, que tem sua sede no corpo do homem.

Para só ficarmos na trilogia, Molloy "progride" do pedalar com muletas para o rolar e rastejar, como um réptil; "Malone começa como um octogenário preso à cama do quarto que fora de sua mãe e termina morto; o inominável [...] inventa substitutos que andam de muletas ou sobrevive sem braço e sem pernas, enterrado em um jarro" (cf. O'Hara, 1970, p.10).

Correlacionem-se as observações de O'Hara com os comentários da tradutora brasileira de edição recente: embora já o título do romance preveja a morte do narrador, importa acentuar que a presunção "está cercada de advérbios que a desestabilizam. 'Em breve' é impreciso; 'apesar de tudo', indeterminado, 'comple-

MELANCOLIA

tamente' anuncia que algo dessa morte já está em curso, mas não se sabe quanto; 'enfim' fecha o ciclo e dá, com ironia, a nota de alívio, ao assegurar o cumprimento da previsão" (Souza, 201, p.7). (É de lamentar que, por fazerem parte de um prefácio, as anotações de Ana Helena Souza não tenham tido espaço para o desenvolvimento que a autora podia haver feito.)

Situado entre incertezas, Malone, além do mais, é singularizado entre os outros narradores: "Ele é o escritor assumido, mesmo que tenha decidido escrever por ter a memória curta" (ibidem, p.8).

Logo veremos com Hugh Kenner as consequências graves da particularidade do segundo narrador. De algum modo, tais consequências já são previstas pela observação que se segue: "O que parecia ser, com a história de Sapo, uma simples paródia de um romance de formação, começa a complicar-se. [...] A ficção se contamina com as características do narrador, suas incertezas, sua ignorância, cuja sombra mais escura e imperscrutável é a morte" (ibidem, p.11). Se a morte e o nada são a meta que afasta a trilogia do romance de representação, "algo acontece mesmo que aconteça por uma via negativa" (ibidem, p.13).

Antes mesmo de iniciarmos a parte analítica do *Malone morre*, acrescente-se observação sobre a qual temos insistido:

> [...] Ao se afastar do enredo, da coesão de personagens e do narrador, das regras de verossimilhança e plausibilidade, o escritor libera seu texto dos truques engendrados ao longo da história do romance, seja para representar "a vida como ela é", seja para manipular a criação de uma outra realidade ilusória. (ibidem, p.17)

Antes de avançarmos ao terreno próprio das críticas, ainda é eficiente lançarmos mão das poucas entrevistas do autor. Da concedida a Israel Shenker já se transcreveu a parte decisiva. Basta assinalar a consequência que agudamente Kenner dela extraiu. Se Beckett declara que Joyce é "um soberbo manipulador do material (verbal) – talvez o maior de todos", que impunha às palavras "render o máximo absoluto", a ele, de sua parte, não

lhe restava mais do que a via contrária, trabalhar "com a impotência, a ignorância", até porque "a impotência não foi explorada
no passado" (cf. Shenker in Graver; Federman, 1979, p.148). Daí
Hugh Kenner (1974, p.75) extrai o corolário que, inevitavelmente, poderia parecer contrário ao que Beckett viera a fazer: "A primeira estratégia de Beckett é uma estratégia de sobrevivência.
Se é impossível levar a competência adiante, verá o que pode ser
feito com a incompetência". (Logo será notado que a permissão
concedida à incompetência se relaciona com o questionamento
do legado flaubertiano.)

Já da mínima entrevista concedida a Gabriel D'Aubarède, realizada quando o *Esperando Godot* o tornara famoso, duas de suas
respostas se tornarão célebres. O jornalista lhe perguntava se seus
livros, com fama de serem divulgados, foram difíceis de escrever.
Beckett responde que sim, mas que "surgiram em um jorro de
entusiasmo". O termo "entusiasmo" é ressaltado por D'Aubarède.
De seu destaque deriva a tirada que será sempre relembrada:

> *Malone* surgiu de *Molloy*, *O Inominável*, de *Malone*, mas depois
> – e por muito tempo – não estive de todo certo do que me restava
> dizer. Criei um impasse para mim mesmo. Tentei abrir caminho, es-
> crevi aqueles pequenos textos, aquelas, se quiser, pequenas estórias,
> que chamo "écrits pour rien" [as *Nouvelles et textes pour rien*] (in
> Graver; Federman, 1979, p.215)

A passagem derivara do pedido do entrevistador de que no-
measse o problema, cujo conhecimento tornaria suas obras mais
acessíveis; ao que Beckett contestara que "não teria tido razão alguma de escrever meus romances se pudesse ter exprimido seu
objeto em termos filosóficos" (ibidem, p.216). "Qual foi então
a sua razão?", insiste o jornalista. E Beckett responde: "Não me
faço a mínima ideia. Não sou um intelectual" (ibidem).

Conquanto a afirmação haja de ser recebida com cautela – é
sabido que, muito jovem, Beckett lera Descartes, seus discípulos
Geulincx e Malebranche e, a pedido de Joyce, voltara a ler *Contribuições a uma crítica da linguagem*, de Fritz Mauthner –, poden-

MELANCOLIA

do resultar tanto de não pretender entrar em discussão com seus intérpretes quanto porque estava convencido que seu caminho de expressão não era de ordem teórico-filosófica; em qualquer dos casos, o que declara não há de ser ignorado.

É bem menos divulgada a entrevista que concede, em Paris, sob a forma de conversa, a Tom Driver, professor de teologia e literatura, no Union Theological Seminary, de Nova York. Talvez mesmo por conta da profissão diferente do entrevistador, o diálogo assume outro tom, que explica seja menos conhecido e, ao mesmo tempo, mais esclarecedor. A conversa explora a maneira como Beckett encara o mundo contemporâneo e a visão que sua obra dele manifesta.

A primeira observação que prende a atenção de Driver concerne à concepção de Beckett dos anos de pós-guerra e da chamada guerra fria. O autor irlandês declarava:

> A confusão não é invenção minha. Não se pode escutar uma conversa por cinco minutos sem se ficar extremamente consciente [disso]. Tudo está à nossa volta e nossa chance consiste em admiti-la. Nossa única chance de renovação é abrir os olhos e ver a balbúrdia. Não é uma confusão de que se possa tirar um sentido. (in Graver; Federman, 1979, p.218-9)

Beckett relacionava o estado do mundo com a questão da forma, na arte. Formulava-o de maneira só aparentemente distinta do que já fizera antes:

> Até recentemente, a arte resistiu à pressão das coisas caóticas. [...] A arte considerava que admiti-las era comprometer a forma. [...] Mas agora não mais podemos impedi-lo, porque chegamos a um tempo em que a confusão "invade nossa experiência a cada instante. Ela está aí e deve-se admiti-lo". (ibidem, p.219)

Drive retruca que exatamente por conta disso a forma precisa ser ainda mais considerada. E que será difícil encontrar peças mais formalizadas que *Esperando Godot*, *Fim de partida* e *Krapp's last tape* (*A última gravação de Krapp*). Beckett ainda responde:

O que estou querendo dizer não significa que a partir daí não haverá forma na arte. Apenas quero dizer que será uma forma nova e essa forma será de tal tipo que admitirá o caos e não procure dizer que o caos é, de fato, algo mais. A forma e o caos permanecem separados. O último é reduzido ao primeiro. Eis por que a própria forma se torna uma preocupação, pois existe como um problema separado do material que acolhe. Encontrar uma forma que se ajuste à confusão, esta é a tarefa do artista de agora. (ibidem)

O interlocutor procura mudar de tema e o indaga sobre a luta, em suas peças, entre a vida e a morte. E Beckett retruca:

Se a vida e a morte não estiverem igualmente presentes para nós, não haverá impenetrabilidade (*inscrutabilitiy*). Se houvesse apenas escuridão, tudo seria claro. É porque não há só escuridão mas também claridade que a situação se torna agora inexplicável. (ibidem, p.220)

E Beckett recorda a passagem bíblica, a que recorre noutros momentos de sua obra: refere-se ao trecho em que Agostinho pensa sobre a cena da crucificação de Cristo e dos dois ladrões, em que Cristo declara a um que ele se salvará; o outro, portanto, estava condenado. Ao acrescentar que o *sentido* da divisão − na cena bíblica, ambos eram condenados por crime semelhante, mas só um era salvo − escapava da forma clássica, Beckett insinua a distinção que encontrava na forma da representação artística contemporânea. Empresto à sua explicação palavras que ele próprio não usou. Ela consiste na equivalência que Beckett encontra entre a passagem bíblica e a questão da forma na arte contemporânea: que dos dois igualmente condenados e justiciados, apenas um se salve infere que o destino dos ladrões escapa ou da absoluta claridade ou da absoluta obscuridade. Ou seja, em vez de as palavras do Cristo explicitarem o *sentido unívoco* do que declara, mostra que próprio do sentido é estar dividido ao meio, 50% pertence a um lado, 50% pertence ao outro. A indeterminação então estabelecida se contrapõe ao sentido pleno, que estabeleceria ou a salvação ou a condenação de igual para os dois. Vindo, portanto, ao objeto da comparação: se a forma (na arte contemporânea) se mantém distinta da confusão, deve, no entanto, dar condições de que essa seja entendida, i.e., de que se perceba o caos, não convertido em transparência, como se tornaria se ele fosse integrado à forma. Noutras palavras, a transparência do caótico alcançada pela plena organização da forma *réussie* só encontraria correspondente na cena da crucificação se os dois ladrões recebessem um mesmo destino. Só nesse caso, a cena bíblica ofereceria o sentido uno, procurado e propiciado pela forma clássica da arte. Na disposição formal que Beckett privilegia, pratica e propõe como a adequada à contemporaneidade, em vez do sentido determinado, é priorizada a dúvida, o *talvez* – talvez algum/alguém se salve, talvez aquele outro esteja condenado. O problema proposto por Beckett será poucas décadas depois filosoficamente formalizado pela questão da indecidibilidade – longe podemos estar de supor que ela já tenha encontrado uma solução satisfatória.[4]

De acordo com o raciocínio desenvolvido por Beckett, a cena bíblica melhor se ajusta ao que chamamos de princípio da incerteza. Por isso, em suma, sob o estímulo das indagações do teólogo cristão, negava que sua obra se confundisse com uma direção niilista ou que se mantivesse alheia ao sentido que a vida pode ter. Niilismo ou admissão de um não sentido absoluto seria emprestar-lhe uma direção unívoca, equivalente pelo avesso à da forma redentora.

A entrevista relativamente longa com Tom Driver é menos utilizada porque nela Beckett saía do silêncio que se impunha, para que, além de escrever ficção literária ou teatral, se propusesse a entrar no debate de sua obra. Na verdade, o que expõe sobre a questão da forma na arte verbal (literária ou teatral) contemporânea é extremamente eficaz e precisaria ser enfatizada.

Procuremos desenvolver a visão que Beckett oferece nas entrevistas referidas por um par de observações feitas por Hugh Kenner. "O homem que imita é o próprio acrobata (todos os acrobatas são semelhantes), acrescentando ao que já tínhamos

---

4 Anos passados, ao discutir com texto de meu amigo David Wellbery (cf. Costa Lima, 2014, p.260-71), estava convencido que já havia encontrado a trilha segura.

visto noutros circos a superação de alguma nova minúscula dificuldade" (Kenner, 1968, p.34). (Ressalte-se o equívoco de entender a arte como *imitatio*.) A formulação poderia estar assinada pelo próprio Beckett, a tal ponto está de acordo com o que dizia na entrevista de 1956 a Israel Shenker – propondo-se explorar a ignorância, a impotência, o escritor irlandês se opunha ao que entendia constituir um verdadeiro axioma estético: que a forma da obra de arte supõe e demanda o cumprimento da realização. Superpondo à formulação de Kenner: o artista é *o ropewalker*, o acrobata de que se espera que acrescente uma pequena nova peripécia que ao que já se conhecia.

Se o referido axioma estético vale para o artista-acrobata da tradição, já não cabe para um tempo em que o equilíbrio da forma há de lidar, sem se confundir, com o caos e a confusão reinantes desde o pós-guerra. Daí Beckett se caracterizar a si próprio como um praticante do *talvez*. Daí ainda ser esperável que sua obra não tenha a constante de êxitos que a maioria de seus intérpretes pressupõe.

A margem de incerteza do talvez separa seu praticante do niilismo com que o próprio Beckett era com frequência confundido. Ou seja, ao insinuar-se entre os que, sem afirmar um sentido para o homem e para o mundo, muito menos se confunde com os que negam plenamente o sentido do que há, Beckett estabeleceria uma diferença sutil, mas importante com o que dissera a Shenker e se isentara de discutir, declarando-se a D'Aubarède não ser um intelectual. (Ainda não introduzimos a questão do nada como meta para o que vive, pois a questão do *nada* só receberá seu tratamento decisivo a partir de ensaio posterior de Wolfgang Iser.)

Se a suficiência da relação entre o elogio do negativo e o princípio da incerteza ainda é discutível, em troca, parece possível desde já apontar para uma formulação mais consistente da formulação de Beckett contra a manutenção contemporânea da forma de arte como sinônimo de realização (ou aperfeiçoamento de um lastro de positividade).

Ora, supondo o questionamento que temos feito em obras anteriores (centralmente, em *Mímesis e modernidade*, *Vida e*

MELANCOLIA

mimesis, Mimesis: desafio ao pensamento) da suposta equivalência
do que Aristóteles postulara como *mimesis* e o que, no Ocidente,
durante séculos, se entendeu como a realização adequada a uma
figuração modelar (a *imitatio*), nos perguntamos se a concepção
advogada por Beckett não se opunha à resultante do questionamento que temos proposto.

Expliquemos o problema: temos proposto o *mimema* como
o produto resultante da relação tensa entre dois vetores entre
si contraditórios, a *semelhança* e a *diferença*. Se a *diferença* concretizaria o resultado, por mínimo que fosse, que o *ropewalker*
acrescentaria ao que outro artista já alcançara, a *semelhança* corresponderia ao que Aristóteles entendia como *eikos*, e nos acostu-
mamos a traduzir como *verossimilhança*. A partir daí, acrescen-
távamos: se a obra depende majoritariamente da diferença que
incorpora, sem uma parcela de verossimilhança, ela não poderia
ser reconhecida pelo receptor, pois é essa parcela que estabelece a
base do elo entre o que uma comunidade – a que o receptor pertence – entende, aceita e pratica como "realidade" e o que serve
de pano de fundo sobre o qual o artista estabelece sua marca singular. Ora, a exaltação da impotência, a da ignorância, que logo
se refletem no choque à concepção do personagem como sujeito
individualizado, distinto de outros, e da coerência da narrativa,
relegada à condição de convenção literária, não excluiriam do
projeto do texto a medida de seu reconhecimento pelo receptor?[5]

Explicitada a maneira como temos processado o questionamento do tratamento tradicional da *mimesis*, vejamos como
Hugh Kenner – que, obviamente, não tem nada a ver com a revisão que temos intentado – pensava a concepção de Beckett.
Principiamos com uma frase na aparência sem ligação com o

---

5 Não se diz que a verossimilhança – enquanto elo entre o que uma comunidade,
uma sociedade, uma cultura, uma época e o receptor entendem como semelhante
à "realidade" – é a condição para o reconhecimento/não de uma obra, senão que,
se ela é por completo afastada, o reconhecimento será adiado até o momento
em que um novo critério do verossímil se expanda socialize. Portanto, sem que
seja o vetor decisivo para a *mimesis* da arte, a verossimilhança oferece o *lastro de
redundância* sem o qual a *diferença*, o vetor decisivo, não será localizada.

problema: "O leitor de Beckett compreenderá a afirmação de Wyndham Lewis de que a maior sátira é não moral, e constituía uma tentativa de entender como o homem aguenta sua própria companhia" (Kenner, 1968, p.36)

Daí o erudito canadense vinha ao que chamava a *comédia da razão*, que frontalmente se indispunha contra o *cogito* cartesiano, onde o cultivo da razão pensada e repensada era a condição para a autonomização do sujeito individual. Daí seu surpreendente enunciado: "Beckett pareceria ser o primeiro a ter lido o *Discours de la méthode* como o que é, uma obra de ficção" (ibidem, p.81).

Pois bem, tomar a obra mais divulgada de Descartes como obra de ficção equivalia a desfazer o critério mais elementar de verossimilhança – a distinção entre afirmações a serem levadas a sério, filosóficas, e enunciados de entretenimento, eventualmente capazes de ensinar. Do desprezo pela distinção decorreria a ironia desenvolvida por Beckett quanto às práticas do mundo contemporâneo:

> Todos nós crescemos acostumados a um mundo em que longas cadeias de análise invadiram as experiências comuns: o estudo do movimento, a teoria das comunicações, a pesquisa motivacional, a astronavegação. Esses especialismos começam a preceder o plano da conduta como se faz a cama, fala-se do vizinho, quer-se um chapéu ou nos movemos daqui para lá. [...] Beckett é o primeiro escritor a explorar as fontes de terror e piedade que se esgueiram em uma abstração indiscriminada, hoje tão familiar. (ibidem, p.85)

O chamar a atenção sobre tais automatismos não só punha areia no insofismável com que João, Pedro, Maria se vêm como naturalmente singulares quanto tornava problemática a naturalidade das convenções narrativas, ainda como manter afastado do relato literário os detalhes insignificantes, as repetições do corriqueiro, os automatismos da fala cotidiana, as contradições da conversa cotidiana etc. O insignificante que reiteradamente aparece na trilogia tem um efeito devastador sobre as expectativas do receptor que não lhe favorece a adaptação à leitura da obra literária inovadora. O trabalhar com a impotência, com a ignorância, que Beckett se propôs, não só o diferençava de alguém dele próximo, como Joyce, ou Kafka, seu quase seu contemporâneo, como o afastava do modo de construção dos personagens e da trama narrativa de outros autores de qualidade, como Musil, Faulkner ou Virginia Woolf.

Em obra posterior, *Flaubert, Joyce, and Beckett*: the stoic comedians, Hugh Kenner (1974) radicalizaria seu diagnóstico. Destacando o caso de Flaubert, o contrastará com a prática de Beckett:

> A unidade de sua prosa [de Flaubert] não é a palavra, mas o enunciado. Sua arte é a da sentença declarativa: É meia-noite. A chuva bate nas janelas.[6] Mas, como as sentenças declarativas que as pessoas trocam quando conversam são, na maioria dos casos, semiverdades ou inverdades, assim os romances que leem são sobretudo "romances", mal elaborados e ilusórios, o tipo da matéria lida que destruiu o sentido do fato de Emma Bovary. Flaubert encarava a ficção ideal como aspirante a uma ordem científica de verdade geral, próxima ao modelo do estoico do intelecto, o cientista do século XIX, por um processo rigoroso de observação e escrutínio. (Kenner, 1974, p.71)

Já antes, por um outro encaminhamento, J. D. O'Hara (1970) chegava a um resultado semelhante (bem semelhante ao que também já víamos feito por Bataille), a propósito da relação entre sujeito autoral e ficção, em Beckett. Assim a divisória entre criador e criatura perde a sua obviedade pressuposta. No *Malone*, diz-se explicitamente que ele é um escritor que está contando uma estória sobre Sapo, sobre os Louis etc. "Porém Malone, o criador, não é separável do outro lado da divisão. Também ele é uma criação; o autor do *Malone morre* é Beckett, não Malone. Além do mais, Malone escapa de uma definição; não é nem um termo coerente, nem contido em si mesmo" (O'Hara, 1970, p.64). A dualidade criador-criatura é conveniente apenas se falamos em termos muito gerais ou, mais preliminarmente, para evitarmos a suposição de que o personagem é expressão do autor.

---

6 Kenner inverte a formulação que Beckett empregara no fim do *Molloy*.

Do questionamento da integridade do sujeito resulta a observação: "De que temas o *Malone morre* trata aporeticamente? Dos velhos temas de sujeito, verdade, realidade, identidade etc., todas essas fixações mortas decompostas pelas obras de Beckett" (ibidem, p.68). Daí ainda, como assinalará outro analista, a incerteza quando se efetiva a morte de Malone: "[...] O frenesi das páginas de encerramento não é, por isso, tanto infernal como o resultado de sua agonia de morte" (Fletcher, 1970, p.58).

O inter-relacionamento das passagens parece evidente: o questionamento do andamento narrativo, da pressuposta distinção entre o autor como pessoa e a ficção que cria, a determinação do instante da morte etc. destroem as expectativas sobre as quais se constituiu a verossimilhança (culta) contemporânea ao romance beckettiano. Daí a dificuldade extra, que muito crescerá com *O Inominável*, a ser ainda examinada.

A pergunta capital a fazer neste ponto consiste em se tais contestações das convenções literárias vindas da ficção do século XIX abalam ou se chocam com a revisão que temos proposto do entendimento tradicional da *mímesis*. Contra a suposição de que elas indicam os limites, então bastante restritos, daquele questionamento, notemos que: (a) o afastamento do molde "científico" que Flaubert pretendeu dar a seu romance, sequer arranha o princípio da ficcionalidade que articulamos à revisão da *mímesis*; (b) isso mesmo porque, seja pela quebra da unidade do sujeito, que afeta tanto a constituição dos personagens quanto a distinção entre o criador material e empírico e sua criação, seja pela indecisão em precisar o instante da morte do personagem, criam, por certo, novos embaraços para o estabelecimento do verossímil, mas não são obstáculos para que se constitua uma outra verossimilhança. Assim o princípio de incerteza serve de fonte para um modo de verossimilhança que, antes, só encontro congruente com *Bartleby, the scrivener*[7] (1853).

---

7 Um tratamento teórico, aqui, nos levaria à verificação de que, na interpretação da ficção contemporânea, se impõe, pelo menos desde Kafka, quando não desde o "Über den Marionnetentheater" (1810), de von Kleist, a possibilidade alterna-

MELANCOLIA 307

A última de reflexão de Wolfgang Iser[8]

A morte repentina do saudoso Wolfgang Iser me impediu de saber, antes do início da redação deste capítulo, do último texto, originalmente escrito em inglês, que dedicara a Samuel Beckett. Do "Erasing narration: Samuel Beckett's *Malone dies* and *Texts for nothing* (Iser, 2013b) só consideraremos a primeira parte.

Iser desenvolve em que consiste e quais as consequências, na obra analisada, do primado concedido à negação. Começa então por dizer que o ato de negar é presidido por "uma intenção, motivo ou impulso, [que permanece] virtual". "Assim a negação faz com que faz com que realidades virtuais emerjam, mas estas são difíceis de ser captadas" (Iser, 2013b, p.265).

Beckett é tomado como caso exemplar da inter-relação entre negação e emergência (ibidem). As múltiplas negações do texto beckettiano provocam a demolição de todo o legado do passado, pois recusam a representação e a perduração de estruturas a serem respeitadas. A recusa da representação provoca que seus textos se aproximem da falta de sentido, porque, ao negarem se orientar pela recepção, já não permitem a fruição do texto pelo leitor.

A recusa do critério de recepção, na obra de Beckett, é extremamente importante para o conhecedor da obra do eminente teórico porque explicita que, permanecendo ele a defender sua "estética do efeito", automaticamente nega que o efeito (*Wirkung*), decorrente da estrutura própria da obra literária, se confunda com a estética da recepção, desenvolvida por seu colega e contemporâneo, Hans Robert Jauss.

Em lugar da expectativa do leitor, no texto é ressaltado seu caráter performativo. Sua peculiaridade consiste em que "converte

---

tiva de que o enredo, em vez de admitir um único entendimento geral plausível – exemplarmente, no *Madame Bovary* – seja entendido como indeterminável ou indecidível (sobre a diferença entre as duas possibilidades, cf. Costa Lima, 2014).

8 Sem a colaboração de Ana Helena Souza, o último texto escrito por W. Iser teria escapado de mim porque, na edição em alemão de seu livro póstumo, o texto que estudaremos se encontra referido no verso da página de seu Índice.

fenômenos não exiſtentes em exiſtentes" (ibidem). Daí o caráter absolutamente radical de sua negação: "a negação se torna um agente que faz que coisas sucedam", no sentido preciso declarado pelo verso de John Hollander *"nothing makes someting happen"* (ibidem). Mas qual o eſtatuto do que assim emerge? Em virtude do cancelamento incessante do que vem a ser, nenhum desses fenômenos pode se solidificar em um produto. Isso converte o próprio cancelamento em um fenômeno emergente, pois "discreditando o que emergiu, faz com que realidades virtuais sucedam" (ibidem, p.266). Noutras palavras, sucede performativamente o que, aparecendo, logo desaparece. A realidade textual incita o pensamento e, ao mesmo tempo, impede que ele se condense em uma afirmação dotada de alguma duração. Desse modo o *Malone' morre'* "não é sobre a ânsia de Malone por seu eſperado fim, mas conſtituía a própria eſpera" (ibidem). À semelhança do que Beckett dissera sobre Joyce: "Sua escrita não é *acerca* de alguma coisa; é aquela própria alguma coisa" (in Cohn, 1984), o mesmo valeria sobre Malone, que, como já citamos, não trata de sua espera do fim, mas é a própria eſpera.

Mas que significa precisamente a negação feita a propósito da escrita e a afirmação que se segue? O último capítulo de *'Der implizite' Leser*, dedicado a Beckett, nos esclarece melhor. Que é a escrita senão uma virtualidade que se performatiza? "Dizer é inventar" (Beckett, 2014b, p.54). Iser reitera a frase e a desenvolve em relação ao *Malone' morre'*. Vejamos a passagem que nos serve de fundamento:

> Até sua morte, Malone passa o tempo em escrever, mas sua escrita se refere ao próprio ato de escrever. Goſtaria de chegar ao ponto em que apenas escreve sobre eſtar escrevendo. Mas é impossível converter o ato presente da escrita em objeto da escrita, porque a própria escrita precisa de um precedente sobre o qual ela se cumpre. Malone descobre eſta diferença insuperável que impede que o próprio ato da escrita se torne seu objeto. [...] Eſtando disso consciente, Malone por isso qualifica o que se produz pela escrita como mentira. Pressupoſto eſta consciência, segue-se que a partir do momento em que se eſtá consciente do que sucede na escrita, a própria escrita

MELANCOLIA 309

só pode ser compreendida como um distanciamento contínuo das imagens falsas originadas da escrita. A interminável descoberta das ficções criadas pela escrita permanece em aproximar-se, pela própria escrita, da verdade sobre o escrever. (Iser, 1972, p.401-2)

De volta ao texto final de nosso teórico, seu extremamente rico raciocínio dava lugar à frase: "O que há de ser rasurado é a natureza mimética da narração e essa invalidação é efetuada pelos muitos 'furos' que Malone 'abre' nas deliberações da primeira pessoa de Malone e na série de estórias que ele conta [...]" (Iser, 2013b, p.266-7). Consequência prática: a nulificação do narrado não elimina o que foi cancelado, ou seja, o conteúdo das estórias, mas sim faz que venha ao primeiro plano a própria espera da morte. "É a própria espera, e não uma concepção do que ela possa significar, que vem ao primeiro plano". Entre a realidade – a espera da morte – e as palavras, não há simplesmente um hiato, senão que um abismo insuperável. A rasura da *mímesis* decorre de que não há um plano intermediário entre a espera – não só da morte – e as estórias com que se "inventam", i.e., se concebem maneiras de esperar ou de tornar palatável a espera.

Ao mantermos nossa revisão da *mímesis*, não concordamos com a rasura formulada por Iser. Deixemos provisoriamente de lado a divergência, pois a teorização desenvolvida por Iser é por si preciosa e seu entendimento nos permitirá rever sua "rasura".

Saber, desde *Molloy*, que "Dizer é inventar", o que é reiterado no *Malone* com "Viver é inventar" significa igualmente que a narração por si, despojada de significado, se torna um caminho para o aniquilamento (cf. ibidem, p.267). "A autoinspeção de Malone e as estórias que ele permanece a dizer nos fornecem um foco para iluminar o que é feito para emergir da narração negada" (ibidem). Malone quer sair de si, porque espera seu fim. Mas a maneira como será seu fim não pode ser dissociado de si próprio. Por isso sua preocupação consigo interfere com o que quer alcançar. Em consequência, ele só pode cancelar o que mantém a dizer de si próprio: "Procurei refletir sobre o começo de minha estória. Há coisas que não compreendo. Mas nada que signifique.

Posso continuar". "Continuar", acrescenta Iser, "significa manter a ligação (*switching*) com a escrita" (ibidem). Ou seja, o abismo verificado entre a palavra e a verdade da realidade estabelece que cada enunciado contém uma afirmação (um dizer) que se revela uma "invenção" (uma mentira). Como o personagem (ou, em termos mais gerais) a criatura, não pode se considerar de olhos sempre fechados, a "invenção" dá lugar a uma nova afirmação, que de novo se revela incorreta e assim sucessivamente.

A reflexão entra em seu curso principal: performativamente, a narração corre pelo negativo. Mas negar supõe um ato que se segue quase imediatamente ao que fora afirmado. A junção dos dois momentos antagônicos implica a permanência, na existência humana, da invenção. É mais justo então chamá-la de *a negação ficcional*. Nos termos do próprio teórico:

> A invenção [...] confronta o eu. No melhor dos casos, com sua própria imagem e, como todas as vezes isso é dotado de um significado, ela só pode ser uma aparência, não do próprio eu. A crença que se é um sujeito conduz a uma contínua autoinvenção. Noutras palavras, o sujeito pode se ter apenas como sua própria ficção. (ibidem, p.269)

Por que, enquanto há vida, tal proliferação não para? Responde Iser: "Se houvesse [parada], Malone não poderia se diferençar do nada informe" (ibidem). A constituição da identidade (do personagem e da criatura humana) supõe a permanência de um processo de ficcionalização, ou seja, o que chamaremos a dialética da invenção. O que vale ainda dizer: a ficcionalidade supõe um constante processo de emergência. "A emergência, como a própria literatura, traz algo ao mundo que até então não existia" (ibidem, p.27).

Em suma, muito mais do que um ensaio brilhante sobre Beckett, muito mais que a justificativa que o elogio do nada por Beckett não se confundia com um processo niilista, o texto de Iser acentua que a compreensão do mundo se realiza por um processo de ficcionalização, que só assume seu pleno direito na literatura. (A expressão "seu pleno direito" aqui significa: fora da ficção interna (nome mais adequado para a literatura) e nas áreas reservadas da ficção externa (cf. Costa Lima, 2013, cap.III, p.220-57), a "classificação social", isto é, o destaque e o valor concedidos a certos aspectos da realidade por certa sociedade criam uma construção da realidade, que se crê como sendo o que é por si, naturalmente.)

Com o que retornamos à divergência quanto à *mímesis*. Dizer que ela resultava de que, de acordo com a tradição europeia, Iser nunca deixou de concebê-la senão dentro dos parâmetros da *imitatio*, embora fosse verdadeiro, seria não aproveitar toda a riqueza de seu pensamento. Pois faltaria dizer: a rasura da *mímesis* será correta se continuarmos a manter a ideia estabilizadora da 'verdade'. Caberá aos filósofos verificar os limites do que, desde os gregos, se tomou como o ápice do conhecimento de algo. Em lugar dessa extensão absoluta da verdade, admitimos que ela é incontestável no campo fático – "é verdade que fulano disso tal coisa", "é verdade que o mundo corre o risco de sofrer da falta de água" – e no campo das ciências naturais, onde uma concepção permanece verdadeira até que apareça uma outra que a englobe e venha a explicar o que aquela ainda não explicava. De sua estabilidade metafísica, a verdade se reduz a uma propriedade de campos relativamente restritos – o pragmático e o das ciências naturais. Em consequência, mesmo que se aceite o hiato que se abre entre a palavra e a realidade, o ato de nomear não exige menos exige *a dialética da ficcionalidade*'. E essa não se socializa se não contar com sua variável mais pobre, a 'verossimilhança, que estabelece uma ponte entre o que uma sociedade aceita como "verdadeiro" e o pano de fundo sobre qual a ficcionalidade literária acrescentará seu vetor decisivo, a *diferença*.

A RADICALIZAÇÃO DA TRILOGIA: O INOMINÁVEL

O recurso de oferecer um sumário, ao menos parcial, da obra a ser analisada, será aqui minimamente repetido. De tal modo, Beckett desmembra a narrativa e fragmenta a identidade do sujeito-personagem que impossibilita uma síntese eficaz. Só conseguimos diferençar três momentos, a partir do narrador, que se mostra semienterrado em um pote, sem uma perna e a muleta que se ancora na axila, a que não segue um braço, e apoiado em um fundo de serragem, semanalmente limpo pela dona de um boteco, que aproveita seus dejetos como esterco para suas hortaliças, ilumina o lugar em que ele se mostra e prende em um dos lados do pote o menu que o boteco oferece.

No primeiro momento, o Inominado principia seu trajeto com perguntas exclusivas sobre o agora: "Onde agora? Quando agora? Quem agora?" (Beckett, 2009, p,30). Logo ao acrescentar: "Parece que falo, não sou eu, de mim, não é de mim" (ibidem) não só reitera seu constante monólogo, que não se apoia sobre si – "Eu nos faltará sempre" (ibidem, p.90) –, como sobras lhe atravessam a mente, trazendo os nomes de Murphy, Molloy, Moran, Malone, Mahood, Worm. Angústia, náusea e asco dizem de seu lugar. Houve outro ou o agora equivale à imobilidade?

Pouco importa onde terminará o que aqui chamamos de primeiro momento. É do meio de seu fluxo contínuo que deriva o segundo momento. O único talvez que não encha o relato de um torpor que se espraia; aquele em que o Inominado deixa seus "vice- -existentes" e considera a própria imobilidade, a observar os passantes e a senhora que dele cuida. Mas o romancista não procura criar interesse no relato. Fiel a seu caráter performativo, o segundo momento é de curta duração. Logo o narrador volta a apagar o que o cerca, em um longo período de que só transcrevo o início:

> Tudo isso não existe, contaram-nos histórias, contaram-se histórias a ele, que ele, o mestre, que nós, não se sabe, o eterno terceiro, é ele o responsável por esse estado de coisas, o mestre não tem nada a ver com isso, eles também não, eu menos que todos, nos enganamos ao pôr a culpa uns nos outros [...]. (ibidem, p.136)

São estórias de seus fantasmas, os que foram narrados pelo narrador, as invenções com a duplicidade, que vimos formuladas por Iser – afirmação do que é falso, do que então dá lugar a uma negação, que, constituída por palavras vazias, incita uma nova

MELANCOLIA

afirmação, que provocará uma nova negação e assim por toda a duração da vida. Se essa dualidade antitética torna a vida objeto de uma ficcionalização constante, a "invenção" não é menos uma atividade incessante. Por isso as interrogações do princípio remetem, como se cumprissem um percurso, à formulação contraditória do final: "[...] É preciso continuar, não posso continuar, vou continuar" (Beckett, 2009, p.185).

Isso equivale a reiterar que a postura de Beckett não é niilista senão que *o mundo é visto sob a permanente metamorfose do nada*. Pelo nada da invenção afirma-se o "inventável" (o falso), que requer sua negação, o qual dará lugar ao movimento de vaivém, que, de sua parte, supõe que o inventor (o artista) é uma peça indispensável, na visão ora trágica, ora grotesca, ora cômica do mundo.

Despojadas de sentido, que só sintaticamente têm alguma significação, as frases não cansam de reiterar o nada que as atravessa:

> Não sou eu, eu sou ele, no fundo, por que não, por que não dizê-lo, devo ter dito, tanto isso quanto outra coisa, não sou eu, não sou eu, eu não posso, veio assim, isso vem assim, não sou eu, se isso pudesse vir sobre ele, eu o negaria com prazer, se isso pudesse ajudar, se alguém pudesse me ouvir, sou eu, aqui sou eu, falem-me dele [...]. (ibidem, p.169)

(Um autor menos simpático ao nada metamórfico que atinge seu máximo no terceiro volume da trilogia verá a desconexão entre som e sentido como um efeito, digamos perverso, do extremo simbolismo mallarmaico: "As relações de som-sentido promovidas por sua linguagem o lançam para sempre no papel não invejável de *L'Absent*, o título de trabalho para a estória que, por fim, se tornou o *Malone morre*" (Brater, 1994, p.7).[9])

As contradições internas que agora se extremam não visam chocar o leitor, mas são obrigatórias à montagem da desarmonia

---

9 Não podemos desenvolver a argumentação de Enoch Brater porque seria necessário um texto bastante maior.

pretendida – alguém já comparou a composição beckettiana à música dodecafônica. A reiteração das contradições se relaciona ao que Beckett consideraria a desmistificação de uma visão irreal da vida: nascer, morrer, estar aqui ou ali são atos equivalentes. Como nos casos próximos anteriores, só transcrevemos o princípio de um longo período:

> Ele deu um vagido, vai estertorar, é natural, vamos embora, inútil assistir a isso, outros nos esperam, ele está acabado, seus males se acabaram, seus males vão começar, seus males vão acabar, está salvo, nós o salvamos [...] (Beckett, 2009, p.145-6)

Vindo em conclusão ao *Molloy* e *Malone morre* era de esperar que *O Inominável* fizesse crescer as dificuldades do leitor e de seus intérpretes. Não é ocasional que a rica coletânea *Samuel Beckett*: the critical heritage contenha sobre *O Inominável* apenas a tradução do pequeno, embora fundamental, texto de Maurice Blanchot (ver Graver; Federman, 1979, p.116-21).

A dificuldade indiscutível não tem, contudo, impedido que, ao longo das décadas imediatas seguintes, o reconhecimento de Beckett continuasse crescente. Maurice Blanchot (1959, p.309) falará de o autor haver "entrado em um círculo que gira obscuramente, conduzido pela palavra errante, não privada de sentido, mas privada de centro [...]". E se indagava: "Qual é este vazio que se faz palavra na intimidade aberta daquele que aí desaparece? Onde ele caiu?" (ibidem). O vazio se extrema em *O Inominável*. O leitor depara com "um ser sem ser, que não pode viver nem morrer, nem cessar, nem começar, o lugar vazio em que fala a ociosidade de uma palavra vazia e que recobre tão bem, quanto mal um eu poroso e agonizante" (ibidem, p.312).

Passados 39 anos, do alto de seu renome de filósofo consagrado, Gilles Deleuze (1992, p.62) voltará a tratar de "uma fantástica decomposição do eu"; "que os personagens de Beckett fazem o possível sem o realizar, têm demasiado a fazer com um possível cada vez mais restrito em seu gênero para que se inquietem com o que ainda suceda" (ibidem, p.60). Acrescentará ainda que, a partir de *O Inominável*, "domina um verdadeiro silêncio, não uma simples fadiga de falar [...]" (ibidem, p.66-7). (Observe-se de passagem: os *topoi* abordados por Blanchot e Deleuze ou já eram frequentes ou se tornaram peça obrigatória no que se escrevesse sobre Beckett. Em troca, a curta referência de Deleuze ao silêncio tivera, décadas passadas, uma reflexão, por certo desconhecida do filósofo, de que trataremos adiante.)

Importa, por último, chamar a atenção para o fato de que os dois eminentes comentadores não pareçam impressionados com as dificuldades que o emaranhado beckettiano apresentava a seus leitores. Algumas décadas passadas, no ambiente inglês, estando no auge o renome de Beckett, Paul Davies (1994, p.43) abrirá seu ensaio em dizer que o autor irlandês alcança "neste século a eminência ganha noutros tempos por Dante, com a *Divina commedia*, por Milton, com o *Paradise lost* e por Goethe, com o *Faust*". Embora no final do capítulo ponhamos seriamente em dúvida o elogio extremado, desde logo importa verificar como a constatação das dificuldades apresentadas pela obra, sobretudo *O Inominável*, eram deixadas de lado pela crítica de então. Concentremo-nos por um momento no texto de Paul Davies.

Conquanto já não fosse novidade, a ruptura de Beckett com a concepção do *cogito* é o ponto de partida para o questionamento da identidade fundada no sujeito individualizado. A oposição ao princípio de Descartes tem um tríplice efeito, na obra do prosador:

> O primeiro se cumpre no reino do discurso do narrador, a questão concerne se as palavras podem ou não dizer a verdade; se elas, assim como a mente, estão sempre separadas do mundo. A segundo se dá no reino das imagens do narrador: a celebrada evocação de Beckett dos humanos encerrados em um pequeno espaço circular — seja a lata de lixo, a urna, o pote, a choça, o osso do crânio, o monte de areia. O terceiro é o arsenal retórico cruel, a falar constantemente da parte da existência do suposto "não homem" em termos de lama, lodo, excremento, ou seja, da matéria informe, indiferenciada, o correlato manifesto a ser chamado de *prima materia*. A linguagem de Beckett [o que obviamente já escapa do círculo cartesiano] relaciona essa matéria à função sexual. (Davies, 1994, p.47)

Mesmo que Davies amplie a presença pelo avesso de Descartes à oposição a seguidores seus (Geulincx, Malebranche), tem sido menos frequente considerar a influência de Fritz Mauthner cujas *Contribuições a uma crítica da linguagem* voltaram a ser consultadas por Beckett, por volta de 1932.

Mesmo que essa tenha sido uma leitura de superfície, notam-se proximidades ao menos curiosas. Não indo aqui além do breve comentário do texto de Linda Ben-Zvi (1980), veja-se com a visada crítica da linguagem por Beckett recebe uma carga cuja virulência não derivaria de Descartes. Se neste a linguagem entrava como alvo era para que fosse purificada dos elementos que prejudicavam a autonomia do *cogito*, ao passo que Mauthner considerava a linguagem um instrumento impróprio e inadequado para funções cognoscitivas: "Pondo a linguagem no âmago da Crítica, subsumindo todo o conhecimento sob ela, e então negando sistematicamente sua eficácia básica, Mauthner ilustra a possibilidade de usar a linguagem para indiciá-la" (Ben-Zvi, 1980, p.183).

A analista de imediato acrescenta: "A mesma centralidade linguística e nulidade está no fundamento da obra de Beckett" (ibidem).

Não tendo o propósito de aprofundar o porquê de Mauthner ter tido tal impacto em Beckett, apenas apontemos para a mesma centralidade que o questionamento da linguagem receberá nos "Three dialogues with Georges Duthuit" (in Graver; Federman, 1979) e na trilogia.

A radicalização do julgamento da linguagem mostra-se ainda mais evidente por uma segunda passagem da analista: Ambos põem "a fidelidade ao fracasso" no centro de suas obras e identificam sua tarefa principal com promover o reconhecimento da condição básica da experiência humana – "desconhecida e incognoscível" (Ben-Zvi, 1980, p.187). Não será ocioso ainda acrescentar que Beckett aumenta o tom tanto cômico como trágico do desacerto entre o homem e a linguagem. Condenso as correspondências que Ben-Zvi estabelece entre os dois a um único tem: "A forma mais alta de uma crítica da linguagem são a risada e o silêncio" (ibidem, p.188).

MELANCOLIA 317

Da risada não precisamos de exemplos. Mas tomar o silêncio com uma das formas supremas de crítica à pretensão enunciativa da linguagem, se é filosoficamente questionável, se concretiza em *O Inominável* pela própria recusa de nome reservada para o narrador.

Não pretender ir além da alusão superficial a Mauthner não deixa de criar um problema: parece pouco plausível que uma fonte intelectual, recebida entre tantas outras, tenha tido por si a força de infletir o rumo intelectual que Beckett daria à sua obra. Uma solução, por certo contingente, nos é oferecida pela recorrência a um texto pouco frequente na bibliografia sobre o autor irlandês. (Talvez assim se explique por não haver circulado originalmente nem em francês, nem em inglês, mas sim em italiano.)

A primeira observação que destacaremos em Franco Fanizza (in O'Hara, 1970) concerne a uma nota em que o autor apontava para direções contemporâneas da estética em geral. Ele reitera um dado sabido: numerosas eram as correntes que tendiam então a estabelecer a correspondência entre arte e vida, em vez de tentarem caracterizar a primeira em isolado, autônoma e especificamente. Assim, obras externamente restritas ao campo da estética estendiam seu interesse à questão do homem e do comportamento humano.

Na continuação imediata da direção apontada, o autor apontava a proximidade da problemática com Beckett, pela "impossibilidade de separar o problema do homem do problema do artista" (ibidem, p.72). "Beckett não se introduz como artista-bardo ou como o cronista da alma, mas sim como homem, ou antes como um coletivo de homens (desintegrados psicológica e espiritualmente [...]" (ibidem, p.73).

Dentro dessa linhagem, utilizaremos a proximidade do autor irlandês com tais correntes menos com o propósito de ressaltar específicas questões literárias do que as provenientes da vida europeia no imediato pós-guerra. O desmantelo que Beckett estabelecia no fluxo narrativo, com a quebra das convenções do enredo novelesco, a não equivalência entre a constituição da frase e de um sentido que nela se localizasse, além da ruptura mais imediata da unidade do sujeito — o narrador e sua progênie narrada –, não focaliza de imediato o receptor da obra verbalmente constituída, senão que cria embaraços até então inexistentes, salvo em obras incomuns – mais proximamente a Beckett, Kafka e Joyce – no circuito literário.

Essa questão importaria no máximo para uma sociologia da literatura? Creio que não. O impasse que Beckett criará para si, maximamente com *O Inominável*, não concerne apenas ao receptor porque abrange todo o circuito – o produtor, o editor, a mediação de jornais e revistas, a constituição dos cursos superiores de estudo da literatura. Ou seja, menos por influência de Descartes ou de Mauthner, do que por uma atitude inexplicável por meras influências de leitura, Beckett não só rompe convencionalidades e costumes no uso ficcional da linguagem, senão que cria embaraços para o relacionamento geral com a verbalidade ficcional.

Na tentativa, por certo não intencional, de não se encerrar em uma fronteira discursiva, no caso a da arte, e sem pretender ser um pensador, a maneira como conduzirá sua reflexão sobre a condição humana tendencialmente o levará a uma posição de isolamento, que, pelo renome que adquire, e pela inesperada fortuna despertada por sua primeira peça teatral, não se completa. As rupturas drásticas que irão se radicalizando até *O Inominável*, racionalmente justificadas como afastamento de convenções que lhe são incômodas, provocam uma posição social do artista, que conduz ao silêncio como ideal. Ainda que esse ponto volte a ser discutido, o interrompemos em favor de outro aspecto, bem ressaltado por Fanizza. Para fazê-lo, combinaremos proposições que, em sua formulação original, estiveram separadas. Mediante a nova conexão procurar-se-á dizer de modo talvez mais apropriado a posição do que não tem nome: ele é o Sem Nome justamente porque ocupa o lugar de síntese dos narradores com nome, ou, fora da estrita órbita literária, dos outros homens.

"O ser ali encerrado, que mal pode ser reconhecido como um homem, é ajudado, ou melhor, cuidadosamente zelado por uma mulher (a natureza?), que o utiliza para seus fins obscuros" (Fanizza, 1970, 78). Por ele, se efetiva "uma análise convulsiva de um estado de aniquilamento e isolação, de completa alienação,

MELANCOLIA   319

reconhecendo-se a si próprio como tal" (ibidem, p.79). Do que decorre, "oscilar entre a palavra e o silêncio, entre a participação forçada e a renúncia" (ibidem). Em suma, as suas são "palavras que tendem a se moldar e que se atestam a si mesmas no silêncio; este é o dado mais significativo, ainda que, na obra de Beckett, seja provisória e problemática" (ibidem, p.80).

Só essa junção de perfis parciais, que se aglutinam pela forma conjunta que se lhes empresta, bem demonstra que, na conclusão da trilogia do imediato pós-guerra, *O Inominável* não poderia caber na tentativa de avaliar o Beckett da maturidade como uma derivação tardia de um Descartes lido na juventude. Seu caráter convulsivo, seu drástico questionamento da ordem, menos das palavras que do próprio pensamento, sua obsessão pelos extremos, o falar consigo, o dizer e seu imediato impacto que a crítica da linguagem de Mauthner teve sobre si se assemelham a uma figura de mil faces desarmônicas.

Falamos há pouco em Beckett estar relacionado a uma orientação estética então contemporânea, para a qual não há distinção entre a arte e o homem. Acrescente-se agora: o homem visado não é a criatura comum, de posse de suas faculdades habituais, de entendimento, razão e juízo. À semelhança das carências vistas no narrador de *O Inominável*, "os modos definitivos e tradicionais com que abordamos a realidade, que é sempre descoberta e pressuposta — as categorias de espaço, relação, tempo e substância — são agora inúteis" (ibidem, p.74). Elas sobretudo se mostram inconsistentes porque há uma suspensão completa do "em mim" e do "fora de mim", a par do sentido do "eu" e do "não eu" (ibidem).

Além das consequências na fala — a "invenção" e sua dialética, que vimos com Iser, que metamorfoseia o mundo em um nada permanentemente mutável, há o realce do silêncio:

> Há uma contradição fundamental em seu uso da linguagem: para destruir-se a si mesma e alçar-se ao autêntico silêncio, a palavra há de ser voz, uma expressão pronunciada, uma coisa dita, em protesto contra a submissão e a escravatura exercidas pelo lugar, pelo hábito, pela conformidade aos assim chamados valores. (Fanizza, 1970, p.77)

A contradição tornar-se-ia gritante e seria então improdutiva se a rebelião contra o lugar-comum provocasse uma linguagem propriamente autística. Isso é impedido pela quantidade de cláusulas insignificantes que se acumulam pela necessidade de inventar uma estória, de postergar o silêncio, que, no entanto, se quer. Daí ainda, como Fanizza bem apreende: "Não há mais um discurso lógico, eloquência ou ironia: estamos além de tudo que, perdido no consciente visceral, quase microscópico de um corpúsculo inteligente [...] caminha para a morte" (ibidem, p.75).

Ora, como se poderiam entender tamanhas perdas e o enlace do nada, macrocósmico, e a morte, microcósmica (individual), como meros resultantes de escolhas e processos particulares? Se tudo isso ainda pode parecer um jogo de dados jogado pela mente do autor é por efeito da decisão de isolamento que ele assumira: "Tudo isso porque, desde o começo, ele se pôs a si próprio fora de qualquer estrutura sociocultural do mundo [...]" (ibidem).

A abordagem que o autor italiano particulariza enseja a possibilidade de acrescentar um aspecto relevante, que falta na abordagem de Iser. Importa inter-relacionar as duas abordagens, pela contextualização do texto do mestre germânico.

É legítimo que, em certo momento de sua carreira intelectual, Wolfgang Iser diferenciasse a estética do efeito que lhe devemos, que tem por base ser a obra de arte investida de uma estrutura com vazios a serem suplementados pelo leitor, da estética da recepção, proposta por seu colega e contemporâneo H. R. Jauss, que, apesar de sua inteligência, na falta de teorização bastante, se contentava com os fenômenos empíricos, concretos, sociologicamente determináveis da atuação do receptor. Mas o desenvolvimento decorrente da separação criava outra possibilidade de equívoco. Não se discute que o *efeito* seja motivado pela própria estrutura da obra de arte. Mas ele depende tão só de variações da configuração psicológica individual, sendo irrelevantes os fatores de ordem sócio-histórica? O leitor de Iser sabe que esse aspecto interacional lhe interessou muito pouco. Haveremos, contudo, de distinguir entre as preferências individuais dos teóricos do que é requerido por sua própria teorização. No caso de Beckett,

MELANCOLIA 321

coube a Iser haver aberto uma trilha que não fora aventada por nenhum outro analista.

Para não voltarmos à propriedade da *invenção* e *da configuração do mundo humano como um nada metamórfico*, distinto pois do niilismo, recorramos a outra passagem do *Der implizite Leser*: "À diferença das leituras dos romances [que então estudava] de Faulkner e de Ivy Compton-Burnett, o leitor da trilogia beckettiana perde não só temporalmente o privilégio da vista panorâmica (Überschau), como ela lhe é totalmente retirada" (Iser, 1972, p.269). Isso significa que Beckett tem a singularidade de retirar de seu leitor toda a expectativa de como ele poderia esperar que sua narrativa se desenrolasse. Daí resultam duas consequências capitais: (1) como Beckett não foi o único romancista valorizável de sua geração, seria ridículo recorrer a uma explicação determinística, que, derivada de condições sócio-históricas, provocaria aquele resultado; (2) mas ser insensata a explicação determinista não implica que Beckett retirasse o palanque privilegiador de seu leitor por conta de sua idiossincrasia ou tão só de suas perturbações psíquicas.

Dito afirmativamente: o pôr em xeque as expectativas do leitor, a rejeição do critério "cientificista" que teria presidido a concepção de ficção de Flaubert (Hugh Kenner, 1974) decorriam do choque e posterior entrelaçamento entre condições sócio-históricas e a organização do regime pulsional do indivíduo, provocadores de uma química simbólica. Em suma, a abordagem de Iser era prejudicada pela parcialidade de considerar apenas os fatores cognitivos, em Beckett, passíveis de lhe dar sua fisionomia textual própria.

A falha assim cometida não era secundária: não a considerar equivale a não levar em conta o papel que a verossimilhança desempenha no leitor. Além do mais – e com maior relevância para o caso abordado – retirar a visão panorâmica de que o leitor dispõe, abolir a possibilidade de ele seguir, mesmo que fosse para logo retificá-lo, o que presumia como os próximos passos do texto ou a trajetória de seus personagens, significava dificultar ou impossibilitar sua travessia, que permaneceria interditada até que, pela intervenção de outros leitores, críticos e um tempo histórico com outra modelagem e investido de outros valores, fosse constituída uma verossimilhança favorável.

Beckett é beneficiado pelo golpe de sorte de haver composto *Esperando Godot* durante a feitura da trilogia. Repita-se: embora a crítica de cada romance da trilogia tenha sido, em princípio, positiva, Beckett só deixou de ter uma vida financeiramente precária depois que o êxito da peça na cena parisiense provocou a enxurrada de dólares que lhe trouxe tranquilidade material. Em termos aristotélicos, se, entre a *necessidade'* e' a *verossimilhança*, a qualidade da obra teatral — como de toda obra ficcional — depende centralmente da primeira e se essa pode se realizar *contra* o verossímil, Beckett armava de modo inédito a velha equação: a *necessidade'* (*anankè*) se expunha contra qualquer espécie conhecida de verossimilhança, e isso sem que tal resultado viesse, como muito se disse nas décadas próximas, da influência da literatura do absurdo.

Espero que a interrupção do argumento que desenvolvíamos a partir de Fanizza não tenha sido imprópria, porquanto a retificação proposta ao argumento de Iser torna mais evidente o encaminhamento a dar a seu texto.

Aproximamo-nos do final da questão. O ensaio, redescoberto por sua tradução para a coletânea de ensaios em inglês, vem de passagem à questão do silêncio. Em acréscimo a curta frase já citada, Fanizza (1970, p.80) acrescentava: "Contudo este silêncio que 'uiva' é um dos protestos mais apaixonados, poderosos e cáusticos contra o humanismo contemporâneo". Assim sucede justamente porque, "perdendo o 'significado' e o 'valor' do verdadeiro silêncio, deixa-se dominar pelas vozes de um mundo de anônima indiferença e de radical sujeira moral, mundo em que, a despeito dos protestos da razão, a dignidade da inteligência está perdida" (ibidem, p.81). Mas, cuidado, um analista não poderia resolver, por seu modo de argumentar, da agressividade contundente, lacerada, desconexa da fala do próprio inominável. Apenas uma pequena prova: o romance termina com uma frase que rola, na tradução brasileira, como um rio encachoeirado, por quatro

MELANCOLIA   323

páginas e meia. Seu *motu continuum* torna impossível sua transcrição. Por isso recorto apenas alguns de seus momentos, antes de chegar a seu fim, até atingir a palavra "silêncio":

> [...] A voz me dirá tudo [...], como uma confissão, [...] a memória é tão ruim [...], ela fala da minha cabeça, [...] punido, [...] tudo isso são mentiras, [...] não é a minha vez, é a vez de um outro [...] isso não pode ser eu, [...], eis uma linda análise, [...] estaremos reunidos, [...] a história do silêncio que ele nunca deixou [...]. (Beckett, 2009, p.181-3)

O silêncio é o fim que, sempre se renovando, não resolve. Como se vira com Kafka, a Modernidade reitera, com Beckett, a falta de *saída*.

A ESPERA, QUE ESPERA?

A trilogia foi escrita entre maio de 1947 e janeiro de 1950. *Molloy* foi iniciado em Foxrock, Irlanda, durante a visita que, terminada a Segunda Grande Guerra, Beckett anualmente fazia à mãe, até à data de sua morte, mas já terminado em Paris. *Esperando Godot* foi composto entre 1948 e janeiro de 1949. Como o segundo romance, *Malone morre* era previsto continuação do *Molloy*, é provável que a peça tenha sido uma pausa para a aventura de maior risco, *O Inominável*. Decisiva, não é sua precisa data de feitura, mas sua diferença de textura.

Indagado por que escolhera escrever, naquele momento, uma peça, Beckett responde que não escolhera; "isso apenas sucedeu" (Shenker, 1979, p.149). A resposta não diz nada. É fato, como esclarece James Knowlson, que até então seu contato ativo com o teatro se resumia à escrita de um esboço burlesco de *Le Cid*, de Corneille – nunca encenado. Hugh Kenner, de sua parte, aventa a hipótese de que a dupla Vladimir e Estragon lembra o famoso par Stan Laurel e Oliver Hardy; a hipótese não é arbitrária porque, ratificando o apreço de Beckett pelos comediógrafos das décadas de 1920 a 1940, escreveria em 1965 o roteiro de *Film*, tendo por ator Buster Keaton, o grande comediante do cinema mudo. Mas o decisivo é que *Esperando Godot* inicia, em janeiro de 1950, a carreira impactante do autor.

Samuel Beckett tinha então quase 50 anos e as fontes de renda do casal eram tão escassas que sua sobrevivência dependia da ajuda das aulas de piano que dava sua mulher, com a ajuda de um sistema de cores que ela desenvolvera, na impossibilidade de dispor do instrumento musical.

Muito embora a recepção crítica de *Molloy* e de *Malone' morre'* tenha sido positiva, é bastante improvável que ela trouxesse a fartura monetária que o casal Beckett conheceu a partir da encenação da peça, nos Estados Unidos.

Como não conheço nenhuma análise comparativa da peça com os romances que procure explicar a imensa diferença de recepção, sou levado a supor que ela decorre de propriedades da linguagem teatral – impor a exposição direta das situações, o favorecimento do efeito cômico pelo próprio ambiente cênico, o papel da entonação e da linguagem gestual. Tudo isso, por certo, não seria decisivo na apoteose do público sem a maestria que os críticos reconhecem no dramaturgo.

O certo é que a "pausa" na continuação da trilogia e a manutenção de sua temática em uma ambiência teatral foram responsáveis pela celebridade que, de repente, circunda Beckett. Não se diz que sua recepção sempre tenha sido calorosa. Em resenha de maio de 1956, Eric Bentley recorta algumas das manifestações furiosas do anti-intelectualismo norte-americano. Lembro apenas uma das mais exemplares, assinada por Robert Coleman: "O autor foi secretário daquele mestre da confusão, James Joyce. Beckett parece haver absorvido algumas das habilidades de seu empregador em converter o simples em complexo..." (in Bentley, 1979, p.105). Porém mesmo a parte dos espectadores que rejeita o que a peça formulava parecia apanhada de surpresa e as encenações se multiplicam na França, na Alemanha, nos Estados Unidos. Seu início será retardado na Inglaterra e na Irlanda, sem que isso afete a carreira da peça. Ao ser publicada em francês, em

MELANCOLIA   325

1953, será um fator importante para assegurar ao editor, que acreditara em Beckett, o êxito de sua empresa, as Éditions de Minuit.

Consideremos um sumário do primeiro de seus dois atos. Numa ação que se prolonga por dois dias, dois pares, Vladimir e Estragon, Pozzo e Lucky, entram em cena, em momentos distintos. O cenário é bastante despojado: em uma região rural, uma árvore seca, a lua e uma lata de lixo; sob sua vista, o primeiro par inicia um diálogo que tanto diz diretamente como sugere. Ante a pergunta de Vladimir onde Estragon passara a noite, este responde que numa vala e, ante a nova pergunta se nele bateram, responde que sim, mas não muito. Teriam sido os mesmos, Vladimir volta a indagar. Estragon responde que não sabe. Está menos preocupado com as questões do companheiro do que em descalçar uma bota presa ao pé, talvez inchado. O caráter do diálogo já dá a perceber uma comédia de tiradas desencontradas. (Pense-se como as expressões dos personagens e a entonação de suas frases favoreciam a comicidade de uma situação que, ao mesmo tempo, sugeria um ambiente nada cômico.) As palavras esbarram umas nas outras e parecem esboçar uma divertida comédia de erros, que, no entanto, escondesse algo que apenas se insinua.

Já nesse começo Beckett recorre a uma das tantas citações truncadas que utilizará em outras de suas obras. Sem aparente conexão com o que até então conversavam, Vladimir pergunta a Estragon se lera a Bíblia. Estragon declara lembrar-se dos mapas coloridos da Terra Santa. Vladimir recorda a cena, já aqui lembrada, da Crucificação, em que Cristo declara a um dos ladrões que está salvo. Embora Estragon não pareça muito interessado no que não estava nos mapas coloridos, Vladimir continua. Lembra a divergência entre os evangelistas: "Como é possível que, dos quatro evangelistas, só um fale em ladrão salvo? Todos quatro estavam lá – ou por perto –e apenas um fala em ladrão salvo" (Beckett, 2005, p.33). Um astuto comentarista faz-nos entender a digressão só aparentemente ociosa: Vladimir nos lembra que dos quatro evangelistas que estavam lá – ou por perto – Lucas apenas fala de um ladrão sendo salvo e continua "dos outros três, dois (Marcos e João) não mencionam quaisquer ladrões e o terceiro (Mateus) diz que ambos abusam dele" (Worton, 1994, p.76). E logo acrescenta: "Este ponto é central para a atitude de Beckett para com todos os escritos, sagrados ou seculares: por que acreditar integralmente em qualquer texto?" (ibidem).

Aparentemente, a alusão é tão só engraçada. Mas outro ponto ainda merece ser salientado. Como o par está à espera de alguém que teria prometido encontrá-los, sem que estejam certos se o dia era aquele, então vivem o mesmo equilíbrio de incerteza que a salvação provoca. Assim como a certeza pertence à margem da verdade, a incerteza pertence ao campo da realidade. O incerto não concerne apenas à espera de alguém cujo estatuto de realidade se desconhece, senão que se planta no campo da plena realidade: Vladimir e Estragon, cuja existência real é indiscutível, discutiram se não deveriam se enforcar, mas não chegaram a uma decisão sobre quem seria o primeiro a fazê-lo, porque não superaram a dúvida sobre qual dos dois tinha o peso adequado para que o galho da árvore seca não quebrasse. A incerteza tanto penetrava o texto antigo e sacro quanto o plano do perceptível. Manter a espera por Godot não significava a conservação da chama da esperança, mas, ao contrário, a sujeição da esperança ao princípio da incerteza.

Note-se ainda algo que deriva do episódio. A alusão à passagem de Lucas, que de início parecera tão só divertida, assume proporções de enorme seriedade. Aqui se torna bem concreta a questão da diferença da linguagem teatral: qualquer que fosse sua gravidade, para que o diálogo mantivesse sua tonalidade cômica sua duração teria de ser rápida. Prolongá-lo seria estragar a ambiguidade entre leveza e profundidade que tanto intrigava como fascinava o público e os críticos.

Por todos esses pressupostos, a sugestão de Estragon de que partam não podia ser aceita. Desertar da cena seria romper com a incerteza. Por isso Vladimir, o sensato, não podia aceitá-la. Estragon dorme e acorda estremunhado. Alternativas são então propostas: por que, se não decidem se enforcar, não se separam? Mas não, a incerteza tem seu tempo próprio de duração. Têm, portanto, de esperar ainda que não sabem bem por quê.

MELANCOLIA

Confundem o vento que sopra com a vinda do esperado. Escoram-se um no outro. Se se declaram com fome, logo sabem que só dispõem de uma cenoura e um nabo. A escolha será de um ou de outro. Como manter o espetáculo com um quadro de possiblidades tão estreitas? A destreza do dramaturgo esteve relacionada a ser capaz de manter o interesse com tais mínimos elementos.

Algo se modifica. Entra o segundo par, Lucky e Pozzo. Pozzo puxa o escravo por uma corda. Lucky é o carregador. Traz uma mala, uma banqueta, uma cesta de alimentos, um casaco dobrado. Pozzo, além da corda, dispõe de um chicote. Vladimir e Estragon confundem Pozzo com Godot. (Quem tenha pensado na figura que o primeiro par espera com uma entidade sobrenatural poderá ter aí percebido uma clara relação irônica com a tradição cristã da vinda do Messias.)

Dentro da rapidez com que as questões precisam ser teatralmente resolvidas, Pozzo logo desfaz o equívoco. Ele é o dono das terras, mas, infelizmente, declara como um proprietário de velhos hábitos, a estrada é de todos. Não poderia, portanto, pensar em expulsar Vladimir e Estragon. Senta-se então na banqueta que Lucky arma para o senhor; o bom servo abre a cesta, e Pozzo come e bebe. Estragon, ciente da hierarquia que comanda os quatro, pede a Pozzo para roer os ossos. Eles caberiam a Lucky, mas é próprio dos senhores incontestes uma certa magnanimidade. Lucky, não menos fiel a seu papel de servo, não protesta e Vladimir declara que vai embora. Pozzo interfere. Será sua presença que não lhes agrada? (O que eram as cláusulas insignificantes nos romances se converte em matéria hilariante.) Sugere que perguntem a Lucky o que lhes intriga acerca de sua conduta servil. Mas ele próprio responde: a conduta do servo seria a própria dos escravos em geral se, no caso de Lucky, não quisesse despertar a compaixão dele, o senhor.

É verdade que não o despede por compaixão. Pratica a conhecida bondade que se integra ao estoque dos bons patrões. Em troca, Lucky mostra a diferença que há de ser esperada dos criados. Como ele chora, Estragon dele se aproxima a fim de consolá-lo. A conduta de Estragon não faz parte das expectativas de

Lucky, que, por isso, lhe dá um bruto chute. A pancada faz Estragon mancar. Mestre da consolação, o senhor das terras assinala que assim é o mundo: uns choram, outros riem.

A cena muda de aspecto. Pozzo se faz de patrão-vítima: Lucky é quem o faz sofrer. Mas sua postura distinta dura pouco. Logo volta a adotar a conduta de quem manda. Entre sua atitude de ser o patrão e a ameaça de partida de Vladimir, o crepúsculo se aproxima. Magnânimo, Pozzo indaga o que ainda poderia fazer pelos intrusos – afinal, estão em sua propriedade e não mais dispõe do direito de expulsá-los. Estragon, o mais vil, sugere que recebam uma nota em dinheiro. Pozzo, em troca, retruca que o escravo poderá diverti-los. Então ordena a Lucky que dance. Lucky o obedece, mas sua dança é rápida e pobre. Estragon a intitula de "a agonia do joão-ninguém", enquanto Vladimir prefere chamá-la de "câncer dos velhinhos". Não seria melhor que, em vez de uma dança assim torpe, se pusesse a pensar?

Lucky assim o faz por uma longa estirada. Beckett parece satirizar-se a si próprio. Se, em *O Inominável*, o narrador monologa por páginas a fio e suas contradições dizem de sua espera pelo silêncio, pelo nada, na peça, Lucky parece passar em revista algumas das esperanças da humanidade, reduzidas ao pó do absoluto *non-sense*.

Pozzo é agora quem se dispõe a partir; afinal é o senhor e está ali de passagem. Enfileira-se para fazê-lo, mas declara que não pode. Estragon observa: "É a vida". Pozzo termina por partir, puxando o servo pela corda.

Entra em cena um menino, a quem o primeiro par toma como mensageiro de Godot. Pressionado e amedrontado, o menino declara que Godot virá no dia seguinte. A passagem do menino é bem curta. Um dos analistas de peça sugere que é um emissário de um senhor chamado Godot – não elimino a possibilidade de a passagem voltar a ser uma sátira de cena de cunho religioso. O fato é que a presença do mensageiro é muito rápida para que a hipótese tenha alguma relevância. Vladimir e Estragon então declaram que sairão dali, para que voltem no dia seguinte. Mas tampouco agora saem.

MELANCOLIA

A cena fecha como começara: o descampado em que a lua ilumina a árvore seca e o par de início.

A parte proporcionalmente maior do *Samuel Beckett: the critical heritage* (Graver; Federman, 1979) é reservada à recepção de *Esperando Godot*, em Paris e nos Estados Unidos. A seu lado, é valiosa a passagem de Günther Anders que a tradução brasileira inclui. A peça, dizia Anders (2005, p.213-14), pertence ao gênero da fábula, mas é uma "fábula *destruída*, a fábula que não mais segue adiante, torna-se a representação adequada da vida estagnada. [...] Se ela renuncia a relatar uma ação, o faz apenas porque a ação que descreve é a vida desprovida de ação [...]".

Das nove resenhas traduzidas ou republicadas por L. Graver e R. Federman (1979) nos restringimos às decisivas. Principio pela que Sylvain Zegel escreveu sobre a *première* parisiense:

> É difícil não ser surpreendido em saber que esta é a primeira peça de um escritor que alcançou a aclamação crítica com seus romances *Molloy* e *Malone morre*, pois que domina todos os requisitos da cena teatral. Cada palavra age conforme com a vontade do autor, toca-nos ou nos faz rir. (Zegel, 1979, p.89)

Pouco depois, Jacques Lemarchand (in Graver; Federman, 1979, p.90) procurava penetrar na estrutura do texto, chamando-o de "uma peça decididamente cômica, cujo caráter derivava da forma mais cômica do humor, o circense".

Um mês depois de sua estreia, um teatrólogo renomado, Jean Anouilh, começava sua apreciação com uma citação que, na verdade, era a intuição da especificidade do nada tematizado por Beckett: "Nada acontece, ninguém vem, ninguém vai, é terrível".

A tirada, pronunciada por um dos personagens, oferece o melhor sumário da peça. A curta e incisiva afirmação poderia ser entendida ambiguamente. Mas o autor logo a desfaz: "Penso que a noite de estreia no Théâtre de Babylone é tão importante quanto a estreia de Pirandello em Paris, em 1923 [...]" (Anouilh, 1979, p.92).

A reação decisiva a *Esperando Godot* só apareceria anos depois, no *Times Literary Supplement*, em 1956. Assinada pelo poeta, tradutor e professor em Leicester G. S. Fraser, reúne-se um elenco de temas que se farão presentes na crítica beckettiana posterior. Fraser (1979, p.98) chama o escritor irlandês de um homem de "enorme talento, possivelmente mesmo dotado de gênio", que usa seus recursos para "reduzir seus leitores a um estado de repulsa cansada e de tédio exasperado".

Falar em tédio a propósito da recepção de uma obra de Beckett tinha sido exclusividade de umas poucas críticas negativas. Fraser tem a extrema sensibilidade de verificar que *tire'd disgust and exasperate'd bore'dom* não haveriam de ser entendidos com uma manifestação de recusa. É o que logo faz compreender quando acrescenta que "em vez de tédio, a peça extrai da *ideia* de tédio o mais genuíno *pathos* e uma comédia encantadora" (ibidem). E ainda a seguir esboça a tematização do nada, de que algumas décadas terão de passar para que contássemos com o aprofundamento por Wolfgang Iser. Diria então Fraser: "O público, depois de vista a peça, não deixa o teatro com a sensação de que sua vida esteja privada de significação. Antes sente que uma nova luz incidiu, em vários níveis de profundidade, sobre o significado da vida" (ibidem). E o diz com maior força e clareza: "Do que conhecemos de outra obra do senhor Beckett, poder-se-ia supor que sua intuição consciente possa ter sido dramatizar o vazio, a preocupação com seu nada" (ibidem, p.99).

Mas falsearíamos o pensamento de Fraser se o tomássemos como um dos iniciadores da reflexão beckettiana sobre o nada. Na verdade, a problemática introduzida pelo poeta inglês infletia noutra direção. Sua compreensão própria se inicia pela referência a T. S. Eliot: "Mesmo em seus momentos mais niilistas, ele estará sob a categoria do blasfemador cristão do senhor Eliot" (ibidem). Assim considera porque a atitude da dupla principal "é parcialmente de esperança, parcialmente de terror. É evidente a ortodoxia desse simbolismo do ponto de vista cristão" (ibidem). Pois, em suma, os dois primeiros vagabundos representam algo mais alto que "o senhorial e ridículo Pozzo e seu escravo aterrorizante, Lucky", representantes da "vida de ação prática, erradamente tomada como um fim em si mesmo" (ibidem, p.99-100). Pozzo é

MELANCOLIA   331

chamado de "a caricatura cômica do super-homem nietzschiano,
semelhante a um ator que propriamente não existe sem a sua pla-
teia", em contraste com o caráter mesmo do *Esperando Godot*, que
é a *modern morality play*, fundada "em temas permanentemente
cristãos" (ibidem, p.100).

Como o leitor notará, dou menos importância à decidida
inflexão religiosa que Fraser empresta à sua leitura que a sua
perspicácia em compreender o nível de profundidade de uma comédia intrigante, mas, para o grande público, apenas divertida.
Ao contestá-lo, não declaramos que sua interpretação seja necessariamente falsa. Sabemos, quer pelas declarações de Beckett
que, embora tenha tido uma formação protestante rigorosa, ele
próprio não tinha orientação religiosa, quer por sua obra mais
ampla, que, algumas vezes, a figura da divindade é caricaturada,
por excelência em *O Inominável*, como o "mestre", de quem não
se espera nada melhor que a desigualdade conhecida no mundo
da vida. Mas a inflexão dada por Fraser procurava asseverar que,
sob a figura do blasfemo, a orientação cristã nele permanecera.
Desse modo, ainda que discordemos de sua interpretação, não
se poderia deixar de notar a diferença de nível quanto à apreciação crítica em geral, que costumava acentuar a surpresa positiva
e divertida do público, que apreciava o espetáculo, embora não
compreendesse seu sentido.

De um modo ou de outro, fosse minoritariamente entendida
como uma peça de moralidade, fosse mais genericamente recebida
como uma peça de mistério, o caráter cômico do *Esperando Godot*
desdobrava, para um público amplo, a visão de incerteza sobre o
homem e o mundo expressa pela ficção e a pintura de ponta, que
vinha sendo produzida desde as primeiras décadas do século.

Um breve parêntese: *Fim de partida*

Já ouvimos Beckett declarar a Gabriel D'Aubarède (1979,
p.215) que, depois de escrever a trilogia, sentia-se encurralado:
"[...] Por muito tempo, não estive seguro do que me restava dizer"; que tentara escrever os "écrits pour rien" [refere-se às *Nou-*

velles et textes pour rien)" e, pelo que indica o tom suspensivo de sua frase, não se convencera que seu caminho estivesse reaberto. O inconteste é que, após os "anos frenéticos" (1947-1950), Beckett veio a escrever, ainda que fossem inúmeros, textos curtos, bastante curtos, com frequência para a transmissão pela BBC e pela televisão.

O *Fim de partida* de 1956 (Beckett, 2002) adquirirá renome e terá repercussão, mas nada sequer comparável à peça anterior. O espaço menor que lhe dedicaremos nada tem a ver com critério de valor, senão com o que ainda pretendemos apresentar acerca da recepção do autor. O responsável por sua tradução brasileira bem escreve:

> O diálogo de surdos que aqui se trava não é apenas com o mundo e com as suas criaturas. Ele é reflexo, antes de mais nada, da incapacidade de conciliar os fios desencontrados ou emaranhados que compõem a própria consciência individual. (Andrade, 2002, p.25)

A qualidade dos comentários, relativamente rápidos, escritos quando de sua encenação no original em francês, em Londres (3 de abril, 1957) e em Paris (maio, 1957), permite que nos sintamos desobrigados de apresentar seu resumo.

A estreia da peça, em Londres, se dá no Royal Court Theatre. Harold Hobson, na primeira resenha, refere-se à diversidade de recepções, em um tom nada polido sobre o público: "*Fin de partie* foi vilipendiado pela gente vulgar (the Philistines), recebido pelo desacato dos imbecis e provocou um deleite profundo, sombrio e paradoxal nos capazes de distinguir entre o teatro e o bordel" (Hobson, 1979, p.161).

A sua virulência pareceria apenas inusitada não fosse a extrema qualidade intelectual de seu comentário. Em vez de acompanhá-lo linearmente é preferível articulá-lo com outras recepções de qualidade. Damos por isso a palavra ao articulista francês Jacques Lemarchand. Tem ele a sagacidade de perceber a diferença com *Esperando Godot*:

MELANCOLIA

Godot recusou absolutamente vir e ninguém mais o aguarda; o que esperam é "dar no pé"; as palavras de esperar, esperança e desejo perderam todo significado: os personagens de *Fin de partie* simplesmente consentem em algo que sabem ser inevitável. (Lemarchand, 1979, p.169)

Conquanto só mais adiante iremos comparar com a apreciação do *Godot* feita por Fraser (1979), acentue-se que, como assinalam outros resenhadores, a encenação francesa, que contou com a preferência de Beckett, diferenciou-se da inglesa, pois essa ainda continha uma nota de esperança.

O leitor do *Fim de partida* lembrará que a cena é ocupada por dois pares, igualmente estropiados: Ham, cego, está numa cadeira de rodas, Clov, cambaleante, apresentado no texto como tendo uma cabeça muito vermelha, na encenação inglesa, como observa Kenneth Tynan, usava um manto vermelho, comparável aos dos cardeais em pinturas de Francis Bacon. Nagg e Nell, os pais de Ham, aparecem metidos cada um em um latão, que, por força de um acidente, possuem apenas cotos, que se apoiam em um fundo de areia. Tynan compara Ham a um velho déspota cego, de quem Clov ameaça se despedir, só não o fazendo porque não dispõe da chave da despensa onde estão seus poucos biscoitos.

Entre os quatro, acrescentará Lemarchand (1979, p.90-1):

Não há outra solidariedade senão a advinda do autointeresse. Nagg e Hell [...] dependem de Ham pelo último bocado de papa, que prolongará suas vidas medíocres. Ham depende de seu filho e criado, Clov, para os cuidados devidos à sua condição. [...] Apesar do quê, nenhum destes seres humanos deixa de ter o seu sonho, que procura partilhar com os outros e comunicar aos demais.

Reservemos a última observação ao primeiro resenhador. Que temática, perguntava-se H. Hobson, ali se reconheceria?

A vida chega ao fim, possivelmente também o universo. Como um refrão recorrente por toda a peça, surge a resposta de Clov a qualquer que seja a questão de Hamm: não sobra nada mais disso ou nunca mais voltará a haver. Alguns dos objetos indagados são banais; alguns são grotescos. Pouco importa. Não existem mais; em breve, a própria existência não mais haverá. Não mais bicicletas. Não mais biscoitos. Não mais sedativos. Não mais natureza. (Hobson, 1979, p.162)

Apesar do tom taxativo, não há só a constatação de fim: "[...] Quando todo o universo estiver liquidado, seu significado será revelado. [...] O senhor Beckett e todos seus personagens estão mortalmente temerosos com a revelação do último, terrível e negro segredo" (ibidem, p.163).

Uma derradeira anotação: ainda que o tom direto da linguagem teatral obrigasse o autor a não reiterar procedimentos mais complexos, que haviam sido comuns na trilogia, Kenneth Tynan não deixa de observar a reiteração do *"vaudeville non-sequiturs"* (desconexões próprias de peças cômicas), que parodiam brutalmente os procedimentos lógicos. No mesmo sentido, Marc Bernard (in Traver; Federman, 1979, p.167) apontava para "irrupções metafísicas que assumem um tom de farsa".

Em síntese, a combinação do texto da peça com os excelentes comentários recolhidos em *The critical heritage*, para não falar nas obras específicas dedicadas ao teatro beckettiano,[10] ainda nos permitiria um longo desenvolvimento. Optamos, contudo, a partir do cotejo com a apreciação de G. S. Fraser, acentuar um ponto que fora levantado no início do capítulo.

A partir da encenação inglesa, Fraser havia lido o *Esperando Godot* como uma modalidade nova da peça de moralidade cristã. Os dois pares do *Fim de partida* nos mostram, apesar da simpatia reservada à leitura do poeta inglês, que sua interpretação não ia além de um *wishful thinking*.

É a partir daí que reiteraremos a observação de começo. Era ali acentuado que, malgrado a frequente aproximação de Beckett com Kafka, suas obras se situam em planos bem diversos. Os personagens kafkianos estão à procura de uma *saída*, de um des-

---

10 Não deverá ser esquecida a correspondência do autor com o diretor de teatro, que ainda dirigiria o *Film*, Alan Schneider (cf. Harmon, 1998).

MELANCOLIA   335

vio que lhes retirasse de um mundo desesperado. Ressaltávamos
que nenhum deles tem êxito. Mas não se distinguem menos de
Beckett por aquele ato inicial de procura de uma alternativa, pois
em Beckett à solidão em face do mundo corresponde a resignação
das figuras estropeadas, cujos acessos de comicidade distraem
por um instante de uma perda, desde o começo, irremediável.
E, no entanto, como vimos há pouco, a solidão procurada pelos
personagens beckettianas não deixava de ser também uma busca
fracassa de saída. Sendo idêntico o fracasso, suas vias são bem
diversas. A dramática distância entre elas se torna mais visível
ao se intercruzarem suas obras com suas vidas. Se, em termos de
existência, Kafka, que, quase não saíra de Praga, se movia entre
a casa dos pais, a madrugada reservada para a escrita incessante
dos diários, das cartas e das peças ficcionais, e seu local de trabalho, que, por sua especialidade, o punha em contato constante
com acidentes de trabalhos e os estropiados pela Primeira Grande Guerra, além do episódio da falência amorosa, como escritor,
quer pelos romances que Max Brod fez que sobrevivessem, quer
pelos fragmentos, contidos nos *Diários*, dos quais algumas entradas foram aqui estudadas, tinha como tema sempre algum aspecto do espaço público, melhor dito, dos desastres que, aleatoriamente, recaem sobre qualquer um. Em Beckett sucede todo o
contrário: se em sua existência é ele membro da *Résistance* francesa, participante das ações contra as arbitrariedades sofridas
por Fernando Arrabal, na Espanha franquista, e Václav Havel, na
Tchecoslováquia, em sua obra, seus personagens partilham um
mundo, social e ontologicamente, destrambelhado.

O absoluto quiasmo de suas vidas e suas obras se nos mostrou como um ponto de partida para o qual não se atentara e
tornava os dois autores como habitantes de pontas opostas no
viver e formular a vida da alta Modernidade. Pode-se por certo
contestar que tal quiasmo não tem importância se o que, fundamentalmente, interessa no escritor é como seus relatos, seus
personagens ou, no caso do poeta, seus poemas concretizam a
vida que encaram. Mas, se assim se pensar, que dizer do idêntico
fracasso de suas intentadas *saídas?*

Sem negar que assim seja, a comparação dos dois capítulos procura acentuar que o cotejo entre o caráter de suas obras e a maneira como encararam seu dia a dia importa para verificar que não encaravam como equivalente a vertigem provocada por um mundo desarmônico. A reação contra o descalabro ou fracassa ou sequer é intentada, mas a diferença dos pontos de partida, sem que necessariamente estabeleça alguma diferença de qualidade estética, importa para quem não os encare como exercício estetizante ou apenas profissional-acadêmico.

O QUE AINDA ESCAPOU

Desde logo me refiro à conferência pronunciada por T. W. Adorno, só recolhida em livro em 1961, sobre a versão alemã do *Fim de partida*. Seu texto merece atenção tanto positiva quanto negativa. De um ponto de vista negativo, a reflexão sobre Beckett serve ao filósofo da Escola de Frankfurt para expor alguns de seus demônios. Eles tinham por nome o existencialismo parisiense e a deriva aberta pela inventividade joyceana, que aperfeiçoava a via aberta pelo vanguardismo do começo do século.

Os dois demônios transparecem na afirmação de que reminiscências da literatura do absurdo sartriano e sinais do fantástico kafkiano reaparecem em Beckett. Apesar de serem evidentes restrições, Adorno tem uma posição positiva porque, declara, Beckett revela "o modernismo como o arcaico na modernidade" (Adorno, 1961, p.188). Embora o pensador não julgue necessário demonstrá-lo, assim entendo a sua afirmação: o curso entre o modernismo e a modernidade é o de um mal-estar e da formação de uma tradição da negatividade. O pensador não julga necessário demonstrá-lo.

Ao passo que aqui mostramos a alternativa com Kafka, a separação com o Joyce admirado como decorrente de abrir para si uma outra via alternativa, e pouco nos tenha interessado a impermeabilidade com a literatura do absurdo, Adorno estabelece sua conjunção para, a seguir, "salvar" o autor irlandês das linha-

MELANCOLIA 337

gens condenadas. A tarefa parece-lhe fácil pela presença de um dado socioestrutural comum: "A irracionalidade da sociedade burguesa em sua fase tardia" e "renitente em se deixar compreender" (ibidem, p.192).

Não nos perguntemos a partir de quando, para Adorno, a sociedade burguesa, com seu modo de produção próprio, entrara "em sua fase tardia". Apenas somos capazes de sentir que é um tardio que amplia as desigualdades e não parece deixar de se alargar. Mas para o pensador esse é um dado insofismável. Daí a segurança com que separa o joio do trigo, no caso o modernista Kafka da modernidade de Beckett. Por isso, ao passo que a ação do *Final de jogo* se dá em uma região semelhante à dos relatos kafkianos – Adorno chega a nomeá-las geograficamente – "em Kafka, os significados são decapitados ou desalinhados, enquanto em Beckett, o mau infinito das intenções é estancado: seu sentido é a falta de sentido" (ibidem, p.202).

Se bem entendo a metafórica da distinção, Beckett submete o mundo a um desarranjo maior; deixa de ocorrer em uma dada situação para cobrir toda a terra.

A outro resultado chegaremos se cotejarmos o que declara Adorno com a distinção que temos visto entre as duas obras: por certo, a ambiência é comum: os enredos procedem de uma sociedade em que as práticas sociais falam outra linguagem que os valores que se pensaria ali vigentes; do que decorrem relações tensas e incessantemente conflitivas. A partir daí, no entanto, derivam as divergências. Para Adorno, dado como ponto de partida, as relações apenas pioram. Paradoxalmente, a qualidade de Beckett resulta de que, nesse contexto socialmente desastroso, o sentido se torna uma palavra oca, seu sentido é a falta de sentido (*ihr Sinn sei Sinnlosigkeit*). A afirmação cabal da falta de sentido por Beckett, no tempo da alta modernidade, seria um ato de valor inequívoco.

Há algumas décadas, portanto, o pensador alemão verificava a propósito da renúncia ao sentido o que aqui temos reiterado. Mas a divergência sobressai. Para não haver qualquer dúvida a respeito, acentuemos o que já deve estar claro. Pois há algo intrigante que caberá desfazer: a suposição de que nosso ponto de partida equivaleria ao de Fábio de Souza Andrade, equivalente ao de Adorno. Como assim?

Tais equivalências indicam que alguma coisa ainda carece de ser precisado. A diferença consiste em não considerarmos a resolução beckettiana simples decorrência da fase do capitalismo contemporâneo. É verdade que rejeitamos a perspectiva de algum modo otimista que havia sido levantada, a propósito do *Godot*, por G. S. Fraser. É também certo que, muito menos a visão do capitalismo, neste seu momento agora plenamente globalizado – em que sua "decadência" se dá ao luxo de conviver com uma forma de governo que se declara comunista (o caso chinês) – nos faz antever que ao mundo aguarde alguma alternativa ao que a obra de Beckett acentua. Onde portanto está a diferença? Ela cabe no conceito contido em uma só palavra: a *reflexologia*, supostamente marxista. É a partir de sua presença que dizíamos que *a perspectiva de Souza Andrade é equivalente à de Adorno, se este não fizesse questão de diferençar seu marxismo do presente na crítica de Lukács, ao passo que, seguindo a leitura do tradutor e intérprete brasileiro, a distinção não é considerada.*

Dizendo-o mais concretamente: prova de que seria arbitrário estabelecer uma conjunção inexistente: a distinção, estabelecida entre o capítulo anterior e este, entre o significado das narrativas kafkianas e a renúncia ao sentido por Beckett. Ao passo que a convergência entre Souza Andrade e Adorno concerne ao papel do reflexo, palavra que não é empregada pelo primeiro, mas é coerente com sua abordagem analítica, a nossa divergência quanto aos dois decorre do que dizíamos sobre a questão da verossimilhança em Beckett. É verdade que esse item nos punha em uma posição mais isolada porque o problema do verossímil nos levava a também discordar de um autor de que estamos muito mais próximos, Wolfgang Iser.

Para nos repetirmos em que a questão da verossimilhança nos separava da abordagem de Iser, a resumimos por dizer que a reflexão de Iser evitava, em seu tratamento do nada do mundo como um processo metamórfico, a abordagem do aspecto social da interação da obra com o leitor. Fora dessa possível carência,

MELANCOLIA 339

Iser, com o que desenvolve como a ficcionalização constante do mundo, expõe uma resposta terminante contra a reflexologia determinista, restauradora da antiga *imitatio*.

Tais ressalvas seriam ociosas caso o aspecto não considerado por Iser não provocasse outro tipo de questão. Sinteticamente: quais as consequências de a obra de Beckett não motivar necessariamente seu leitor à apreensão histórico-cultural das situações que aborda? Dediquemos à questão o último ponto a ser aqui abordado.

O tratamento será extremamente sucinto porque nosso propósito será a exposição de pontos de vista para, de imediato, explicar por que não concordamos com eles.

Tomemos de maneira mais superficial o ensaio de Thomas Trezise (1990). Seu propósito é bastante direto: mostrar como em Beckett se apresentam as consequências de seu esboço de questionamento da concepção cartesiana do sujeito. De acordo com a leitura do ensaísta norte-americano, a autonomização intentada do *cogito* provocava o desgarre da estrutura do Ser. O cartesianismo, nesse destaque do *cogito*, implicaria a expressão exteriorizada do sujeito individual, em detrimento do núcleo interiorizado do Ser. Por conseguinte, a bastante conhecida negação por Beckett do sujeito cartesiano provocaria – sem que o escritor disso soubesse – a ausência da totalidade do Ser... A falha provocada pela emergência do sujeito à expressão do que escapa de sua razão então afetaria a linguagem. Esta então se concentra na ansiedade do sujeito, que, conhecedor de sua carência, passa a questionar seu poder de representação. Entre parêntese: a explicação procurada jogava para o lixo toda a motivação sócio--histórica que pudesse se procurar na obra estudada. Por efeito dessa deriva antissocial-histórica, Beckett tenderia a tematizar a problemática que se lhe abre pela expressão e a desleixar o espaço público como suspeito ou impossível de ser apreendido por um sujeito assim constituído.

Ao interpretar desse modo a leitura de Beckett, Trezise vê Beckett encaminhar para o que entende como a crítica à concepção fenomenológica do sujeito. (Husserl, pois é a ele que se refere ao falar em fenomenologia, parece cair de paraquedas, pois é sabido que seu cartesianismo supunha a negação do *cogito*!) Daí que o texto de Beckett vem a ser visto como uma aproximação, por certo *bastante* intuitiva, da crítica bem posterior de Derrida, em *La voix et le phénomène*, ao Husserl das *Investigações lógicas*.

Pouco importava ao autor que Beckett, declarando-se não intelectual, dispunha de poucas leituras e, ao que eu saiba, jamais sequer se referiu ao nome de Husserl. Ainda que, para efeito de argumentação, se aceite que, de seu questionamento do sujeito cartesiano, tivesse vindo ao problema da crítica literária, como fizera no ensaio sobre Proust, seu encaminhamento o conduzia para a abordagem do cômico, permanecendo bastante distante de um enfoque filosófico. Por aí, portanto, não haveria meio de encontrarmos algum ponto de encontro com Thomas Trezise.

Tentemos outra entrada bem diversa. Concorda-se que, para Beckett, "o poder e seu corolário, a liberdade, necessariamente se tornam a liberdade e o poder de *não* falar"; que, em consequência, a frase de Beckett "ser um artista é falhar, como nenhum outro ousa falhar" é consonante com sua concepção de que "a arte como falha ou impossibilidade reflete a alienação da própria arte quanto ao mundo do poder ou da exequibilidade" (apud Trezise, 1990, p.29). Mas, ao contrário do que o autor infere, isso permanece distante das vozes de Derrida, Barthes, Heidegger, com que o crítico norte-americano procura respaldar a interpretação que oferece.

Confesso não haver prestado maior atenção aos acréscimos de próprio cunho a *La voix et le phénomène*. Ainda esperava ver se mereceria maior atenção pelo que extrairia da própria trilogia. Mas já o capítulo II nos traria uma surpresa pouco agradável. Os relatos de Molloy e Moran são apresentados como versões diversas de uma mesma estória, exposta em ordem invertida:

> [...] Como se Moran fosse um Molloy mais jovem e a estória de Molloy, uma posterior, por assim dizer, uma versão mais empobrecida de Moran. Isso decorreria da inversão "impossível" do tempo histórico, por efeito da qual o narrador tardiamente preexiste e repete a sua própria gênese etc. (ibidem, p.42)

MELANCOLIA   *341*

Tal *imbroglio* já seria a consequência de que "o relato inverte o tempo intrínseco do que narra", pois, no relato em primeira pessoa, esta "precede, funda e condiciona seu próprio passado" (ibidem). Assim, o que "'autoriza' o narrador a aludir ao futuro é também o que promove a prioridade ilusória do próprio: a economia em que a primeira pessoa desinterpreta a si mesma é também a economia em que o leitor deslê o texto, como significação do que diz" (ibidem, p.43).

Por toda a inversão na ordem do relato, o autor declara se opor ao lugar comum da crítica de Beckett, "de acordo com a qual Molloy representa uma concordância parcial com o romance tradicional [...]" (ibidem)

Ressalte-se que a consequência de tal ordem de consideração seria que, ao não apreciar o peso do afastamento do Beckett do *cogito* cartesiano, a interpretação do autor irlandês não foi capaz de compreender que, assim fazendo, Beckett antecipava a diatribe que Derrida prepararia contra Husserl...

Desculpe-me o leitor que não prossiga a leitura do *Into the breach* e tenha aproveitado essas poucas anotações para recordar o pesadelo que representou para parte da crítica norte-americana o impacto exercido pelo filósofo franco-argelino sobre ela.

Mas a tarefa ingrata apenas se torna um pouco menos desagradável em um último item. Em artigo recente, Mark Pedretti propõe uma questão que, curiosamente, havia sido levantada apenas de passagem por alguma crítica da obra de Beckett, e que tem sido calada desde que ele se tornou um autor consagrado. Refiro-me à questão do tédio suscitado, se não pela integralidade de seu texto, por passagens suas. "Beckett corteja o tédio", cita Pedretti (2013, p.585). "O tédio (*boredom*) compreende um traço persistente entre as formas (romance, drama, 'texto') e períodos do *corpus* de Beckett". Para o autor, a tal ponto é este um traço saliente que não ousa entendê-lo como defeito. Seria então o quê?" [...] O texto apresenta o tédio como estilo", entendendo por estilo "um trabalho autoconsciente e crítico do investimento do modernismo na ação, que, no tempo do apogeu crítico de Beckett, na década de 1950, ameaçava decrescer" (ibidem, 587). No mesmo sentido, o autor ainda afirma:

> As estratégias narrativas de Beckett na trilogia destinam-se a induzir legivelmente o tédio, com a advertência, porém, de que, em uma inversão dialética, está mais explorando suas profundezas que o modernismo tardio poderia voltar a tornar interessante. (ibidem)

E ainda acrescenta: "Ressaltando esta crítica incessante, Beckett também sugere que a extrapolação lógica do projeto modernista se mostra na absorção ativa de sua impossibilidade: uma estética do tédio" (ibidem). Pedretti então deixa claro em que consiste sua proposta: a expressão do tédio, frequente na trilogia, não haveria de ser entendida como uma falha senão como um propósito consciente, dotado de uma marcação histórica bem marcada: seria a tentativa de revigorar a disposição modernista. (Tentar revigorar uma disposição que decaía através do estímulo do tédio?!)

Uma última passagem para atestá-lo: "A dificuldade notória dos textos de Beckett [...] é motivada pelo confronto ansioso com a exigência dual e a impossibilidade de inovação formal entre os resíduos do modernismo, no qual um certo tédio – dado a ler (*readerly*), criador, histórico – é um resultado inevitável" (ibidem, p.597).

O realce do tédio, em suma, levaria a análise de Beckett para outros parâmetros: o que chamamos de desconstrução da máquina narrativa e desintegração da unidade do sujeito – o autor não fala nestes termos – já não estariam na dependência de uma atitude do romancista e dramaturgo ante o estado caótico que tem se apossado progressivamente do mundo, senão, de um ponto de vista mais acadêmico, visaria ao momento em que, na modernidade mais recente, se encontrava o período modernista. Como o dístico "a novidade antes de tudo" já estaria esgotada, para enfrentar a exigência de inovação formal e a impossibilidade (depois de Joyce) de ainda atingi-la, a exploração do tédio cor-

MELANCOLIA 343

responderia a trabalhar sobre os resíduos de uma corrente a que Beckett se incorporara com atraso.

Embora a posicionamento histórico em que a tese é posta não seja convincente, digo a mim que não deixarei o autor *nel mezzo del cammin*. Vejamos a que enlaçamos sua argumentação.

Pelo início de seu ensaio, Pedretti insinua que sua interpretação se opõe ao pós-modernismo, em que, por exemplo, se incluíra Thomas Trezise. Ao fazê-lo, Pedretti tem o mérito de reconhecer uma constante beckettiana diante da qual a sua interpretação, durante décadas, tem recuado. Para Pedretti, a frequência do tédio, em Beckett, por um lado, provaria que o autor pertencera ao modernismo algo tardio e, por outro, procurara renová-lo pela exploração de seu avesso. Mas sua tese não se sustenta.

Já notamos que o extremo êxito de Beckett se deveu ao *Godot*. Embora também saibamos que sua trilogia fora incensada pela boa crítica, é difícil conceber que ela adquirisse o prestígio já reservado aos nomes de Joyce, Faulkner, Musil ou, desde um pouco antes, a Kafka. Louvando pois o destaque de um traço que passava despercebido, Pedretti propõe outro modo de conceber a razão de sua presença. Como vimos, já em 1972, em *Der implizite Leser* (*O leitor implícito*), Wolfgang Iser (1972) chamava a atenção para a singularidade de Beckett como aquele que, ao contrário de qualquer outro romancista, de antes ou de depois, retirara do leitor seu plano privilegiado de visão do que o romance, pela sequência da narrativa, lhe apresentava. Já vimos os problemas que daí decorriam.

Em palavras diretas, Beckett propositalmente agredia o leitor, rompia com a possibilidade de enlace que sustentaria ao menos o começo de sua leitura. *O tédio é o resultado da ruptura no interior dos períodos, pelo desarranjo intencional da narrativa e na constituição dos personagens*. O tédio, por conseguinte, não só torna mais demorada ou difícil sua recepção, senão tende a prejudicá-lo por um tempo mais longo.

O tédio não é a consequência de toda obra inovadora. Tanto Flaubert como Joyce puderam ser censurados como imorais, mas não porque tediosos. Que consequência então extraímos da singularidade que embaça a imagem grandiosa de Beckett senão que o tédio, apresentando-se como uma das consequências de ser inovador, mostra *que a inovação a todo custo não é benfazeja; que, mesmo a obra que contraria interesses e circuitos estabelecidos, precisa conhecer limites?* Em termos teóricos, que a lição básica de Aristóteles não envelheceu: se *anankè* (a necessidade) é o vetor dominante na obra de arte (visual e escrita), ele necessita partir do que, como dizia Schlegel, sem ser verdadeiro, precisa necessariamente parecer sê-lo, o *Wahr-scheinlich*, a verossimilhança.

APÊNDICE: MONTAIGNE DO NÃO EU

Pela impossibilidade de uma análise mais extensa, lamentando, na bibliografia nacional, particularmente não poder discutir a análise de *Companhia*, por Ana Helena Souza (2015, p.141-61), este apêndice tem a função de assinalar que supõe um complemento que continuará a faltar.

É sabido que, desde *Comment c'est* (1961), Beckett se dedicara, durante as décadas de 1960 e 1970. a uma quantidade elevada de textos curtos, alguns de poucas páginas. Sobre eles nada aqui será dito além de que encarecem seu contraste com o que costuma ser apresentado como sua segunda trilogia: *Compagnie* (1980), *Mal vu mal dit* (1981), *Worstward Ho* (1983), em que o autor voltava a escrever em inglês (postumamente traduzido por Edith Fournier, como *Cap au pire* (1991). Estando fora de cogitação abordar a segunda trilogia, nos contentaremos com uma referência bastante sumária do *Compagnie*.

O primeiro motivo para que este apêndice se impusesse decorreu da diferença de constituição do pequeno romance de 1980 quanto à trilogia do pós-guerra. Ter-se-á nesta notado a ênfase que foi dada na insistência de cláusulas banais, em detalhes insignificantes, justificados a pretexto de afastar-se do molde romanesco firmado. Tal repetição não só se interpõe à relação do texto com o leitor, como à própria qualidade da trilogia. Mesmo sem entrar no estudo realizado por Ana Helena Souza, chamo a aten-

MELANCOLIA

ção para que o *Compagnie*, para manter-se afastado da moldura usual – os princípios de realismo, objetividade e referencialidade –, já não precisa recorrer à ênfase no trivial, como derivaria se, por algum desvio, Beckett se aproximasse da expressão da vida "como ela é".

A distinção há de ser feita porque Beckett mantém as mesmas propostas de antes: não só estará afastado do modo narrativo, mesmo o inovador de Joyce, como guardará seu repúdio da concepção cartesiana do sujeito, a ser concretizado pela unicidade do personagem, e ainda preservará o que havíamos chamado, a partir de Wolfgang Iser, de *o nada metamórfico*.[11] A renúncia a recorrer ao banal e insignificante é bem evidente para nele nos determos. Decisivo é o tratamento da figura de que o texto trata. Por que não o chamamos de personagem? Porque daríamos a impressão que aquele de que se fala fosse apenas outro nome para o que se costuma/va tomar como uno. Sucede todo o contrário, o um é fraturado no "ele" – o "outro pustulento" (cf. Beckett, 1980, p.28) – e no "você", o ouvinte – "alguém de costas no escuro" (ibidem, p.27). Como declara a própria abertura – "Uma voz chega a alguém no escuro. Imaginar" (ibidem) –, a relação de um com o outro não é feita em um pretenso palco perceptual, mas sim no plano da imaginação. Desse deslocamento decorre, como assinala Ana Helena Souza, que "em *Companhia*, a incerteza sobre elementos essenciais da narrativa como os que indicam os que falam e quem ouve é fundamental" (Souza, 2015, p.142), o que não resulta de mera estratégia narrativa pois se relaciona à "constituição de um sujeito, cuja característica principal é a falta de unidade [...], por sua vez construída pelo leitor por meio da teia de referentes diversos e contrastantes [...]" (ibidem, p.148). Portanto, em vez de uma estória contínua, fragmentos de nar-

---

11 Assim, de uma das tantas posições assumidas pelo "você", o rastejar, é dito: "Rastejar no escuro [...] era uma coisa séria demais e totalmente absorvente demais para admitir qualquer outra ocupação nem que fosse só a de conjurar algo do nada" (Beckett, 1980, p.56). Pois o rastejar, como o estar de bruços, de cócoras, deitado sobre a barriga etc. eram maneiras mesmas de estar no nada.

ração, recortes imaginados de cenas pertencentes a momentos diversos; tempos da infância, da juventude, de uma provável velhice em que se misturam, indistintos, momentos da vida autoral com enlaces ficcionais. A fratura entre o vivido e o imaginado é suturada pela própria declaração de abertura: "Uma voz chega a alguém no escuro. Imaginar" (Beckett, 1980, p.27). Do mesmo modo, a distinção entre a segunda pessoa, *o ouvinte*, e a terceira, *o ele*, não é um artifício resultante da negação prévia do eu unificado – "As personagens de Beckett denunciam a unidade da consciência" (Andrade, 2001, p.33) – senão que resulta da premência de saber-se que se lida com um eu fraturado e que esse necessita de companhia: "A voz sozinha é companhia mas não bastante" (Beckett, 1980, p.28). Só gramaticalmente, "você" e "ele" são vozes distintas: "Inventor da voz e do seu ouvinte e de si mesmo. Inventor de si mesmo por companhia" (ibidem, p.39). Ter em si a sua companhia supõe o absoluto realce do ver e ouvir, do abrir e fechar os olhos, de ter no som o que põe a mente em movimento (cf. ibidem, p.55), e o desaparecimento, no que importa para a ficção, do falar com alguém.

Embora o que se escreve seja bastante breve, permite constatar que, se a virtualidade do eu unificado, compacto em si, realizou-se pela primeira vez sob a forma de ensaio, com Montaigne, o pleno reconhecimento de sua realidade fraturada agora se cumpre pelos 59 fragmentos do *Companhia*. Mas dizê-lo ainda poderia dar a entender que as duas formas de expressão são, do ponto de vista de seu conteúdo, equivalentes. Contra tal barbaridade, é suficiente que se releia o final. Como a buscada companhia também partilha do arco do nada metamórfico, também a companhia, mesmo em seu encontro na solidão da noite, é uma "invenção": "No fim [...] você (está onde) sempre esteve. Sozinho" (ibidem, p.63).

O encontro da solidão permanece no último Beckett. Teria mudado sua indiferença quanto às expectativas do leitor? Ou de sua manutenção decorre a manutenção da frequência do entediante?

Tais perguntas ainda remetem à análise anterior. Mas é a própria obra de Beckett que apresenta questões que permanecem não solucionadas. Em obra bem recente, *Beckett's art of mismaking*, Leland de la Durantaye (2016) não é feliz ao principiar sua abordagem comparando o exemplo do escritor irlandês com a conversão por M. Duchamp no urinol na paródica peça escultórica *Fountain*. O anarquismo vanguardista, que passava a ter como autor um suposto R. Mutt (que Durantaye decodifica lendo-o como se fosse em alemão, onde soaria como "Armut" ("pobreza") (ibidem, p.5), provocou o escândalo que o converteu em avatar da passagem da obra de "vanguarda" em produto multiplicável para o mercado. A aproximação é infeliz pois a agressividade de Beckett tinha uma direção bem diversa. Se é certo que visava a uma crítica acerba da tradição literária e pictórica, ela se orientava para a afirmação da discrepância entre o que é do homem e o que pertence ao mundo. Durantaye acerta quando nota a obsessão beckettiana com Demócrito e seu fragmento de base, cuja edição *standard*, na época da formação de Beckett, aparecera na coletânea de Diels e Kranz, em 1903. Os antologistas haviam traduzido a formulação neológica grega por "*Das Nichts existiert ebenso sehr als das Ichts*" (apud Durantaye, 2016, p.139), em que "*Ichts*" seria, na escala do "nada" (*Nichts*), seu polo positivo) – "O nada existe tanto quanto o 'Ichts' (o 'eu nada')". Tomar Demócrito como paradigma significava enfatizar, contra a tradição positiva da tradição artística, a necessidade de inaugurar o processo da "desfeitura" (*mismaking*). Nesse sentido, Martha Nussbaum já notara o significado que assumem, na Trilogia que analisamos, as formas de sentimento e de vida. As vozes ali presentes

> [...] pedem-nos para ver as origens do sentimento, convidam-nos para considerar criticamente suas estruturas contingentes e as narrativas de que são veículos. Fazem, de fato, tentativas radicais para findar com todo o projeto de narrar e com as formas de vida que sua prática respalda. Pedem-nos para ver suas formas de sentimento como um padrão que pode ser desenredado [...] (Nussbaum, 1990, p.287)

Não estranha que a audácia do projeto tenha provocado uns poucos avanços críticos e outras tantas reservas e discordâncias.

Referências

ADORNO, T. W. Versuch, *Das Endspiel* zu verstehen. In: _____. *Noten zur Literatur II*. Frankfurt am Main: Suhrkamp, 1961. p.188-226.

AGAMBEN, G. *Stanze*: parole et fantasme dans la culture occidentale [1977]. Trad. de Yves Hersant. Paris: Ch. Bourgois Éditeur, 1981.

ALVAREZ, A. *Samuel Beckett*. New York: The Viking Press, 1973.

ANDERS, G. Excerto de "Ser sem tempo: sobre *Esperando Godot* de Beckett" (1954). In: BECKETT, S. *Esperando Godot*. Trad. e prefácio Fábio de Souza Andrade. São Paulo: Cosac Naify, 2005. p.213-15.

_____. *Kafka: pró e contra* [1946]. Trad., posfácio e notas de Modesto Carone. São Paulo: Cosac Naify, 2007.

ANDRADE, F. de S. Prefácio. In: BECKETT, S. *Companhia e outros textos*. São Paulo: Globo, 1982.

_____. *Samuel Beckett – O silêncio possível*. São Paulo: Ateliê Editorial, 2001

_____. Matando o tempo: o impasse e a espera. In: BECKETT, S. *Fim de partida*. Trad. Fábio de Souza Andrade. São Paulo: Cosac Naify, 2002. p.7-31.

_____. Sobre *Murphy*. In: BECKETT, S. *Murphy*. São Paulo: Cosac Naify, 2013, p.237-54.

ARISTÓFANES. *Les grenouilles*. Paris: Les Belles Lettres, 2012.

ARROWSMITH, W. Ensaio [1965]. In: EURÍPEDES. *Héracles*. Trad., prefácio e notas Trajano Vieira. São Paulo: Editora 34, 2014.

BARTRA, R. *El siglo de oro de la melancolía*: textos españoles y novohispanos sobre las enfermedades del alma. Ciudad de México: Universidad Iberoamericana, 1998.

_____. *Cultura y melancolía*: las enfermedades del alma en la España del Siglo de Oro. Barcelona: Editorial Anagrama, 2001.

BECKETT, S. *Compagnie*. In: _____. *Companhia e outros textos*. Trad. Ana Helena de Sousa. São Paulo: Globo, 1980. p.27-63.

_____. *Proust* [1931]. Trad. Artur R. Nestrovski. Porto Alegre: L&PM, 1986.

_____. *Fim de partida* [1957]. Trad. e apresentação Fábio de Souza Andrade. São Paulo: Cosac Naify, 2002.

_____. *Esperando Godot* [1953]. Trad. e prefácio Fábio de Souza Andrade. São Paulo: Cosac Naify, 2005.

_____. *The Grove centenary editions of Samuel Beckett*: poems, short fiction, criticism. v. IV, New York: Grove Press, 2006.

_____. *O inominável* [1953]. Trad. Ana Helena Souza; pref. João Adolfo Hansen. São Paulo: Globo, 2009a.

_____. Carta a Thomas McGreevy (17 de agosto de 1934). In: FEHSENFELD. M. D.; OBERBECK, L. M. (Orgs.). *Letters of Samuel Beckett. 1929-1940*. Cambridge: Cambridge University Press, 2009b, p.216-8

_____. *Murphy* [1938]. Trad., texto e notas Fábio de Souza Andrade. Posfácio Nuno Ramos. São Paulo: Cosac Naify, 2013.

_____. *Malone morre* [1951]. Trad. e prefácio Ana Helena Souza. São Paulo: Editora Globo, 2014a.

_____. *Molloy* [1951]. Trad. e prefácio Ana Helena Souza. São Paulo: Editora Globo, 2014b.

BELL, M. *Melancholia*: the Western malady. Cambridge: University Printing House, 2014.

BEN-ZVI, L. Samuel Beckett, Fritz Mauthner, and the Limits of language. *Publications of the Modern Language Association – PMLA*, New York, v.95, n.2, p.183-200, mar. 1980.

BENJAMIN, W. Franz Kafka. Zur zehnten Wiederkehr seines Todestages [1934]. In: _____. *Gesammelte Schriften*. Frankfurt am Main: Suhrkamp, 1980. v.II, p.409-38.

BINSWANGER, L. *Mélancolie et manie* [1960]. Trad. Jean-Michel Azorin e Arthur Totoyan. Paris: Presses Universitaires de France, 1987.

BLANCHOT, M. Où maintenant? Qui maintenant?. In: ____. *Le livre à venir*. Paris: Gallimard, 1959. p.308-13. [*Nouvelle Revue Française*, out. 1953]

BRATER, E. *The drama in the text*: Beckett's late fiction. New York: Oxford University Press, 1994

BROD, M. Das Ereignis eines Buches. In: BORN, J. *Franz Kafka – Kritik und Rezeption zu seinen Lebzeiten, 1912-1924*. Frankfurt am Main: S. Fischer, 1979. p.24-6.

BURTON, R. *A anatomia da melancolia* [1621]. Trad. Guilherme G. Flores. Curitiba: Editora UFPR, 2011. 4 v.

CAMPOS, A. A Pantera. In: _____. *Coisas e anjos de Rilke*. São Paulo: Perspectiva, 2001.

CAMPOS, H. Jó: a dialética de Deus. *Revista de Filosofia Política*, Porto Alegre, n.7, 1993.

CANETTI, E. *Der andere Prozess – Kafkas Brief an Felice*. Leipzig: Verlag Philipp Reclam, 1985.

_____. *Sobre a morte*. Trad. Rita Rios. São Paulo: Estação Liberdade, 2009.

CARONE, M. (Org.). *Essencial Franz Kafka*. São Paulo: Penguin; Companhia das Letras, 2011.

CASANOVA, P. *Beckett l'abstracteur*: anatomie d'une révolution littéraire. Paris: Seuil, 1997.

CATULO, C. V. *Carmina*, 4, Trad. C. Mistura. In: NOVAK, M. da G.; NERY, M. L. (Org.). *Poesia lírica latina*. São Paulo: Martins Fontes, 1992.

CELAN, P. Der Meridian [1960]. In: ___. *Der Meridian und andere Prosa*. Frankfurt a. M.: Suhrkamp Verlag, 1988.

COHN, R. (Org.). *Disjecta: miscellaneous writings and a dramatic fragmente*. New York: Grove Press, 1984.

COSTA LIMA, L. *Mímeses e modernidade*: formas das sombras. São Paulo: Graal, 1980.

_____. *Vida e mímesis*. São Paulo: Editora 34, 1995.

_____. *Limites da voz (Montaigne, Schlegel, Kafka)* [1993]. Rio de Janeiro: Topbooks, 2005.

_____. *O controle do imaginário e a afirmação do romance*. São Paulo: Companhia das Letras, 2009.

_____. *A ficção e o poema*. São Paulo: Companhia das Letras, 2012.

_____. *Frestas*: a teorização em um país periférico. Rio de Janeiro: Contraponto, 2013.

_____. *Mímesis*: desafio ao pensamento. 2.ed. Florianópolis: Editora da Universidade Federal de Santa Catarina, 2014.

_____. *Os eixos da linguagem*. São Paulo: Iluminuras, 2015.

CRAIG, G.; FEHSENFELD, M.D.; OVERBECK, L.M. (Eds.). *The letters of Samuel Beckett. 1929-1940*. Cambridge: Cambridge University Press, 2009.

DAVID, C. Présentation. In: KAFKA, F. *Œuvres complètes*. Paris: Gallimard, 1980. v.II.

DAVIES, P. Three novels and four *nouvelles*: giving up the ghost be born at last. In: PILLING, J. (Org.). *The Cambridge Companion to Beckett*. Cambridge: Cambridge University Press, 1994. p.43-66.

DELEUZE, G. L'Épuisé. In: BECKETT, S. *Quad et autres pièces pour la télévision*. Paris: Minuit, 1992. p.57-106.

DELEUZE, G.; GUATTARI, F. *Kafka – Pour une littérature mineure*. Paris: Minuit, 1975.

DIELS, H.; KRANZ, W. *Die Fragmente der Vorsokratiker*: Griechisch und Deutsch. Berlin: Weidmannsche Buchhandlung, 1903.

DURANTAYE, L. de la. *Beckett's art of mismaking*. Cambridge, Mass.: Harvard University Press, 2016.

EASTERLING, P. E. Ensaio [1992]. In: SÓFOCLES. *As Traquínias*. Trad., prefácio e notas Trajano Vieira. São Paulo: Editora 34, 2014.

ELSE, G. *The origin and early form of Greek tragedy*. New York: The Norton Library, 1965.

ÉSQUILO. *The Persians*. In: GRENE, D.; LATTIMORE, R. A. (Eds.). *Aeschylus II*. Trad. Seth G. Bernadete. Chicago: The University of Chicago Press, 1956.

_____. *Aeschylus II*. In: GRENE, D.; LATTIMORE, R. (Orgs.). *The complete Greek translations*. Chicago: The University of Chicago Press, 1975.

_____. *Oréstia: Agamêmnon, Coéforas, Eumênides*. Trad. Maria da Gama Kury. Rio de Janeiro: Zahar, 1991.

EURÍPIDES. *Héracles*. Trad., prefácio e notas Trajano Vieira. São Paulo: Editora 34, 2014.

FANIZZA, F. The Word and silence in Samuel Beckett's *The Unnamable* [1960]. In: O'HARA, J. D. (Org.). *Twentieth century interpretations of Molloy, Malone dies, The Unnamable*. Englewood Cliffs: Prentice Hall, 1970. p.71-81.

FERGUSON, J. *A companion to Greek tragedy*. Austin: University of Texas Press, 1973.

FICINO, M. *De vita libri tres* [1489]. *Les trois livres de la vie* [1581]. Paris: Hachette Livre, 2012.

FINGERHUT, K.-H. *Die Funktion der Tierfiguren im Werke Franz Kafka*: Offene Erzählgerüste und Figurenspiele. Bonn: Bouvier, 1969.

FLETCHER, J. Malone "given birth to into death". O'HARA, J. D. (Org.). *Twentieth century interpretations of* Molloy, Malone dies, The Unnamable. Englewood Cliffs: Prentice Hall, 1970.

FÖLDÉNYI, L. F. *Mélancolie*: essai sur l'âme occidentale [1984]. Trad. Natalia-Huzsvai e Charles Zaremba. Arles: Actes Sud, 2012.

FREUD, S. Das Unbehagen in der Kultur [1930]. In: FREUD, S. *Gesammelte Werke*: Werke aus den Jahren 1925-1931. London: Imago, 1948. v.14.

_____. *Luto e melancolia* [1916]. In: FREUD, S. *Obras completas*. Trad. Paulo César de Souza. São Paulo: Companhia das Letras, 2010. v.12, p.170-94.

GEHLEN, A. *Urmensch und Spätkultur. Philosophische Ergebnisse und Aussagen* [1956]. Frankfurt am Main: Vittorio Klostermann, 2004.

GERNET, L. *Anthropologie de la Grèce antique* [1968]. Paris: François Maspero, 1975.

GRAVER, L.; FEDERMAN, R. (Ed.). *Samuel Beckett*: the critical heritage. London: Routledge & Kegan Paul, 1979.

GROSS, R. Kafka's short fiction. In: PREECE, J. (Ed.). *The Cambridge Companion to Kafka*. Cambridge: Cambridge University Press, 2002.

_____. The paranoid reader and his neighbor: subversion in the text of Kafka. In: UDOLF, A. (Org.). *Kafka and the contemporary critical performance*: centenary reading. Indianapolis: Indiana University Press, 1987. p.150-7.

GROSS, R. V. (Org.). *Critical essays on Franz Kafka*. London: G. K. Hall, 1990.

HARMON, M. (Org.). *No author better served*: the correspondence of Samuel Beckett and Alan Schneider. Cambridge: Harvard University Press, 1998.

HEIDEGGER, M. *Introduction to metaphysics* [*Einführung in der Metaphysik*, 1953]. Trad. Gregory Fried e Richard Polt. New Haven: Yale University Press, 2000.

HERDER, J. G. Abhandlung über den Ursprung der Sprache [1772]. In: GAIER, U. (Org.). *Johann Gottfried Herder – Werke. Frühe Schriften (1764-1772)*. v.1. Frankfurt am Main: Suhrkamp, 1983.

HIPÓCRATES. Aphorisms. In: _____. *Hippocrates – Volume IV*. London: Heinemann, 1975. (Loeb Classical Library)

HOMERO. *Ilíada*. Trad. Haroldo de Campos. São Paulo: Mandarim, 2001.

_____. *Odisseia*. Trad. Trajano Vieira. São Paulo: Editora 34, 2011.

HORÁCIO FLACO, Q. *Carmina – Liber secundus*. Trad. Ariovaldo A. Peterlini, Maria da G. Novak, e Maria L. Neri. In: NOVAK, M. da G.; NERY, M. L. (Org.). *Poesia lírica latina*. São Paulo: Martins Fontes, 1992.

INWOOD, M. *Dicionário Heidegger*. Trad. Luisa Buarque de Holanda. Rio de Janeiro: Jorge Zahar, 2002. [1999]

ISER, W. *Der implizite Leser*: Kommunikationsformen des Romans von Bunyan bis Beckett. Münch: W. Fink Verlag, 1972.

_____. *O fictício e o imaginário*: perspectivas de uma antropologia literária [*Das Fiktive und das Imaginäre. Perspektiven literarischer Anthropologie*, 1991]. Trad. Johannes Kretschmer. 2.ed. Rio de Janeiro: Editora Uerj, 2013a.

_____. Erasing narration: Beckett's *Malone dies* and *Texts for nothing*. In: SCHMITZ, A. (Org.). *Emergenz, Nachgelassene und verstreut publizierte Essays*. Konstanz: Konstanz University Press, 2013b. p.265-82.

JACKSON, S. W. *Melancholia and depression*: from Hippocratic times to modern times. New Haven: Yale University Press, 1986.

JANVIER, L. Style in the trilogy [1956]. In: O'HARA, J. D. (Org.). *Twentieth century interpretations of* Molloy, Malone Dies, The Unnamable. Englewood Cliffs: Prentice Hall, 1970.

KAFKA, F. *Die Sorge des Hausvaters* [1917]. In: RAABE, P. (Org.). *Sämtliche Erzählungen*. Frankfurt am Main: S. Fischer, 1972. p.139-40.

_____. *Briefe an Milena*. Ed. ampl. e reord. por Jürgen Born e Michael Müller. Frankfurt am Main: S. Fischer, 1986.

_____. *Tagebücher in der Fassung der Handschrift*. Frankfurt am Main: S. Fischer, 1990.

_____. *Nachgelassene Schriften und Fragmente II*. Frankfurt am Main: S. Fischer, 1992.

_____. *Nachgelassene Schriften und Fragmente I*. Frankfurt am Main: S. Fischer, 1993.

_____. Betrachtung [1912]. In: _____. *Kritische Ausgabe, Drucke zu Lebzeiten*. Frankfurt am Main: S. Fischer, 1994.

_____. *Briefe 1900-1912*. Frankfurt am Main: S. Fischer, 1999a.

_____. *Briefe 1913-1914*. Frankfurt am Main: S. Fischer, 1999b.

_____. *Briefe 1914-1917*. Frankfurt am Main: S. Fischer, 2005.

_____. *Briefe 1918-1920*. Frankfurt am Main: S. Fischer, 2013.

KENNER, H. *Samuel Beckett: a critical study*. Berkeley: University of California Press, 1968.

_____. *Flaubert, Joyce, and Beckett*: the stoic comedians. Berkeley: University of California Press, 1974.

KERN, E. Moran-Molloy: the hero as author [1959]. In: O'HARA, J. D. (Org.). *Twentieth century interpretations of* Molloy, Malone Dies, The Unnamable. Englewood Cliffs: Prentice Hall, 1970.

KLIBANSKY, R.; PANOFSKY, E.; SAXL, F. *Saturne' et la mélancolie'. Études historiques et philosophiques:* nature, religion, médecine et art [1964]. Paris: Gallimard, 1979.

KNOWLSON, J. *Damned to fame*: the life of Samuel Beckett. New York: Simon & Shuster, 1996.

KNOX, B. Édipo em Tebas: o herói trágico de Sófocles e seu tempo [*Oedipus at Thebes*, 1998]. Trad. Margarida Goldsztyn. São Paulo: Perspectiva, 2002.

KRISTEVA, J. Un contre-dépresseur: la psychanalyse. In: ___. *Le' soleil noir*: dépression et mélancolie. Paris: Gallimard, 1987

KURY, M. da G. Nota da tradução. In: SÓFOCLES. *A trilogia tebana*. Trad. Mário da Gama Kury. Rio de Janeiro: Jorge Zahar Editor, 1989.

LA COMBE, P. J. de. Introduction. In: ARISTÓFANES. *Les grenouilles*. Paris: Les Belles Lettres, 2012.

LACAPRA, D. *History and its limits*: human, animal, violence. Ithaca: Cornell University Press, 2009.

LAGES, S. K. *Walter Benjamin*: tradição e melancolia. São Paulo: Edusp, 2002.

LEPENIES, W. *Melancholie' und Gesellschaft* [1969]. Frankfurt am Main: Suhrkamp, 1972.

MAMMÌ, L. *O que' resta*: arte e crítica de arte. São Paulo: Companhia das Letras, 2012.

MAZON, P. *Eschyle'. Tragédies*. Paris: Les Belles Lettres, 1947.

MÖBUS, F. *Sünden-Fälle*: die Geschlechtkeit in Erzählungen Franz Kafka. Göttingen: Wallstein Verlag, 1997.

NANCY, J.-L. *The birth to presence'*. Stanford: Stanford University Press, 1993

NOVAK, M. da G.; NERI, M. L. (Org.). *Poesia lírica latina*. São Paulo: Martins Fontes, 1992.

NUSSBAUM, M. *Love's knowledge*: essays on philosophy and literature. New York: Oxford University Press, 1990.

O'HARA, J. D. (Org.). *Twentieth century interpretations of* Molloy, Malone Dies, The Unnamable. Englewood Cliffs: Prentice Hall, 1970.

OVÍDIO NASO, P. *Metamorphoseon libri*, I. Trad. Maria da Glória Novak. In: NOVAK, M. da G.; NERI, M. L. (Org.). *Poesia lírica latina*. São Paulo: Martins Fontes, 1992.

PANOFSKY, E. *The' life' and art of Albrecht Dürer* [1943]. Princeton: Princeton University Press, 1964.

PEDRETTI, M. Late modern rigmarole: boredom as form of Samuel Beckett's trilogy. *Studies in the' Novel*, v.45, n.4, p.583-602, 2013.

PENSKY, M. *Melancholy dialectics:* Walter Benjamin and the play of mourning [1993]. Amherst: University of Massachusetts Press, 2002

PERLOFF, M. Beckett in the country of the Houyhnhms: the inward turn of Swiftean satire. In: HUDSON, N.; SANTASSO, A. (Org.). *Swift travels:* eighteenth century British satire and its legacy. Cambridge: Cambridge University Press, 2008. p.280-99.

PESSOA, F. Mário de Sá Carneiro. In: _____. *Apreciações literárias* [1926]. Paris: Editorial Cultura, 1950.

PIGEAUD, J. *Melancholia:* le malaise de l'individu. Paris: Rivages Poche, 2011.

PILLING, J. (Org.). *The Cambridge Companion to Beckett.* Cambridge: Cambridge University Press, 1994.

PLATÃO. *Fedro.* In: PLATÃO. *Diálogos.* Trad. Carlos Alberto Nunes. Belém: Universidade Federal do Pará, 1975. v.V.

POLITZER, H. *Franz Kafka: der Künstler* [1965]. Frankfurt am Main: Suhrkamp, 1978.

PREECE, J. (Org.). *The Cambridge Companion to Kafka.* Cambridge: Cambridge University Press, 2002.

PSEUDO-ARISTÓTELES: Problem, XXX, 1, *Problems,* 10 ss. In: BARNES, J. (Ed.). *The complete works of Aristotle.* Princeton: Princeton University Press, 1985. v.II, p.1319-527.

REINHARDT, K. *Eschyle. Euripide* [1949]. Trad. Emmanuel Martineau. Paris: Gallimard, 1972

_____. *Sófocles* [1933]. Trad. Oliver Tolle. Brasília: UnB, 2007.

RILKE, R. M. Der Panther. In: CAMPOS, A. *Coisas e anjos de Rilke.* São Paulo: Perspectiva, 2001.

ROBERT, M. *Seul, comme Franz Kafka.* Paris: Calmann-Lévy, 1979.

ROSEN, C. The melancholy lesson: melancholy and the invention of boredom. In: _____. *Freedom and the arts:* essays on music and literature. Cambridge, Mass.: Harvard University Press, 2012. p.339-52.

SCHLEGEL, F. Geschichte der europäischen Literatur (1803/4). In: BEHLER, E. (Org.). *Friedrich Schlegel. Kritische Ausgabe seiner Werke.* Paderborn: Verlag Ferdinand Schöningh / Thomas Verlag, 1958. v.XI.

SCHOLEM, G. Carta a Walter Benjamin, 20.9.1924. In: SCHWEPPEN-HÄUSER, H. (Org.). *Benjamin über Kafka:* Texte, Briefzeugnisse, Aufzeichnungen. Frankfurt am Main: Suhrkamp, 1981.

SCHWEPPENHÄUSER, H. (Org.). *Benjamin über Kafka:* Texte, Briefzeugnisse, Aufzeichnungen. Frankfurt am Main: Suhrkamp, 1981.

SIDNEY, Sir P. *An apology for poetry* [1595]. New York; London: MacMillan; Library of Liberal Arts, 1987.

MELANCOLIA 357

SILK, M. S.; STERN, J. P. *Nietzsche on tragedy*. Cambridge: Cambridge University Press, 1981.

SNELL, B. *The discovery of the mind*: the Greek origins of European thought [1948]. Trad. T. G. Rosemeyer. Oxford: Basil Blackwell, 1953.

SÓFOCLES. Édipo rei. In: _____. *A trilogia tebana*. Trad. Mário da Gama Kury. Rio de Janeiro: Jorge Zahar Editor, 1989.

_____. *As Traquínias*. Trad., prefácio e notas Trajano Vieira. São Paulo: Editora 34, 2014.

SOKEL, W. H. *Franz Kafka*. New York: Columbia University Press, 1966.

_____. *Franz Kafka: Tragik und 'Ironie'*. Zur Struktur seiner Kunst. Frankfurt am Main: S. Fischer, 1976.

SOUZA, A. H. *Molloy*: dizer sempre, ou quase sempre. In: BECKETT, S. *Molloy* [195]. São Paulo: Globo, 2014a. p.7-20.

_____. Prefácio: a nuance de Malone. In: BECKETT, S. *Malone morre* [1951b]. Trad. e pref. de Ana Helena Souza. São Paulo: Globo, 2014b. p.7-20.

_____. Lendo em companhia. In: ÁVILA, M.; STROPARO, S. M. (Org.). *Poéticas do estranhamento*. Curitiba: Arte e Letra, 2015.

STACH, R. *Kafka: die Jahre der Entscheidungen*. Frankfurt am Main: S. Fischer, 2002.

_____. *Kafka: die Jahre der Erkenntnis*. Frankfurt am Main: S. Fischer, 2008.

STAROBINSKI, J. *Geschichte der Melancholiebehandlung von den Anfängen bis 1900*. Basileia: J. R. Geigy, 1960.

_____. *La Mélancolie au miroir – Trois lectures de Baudelaire*: Conférences, essais et leçons du Collège de France. Paris: Julliard, 1989.

_____. La leçon d'anatomie. In: BURTON, R. *Anatomie de la mélancolie*. Trad. Bernard Hoepffner e Catherine Goffaux. Paris: José Corti, 2000. p.vii-xxi

_____. *L'Encre de la mélancolie* [1963]. Paris: Seuil, 2012.

SUSSMAN, H. The all-embracing metaphor: reflections on "The |Burrow". In: GROSS, R. V. *Critical essays on Franz Kafka*. London: G. K. Hall, 1990. p.130-52.

TOPHOVEN, E. *Becketts Berlin*. Berlin: Nicolaische Verlagsbuchhandlung, 2005.

TREZISE, T. *Into the breach*: Samuel Beckett and the ends of literature. New Jersey: Princeton University Press, 1990.

UDOLF, A. (Org.). *Kafka and the contemporary critical performance*: centenary readings. Indianapolis: Indiana University Press, 1987.

VIEIRA, T. Entre a razão e o daímon. In: _____. Édipo rei de Sófocles. São Paulo: Perspectiva, 2012.

WARBURG, A. Heidnisch-antike Weissagung in Wort und Bild zu Luther Zeiten. In: _____. *Werke in einem Band* [1920]. Frankfurt am Main: Suhrkamp Verlag, 2010. p.424-91.

_____. Dürer e a Antiguidade italiana. In: _____. *A renovação da Antiguidade pagã*: contribuições científico-culturais para a história do Renascimento europeu [1905]. Trad. M. Hediger. Rio de Janeiro: Contraponto, 2013.

WENZEL, S. *The sin of sloth*: acedia in medieval thought and literature. Chapell Hill: University of North Carolina Press, 1967.

WINCKELMANN, J. Kafka's "Forschungen eines Hundes". *Monatshefte*, Madison, v.LIX, p.204-16, 1967.

WITTKOWER, M.; WITTKOWER, R. *Born under Saturn* [1963]. New York: NYRB Classics, 2007.

WOODRING, C. R. Josephine the singer or the mouse folk. In: FLORES, A. (Org.). *Franz Kafka today*. Madison: The University of Wisconsin Press, 1958. p.71-5.

WORTON, M. *Waiting for Godot* and *Endgame*: theatre as text. In: PILLING, J. (Org.). *The Cambridge Companion to Beckett*. Cambridge: Cambridge University Press, 1994.

YEATS, W. B. Sailing to Byzantium. In: CAMPOS, A. *Linguaviagem*. São Paulo: Companhia das Letras, 1987.

ÍNDICE REMISSIVO

ABBAS, H., 22
ABSOLUTA
TRANSITIVIDADE, 69, 70, 74, 78, 84, 88
ABSTRATA
LITERATURA, 263 N2
ABSURDO
LITERATURA DO, 265-7, 322, 336
ACÉDIA, 24-6, 46,
ADORNO, T. W., 266, 336-8
AFRICANUS, C., 22
AGAMBEN, G., 62, 164,
AGOSTINHO, SANTO, 300
ALCIBÍADES, 123
ALÉTHEIA, 113
ALS OB CF. COMO SE, 63
ALVAREZ, A., 232
ANACREONTE, 87
ANALÓGICO, RACIOCÍNIO, 33
ANDERS, G., 154-5, 329
ANDRADE, F. DE S., 245, 338,
ÂNGELO, M., 36, 58
ANOUILH, J., 329
ANTROPOLÓGICO-FILOSÓFICA
ABORDAGEM, 146
APARÊNCIA
COMO LIMITE DO
AUTOCONHECIMENTO, 105, 111-16

APOLÍNEO
E DIONISÍACO, 83
ARGAN, G. C., 271-2
ARISTÓFANES, 81, 122-4
ARISTÓTELES, 18, 20, 26, 303, 344
ARISTOTELISMO
DESCENDÊNCIA ARISTOTÉLICA, 28, 54
ARQUÍLOCO, 75
ARRABAL, F., 234, 335
ARROWSMITH, W., 117-8, 122
ARTE, 59
E IRREAL, 61-2, 67, 69
E MELANCOLIA, 59-1
E PSICANÁLISE, 9, 54-5, 268
E VERDADE, 65
ASSIS, M. DE, 87, 143
ASSMANN, J., 16
ASTROLOGIA, 28-30, 33-4, 37, 41
ASTRÓLOGO, 34
ASTROLÓGICA
PREDIÇÃO, 250
PROGNÓSTICO, 34
ASTÚCIA, 48, 72, 177, 191
AUERBACH, E., 130
AUTOFICÇÃO, 63, 210
AVICENA, 22
ÁVILA, T. DE, 25

B

BALZAC, H. DE, 130, 223
BARTHES, R., 340
BARTRA, R., 23
BATAILLE, G., 261, 263, 265, 267, 268-76
BAUDELAIRE, C., 130, 259
BAUER, C. 133, 162
BAUER, F. 127, 128, 144, 152-9, 171, 186-7
BECKETT, S.,130, 229-68
  A ANSIEDADE ATRÁS DA FORMA, 262
  A IMPUREZA DA REPRESENTAÇÃO
  FICCIONAL, 274
  A FORMA QUE INTENCIONALMENTE
  DEFORMA A TRILOGIA, 254
  A "PALAVRA NEUTRA", 242
  E O SILÊNCIO COMO META, 318, 330,
  322-3
  ENTROPIA NARRATIVA, 248, 269, 273
  O AMOR, MODALIDADE DE
  DESENCONTRO, 249
  O CÔMICO E O TRÁGICO, 45, 68,
  246, 257, 316
  NEGAÇÃO E EMERGÊNCIA (= NADA
  METAMÓRFICO), 313, 321, 345-6
  PASSAGEM PARA O TEATRO, 85
  QUESTIONAMENTO DA
  FICCIONALIDADE, 282
BELL, M., 14, 20, 60, 61
BENJAMIN, W., 132, 143, 163, 214,
  223-7
BENTLEY, E., 324
BEN-ZVI, L., 316
BERNARD, M., 334
BÍLIS
  AMARELA, 21
  NEGRA, 18, 21, 22, 27, 30-3, 40
  BÍLIS NEGRA, COMO MITO, 18, 21-2,
  27, 30-3, 40
BINSWANGER, L., 50, 55, 56
BION, W. R., 231, 232
BLANCHOT, M., 242, 314, 315
BLIN, R., 243
BLOCH, G., 128, 135 N2, 152
BLUMENBERG, H., 59, 111, 122, 191
BRATER, E., 313 N9
BRITTO, P. H., 61 N13
BROD, M., 127, 129, 135-6, 140 N4, 142,
  149-50, 171, 335
BRUNCK, 115
BURTON, R., 11, 18, 22, 42-50

C

CAMÕES, L. DE, 74
CAMPOS, A. DE, 77
CAMPOS, H. DE, 19
CAMUS, A., 265, 268,
CANETTI, E., 60, 158, 159-62
CARDANO, G., 49
CARION, J., 33
CARONE, M., 172, 176, 178, 188, 190, 191
CARRACCI, A., 58
CASANOVA, P., 263 N2
CATÁSTROFE E POESIA, 72-4
CATULO, 76
CELAN, P., 52
CERVANTES, M. DE, 61, 207
CHAPLIN, C., 147 E N5
CHATEAUBRIAND, F. R., 130
COETZEE, J. M., 164
COGITO, 192, 292, 304, 315-6, 339-41
COHN, R., 308
COISIFICAÇÃO
  PROCESSO DE, 185
COMÉDIA, SÁTIRA, 78, 79, 80, 81
COMO SE, 16, 62-3
COMPTON-BURNETT, I., 321
CONCEITO
  CERCADO-DE-METÁFORAS, 217
  DE FICÇÃO, 61
  DE MÍMESIS-ZERO, 66
  HEGELIANO, 94
  HEIDEGGERIANO, 188
  HUSSERLIANO, 55
  MARGINAL, 12
CONTRADIÇÃO
  COMO RECURSO ESTILÍSTICO, 50
CORNEILLE, P., 323
COSTA LIMA, L., 20 N2, 55 N2, 55, 66
  N16, 86 N18, 113, 124, 146, 217 N8,
  301 N4, 307 N7, 311
CREONTE, 106-8, 115, 119
CRIATURA CARENTE
  CF. MÄNGELWESEN, 57
CRITICIDADE, ARDIL DA, 82
CRUZ, JUAN DE LA, 25
CURTIUS, E. R., 170

D

DANTE, 279, 315
DARIO, 88
D'AUBARÈDE. G., 262, 298, 302, 331
DAVID, C., 187, 188, 196, 205, 208

MELANCOLIA

DAVIES, P., 314, 315, 316
DA VINCI, L. 58
DELEUZE, G., 314-5
DELEUZE G.; GUATARRI, F., 158-9,
    161-70, 185, 221
EXPERIMENTAÇÃO E SIGNIFICÂNCIA,
    166, 170, 185
VAMPIRISMO EM KAFKA, 162-3
DEMÓCRITO, 46, 347
DEUSES
    CONTRADIÇÕES DOS, 71
DERRIDA, J., 164, 340, 341
DESCHEVAUX-DUMESNIL, S., 234
DESEJO
    PERSPECTIVA DO, 236, 238
DETERMINISTAS, CONJUNTOS,
    EXPLICAÇÃO, 142
DIELS, H., 347
DIFERENÇA E SEMELHANÇA, 219
DIAMANT, D., 128,205, 208
DICKENS, C., 146, 147
DISCURSIVA
    DISPOSIÇÃO, FORMA, MODALIDADE,
    11, 20, 44, 51, 53, 74, 85
DISCURSO, DISCURSIVO, 51
DISTIMIA, 17 E NI, 38, 59
DOSTOIEVSKI, F., 131
DRIVER, T., 262, 299, 301
DUCHAMP. M., 347
DURANTAYE, L. DE LA, 347
DÜRER, A., 28, 35-42
DUTHUIT, G., 281, 316

EASTERLING, P., 104
ÉDIPO, 105-12, 114-17, 161, 167, 221
ÉFESO, R. de, 20
ELSE, G., 83
EMERGÊNCIA, 307, 310
EMRICH, W., 168, 169, 170, 181, 185
EMPÉDOCLES, 27
ÉPICA E TRAGÉDIA, 69-70, 74, 78, 84, 91,
    94, 105, 182
ERASMO, 48
EROS, 73, 75, 103, 104, 105
ESCOLÁSTICA, 22, 23, 24
ESQUECIMENTO
EXPERIÊNCIA DO, 130
ÉSQUILO, 69, 71, 79, 81, 83, 85, 87-9,
    97-9, 112, 114, 117

ESTÉTICO
    AXIOMA, 235, 302
EU
    DISTÂNCIA DO, 52
EU PARASITÁRIO
    O FALSO, 175
EURÍPIDES, 81, 82, 117-19, 123
    O ABSOLUTO DA LINGUAGEM, 273
EVOLUCIONISTA
    OTIMISMO, 227
EXPECTATIVAS
    HORIZONTE DE, 55

FÁBULA, 62 N14, 193, 212, 329
FANIZZA, F., 318, 319, 320, 322
FARNESE, O., 58
FAULKNER, W., 305, 321, 343
FENOMENOLÓGICO
    ARSENAL, 56
FEININGER, L. C., 230
FERGUSON, J., 79, 87, 88, 96-8
FEDERMAN, R., 235, 252, 254, 261-63,
    265, 267, 269, 277, 281, 298-9, 314,
    316, 329, 334
FICÇÃO
    O IRREAL DA, 61
    E VIDA, 187, 196
    E MUNDO ANTIGO, 62 N14
FICCIONAL, 66
    FINGIMENTO, 44
    NEGAÇÃO, 310
FICCIONALIDADE
    ESPECIFICIDADE, 63-7, 274, 282,
    306, 310
FICCIONALIZAÇÃO
    PROCESSO DE, 310
FICTÍCIO, 45, 46, 63, 64, 65, 66
FICINO, M., 26, 27, 28, 30 E N6, 31-2
FILOSOFIA E RELIGIÃO, 84, 85,
FINGIR
    ATO DE, 64
FINGERHUT, K.-H., 168, 169, 193, 206,
    207, 214, 215, 217
FLAUBERT, G., 130, 131, 205, 207, 305,
    306, 321, 343
FLETCHER, J., 306
FLEUGMA, 21, 30, 31
FLORES, G. G., 42
FÖLDÉNYI, L. F., 60, 124

FOUCAULT, M., 16, 272
FRAMES, 68, 85, 86, 87, 94
   E VERDADE, 69, 86
FRANCO, F., 234, 317
FRASER, G. S., 330, 331, 333, 334, 338
FRATURADO
   SUJEITO, 346
FREUD, S., 9, 50-4, 62, 66, 174
FRIEDRICH, H., 170

GALENO, 20, 21, 22, 26, 47
GAURICUS, 34
GEHLEN, A., 61, 68, 124
GELASSENHEIT
   E TECNOLOGIA, 189
GÊNERO(S), 67-9, 85-6
   BÁSICOS, 91, 94
   COMO INDICADOR DO
   MODO DE COMUNICAÇÃO, 68
   FRAMES DOS, 68
GENET, J., 268
GENIALIDADE
   E MELANCOLIA, 29, 32, 42
GEOMETRIA
   O ATELIÊ DE, 40
GERNET, L., 83, 84, 85
GESCHICHTE E *HISTORIE*, 18, 189
GEULINEX, A., 292
GIEHLOW, K., 41
GOETHE, J. W. VON, 61, 131
GOLDFADEN, A., 137
GRAVER, L., 235, 252, 254, 261-3,
   265, 267, 268, 277, 281, 298-9,
   314, 316, 329
GROSS, R., 132, 221, 222, 223, 224,
GUATTARI, F.; DELEUZE, G., 158, 159,
   161, 162, 165, 167-8, 170, 185, 221

HANSEN, J. A., 17 N1
HARMON, M., 334 N10
HARMONIA, 28, 29, 70
HARVEY, L., 344
HAVEL, V., 234, 335
HEIDEGGER, M., 112, 113, 116, 189, 191,
   258, 340
HEIDEGGER
   SER E DESOCULTAMENTO, 112
HERÁCLITO, 46
HERDER, J. G., 15, 57, 124

HIPÓCRATES, 17-21, 24, 26-7, 38, 45-7
HIPOCONDRIA, 22
HISTÓRIA DESCRITIVA, 20
HOBSON, H., 332, 333-34
HOLLANDER, J., 308
HOMENS E DEUSES, 19, 20, 69, 74, 78, 83,
   88, 91-3, 95-7, 111, 114, 116, 118
HOMEOSTÁTICO
   SISTEMA, 17
HOMERO, 19, 20, 70, 74, 78, 93, 105, 130
HORÁCIO, 76
HUMANAS
   FORMAÇÕES SOCIAIS, 17
HUMANISMO, 164
   CONSEQUÊNCIAS DO, 164
HUSSERL, E., 66, 226, 339, 340-1

IMAGINÁRIO
   REALIZAÇÃO DO, 63, 64-6, 209
   TRANSGRESSÃO DO, 65
IMITATIO
   PROCESSO DE, 62 E N14, 302, 311
   E DETERMINISMO, 86
INCERTEZA
   PRINCÍPIO DA, 301, 302
INDECIDIBILIDADE, 301
INDETERMINAÇÃO, 300
INTENCIONAL
   FALÁCIA, 216
INVENÇÃO
   ANALÍTICA DA, 287, 310, 313,
   319, 321
INVOLUNTÁRIA
   MEMÓRIA, 236, 237, 238
INWOOD, M., 189
IRREAL, 61, 62, 67, 69
ISER, W., 62, 63, 64, 66, 270, 271, 302,
   307-11, 312, 319, 320, 321, 322, 330,
   338, 339, 343, 345
ISIDORO, 22

JACKSON, S. W., 16, 18, 22, 24, 25
JAKOBSON, R., 144
JANVIER, L., 268
JARRY, A., 268
JAUSS, H. R., 307, 320
JESENSKÁ, M., 128, 135 N2, 148
JERÔNIMO, SÃO, 22
JÓ, 19

João, apóstolo, 38
Jocasta, 106, 108-12, 114-16
Joyce, J., 230, 234-7, 244, 262, 267,
    281, 297-8, 305, 308, 318, 324,
    336, 342-3, 345
Jullien, F., 16
Jünger, E., 153
Júpiter
    e Saturno, conjunção, 30

Kafka, F., 127-227, 229, 234, 260,
    262, 268, 272, 280, 323, 335, 337
    ausência de saída, 194
    culpabilização de, 134
    fuga, resignação, saída, 179,
    191-2, 195-6, 210
    imagem em, 134, 177, 180-1, 191,
    206, 215
    impossibilidade de resgate, 179,
    209
    literatura iídiche, 136, 138,
    o inocente culpado, 162
    o protagonismo dos animais,
    193, 214,
    processo ficcional,
    autonomização do, 210, 216
    O tribunal (hotel), 147, 152
    saída e fuga, 168, 188, 190-2,
    194-6, 202, 204, 209-11, 214
    reflexão proposital, 207
    situação conflitiva, 135
    tarefa quanto
    aos mutilados, 153, 234
    teatro iídiche, 137-8, 140-1, 217, 234,
    vida e processo criativo, 135
Kandinsky, W., 230
Kant, E., 61
Kaun, A., 235
Keats, J., 45
Kenner, H., 296-11, 301-5, 321, 323
Kern, E., 261
Klee, P., 230
Kleist, H. v., 131, 306 n7
Klibansky, R., 26, 29, 35-7, 38, 41,
Knowlson, J., 229, 230, 232-3, 240-1,
    244, 323
Knox, B., 114-16
Kommerell, M., 170,
Kranz, W., 347

Kristeva, J., 53, 55
Kury, M. da G., 110 n21

LaCapra, D., 146, 163-5, 170, 206
Lepenies, W., 11,

McGreevy, T., 232,
Malebranche, N. der, 298, 316
Mammi, L., 271, 272
Mängelwesen, 57, 61, 124
Mann, T., 272
Mantegna, A., 36, 37
Marschner, R., 153
Matisse, G., 281
Mauthner, F., 266, 287, 298, 316, 317-9
mediática
    pressão, 63
Melanchton, P., 33-4, 41
Mazon, P., 88 e n19, 89, 91, 94
melancolia
    formas ficcionais, 124
    carência humana, 67, 71
Melencolia 1 (gravura), 28, 36, 39
metaforologia, 86 n18, 124
mentira
    fictício, 61, 65, 310
    semelhança, 64
Mercúrio
    e Saturno, 31-2
Mérope, 109
Merton, R. K., 11
Messias, 327
metáfora, metafórico, 83, 85-6,
    124, 129, 193
Milton, J., 74, 315
Miró, J., 230
Mímema, 66, 303
Mímesis, 62 n14, 86, 130, 306, 309, 311
    zero, 66 e n16,
mito, mítico, 84, 85, 105, 174, 225
Möbus, F., 183 n6
Modernidade, 130, 170, 192,
    220, 253, 323, 335
moira, 99, 103, 104, 114
moldura, 69, 74, 86, 94, 98, 114, 117;
    cf. frame
Montaigne. M. E., 207, 344, 346
Martinho, M., 17 n1
Musil, R., 10 n2, 145, 272, 305, 343

NABOKOV. V., 240
NABUCO, J., 143
NADEAU, M., 263-5, 277
NADA
  METAMORFOSE DO, 313
NANCY, J.-L., 53-4
NATURAL
  ESPÉCIE, 16
NEGAÇÃO, 25, 29, 220, 270, 307-8;
  CF. PERFORMATIVO
  E EMERGÊNCIA, 307
NEGATIVIDADE
  TRADIÇÃO DA, 336
NERVAL, G., 55
NIETZSCHE, F., 30 N6, 66, 82, 118-9
NOLDE, E., 230
NUSSBAUM, M., 347

ODRADEK, 134, 226, 227
O'HARA, J. D., 268, 296, 305, 317,
ORIGEM
  QUESTÃO DA, 83
OVÍDIO, 77

PANOFSKY, E., 26, 35, 37
PARACELSO, 49,
PARMÊNIDES, 85
PATHOS, 69, 70, 74, 77-9, 84, 86, 88, 91,
  103, 104, 226, 330
PAULO (APÓSTOLO), 34
PEDRETTI, 341, 342, 343
PERFORMATIVO E NEGAÇÃO, 307-8, 312
PÉRICLES, 117
PERLOFF, M., 290, 291
PÉRON, A., 233, 234, 240-1
PESSOA, F., 97-8
PFAHL, E., 153
PICASSO, P., 230
PICTÓRICA
  ARTE, 51, 61, 67, 86, 231
PIGEAUD, B., 16
PÌRANDELLO, L., 329
PIRCKHEIMER, W., 35
PISÍSTRATO, 87
PITUÍTA, 31
PLÁSTICA
  ARTE, FICÇÃO, 16, 61, 124
PLATÃO, 26, 27, 30, 31, 84, 225
PLATONISMO, 26, 30 N6

POLÍBIO, 109
POLITZER, H., 175-85, 209, 210, 216, 224
POLLAIUOLO, A., 37
POLLAK, O., 133
PONTIUS, E., 25
POTT, H. G., 215
POUILLON, J., 265-7
PRENTICE, C., 231
PRODUÇÃO
  MÍMESIS DA, 217 N8
PROFECIAS, 34,
PROGRESSO
  IDEOLOGIA DO, 186
PROPOSIÇÃO
  TRÍADE CONSTITUTIVA DA, 66
PROUST, M., 15, 235-7, 239, 340
PSEUDO-ARISTÓTELES, 27
PSICOLÓGICO
  REALISMO, 16
PSICOTERAPIA, 20
PSICOTERÁPICA
  ABORDAGEM, 50

QUADRADO MÁGICO, 41
QUATRO HUMORES
  TEORIA DOS, 30, 31, 36, 37, 43, 50

RAFAEL, 58
RAMOS, N., 233
RAZÃO
  COMÉDIA DA X COGITO, 304
REAL, 24, 63, 65, 209, 236-8
REALIDADE
  "MANDAMENTO DA", 51
  FICTÍCIO, IMAGINÁRIO,
  A TRÍADE, 63-6
REFLEXÃO
  JUÍZO DE, 61
REFLEXIVA
  CARÊNCIA, 24 N4
REFLEXOLOGIA, 339
REINHARDT, K., 89, 91-8, 104-5, 111-17
RENASCENÇA/RENASCIMENTO, 21, 23,
  27-8, 33, 35, 40, 44, 74
RHAZES, 22
RICHARDS, I. A., 144
RILKE, R. M., 77
RIPA, C., 41
ROBERT, M., 134

MELANCOLIA

ROMANCE
   E *EPOS*, 68, 87
ROMERO, S., 87
ROSEN, C., 47
ROUSSEAU, J.-J., 130
RUFUS, 20

SADE, D. A. F., 268, 290
SAFO, 75
saída, cf. KAFKA, AUSÊNCIA DE
SARTRE, J.-P., 265, 267, 268
SATURNO
   CF. JÚPITER E SATURNO
   CF. MERCÚRIO E SATURNO
SAUDADE
   VARIANTE DA MELANCOLIA, 23 N4
SAXL, F., 26, 35, 37
SAXÔNIA, H. DA, 47
SHAW, G. B., 68
SCHLEGEL, F., 81, 143, 344
SEAVER, R., 277
SEMELHANÇA
   VETOR DA, 64, 87, 217 N8,
   303 E N5, 311
SENTIDO ESPERADO
   COLAPSO DO, 186
SER
   EM HEIDEGGER, 112, 113
SHAKESPEARE, W., 61
SHENKER, I., 254, 262, 281, 297, 298,
   302, 323
SCHOLEM, G., 227
SCHKLOVSKI, V., 143
SIDNEY, P., 65
SILK, M. S., 82
SIMÔNIDES, 87
SINCLAIR, M., 233
SINCLAIR, W., 230
SOKEL, W. H., 173-5, 184, 186, 187
SOUZA, A. H. DE, 291 N3, 297, 307 N8,
   344, 345
STAROBINSKI, J., 10, 16, 18-21, 27, 30, 31,
   33, 42, 44, 50, 56,
STERN, F., 10 N2
STERN, J. P., 82
STERNE, L., 130, 207, 282
STACH, R., 129 N1, 139, 140 E N4, 141,
   144, 147, 151-4, 159-63, 172, 185,
   224, 229

SUJEITO
   AUTOINVENÇÃO DO, 310
SUSSMAN, H., 147 N5

TALLEYRAND-PÉRIGORD,
   C. M. DE, 64
TASSO, T., 74
TAUSSIG, E., 140 N4
TÉCNICO-FORMAL E
   TEMÁTICO-FORMAL, 98
TECNOLOGIA
   AUTONOMIZAÇÃO DA, 226
TÉDIO
   PRESENÇA DO, 11, 275, 293,
   330, 341-3
TEMPO, 15-6
TEOFRASTO, 26
TEOLOGIA
   NA TRAGÉDIA GREGA, 89, 93-4
TEOLÓGICO
   E POLÍTICO, OS PLANOS, 96
TEÓRICA
   REFLEXÃO, 143, 165, 217, 273
THOMAS, D., 252-3
TIRÉSIAS, 107, 108, 109, 115
TOPHOVEN, E., 230 N1
TRAGÉDIA
   COMO GÊNERO, 68-9, 74, 78-80,
   82-4, 91-2, 105
   E *PATHOS*, 74, 79, 88
TREZISE, T., 339-40, 343
ESTRUTURA DO E *COGITO*, 339
TRICKSTER, 79
TUCÍDIDES, 117
TYNAN, K., 333-4
TYNIANOV, J., 144

UDOLF, A., 223 N9

VAIHINGER, H., 63
VAN GOGH, V., 58
VELÁSQUEZ, A., 23
VERBAL
   ARTE, FICÇÃO, 16, 51, 61, 67, 86, 301
VERDADE
   EXTENSÃO, PREMISSA DA, 20, 86
VERDADEIRO
   OU FALSO, ALTERNATIVA, 16, 86
VERDI, G., 213

VEROSSÍMIL

   LASTRO DE REDUNDÂNCIA, 303 N5

VEROSSIMILHANÇA, 217 N8, 219,
   248, 272, 297, 303 E N5, 304,
   306, 311, 321-2, 338

VIDA E OBRA

   MODELO DE, 142, 143, 145, 148, 234

VINOGRADOV, V. V., 144

VITAE

   TEDIUM, 11, 24

WAGNER, R., 83

WARBURG, A., 33, 34-7, 41

WEINBERG, K., 169

WEINRICH, H., 130

WEISS, E., 152

WELLBERY, D., 301 N4

WENZEL, S., 24 N5

WILLAMOWITZ-MÖLLENDORF,
   U. VON, 83

WINCKELMANN, J., 83, 205

WITTKOWER, M., 36, 58

WITTKOWER, R., 36, 58

WOHRYZEK, J., 128,

WOODRING, C. R., 216

WOOLF, V., 305

WORTON, M., 326

XERXES, 88, 89

YEATS, W. B., 54

ZEUS, 70-3, 79, 80, 84, 88-91, 93-6,
   100, 112, 118-9, 122

ZEGEL, S., 329

ZIRMUNSKII, V., 144

SOBRE O LIVRO

Formato
14 X 21 CM

Mancha
23,7 X 41,6 PAICAS

Tipologia
ADOBE JENSON 11/14

Papel
OFF-WHITE 80 G/M² (MIOLO)
CARTÃO SUPREMO 250 G/M² (CAPA)

1ª Edição
EDITORA UNESP 2017

EQUIPE DE REALIZAÇÃO

COORDENAÇÃO GERAL
Marcos Keith Takahashi

EDIÇÃO DE TEXTO
Nelson Luís Barbosa

PROJETO GRÁFICO E EDITORAÇÃO ELETRÔNICA
Grão Editorial

CALIGRAFIA [CAPA]
Andréa Branco

Impresso por :

gráfica e editora

Tel.:11 2769-9056